建设工程招标采购从业人员职业能力认定辅导教材

建设工程招标采购项目管理

中国土木工程学会建筑市场与招标投标研究分会 编

中国建材工业出版社

图书在版编目（CIP）数据

建设工程招标采购项目管理/中国土木工程学会建筑市场与招标投标研究分会编．--北京：中国建材工业出版社，2023.5
建设工程招标采购从业人员职业能力认定辅导教材
ISBN 978-7-5160-3688-4

Ⅰ.①建… Ⅱ.①中… Ⅲ.①建筑工程－招标－采购－项目管理－岗位培训－教材 Ⅳ.①F284

中国国家版本馆 CIP 数据核字（2023）第 007297 号

建设工程招标采购项目管理
JIANSHE GONGCHENG ZHAOBIAO CAIGOU XIANGMU GUANLI

出版发行：中国建材工业出版社
地　　址：北京市海淀区三里河路 11 号
邮　　编：100831
经　　销：全国各地新华书店
印　　刷：北京印刷集团有限责任公司
开　　本：787mm×1092mm　1/16
印　　张：20
字　　数：480 千字
版　　次：2023 年 5 月第 1 版
印　　次：2023 年 5 月第 1 次
定　　价：**88.00 元**

本社网址：www.jccbs.com，微信公众号：zgjcgycbs
请选用正版图书，采购、销售盗版图书属违法行为
版权专有，盗版必究。本社法律顾问：北京天驰君泰律师事务所，张杰律师
举报信箱：zhangjie@tiantailaw.com　　举报电话：(010) 57811389
本书如有印装质量问题，由我社市场营销部负责调换，联系电话：(010) 57811387

《建设工程招标采购从业人员职业能力认定辅导教材》编委会

主　　　任：安连发
编委会成员：赵桂君　李仁友　李继红　刘　谦
　　　　　　马　燕　徐逢治　韩如波　印捷欧
　　　　　　姜凤霞　洪　琳　邱佩莹　杨宏民
　　　　　　王　莉　张思业　刘跃广　张兴旺
　　　　　　张　岚　杨桂珍　迟玉星　李媛媛
本 书 主 编：李继红
本书副主编：刘跃广　刘　谦　杨胜强　李　强（国信招标）
　　　　　　张曙光　曹立斌
　　　　　　（按姓氏笔画为序，排名不分先后）
本书编写人员：孙占海　李　强（国泰新点）　邹建文
　　　　　　汪小香　张志强　陈小燕　陈尚聪
　　　　　　黄素龙　臧红兵　燕乐纬
　　　　　　（按姓氏笔画为序，排名不分先后）
主 编 单 位：中国土木工程学会建筑市场与招标投标研究分会
参 编 单 位：上海市建纬律师事务所
　　　　　　国信招标集团股份有限公司
　　　　　　吉林智晟项目管理有限公司
　　　　　　天津广正建设项目咨询股份有限公司
支 持 单 位：北京市建设工程招标投标和造价管理协会
　　　　　　天津市建设工程造价和招投标管理协会
　　　　　　辽宁省建设工程招标投标协会
　　　　　　吉林省建设工程招标投标协会
　　　　　　黑龙江建设工程招投标协会
　　　　　　内蒙古自治区工程建设协会
　　　　　　云南省建设工程招标投标行业协会
　　　　　　安徽省建筑工程招标投标协会
　　　　　　福建省建筑业协会工程建设项目招标投标分会
　　　　　　贵州省建设工程招标投标协会
　　　　　　河南省建设工程招标投标协会
　　　　　　甘肃省建设工程招标投标协会

湖南省建设工程招标投标协会
河北省建设工程招标投标协会
济南市建设工程招标投标协会
新疆建设工程招标投标协会
广西建筑业联合会招标投标分会
江西省招标投标协会
四川省工程建设招标投标协会
青海省招标投标协会
广东省建设工程交易协会
北京建筑大学
广联达科技股份有限公司
上海东方投资监理有限公司
北京大成律师事务所
安徽安天利信工程管理股份有限公司
忱义工程项目管理有限公司
江西省机电设备招标有限公司
海逸恒安项目管理有限公司
天津市建设工程招标有限公司
北京华建联造价工程师事务所有限公司
中安天际有限公司

序 言

　　中国土木工程学会建筑市场与招标投标研究分会（以下简称"分会"）自1993年成立以来，始终把提升建设工程招标采购行业管理水平视为己任，围绕建筑市场与招标投标不同时期的工作重心及相关法律法规、部门规章的制订调整，围绕各级建设行政主管部门及市场各方交易主体的工作需求，从不同层面组织开展了很多富有成效的工作，其效果是有目共睹、显而易见的。

　　当今，我国建筑市场与招标采购行业已进入新常态。这种新常态具有以下明显特点：一是以"互联网＋"为标志，大数据、BIM技术、电子化三大科技手段的应用，促使建设工程领域的发展速度产生了质的飞跃，也为建筑业的改革发展带来革命性、方向性的变化，同时PPP项目等一系列新的资本运作模式也正给我国招标采购方式带来新的挑战与思考；二是行政监管工作正在充分体现简政放权的理念，取消非行政许可事项的同时，进一步简化审批事项，延伸服务内涵；三是全国招标采购交易场所按国务院最新要求，正在进行全面整合，总体目标依然体现了可持续这一经济学核心，其方向是明确的，公共资源及建设工程交易中心从传统意义的监管服务方式开始向信息化、电子化交易服务平台转变；四是随着政府指导价格的放开，企业资质的弱化，招标代理企业面临着如何健康持续发展的新课题。

　　基于当前市场环境，如何实现建筑市场与招标采购监管新的突破；如何提升工程造价及招标代理的效率和质量；如何在行业具体工作中及时跟进，实现管理机制、工作机制的改革创新，这些都是十分必要且需要认真思考的。为全面提升建设工程招标采购行业管理水平，规范从业人员职业行为，建立和完善招标采购从业人员的专业知识能力结构体系，全面促进建筑市场与招标采购行业改革创新的深入发展，分会决定在2016版的从业人员培训教材基础上进行修订，编写具有前瞻性、系统性、适用性的系列辅导教材，目的就是服务行业，服务广大会员单位，引领行业在正确的轨道上健康发展。

　　近年来，招标采购领域尤其是建设工程招标采购领域飞速发展，新思想、新方法、新技术层出不穷，这些变革都给招标采购从业人员带来了新的挑战和新的要求。过去简单的事务性操作已经远远不能满足新形势下的招标采购服务要求，新的法律法规及全流程电子化等工程招标采购发展趋势也要求从业人员具备新的技能，掌握新的知识。分会也收到了许多反馈，各省市行业协会及会员单位呼吁分会能够顺应行业诉求，聚焦建设工程招标采购领域，突出专业特色，打造我们建设工程招标采购领域的从业人员职业能力认定机制和体系。分会正是在此背景下经过深思熟虑，决定启动从业人员职业能力认定体系建设，推进辅导教材编写等工作。

　　本系列辅导教材分为4册，包括建设工程招标采购法律法规、合同管理、项目管理、专业实务。辅导教材紧密结合行业特点，较完整地对新的理论及概念做了归纳，既可以作为建设工程招标采购代理行业从业人员培训专用教材，也可以作为各级建设行政主管部门监管人员、评审专家以及企事业单位招采管理和投标岗位人员的业务指导和参考书。

本系列辅导教材由上海市建纬律师事务所、国信招标集团股份有限公司、吉林智晟项目管理有限公司、天津广正建设项目咨询股份有限公司、"建筑云在线"平台全程参与编写，同时得到了北京市建设工程招标投标和造价管理协会、天津市建设工程造价和招投标管理协会、辽宁省建设工程招标投标协会、吉林省建设工程招标投标协会、黑龙江建设工程招投标协会、内蒙古自治区工程建设协会、云南省建设工程招标投标行业协会、安徽省建筑工程招标投标协会、福建省建筑业协会工程建设项目招标投标分会、贵州省建设工程招标投标协会、河南省建设工程招标投标协会、甘肃省建设工程招标投标协会、湖南省建设工程招标投标协会、河北省建设工程招标投标协会、济南市建设工程招标投标协会、新疆建设工程招标投标协会、广西建筑业联合会招标投标分会、江西省招标投标协会、四川省工程建设招标投标协会、青海省招标投标协会、广东省建设工程交易协会等省市行业协会以及北京建筑大学、广联达科技股份有限公司、上海东方投资监理有限公司、北京大成律师事务所、安徽安天利信工程管理股份有限公司、忱义工程项目管理有限公司、江西省机电设备招标有限公司、海逸恒安项目管理有限公司、天津市建设工程招标有限公司、北京华建联造价工程师事务所有限公司、中安天际有限公司等众多单位的悉心指导和鼎力支持。

在此，我们向参加本系列辅导教材编审的各有关单位及专家深表敬意；同时也由衷地感谢各级建设行政主管部门对辅导教材编写工作给予的支持、指导与帮助。

中国土木工程学会
建筑市场与招标投标研究分会
2023 年 4 月

前　言

随着我国社会主义市场经济体系的不断完善和创新发展，招标采购代理资质、工程造价咨询资质相继取消，建设工程招标采购行业已进入高质量发展新常态。为贯彻落实党的二十大报告精神，全面提升建设工程招标采购行业管理水平，规范从业人员职业行为、建立健全招标采购人员的专业知识和能力结构体系、全面促进建筑市场与招标投标行业改革创新的深入发展，编制具有前瞻性、系统性和实用性的系列辅导教材尤为必要。

本书是由中国土木工程学会建筑市场与招标投标研究分会编委会统筹安排编制的《建设工程招标采购从业人员职业能力认定辅导教材》之一。国信招标集团股份有限公司作为参编单位具体负责组织编写，主编李继红负责总体策划、构思和统筹定稿，副主编共6位，分别组织编写相关章节内容，其中李强（国信招标）负责第一章，杨胜强负责第二章，张曙光负责第三章，刘谦、刘跃广和曹立斌负责第四章，参编专家有孙占海、陈尚聪、张志强、臧红兵、邹建文、燕乐纬、汪小香、黄素龙和李强（国泰新点）、陈小燕。

本书主要内容包括：项目管理相关基础知识、建设工程项目管理通用知识体系、建设工程招标采购项目化管理、建设工程招标采购信息技术应用和数字化管理。本书知识体系比较完善，密切联系实际，既注重系统性、实用性和可操作性，又兼顾行业发展相关的技术性、创新性和前瞻性，既可以作为建设工程招标采购代理行业从业人员培训专用教材，也可以作为各级建设行政主管部门监管人员、评审专家以及企事业单位招采管理和投标岗位人员的参考书。

由于建设工程项目管理及招标采购项目化管理知识体系还在不断完善和发展中，加之编者水平有限，书中难免有遗漏和不足之处，恳请读者予以批评指正。

本书编写组
2023 年 4 月

目　录

第1章　项目管理相关基础知识 ··· 1
- 1.1　项目与项目管理 ·· 1
- 1.2　项目管理组织 ·· 11
- 1.3　项目管理任务 ·· 18

第2章　建设工程项目管理通用知识体系 ·· 36
- 2.1　建设工程项目分类 ·· 36
- 2.2　建设工程项目阶段划分与生命周期 ·· 39
- 2.3　建设工程项目参建方与其他利益相关方 ···································· 42
- 2.4　建设工程项目投资决策 ·· 47
- 2.5　建设工程项目评价 ·· 56
- 2.6　建设工程项目组织与管理 ·· 69
- 2.7　建设工程项目勘察设计、施工、试运行及质保管理 ·························· 84
- 2.8　建设工程项目质量管理 ··· 107
- 2.9　建设工程项目进度管理 ··· 115
- 2.10　建设工程项目投资与建筑安装工程造价管理 ······························ 125
- 2.11　建设工程项目职业健康安全与环境管理（HSE） ··························· 148
- 2.12　建设工程项目风险管理 ·· 152

第3章　建设工程招标采购项目化管理 ··· 168
- 3.1　建设工程招标采购项目化管理概述 ·· 168
- 3.2　建设工程招标采购规划阶段管理 ·· 182
- 3.3　建设工程招标采购实施与控制阶段管理 ···································· 226
- 3.4　建设工程招标采购风险管理 ·· 246
- 3.5　建设工程招标采购沟通、信息及标准化管理 ································ 254
- 3.6　建设工程招标采购收尾阶段管理 ·· 263

第4章　建设工程招标采购信息技术应用和数字化管理 ··························· 274
- 4.1　建设工程招标采购全流程电子化 ·· 274
- 4.2　电子招投标公共服务管理 ·· 288
- 4.3　电子招投标数字化发展 ·· 293

参考文献 ··· 307

第1章　项目管理相关基础知识

项目管理由来已久，世界知名古代建筑如埃及金字塔、中国古长城等都是项目管理的结果，但现代项目管理通常被认为起源于第二次世界大战后期军事领域，最初应用范围多局限于建筑、国防和航天等少数领域，20世纪60年代项目管理在美国阿波罗登月项目中取得巨大成功后风靡全球，成为20世纪发展最快的管理技术之一。目前，项目管理作为管理学一个重要分支，广泛应用于各行各业，尤其是在工程建设领域，项目管理相关方法、技术和工具等得到普遍认同和全面应用。

在各类建设工程项目执行过程中，招标采购作为整体项目管理工作的重要组成部分，不能脱离其所服务的建设工程项目单独实施，也无法脱离其所属建设工程项目其他项目管理工作独立开展，招标采购从业人员只有在充分认识和深入了解建设工程相关项目管理工作的基础上方能做好招标采购工作。另外，各项招标采购活动本身也具有目的性、独特性、一次性、制约性、渐进性和不确定性等项目基本特征，也应将其视为一个具体的项目加以科学有效管理。本章对项目管理相关基础知识进行系统介绍，希望帮助招标采购从业人员站在建设工程项目管理全局高度来理解把握招标采购工作，并合理运用项目管理知识有效组织实施各项招标采购活动。

1.1　项目与项目管理

1.1.1　项目

1. 项目的概念

对于项目，国际上从不同的角度给出多种定义，其中最具代表性的有：

（1）国际标准化组织（International Organization for Standardization，ISO）对项目定义为"项目是由一系列具有开始和结束日期、相互协调和控制的活动组成的，通过实施活动而达到满足时间、费用和资源等约束条件和实现项目目标的独特过程"。

（2）美国项目管理协会（Project Management Institute，PMI）在《项目管理知识体系指南》（PMBOK）中给出的概念为"项目是为创建一个独特产品、服务或任务而进行的一种临时性工作，是由一系列具有开始和结束时间、相互协调和控制的活动组成的、通过实施活动而达到满足时间、费用和资源等约束条件和实现项目目标的独特过程"。

（3）全国项目管理标准化技术委员会（National Technical Committee 343 on Project Management of Standardization Administration of China）在《全国项目管理标准体系建设指南（2022版）》中指出"项目是具有确定目标，确立时间周期、投资规模等约束条件，伴随某些种类与程度风险的、有组织的、以合同或计划为启动标志的一次性活动或过程，广泛存在于经济建设、科学技术研发、社会活动等领域"。

按照上述定义理解，项目是指为实现特定目标、在资源条件约束的情况下开展的一次性有组织的工作。项目是人类社会特有的一类经济、社会活动形式，是为创造特定的产品或服务而开展的一次性活动，大至建造一座国际机场、研制发射一架月球探测器，小至组织一场运动会、举办一场婚礼，凡是创造特定产品或服务的活动都可归于项目的范畴，并应用项目管理系统性方法加以管控。

2. 项目的特征

根据项目各种定义，可大致归纳出项目活动通常具有以下特征：

（1）目的性。是指任何一个项目都是为实现特定的组织目标服务的，一般可分为有关项目工作本身和有关项目产出物的两个方面的目标。如某房建项目，项目工作本身的目标包括质量、工期、造价、安全等方面的目标，项目产出物的目标包括建筑物的功能、特性、使用寿命等方面的目标。

（2）独特性。或称唯一性，是指每个项目过程及其交付产品或服务有其独特之处，是唯一的。即使是采用标准图纸建造的多栋住宅楼，也会因业主、建设时间、地点和方位、承包商等方面差异，导致其建设项目行为特定且唯一。

（3）一次性。或称临时性，是指每个项目都有自己明确的时间起点和终点，即有始有终，而不是不断重复、周而复始的。如组织一次植树活动前后历时可能是短暂的，修建一处公园则需要较长时间，但是它们都有自己的起点和终点。

（4）制约性。是指项目执行都在一定程度上受相关条件制约。这些制约条件可能来源于组织内外，包括时间进度、经费预算、人力资源、设备条件、工艺技术、原材料等方方面面，并在很大程度上影响项目执行成败。

（5）渐进性。是指项目开始后随着时间推进，项目目标、方法和手段呈现逐步清晰完善的渐进特征，如某办公楼新建项目，其设计管理工作先后经历概念性方案设计、初步设计、施工图设计、施工阶段设计变更直至最终完成竣工图多个阶段，造价管理也会涉及估算、概算、预算、履约结算、财务决算等环节，对应不同阶段的工程设计图纸和投资控制结果得到逐步深化和趋于准确。

（6）不确定性。或称风险性，是指由于上述特征导致项目执行过程经常面临变数，难以完全采用通用范例和确定规则指导工作，决策和管理出现意外甚至引发项目失败的风险较大。

除上述特征外，项目的特性一般还包括项目成果的不可挽回性、项目组织的临时性和开放性等。

3. 项目与运营

将项目与运营两类活动进行对照比较，可以更好理解项目的概念和特征。一般认为，人类社会有组织的生产活动可大致分为两种基本类型：一类是在相对封闭和确定的环境下所开展的，具有重复性、持续性的规律性活动或工作，一般被称作"运行"或"运营"，如企业定型产品的批量生产和销售，铁路与公路客运系统的经营与运行，政府的日常办公等；另一类是在相对开放和不确定的环境下开展的独特性、临时性活动或工作，就是前面定义的"项目"。

"项目"与"运营"一般都存在着需要人类有组织策划执行，受有限资源条件约束，通过计划、执行和控制加以管理等共性表现，但两类活动在各方面也存在很大不同，主要差异如表 1-1-1。

表 1-1-1　"项目"与"运营"两类活动的主要区别

类别	项目	运营
工作目标	特定的	常规的
工作性质	独特、创造性	标准化、重复
开展环境	开放、动态	封闭、静态
工作周期	清晰，有确定的开始和结束时间	长期持续
管控方向	面向目标	强调效率和效果
管理方法	风险型	确定型
资源需求	不确定性	固定性
组织机构	变化、临时的项目组织	稳定、持久的职能部门
管理过程	基于一次性的设计	基于历史性的积累

4. 项目生命周期

作为一种创造独特产品与服务的一次性活动，项目是有始有终的，每个项目从始至终的整个过程就构成了项目的生命周期。为了更好地管理和控制项目，一个组织在完成项目时通常会把一个项目分成若干个带有规律性的工作阶段，每个阶段都是一组具有逻辑关系的项目活动的集合，通常以特定可交付成果的完成为结束，各工作阶段前后衔接共同组合成完整的项目生命周期。

识别项目生命周期既是一种对项目描述的方法，也是一种对项目进行全过程管理和控制的方法。美国项目管理协会（PMI）对项目生命周期的定义是"项目生命周期就是由项目各个阶段按照一定顺序所构成的整体，项目生命周期有多少个阶段和各阶段的名称取决于组织开展项目管理的需要"。这个定义是从项目的管理和控制角度出发，它同样也强调项目过程的阶段性和项目生命周期的管理作用。

需要注意，项目生命周期和项目产品生命周期的概念是不一样的，项目所创造的产品或服务成果往往不具有临时性特征，大多数成果具有持久性，即成果存续和发挥作用的时间比项目执行过程本身更长久，而项目生命周期则仅仅是指项目从立项启动到成果交付收尾的这段一次性的过程。

（1）项目生命周期的阶段划分。项目生命周期内工作阶段划分数量和名称取决于相关组织管控需要、项目本身特征及其应用领域，没有统一规则加以限定。对大多数项目，通常可划分为四个阶段，如图 1-1-1 所示。

① 启动阶段（也称概念阶段）。确立项目需求和目标，主要工作包括识别项目需求、提出项目概念、描述项目成果、确定项目目标、确定实施条件、估算资源投入水平、开展可行性研究以及选择项目经理等。

② 计划阶段（也称开发阶段或准备阶段）。检验项目需求和目标，开发提出切实可行的计划，主要工作包括任命项目团队关键成员、确定项目工作内容和范围、制订技术

和管理方案及预算、进行风险评估、落实许可等。

③ 执行阶段（也称实施阶段）。将项目计划付诸实施，主要工作内容包括项目团队开发与建设，建立项目的组织与沟通，实施采购，指挥（协调）项目工作开展，跟踪执行并进行过程控制等。

④ 收尾阶段（也称结束阶段）。项目执行完成，最终产品或服务交付，主要工作包括项目成果审查验收、项目移交、项目文件整理归档、项目评估总结、项目团队解散和资源解除等。

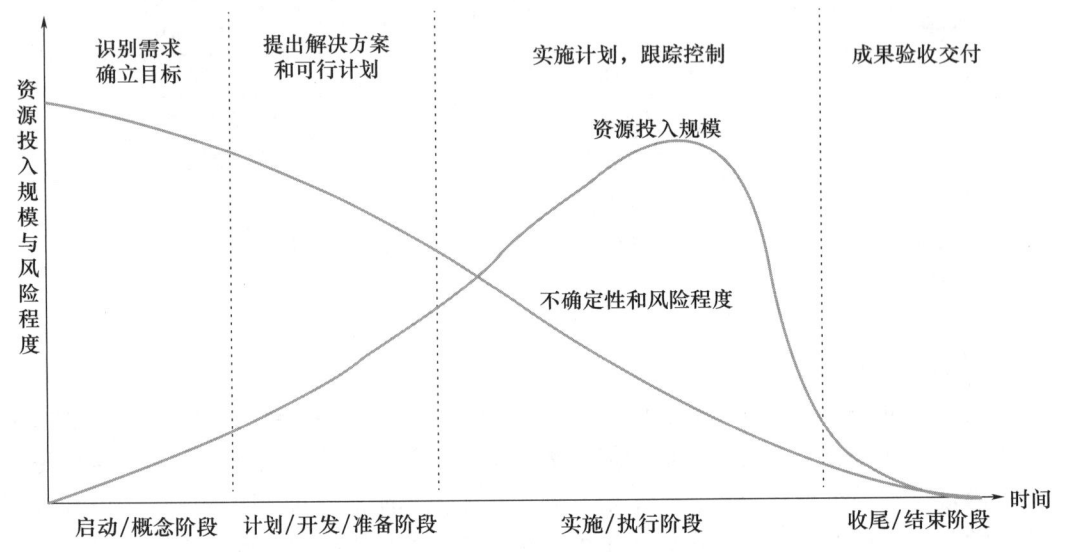

图 1-1-1　项目生命周期的阶段划分及发展特征

（2）项目生命周期的特征。在项目生命周期中，各个阶段的资源投入、风险程度、项目目标可控性均有不同，一般呈现以下典型特征，如图 1-1-1 所示。

① 项目资源投入具有波动性。项目开始和准备阶段多以智力劳动为主，资源投入水平相对较低，实施阶段工作内容和强度迅速增加，人财物投入和时间消耗达到顶峰，收尾阶段资源投入随工作量快速减少。

② 项目风险程度逐渐降低。项目开始时面临的不确定因素最多、风险程度最高，随着项目推进，各阶段工作陆续完成，项目产品和服务也从设想、方案、生产直至最终交付，不确定性因素逐渐减少，成功完成项目的可能性逐渐增加。

③ 项目管理控制力逐渐变弱。项目管理者对项目成果及资源投入水平的影响力，会随着项目进展和工作逐渐减弱。

5. 项目利益相关方

现代项目管理的一个重要理念是项目的目标不仅在于交付项目成果，还要使项目利益相关方满意，其中的项目利益相关方，又称项目相关方、项目干系人，是指那些介入项目过程或者受到项目活动或成果影响的组织和个人，他们一般可通过履行职权、对资源加以控制或对其他组织和个人施加作用而对项目产生影响。

按照实际参与和影响项目的方式，可将项目利益相关方大致分为两类：一类是直接利益相关方，一般包括项目发起人或投资人、项目经理和管理团队、承担项目任务的执行者即承包商或供应商等，他们在项目生命周期内按照特定任务分工，直接组织从事项目具体活动，其行为均构成项目行为的一部分；另一类是间接利益相关方，如政府机构、新闻媒体、社会群体、行业组织、项目成果的用户等，他们一般并不直接参与到项目内部，但项目的执行将使他们获得利益与满足或受到损害，因而会支持或反对项目的进行。

项目利益相关方既可能是项目的受益者，也可能是项目的风险承担者，甚至可能因项目实施而利益受损，而且每个项目利益相关方对项目均有其不同的要求和期望，如一个工程建设项目，项目业主希望以最小投资获得最大收益，承包商追求以最低成本获得最高的利润，供货商期待赢得更多的销量订单和收入，政府部门希望能够带动当地就业并提高社会福利，项目周边居民希望能够带来益处并且不对周边环境造成破坏等。

由于项目生命周期内涉及利益相关方众多，而各方诉求和期望不同甚至存在相互竞争和对立，如何在项目执行中平衡各方需求与期望，避免剧烈冲突，是影响项目目标顺利达成的关键和难点。优秀的项目管理者应注意系统研究项目利益相关方的构成及其对项目的参与程度和利益关系等特征，从中确定能够对项目产生重要影响的关键利益相关方，重点识别这部分关键利益相关方的需求和期望，并以其为重心和主线，在项目执行过程中有效协调各方差异和冲突，避免超越各方合理底线引发剧烈的管理冲突，尽可能满足各方需求和期望，争取其对项目目标顺利实现的支持。

作为项目关键利益相关方的主要成员之一，项目的发起人或投资人有权决定项目是否启动并持续进行，既是项目的主要决策方，也是项目总体目标的制定者，还应在项目全过程与其他项目利益相关方就项目的进展保持必要沟通，确保其对项目经理和管理团队主要决定和工作方向的认可与支持，提防因本组织目标发生变化产生与项目目标的冲突，检查和督促项目经理实现项目目标的情况，并帮助其解决自身无法克服的困难。

以某工程建设项目为例分析项目利益相关方构成，如图 1-1-2 所示，其中项目利益相关有：

（1）项目业主。是项目投资主体，是决定项目是否进行的主要决策方，是项目总体目标的制定者和项目实施全过程的主持者，与项目之间利害关系的紧密程度要高于其他利益相关方，其内部业务部门按照职能分工参与相关项目管理工作。

（2）项目管理团队。或称项目团队，是由业主临时组建的内部专业机构，按照业主授权在项目经理领导下执行具体项目管理工作，对项目目标的实现全面负责，其专业能力和管理水平是决定项目成败的关键。

（3）其他参建单位。包括咨询机构（勘察、设计、监理等）、承包商、供应商等，对其实施的建设项目相关部分或相关阶段的特定工作产生重要影响，其工作效率和成果质量直接影响整个工程建设项目的管理成效，因此也是关键的项目利益相关方。

（4）项目成果使用方。包括项目成果交付后负责生产、运营主体及相关产品和服务的直接用户（购买者），其需求应在项目决策和规划过程中得到充分识别和合理响应，项目管理中越来越强调用户参与和以用户为中心的重要性。

（5）其他相关方。如政府机构、金融机构、市政公用设施服务机构、社会公众等分别在项目不同阶段、不同领域和专业事项中参与项目工作或提供必要条件，其中不乏一些可能严重影响项目顺利推进和计划目标达成的活动和事件，如投资主管部门对项目的审批或核准、融资银行对项目贷款的发放、电力公司提供电源接入条件、周边居民对项目兴建的支持和抗议等，需要系统梳理和识别分析，并有针对性地加以协调和管控。

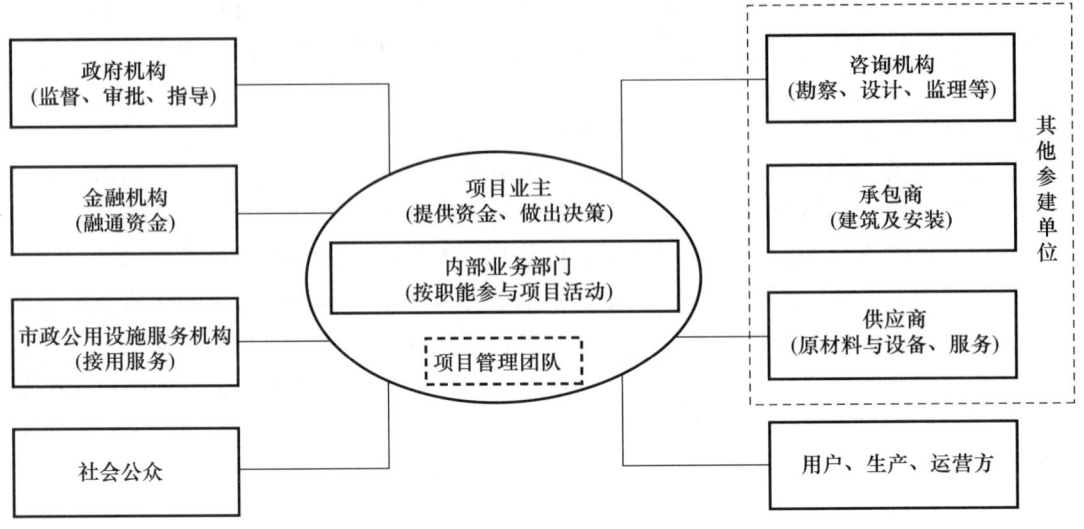

图 1-1-2　工程建设项目利益相关者构成示意

1.1.2　项目管理

1. 项目管理的概念

项目管理，简而言之就是"以项目为对象的管理"，是指在既定的约束条件下，为实现项目目标，根据项目的内在规律，对项目生命周期全过程进行有效的计划、组织、实施、控制和协调的系统管理活动。现代项目管理通常被认为开始于"二战"后期，典型案例是美国军方研制原子弹的曼哈顿计划，在此之前人类社会对项目活动进行的管理一直未形成科学的管理方法和明确的标准，人们在管理项目时多凭借个人的经验和直觉。第二次世界大战爆发后，由于战争的需要，大量技术复杂、耗资巨大而时间又很紧迫的工程接踵而至，这才迫使人们开始关注如何在工作中应用项目管理方法以提高效率。"项目管理"这一术语由此开始被人们所认识和接受。此后历经几十年不断地更新和完善，项目管理已成为一门具有完整知识体系和独特方法论的管理理论，成为20世纪以来现代管理科学发展最快的一个重要分支，越来越受到人们的重视。目前，项目管理正在为社会的发展与进步发挥着越来越重要的作用，项目管理的应用范围也有了很大的拓展。不仅在建筑、IT、化工、航天、国防等项目式运作为主的行业应用广泛，而且在金融、投资、咨询、制造业等各行各业有越来越多的应用，甚至很多政府机关和国际组织广泛将其作为各类事务管理的主要模式。相当数量的跨国公司把项目管理作为主要的运作模式和提高组织运作效率的解决方案，认为掌握和使用项目管理的知识和技能是对其未来发展起关键作用的因素。

随着项目管理实践和理论的发展，项目管理一词又分化为两种含义。一种是指有意识地按照项目特点和发展规律进行组织与协调的实践活动，如我国的全国项目管理标准化技术委员会在《全国项目管理标准体系建设指南（2022版）》中将项目管理定位为

"项目管理是对项目履行计划、组织、领导、控制等基本管理职能与行动"。另一种不仅代表具体的管理过程与实践活动,更强调运用系统理论和方法对项目活动及其资源进行有效管控以实现特定目标的管理模式和方法体系,如美国项目管理协会(PMI)在《项目管理知识体系指南》中指出"项目管理是将知识、技能、工具和技术应用于项目活动,以满足项目需求"。这种定义更强调了对项目管理方法体系的应用。

2. 项目管理的特点

由于项目具有目的性、独特性、一次性、制约性、不确定性等特征,使得项目实施与日常运营相比往往具有更大的风险,项目管理较运营管理经常面临更大压力,并一般呈现以下特点:

(1)项目管理具有高度复杂性。项目工作多包含一系列任务,跨越多个组织,涉及运用多种学科的知识来解决问题,执行中通常会面临许多未知因素且缺少直接经验可借鉴,需要在技术性能、成本、进度等较为严格的约束条件下实现项目目标等,这些都决定了项目管理是一项很复杂的工作,其复杂性明显高于一般的日常运营活动管理。

(2)项目管理的全过程都贯穿着系统工程的思想。即把项目看成一个完整系统,一方面遵循系统论"整体—分解—综合"原理对目标、作业、资源等加以分解规划和分级管理,同时把项目看成一个有完整生命周期的过程,强调部分对整体的重要性,促使管理者不要忽视其中的任何阶段,以免造成总体的效果不佳甚至失败。

(3)项目管理组织的形态存在其特殊性。一是强调以项目为单位构建组织单元,并围绕其配置资源;二是项目组织多为临时性的,项目组织为项目服务,项目一旦终结其组织的使命也就完成了;三是项目组织是柔性可变的,在项目生命周期各个阶段需要适时地调整组织的配置,以保障组织高效、经济运行;四是项目组织强调综合管理能力,其结构设计要充分考虑组织内外各方各类各专业的工作协调与控制,以保证项目总体目标的实现。

(4)项目管理体制是基于团队管理的个人负责制。尽管团队协作和工作授权在项目执行过程中非常重要,但项目经理始终是项目管理最关键角色,始终对项目负责。

(5)项目管理方式是目标管理。由于项目涉及的专业领域往往十分宽泛,项目经理和团队成员需要对各专业有所了解,但不可能成为每个领域的专家,项目管理组织更多以综合协调者的身份,委托或授权各方开展具体工作,明确目标以及进度、费用、质量标准等要求,及时跟踪、督促并给予必要支持,只要求在约束条件下实现项目目标,具体方法相对灵活开放。

(6)项目管理应采用科学的理论方法和先进的方法工具。如采用目标管理、全面质量管理、价值工程、技术经济分析等方法控制项目总目标,采用网络图编制项目进度计划,采用计算机技术进行项目信息处理等。

3. 项目管理过程

项目管理过程是指在项目实施过程中,在项目每个阶段开展管理的工作方法、程序和内容。因为在项目生命周期的每个阶段中都需要开展项目管理工作,都需要建立至少一个完整的项目管理过程组。项目管理正是通过合理运用与整合各个项目管理过程组来实现的。

一个完整的项目管理过程组包含 5 个管理过程：

（1）启动过程，确定开展项目某一阶段业务活动和管理工作。

（2）规划过程，确定和细化项目及本阶段目标，制订可行方案和计划。

（3）执行过程，获取、投入和协调资源，实施计划。

（4）监控过程，测量并监视绩效情况，发现偏差并采取措施纠偏。

（5）结束过程，正式验收项目阶段的可交付成果，并结束项目。

一个项目管理过程组中各个项目管理过程通过其结果进行连接，前一个过程的输出结果会成为后续过程的输入条件，如图 1-1-3 所示。此外，项目管理过程相互作用也会跨越阶段，项目前一阶段的"结束过程"输出的产物构成项目下一阶段"启动过程"的输入条件。

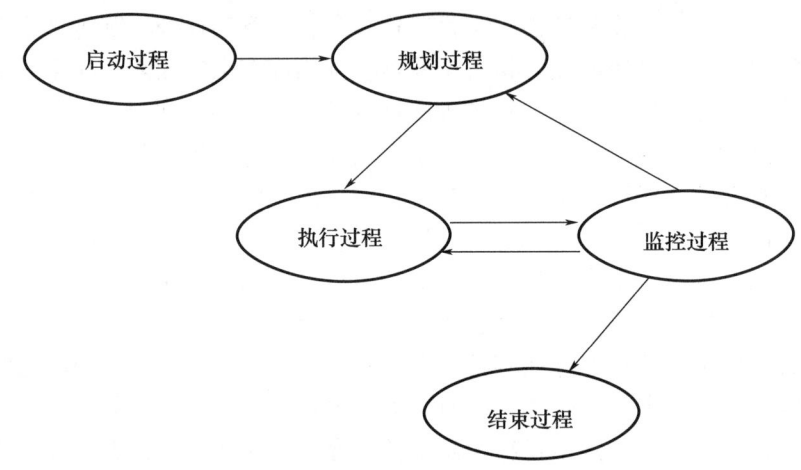

图 1-1-3 项目管理过程组构成及连接

与项目生命周期中各个阶段首尾相接的关系不同，项目管理过程之间在时间上不完全是一种前后接续、相互分立的关系，即项目管理过程之间会有不同程度的时间交叉和重叠，如图 1-1-4 所示。

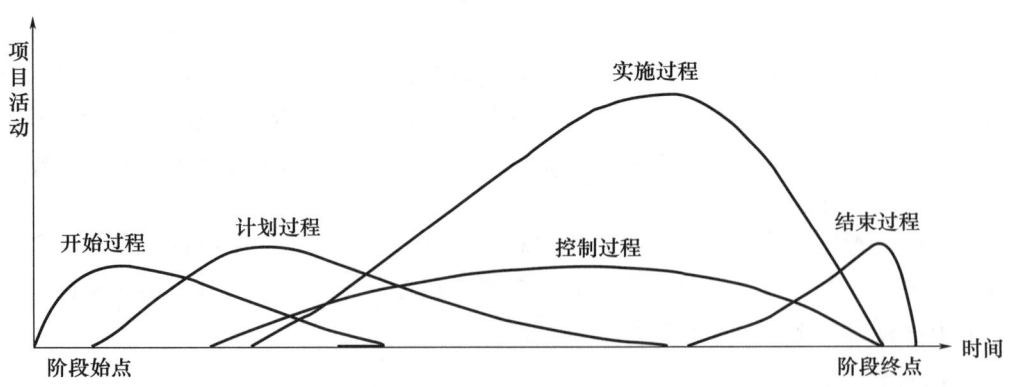

图 1-1-4 项目管理过程间的交叉和重叠

4. 项目目标管理

（1）项目目标及其管理。项目目标是项目在一定时期内要达到的预期成果。实现项目成功离不开良好的目标定义和目标管理，合理、清晰地设定项目目标，为项目管理组织和相关各方指明工作方向，提供协同基础，围绕项目目标开展方案和计划制订、资源投入及协调、构建考核激励机制等管理工作，才能确保项目目标顺利达成。

项目目标管理从本质上说就是从全局观点出发，以项目整体利益最大化作为目标，以各种项目专项管理的协调与整合为主要内容而开展的一种综合性管理活动。它的内容包括为达到甚至超过项目利益相关方的期望去协调各方面的目标和要求，设计最佳的项目实施方案，集成控制项目的变更，以及协调项目各方面工作等内容。项目目标管理的核心是突出一体化的整合思想，追求的不是项目单个目标的最优，而是寻求项目目标之间的协调和平衡，从而最终实现项目管理活动的总体效率和效果的提高。在进行项目目标管理时，首先应建立科学合理的目标系统，其次对目标的实施过程进行监测、检查、调整，这是一个贯穿项目全过程的动态控制过程。

(2) 项目目标的属性。项目目标具有独特的属性，具体如下：

① 多元性。项目活动存在目的性和制约性等特征，其目标也往往需要从多个维度加以同时设定，实施项目管理的过程就是多元目标协调的过程。各类项目无论规模大小，其目标往往不是单一的，在项目范围明确的条件下，通常由投资、进度和质量三方面基本目标因素构成其目标系统。

② 相关性。项目各具体目标因素之间彼此联系、相互制约和影响，成为对立统一的有机整体。如要想扩大目标范围或提高质量标准，就一定需要更长的时间和投入更多的资源；要加快项目进度以缩短工期，往往要以成本提高为代价。

③ 层次性。项目的目标系统需要进行层次描述，项目总目标层次最高，指明项目实施目的和全局性成果；以下依次为项目的策略性目标和可执行目标等，表达项目的具体目标、实施计划或措施。随着项目目标系统自上而下的不断分解细化，逐渐形成一套完整的、明确的、具体的、可实施控制的目标体系。

④ 动态性。项目目标体系并非一成不变，外部环境变化或不可预见事件的发生都可能导致项目目标因素的变化。所以项目目标系统应随项目实施进行相应的调整、优化和完善，使其适应不断变化的外部环境，更符合客观实际，具有可行性和可操作性。

根据项目目标的上述属性，在建立项目目标体系的过程中，要识别目标因素构成并分清主次，厘清目标因素之间的关系，确定结构合理、层次分明、关系协调、指标先进合理的目标体系。

(3) 项目目标制订原则与注意事项。制订任何目标都需要遵循一定的原则，项目目标也不例外。为有效确定项目目标，应注意遵循 SMART 原则：一是明确性（Specific），即目标应该是具体的；二是可衡量性（Measurable），即目标应该是可以考核的；三是可达成性（Attainable），即目标应该是可达到的；四是相关性（Relevant），即目标应与项目相关并围绕项目希望达成的结果加以设定；五是时限性（Timebased），即目标应明确实现的时间。

除了上述原则外，在制订项目目标时还应注意：

① 制订项目目标需要具备一定的技术基础和管理条件，而相关基础和条件从初步形成到完整需要时间，所以项目目标体系的制订和生成也将是由浅入深、递进发展的；

② 项目总体目标由项目发起人承担，其他参与方只能在其责任范围内制订对应的

分解目标，且不能与项目总体目标发生冲突；

③ 项目目标的形成必须具有"目标载体"，如某工程建设项目的范围管理中"项目许可证""工作任务书""工作分解结构"三项重要管理成果，及时确定目标参数的主要依据，也是表述目标管理的适宜载体；

④ 要区分项目目标的制定者和实现目标的执行者，前者一般是决策层，后者则是被授权的项目经理和管理团队，执行者可在授权范围内对执行方法进行随时调整。

（4）项目目标的落实与控制。为确保项目目标的落实，首先要围绕其制订科学可行的方案和计划，并从组织、人员、流程等方面给予保障；其次在项目计划执行过程中则应加以控制，持续检查目标的落实情况，一旦发现偏离目标应及时分析原因并采取纠偏措施，直至项目目标全面达成。由此，项目目标控制的要素主要包括控制主体、实施计划、实施信息、偏差数据、纠偏措施、纠偏行为等。

对项目目标的控制方式主要可分为两类：一是主动控制，即通过事先分析目标偏离的可能性及引发原因，有针对性地提前制订各种预防措施，使控制目标按预定计划目标实现；二是被动控制，即通过收集、整理和分析项目按计划执行的实际信息，对实施控制的项目目标进行跟踪和纠偏的方式。在各类项目执行中，需要同时使用两种控制方式以保证项目目标的实现。

5. 项目管理方案

项目管理方案又称项目管理规划，是用于全面指导项目管理的纲领性文件，应对项目管理的目标、内容、组织、资源、方法、程序和控制措施加以确定。项目管理方案具有预测性、针对性、指令性、可行性等特征。

项目管理方案的制订程序大致包括以下环节：明确项目需求和项目管理范围；确定项目管理目标；分析项目实施条件；确定项目管理组织模式、组织结构和职责分工；规定项目管理内容和措施；编制项目资源计划；汇总整理并报请审批。

项目管理方案一般包括以下内容：

（1）对项目实施的环境和条件、项目定义与项目目标的分析；

（2）项目管理组织总体规划，包括项目拟采用的管理模式、内部组织方式和项目重要工作流程；

（3）项目总进度规划，即对项目进度总目标进行预测、论证和作出全局性部署；

（4）与项目实施有关的技术总体规划，即针对项目涉及不同功能和技术体系，对专业技术标准、规范、方法及计价规则、管理规程等条件进行论证和规划；

（5）项目的风险管理规划，即针对前期已识别的项目风险，确定风险管理的总体安排及初步风险应对措施。

6. 项目绩效管理

项目绩效管理是项目发起人与其任命并授权的项目经理和管理团队依据双方达成的协议实施的、双方互动检查实现项目目标的过程。项目绩效管理将项目的绩效和组织绩效相融合，使项目发起人与项目管理团队负责人及成员间就项目目标本身及如何实现达成共识，形成利益与责任的共同体，进而成为激励项目管理团队协同高效工作、支持项目目标全面实现的有力工具。

项目绩效管理是伴随项目进行的，也具有目标性、一次性、成员临时性等特点，一般不纳入组织的日常绩效管理中，往往需要根据项目特征建立独立的项目绩效管理体系。

项目绩效管理的基本过程一般包括：

（1）项目绩效管理计划制订。明确管理团队及成员在项目各阶段主要工作内容，应达到的标准和要求，以及如何进行考核奖惩。

（2）项目绩效沟通与监控。各方密切沟通，及时收集和交换项目绩效信息，全面清晰掌握项目进展情况，识别和处理可能影响项目目标实现的问题，以便采取有效改进措施或视需要调整项目绩效管理计划。

（3）项目绩效考核与评价。按照绩效管理计划确定的时间、内容、方法和标准等，对项目管理团队及成员的工作过程和完成情况组织考核，形成评价结果并兑现奖惩措施。

（4）项目绩效持续改进。向考核对象反馈沟通考核与评价结果，组织开展成功经验和问题教训的总结和分析，针对项目后续工作和同类项目管理提出绩效改进计划和建议措施。

1.2 项目管理组织

任何项目都需要依托某种组织形式来进行管理。项目管理组织是指为完成项目任务，由不同来源、不同专业的人员共同组合而成、彼此相互协作的特殊工作集体，它通过从事计划、组织、控制、指挥、协调等管理工作，对各种资源进行合理配置，有效保证项目目标的实现。相较那些面向"职能"和"过程"管理为中心的长期性组织而言，项目管理组织作为面向项目执行与管控所构建的一类特殊组织，通常具有更为鲜明的目标导向性、组建临时性、结构与成员相对灵活性等特征。

1.2.1 项目管理组织的结构形式

针对不同的项目类型并考虑特定的资源配置和管控策略，在构建项目管理组织时可以采用不同的结构形式，常见的主要有项目式、矩阵式和职能式三类。

1. 项目式组织结构

项目式组织结构，又称直线式组织结构，是指在组织中按项目来划分所需全部资源的组织结构形式。采用项目式结构的组织为开展特定项目任务会建立专门的项目管理团队，这些项目团队自身独立拥有管理项目所必需的所有资源，而且项目管理团队及其成员只有一个上级，上级直接对下级进行管理不再通过职能部门，表现为直线的命令式关系。

采用项目式组织结构的组织内，每个项目团队有明确的、专职的项目经理，对上直接接受上级组织主管负责人的领导，对下负责本项目资源的运用直至完成项目任务，具有较大的权力和较高的权威，对项目的成功负有主要责任；团队内其他成员一般也是全职为一个项目工作的人员，但在需要时可临时聘用组织内外相关专业人员参与到项目管理团队工作中。组织内各个项目管理团队之间相对独立，但也会设置少量专门的职能部门，这些职能部门多处于从属地位，主要为各项目管理团队提供支持和服务。

项目式组织结构形式的示例如图 1-2-1 所示。

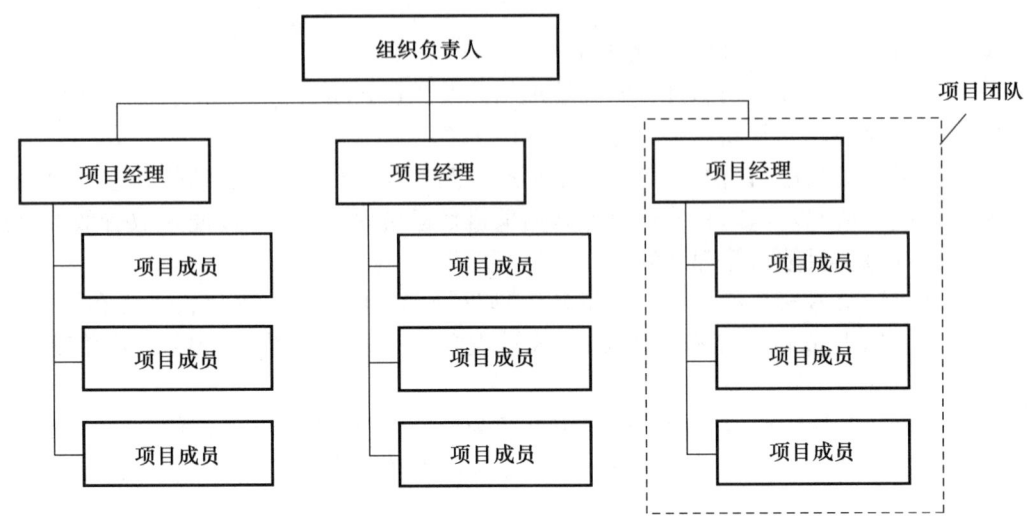

图 1-2-1　项目式组织结构示意图

（1）项目式组织结构的优点。主要体现在：
① 项目管理团队成员工作目标比较明确和单一；
② 便于分工管理，易于考核；
③ 管理层次少，指令一致，决策和响应高效快捷；
④ 资源集中管控，管理关系简单，内部容易沟通和协调，有利于项目控制。
（2）项目式组织结构的缺点。主要体现在：
① 组织内跨项目协同少，容易造成资源配置重复、闲置等问题；
② 项目临时性特征导致组织形式不稳定，项目后期团队成员缺乏归属感；
③ 不利于专业化能力积累和提高。

2. 职能式组织结构

职能式组织结构，是指组织按专业职能和工作的相似性来设定、划分内部职能部门。职能式组织结构主要适用于已开展运营类活动为主的组织，如生产制造类企业通常都具有计划、采购、生产、营销、财务、人事等职能，在设置部门时，会按照职能的相似性将所有计划工作及相应人员归为计划部门、将从事营销的人员归为营销部门等，企业便有了计划、采购、生产、营销、财务、人事等部门。

采用职能式组织结构的组织，在进行项目管理工作时，由各职能部门根据工作需要来划分和承担其职能范围内的工作，不成立项目团队或采用相对松散方式组建，项目相关协调工作主要在职能部门的层级开展；参与项目管理的各专业成员分属不同职能部门，且通常不会全职为一个项目工作，具有明显的兼职属性；针对每个项目一般不设立专门的项目经理，而是由组织或职能部门的负责人同时兼任项目的管理统筹工作。

职能式组织结构形式的示例如图 1-2-2 所示。

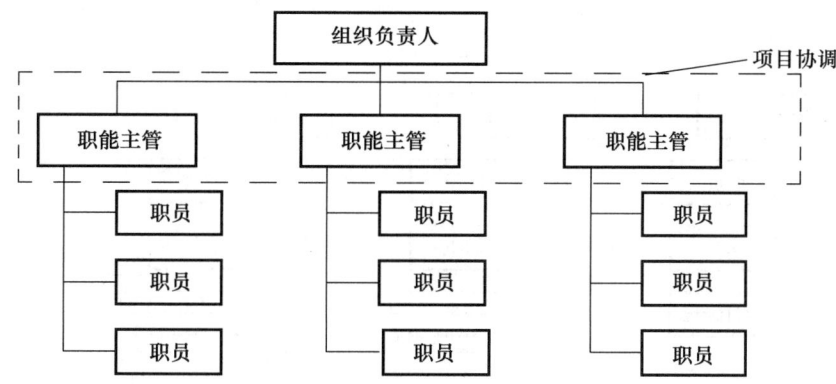

图 1-2-2 职能式组织结构示意图

（1）职能式组织结构的优点。主要体现在：
① 按照职能实施专业化分工，有利于组织技术水平的提升；
② 专业人员和相关资源可以服务多个项目管理，组织可根据需求合理配置与灵活调整，更具合理性和经济性；
③ 有利于组织的稳定性，人员流动性低。
（2）职能式组织结构的缺点。主要体现在：
① 跨部门执行项目，多方参与和多头负责增加了组织内沟通、协调难度；
② 项目团队形式松散，组织边界和分工难以清晰；
③ 项目成员往往不固定，易导致目标和责任淡化，难以落实和考核；
④ 人员多为兼职，对项目动态关注不足，不利于对项目进展的全面管控和对环境变化的及时应对。

3. 矩阵式组织结构

矩阵式组织结构，是兼具项目式和职能式特征的多元化结构，即将按照职能划分的横向部门和按照项目划分的纵向部门（或项目团队）相结合，构成类似矩阵的组织架构，以力求最大限度地发挥项目式和职能式结构的优点并尽量避免其弱点。当组织内多个项目对职能部门的专业支持与服务有着广泛共性需求时，矩阵式组织结构可以有效兼顾项目实施与职能运行两类不同工作。

当采用矩阵式组织结构时，项目经理对项目内的管理活动、时间安排和责任协调行使权力，并直接对项目的主管领导负责；而职能部门负责人则决定如何以专业资源支持各个项目，并对该职能部门的主管领导负责。在矩阵式组织中，需要从不同职能部门抽调专业人员，组成相对固定的项目团队开展具体项目工作，待项目完成后，项目团队成员返回原来职能部门。

（1）矩阵式组织结构的三种类型。按照职能部门和项目团队之间权力配置和对项目管理工作主导能力的差异，矩阵式组织结构还可细分为三种类型：
① 均衡矩阵式组织结构。是项目式和职能式组织结构结合最为均衡的一种矩阵式组织，有正式的项目团队，大部分团队成员专职从事项目工作，项目团队获取资源的能力介于项目式和职能式之间。均衡矩阵式组织结构的示例如图 1-2-3 所示。

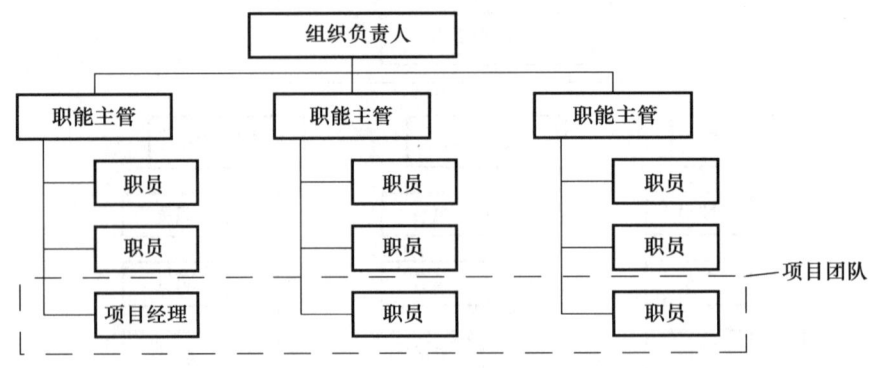

图 1-2-3　均衡矩阵式组织结构示意图

② 强矩阵式组织结构。与项目式组织结构更为接近，项目团队可以获得更多资源和权力，项目经理可对项目团队中来源于各职能部门的其他成员直接发出指令性任务，其他职能部门对项目团队更多提出的是专业咨询意见，项目经理有权决定是否采纳，并要承担最终的项目管理责任。强矩阵式组织结构的示例如图 1-2-4 所示。

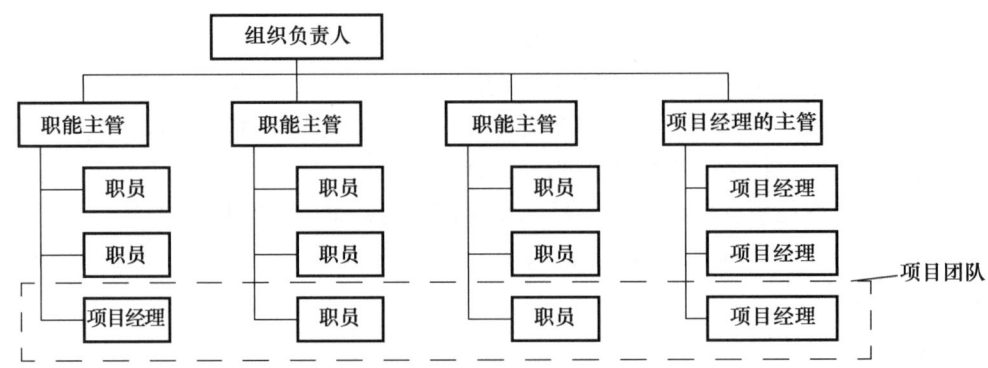

图 1-2-4　强矩阵式组织结构示意图

③ 弱矩阵式组织结构。具有较多的职能式组织结构的特征，项目团队相对松散，更多发挥协调而不是主导作用，针对项目团队向职能部门提出支持工作的请求，职能部门向项目团队发出指导性意见，项目团队无权不予采纳或不经协商就进行重大调整，相应的职能部门对项目成果也要承担相应的管理责任。弱矩阵式组织结构的示例如图 1-2-5 所示。

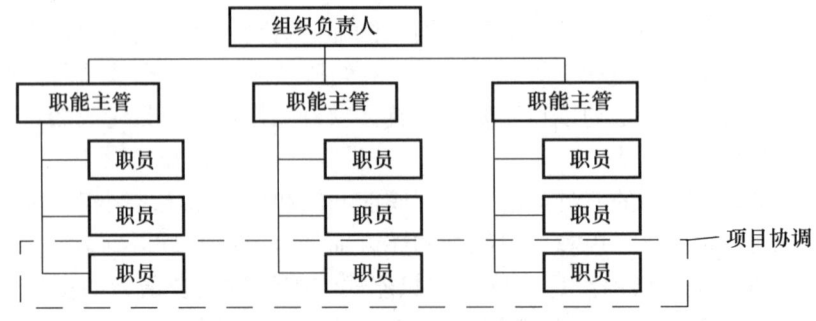

图 1-2-5　弱矩阵式组织结构示意图

(2) 矩阵式组织结构的优点。主要体现在：
① 团队目标和任务较明确，管理责任相对清晰；
② 有利于加强各职能部门之间的协作配合；
③ 有利于资源的灵活配置和合理利用；
④ 提高工作效率以及对项目与环境变化的及时反应能力；
⑤ 兼具职能部门专业分工细化和项目团队统筹协调管控的双重优点，保证组织整体目标的实现。

(3) 矩阵式组织结构的缺点。主要体现在：
① 项目团队成员接受项目经理和所在职能部门负责人的双重领导，两个指令来源可能存在冲突，容易产生多头指挥的混乱现象；
② 职能部门和项目团队的工作内容和管理责任难以界定与平衡，需要进行大量的协调，且项目管理业绩难以考核；
③ 组织的稳定性较差；
④ 多项目间的冲突难以平衡。

1.2.2 项目管理组织结构形式的特征对比与选择

上述各类组织结构形式在本质上的差异主要在于权力配置结构和影响力分布格局的不同，由此也引发在组织体系、人员配置、业务执行、资源管理等方面表现各异，相关特征对比可参考表1-2-1。

表1-2-1 不同项目管理组织结构形式的特征对比

特征对比	职能式	矩阵式 （弱—均衡—强）	项目式
权力配置	分散于多个职能部门	<----------->	集中于项目团队（部门）
管控主导	职能部门负责人	<----------->	项目经理
项目团队	松散，不稳定	<----------->	健全，稳定
项目经理	不设，或兼职且权力小	<----------->	全职，权力大
团队成员	兼职，临时	<----------->	全职，长期
责任分工	不清晰，难考核	<----------->	明确清晰，易管控
沟通协调	跨职能部门沟通协调工作量和难度大	<----------->	项目团队内部沟通为主，相对容易
专业资源	按职能汇聚，集中打造	<----------->	按项目划分，各自独立配置
应变能力	相对僵化，难以快速应变	<----------->	快速适应环境变化

项目组织结构的合理性和适配性，对项目成功影响极大，但具体项目组织结构形式的选择并不是唯一的，在充分理解上述各类组织结构形式的特征和优缺点的基础之上，项目所在组织应综合考虑组织特征、项目特点两方面的影响因素，为特定项目选择更为适用的组织结构形式。影响组织结构形式选择的组织特征因素，主要有组织主要业务结构与运作模式、领导人对项目管理工作的理解和要求、组织内部已形成的管理机构和权责分工、组织内专业人才及项目相关资源配置方式和能力水平等；影响组织结构形式选择的具体项目特点方面，主要包括项目重要性、执行难度、工作集成度（跨部门协同与

多专业支持的需求程度)、环境复杂程度等。

此外，在项目执行全过程内，项目组织结构也可能变化，即在项目的不同阶段采用不同的组织结构形式。例如：项目启动阶段以策划和研究型任务为主，项目组织规模较小，可能采用职能式组织结构；进入项目计划和设计阶段，专业技术资源集中投入，可采用项目式组织结构；到了项目实施阶段，工作头绪和涉及职能更多，对大型项目可选择矩阵式组织机构；在项目收尾阶段，需要集中组织和统一部署，通常采用项目式组织机构。

各类项目组织结构形式的一般适用原则如下：

(1) 项目式组织结构形式，主要适用于组织内部尚未设立或健全的专业性职能部门，以及长期、大型、重要和复杂的项目。

(2) 职能式组织结构形式，主要适用于组织内部已设立完备的专业性职能部门，其作为项目管理的支持体系；以及适用于规模较小、专业类似、变动和风险不大、时间限制性不强的项目。

(3) 矩阵式组织结构形式，主要适用于组织内部已设立的专业性职能部门，可以支持项目管理工作；适用于项目技术相对复杂、执行难度较大，需要利用多个职能部门的资源，但又不需要各专业技术人员全职为项目工作的项目。其中强矩阵组织结构形式更适合对专业资源需求更集中、组织内部协调工作量更大和相对困难的项目，弱矩阵组织结构形式则反之。

1.2.3　组织层面的项目管理方式

组织层面的项目管理，或称组织级项目管理，是组织的一种战略执行框架，即除了单一项目管理，组织对其承担的多个相互联系、同期并行的项目还要站在更高层面加以全面统筹协调和集成管理，不断地以可预见的方式取得更好的成果、更优的绩效和可持续的竞争优势，进而支持组织整体战略的有效实现。除了项目管理外，组织级项目管理的实现方式还包括项目群管理和项目组合管理，项目、项目群和项目组合管理的对象之间存在包含关系，如图1-2-6所示。

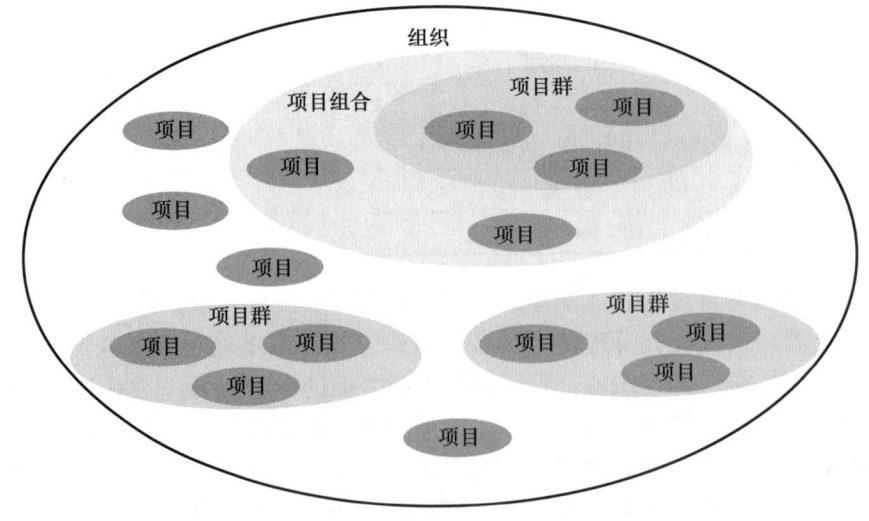

图1-2-6　项目、项目群和项目组合的包含关系

项目、项目群和项目组合管理都应符合组织战略或由组织战略驱动，但各自又以不同方式服务于组织战略：

（1）项目管理，通过指定和实施计划来完成既定的项目范围内工作，形成预期的交付成果，为所在项目群或项目组合的目标服务，并最终为组织战略服务；

（2）项目群管理，对所包含的项目进行统一协调，对项目间的依赖和影响关系进行控制，从而实现优于项目各自独立管理的既定收益；

（3）项目组合管理，通过选择正确的项目或项目群，对工作进行优先排序并配置所需资源，来与组织战略保持一致；

（4）组织级项目管理，强调把项目、项目群和项目组合管理的原则和实践与组织驱动因素（如组织结构、组织文化、组织技术、人力资源等）紧密联系起来，从而提升组织整体能力，支持组织战略目标的实现。

1. 项目群管理

项目群主要由一组相互关联并需要进行协调的项目所组成。与单个项目相比较，项目群范围和规模更大、持续时间更长、具有更高复杂性和不确定性。构成项目群的项目可能在服务客户、专业属性、交付成果、资源占用等多个方面存在重叠、衔接和影响等关系，为更好地处理好这些关系，将多个项目集中放在一个整体框架结构下加以协调，可以实现各个项目单独执行和管理所无法实现的收益。如一家地产开发企业启动某大型园区开发工作，其中涉及商品和保障性住宅、市政设施、公共服务设施、商业配套设施等多个独立的建设工程项目，每个项目的交付成果都作为园区未来投运的组成部分，各个项目在功能需求、设计方案、建设进度等方面相互关联和配合衔接，该开发企业应将这些工程项目纳入一个项目群内进行协调管控；一家招标采购代理机构承揽某重点建设工程全过程招标采购代理服务，主要包括勘察、设计、监理、施工总承包、施工专业承包、主要材料和设备等众多招标事项，但各具体招标采购项目间应确保信息有效传递、技术资源共享、实施进度衔接，代理机构也可将其视为一个项目群进行管理。

项目群管理是对项目群内相关关联的项目进行的统一协调管理，以获得分别管理各项目所无法实现的利益和控制。通过项目群管理的协调管控，可以统一管理目标，细化专业分工，优化资源配置，促进多方协同，降低项目间接口风险等，以实现该项目群的整体目标和收益最大化。

与单一项目管理相比较，项目群管理关注的重点在于：

（1）站在更高层面对多个项目进行目标与绩效管理，与项目群整体目标体系协调一致；

（2）分析多项目之间的关联关系和各种接口，进行优化衔接管理；

（3）重点关注和解决跨项目共享资源的制约和冲突，提高资源配置效率和响应能力；

（4）处理同一治理结构内相关项目间问题和范围（成本、进度或质量）的变更；

（5）通过优化组织整合能力，策划和实现多项目整体最优的收益；

（6）采用跨项目的应对措施以包容不确定性和缓解风险。

项目群管理通常采用的组织结构形式主要在项目式、矩阵式组织机构基础上进行改造，增加项目群管理机构和人员，它不排除组织内职能部门对项目提供的专业支持，只是根据组织内对项目团队的分工，在项目群内将划定为项目团队职责范围内的某些工作集中起来，由归属项目群的管理人员负责，其余工作再由项目群范围内下一层项目团队的工作人员承担。

2. 项目组合管理

项目组合主要包括为实现组织战略目标而组合在一起进行管理的一系列项目和项目群。组合内的项目或项目群不一定彼此依赖或直接相关，但应该是同期并行的。如以投资回报最大化为目标的某综合性基础设施服务公司，可以把某个地区的供电、供水、供热、道路等项目打包为一个项目组合，其中相互关联的项目可作为项目群来管理，如所有供电组成供电项目群、所有供水项目组成供水项目群。

项目组合管理是指在可利用的资源条件和组织战略计划的指导下，对由多个项目或项目群构成的项目组合进行的集中"打包"管理。项目组合管理根据项目、项目群和其他工作对组织战略和目标的支持和贡献程度，进行评价选择、优先级排序、多项目组合优化、资源调配和平衡、协同化监控和管理，解决资源冲突和降低分散组织风险，从而确保项目组合符合组织的整体战略目标，实现组织整体收益的最大化。

如果说传统项目管理主要采用的是一种自下而上的管理，主要强调"如何做项目"。与之相反，项目组合管理采取是一种自上而下的管理方式，关注如何将组织战略落实，即首先确定组织的战略目标，优先选择符合组织战略目标的项目，然后在组织资源能力范围内有效执行项目；且项目组合管理更强调"如何配置项目"，通过多项目组合优化，将项目组合与组织战略目标有效结合，获得项目之间的合理平衡，通过对更具价值的项目设定优先级和配置资源，来最优化项目组合价值，确保项目组合管理与组织战略保持一致。

项目组合管理是组织在战略层面的管理活动，是组织高层管理者进行战略决策过程的重要组成部分，其特点主要体现在信息的不确定性、战略的多目标性、项目的关联性、决策领域的多样性等方面。

作为组织在战略层面的重要管理活动和推动战略目标实现的有效途径，组织在策划和实施项目组合管理时受内外部环境、项目类型、资源拥有情况等众多因素影响，所采取的方式方法和组织形式没有一定之规，并与具体项目管理所采用的组织结构形式不在一个层级，也没有必然的直接联系。

1.3 项目管理任务

1.3.1 项目管理任务构成与分层关系

项目管理作为将知识、技能、工具与技术应用到项目各项活动中的一系列组织行为，具有很强的专业性与复杂度，需要对其中涉及的具体工作任务加以区分和识别，方可据此分工组织开展并配置合理资源。

项目管理任务的划分方式有很多种，实践中各类项目的所处行业、专业类型、规模大小、组织方式、实施条件等千差万别，开展管理工作的内容范围也不尽相同。参考国际通行的项目管理知识体系（PMBOK），大型复杂项目的管理工作一般会涉及十个知识领域，即十个方面的管理职能或管理任务，包括：范围管理、时间管理、质量管理、成本管理、沟通管理、风险管理、资源管理、采购管理、相关方管理、整合管理等。

从各项管理任务的具体目标和作用看，上述十个方面的项目管理任务可分为三个不同的层面，见图1-3-1。

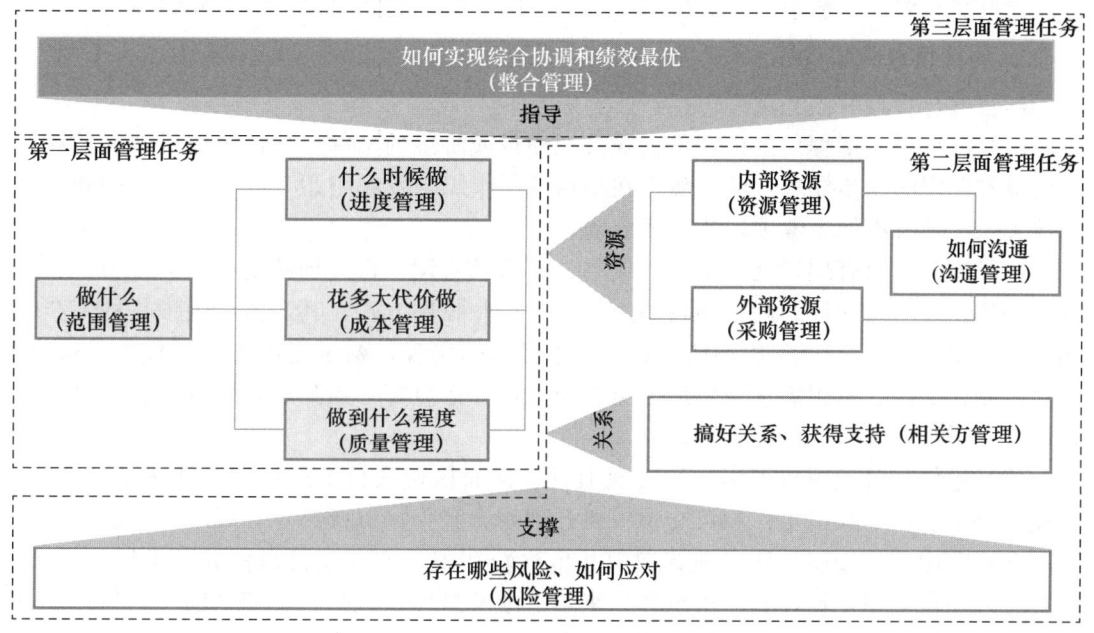

图1-3-1 项目管理任务构成关系及分层示意

（1）第一层面的管理任务。主要包括范围管理、质量管理、时间管理以及成本管理，是外在的项目管理任务，其完成的效果直接构成了项目可交付成果及与可交付成果直接相关的管理目标实现的情况。作为项目可交付成果的受益人，客户直接关注的重点是第一层面管理任务的完成情况。

（2）第二层面的管理任务。主要包括资源管理、采购管理、沟通管理、风险管理和相关方管理，是内在的项目管理任务，它们的管理状态不会直接表现为项目管理目标实现的状态，但会影响到第一层面管理任务的执行，从而间接影响项目管理目标的实现。对于第二层面的管理任务，虽然客户一般不直接予以关注，但项目的管理者必须对此予以足够的关注，控制这些管理任务的正常执行，作为顺利完成第一层面管理任务的保障。

（3）第三层面的管理任务。主要是整合管理，集成了上述两个层面各项管理工作及任务执行情况，统一输出为最终的整体管理成果。

1.3.2 项目整合管理

项目一般需要多方参与、投入多种资源、开展多项工作和实现多项具体目标，而这些均应服务并服从于项目的总体目标。项目整合管理（又称为"项目综合管理"或"项目集成管理"）是指将项目各阶段、各领域工作过程的具体目标和任务同项目管理总体目标综合起来的管理活动，包括对所有项目管理过程和活动进行识别、定义、组合、统一和协调的各项工作。

项目整合管理旨在统筹各方要求，解决项目实施过程可能出现的各种矛盾冲突，对进度、费用、质量等多方位目标进行协调管理，从而确保项目总体目标的顺利实现。项目整合管理的关注重点是项目各组成部分和参与要素之间交互界面的识别、监测和控制。这些交互界面一般包括人员界面、工作范围界面、时间界面、技术界面等。

1. 项目整合管理过程

项目整合管理的核心过程包括：

（1）制订项目章程。制订一份正式批准项目或阶段的文件，并记录能反映利益相关方需要和期望的初步要求。项目章程在项目执行组织与发起组织（或客户）之间建立起伙伴关系，其批准标志着项目的正式启动。

（2）制订项目管理计划。定义、编制、整合和协调项目计划的所有组成部分，并整合为一体。项目管理计划确定项目的执行、监控和收尾方式，其内容会因项目的复杂性和所在应用领域而异，通常会围绕项目总体目标的实现，系统提出工作、成本、进度、变更控制、采购、资源需求与供应、组织及人员、信息等一系列项目管理任务的分项计划，各分项计划具有密切关联性。

（3）指导和管理项目工作。为实现项目目标而执行项目管理计划中所确定的工作，其作用在于通过对项目工作和可交付成果开展综合管理，以提高项目成功的可能性。

（4）管理项目知识。使用现有知识并生成新知识，实现项目目标并帮助组织学习。通过管理项目知识，旨在利用组织知识来创造或改进项目成果，并使当前项目创造的知识可用于支持组织运营和未来的项目或阶段。

（5）监控项目工作。跟踪、审查和调整项目进展，以实现项目管理计划中确定的绩效目标，旨在让相关方了解项目当前状态并认可为处理绩效问题而采取的行动，以及通过成本和进度预测，让相关方了解项目未来状态。监督是贯穿于整个项目周期的项目管理活动之一，它包括收集、测量和发布绩效信息，分析测量结果和预测趋势，以便推动过程改进。持续的监督使项目管理团队能洞察项目的健康状况，并识别需特别关注的任何方面。控制包括制订纠正或预防措施或进行重新规划，并跟踪行动计划的实施过程，以确保它们能有效解决问题。

（6）实施整体变更控制。审查所有变更请求，批准变更，管理对可交付成果、组织过程资产、项目文件和项目管理计划的变更，并对变更处理结果进行沟通。项目执行过程中，随着项目进展、工作深入和环境变化，相关方会提出各种变更请求，若不考虑变更对整体项目目标或计划的影响，对各类变更请求进行综合评审，很容易加剧整体项目风险。为此，整体变更控制应贯穿项目始终，必须通过谨慎、持续地审查、管理变更，来维护项目管理计划、项目范围说明书和其他可交付成果，进而确保项目整体目标达成。

（7）结束项目或阶段。终结项目、阶段或合同的所有活动，在此过程需要存档项目或阶段信息，完成计划的工作，释放组织团队资源以展开新的工作。在结束项目时，项目经理需要回顾项目管理计划，确保所有项目工作都已完成以及项目目标已经实现。如果项目在完工前就提前终止，结束项目或阶段过程还需要制订终止程序，来调查和记录提前终止的原因。

2. 项目整合管理的常用方法与工具

监控项目以及项目执行绩效评估工作过程中经常采用的一个有效方法是挣值分析法。

挣值分析法（EVA）是一种分析目标（如进度和费用）实施与目标期望之间差异的方法，故又常被称为偏差分析法。挣值分析法通过测算和比较已完成工作的预算价值（即挣值，EV，Earned Value）、已完成工作的实际成本（即实际成本，AC，Actual Cost）和计划完成工作的预算价值（即计划价值，PV，Planned value），得到有关计划实施的进度和费用偏差，从而判断项目预算和进度计划的执行情况。之所以称为挣值法，是因为该方法使用了一个关键要素——挣值（EV），即已完成工作的预算价值。

在项目实施过程中，通过挣值分析可以定量计算和评估进度偏差和成本偏差，从而将项目费用管理与项目进度管理有机结合，实现彼此联动的有效控制。其中：进度偏差以挣值（EV）和计划价值（PV）之差来代表，是测量进度绩效的重要指标；成本偏差以挣值（EV）和实际成本（AC）之差来代表，是测量成本绩效的重要指标。挣值分析示意见图 1-3-2 所示。

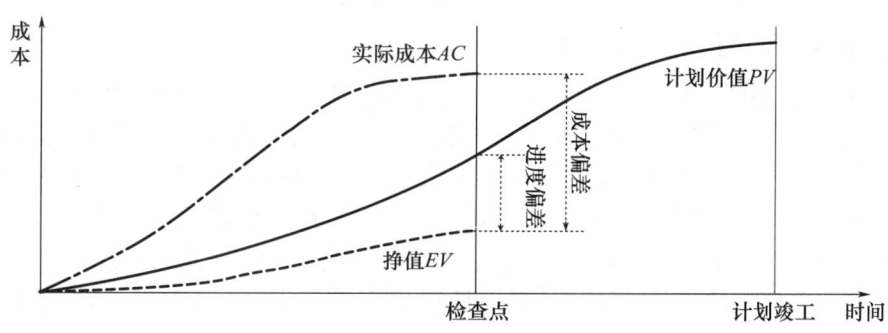

图 1-3-2　挣值分析示意图

除上面进度偏差和成本偏差两个绝对量指标外，通过计算成本绩效指数（Cost Performance Index，$CPI=PV/AC$）和进度绩效指数（Schedule Performance Index，$SPI=EV/PV$）可以分别反映成本超支（节约）和进度延误（提前）的相对水平，以衡量项目成本和进度控制的绩效状况。

1.3.3　项目范围管理

项目范围管理是指对整个项目生命期所涉及的工作范围进行管理和控制，从而确保项目完成按照规定、计划或要求所必须要做的全部工作，并且只完成那些必须完成的工作。项目范围管理的关键在于识别和控制哪些工作应该包括在项目之内，哪些工作不应该包括在项目之内。

1. 项目范围管理过程

项目范围管理的核心过程包括：

（1）收集需求。为实现项目目标而收集、记录和分析利益相关方的项目需求与产品需求，其中项目需求包括商业需求、项目管理需求、交付需求等，产品需求则包括技术需求、安全需求、性能需求等。收集需求过程可形成需求文件、需求管理计划以及需求跟踪矩阵等成果。

（2）定义范围。制订项目和产品详细描述，输出成果是项目范围说明书。项目范围说明书详细描述项目的可交付成果，以及为提交这些可交付成果而必须开展的工作，表明项目利益相关方之间就项目范围所达成的共识。

（3）创建工作分解结构。将项目可交付成果和项目工作分解为较小的、更易于管理的组成部分。工作分解结构组织并定义项目的总范围，代表着现行项目范围说明书所规定的工作。计划要完成的工作包含在工作分解结构最底层的组成部分中，这些组成部分被称为"工作包"。

（4）核实范围。正式验收项目已完成的可交付成果。例如，工程建设项目的竣工验收、工程地质勘察项目的勘察报告审核确认等。该过程要求对项目在执行过程中完成的各项工作进行及时检查，确保正确、满意地完成项目范围定义提及的全部工作，其结果是对项目工作完成成果的正式接受。

（5）控制范围。监督项目和产品的范围状态、管理范围基准变更。控制范围的关键在于对项目范围变更的控制，其中项目范围变更包括对已经明确定义的项目范围的改变，可能涉及增减项目工作、改变项目成果数量和功能要求等。

2. 项目范围管理的常用方法与工具

项目范围管理的主要方法和工具是工作分解结构，又称 WBS（Work Breakdown Structure），是指一种主要应用于项目范围管理，在项目全范围内分解和定义各层次工作内容的方法，它按照项目发展的规律，依据一定的原则和规定，对项目进行系统化的、相互关联和协调的层次分解，层次越往下层，项目组成部分的定义越详细。WBS最后构成一份层次清晰、可以具体作为组织项目实施的工作依据。工作分解结构 WBS 通常是一种面向成果的树状结构，最低层是细化后的"可交付成果"，该树状结构确定了项目的整个范围。

（1）工作分解方法。WBS 对工作分解的方法主要包括两种：一种是基于项目成果的分解结构，如图 1-3-3 示例，某房屋建筑工程按照实体交付成果进行逐级细分形成工作分解结构；另一种是基于工作过程的分解结构，如图 1-3-4 示例，某招标采购项目的工作分解结构中第一级先按照工作阶段划分，向下再按照工作程序和具体工作内容进行逐层分解。

（2）注意问题。编制 WBS 时应注意：

① 将项目的产品结构划分、项目的阶段划分以及项目组织的责任划分有机地结合起来；

② 最低层的工作包应当便于完整无缺地分派给项目内外的组织或个人，各个工作包之间必须具有明确的界面，界面清楚将有利于减少实施过程中的协调工作量；

③ 最低层的工作包应该非常具体，以便承担工作的组织或个人都能明确自己的任务、努力的目标以及承担的责任，其主要优点是利于监督和业绩考核；

④ WBS 的每个分支并不一定需要分解到相同的层次；

⑤ 逐层分解项目或其主要可交付成果的过程，实际上就是分派角色和职责的过程；

⑥ WBS 中包括内部管理活动和分包商的活动；

⑦ 分解后的任务应该是可管理的、可定量检查的、可分配任务的、独立的；

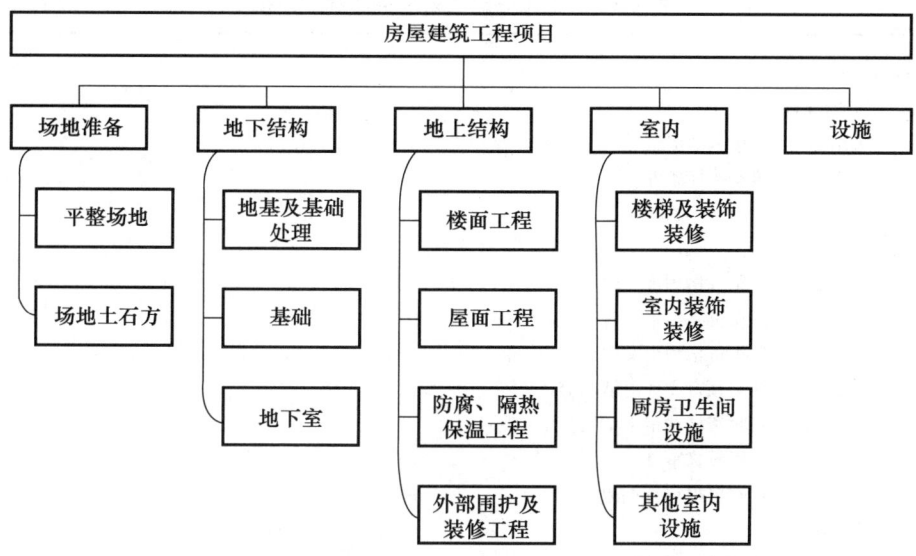

图 1-3-3 基于可交付成果的项目工作分解结构示例

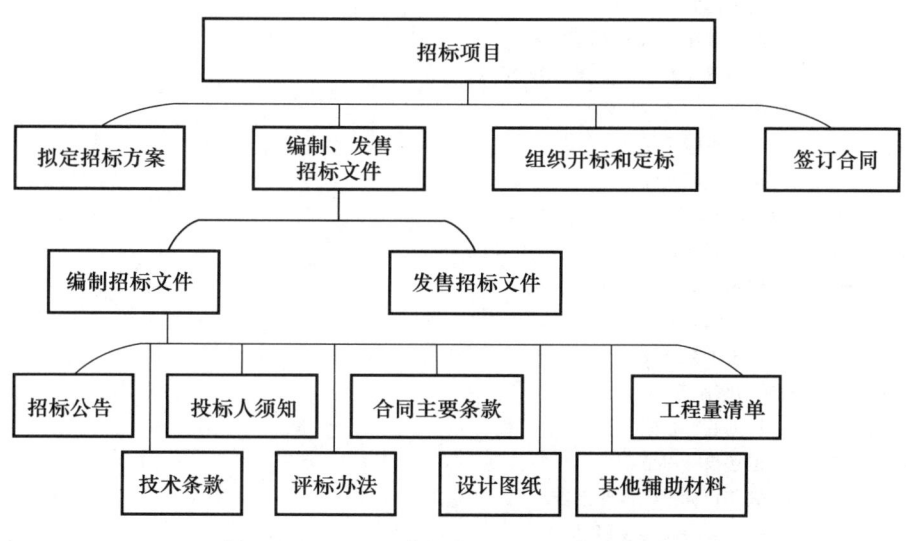

图 1-3-4 基于工作过程的项目工作分解结构

⑧ 决定 WBS 详细程度和层次多少主要取决于项目参与者的责任能力和对项目的控制能力，承担工作任务的组织和个人责任能力和控制能力越强，分解层次可越少，反之则更多。

（3）成果及表达方式。WBS 成果主要包括工作分解结构和工作分解结构词典，其中前者是以可交付成果为导向工作层级分解，常用的表达形式有层次结构图（如图 1-3-3 和图 1-3-4 所示）或分级列表（如表 1-3-1 所示）；后者是在创建工作分解结构过程中产生并用于支持工作分解结构的文件，是对工作分解结构组成部分进行的更详细描述（编码、工作内容描述、成本预算、时间安排、质量标准或要求、责任主体、资源配置、其他属性等）。

表 1-3-1　工作分解结构的分级列表示例

```
1  ***招标采购项目
    1.1  招标准备
        1.1.1  收集基础信息
        1.1.2  落实招标条件
        1.1.3  拟订招标方案
    1.2  资格预审
        1.2.1  编制资格预审文件
        1.2.2  发布资格预审公告
        1.2.3  发售资格预审文件
        1.2.4  资格预审文件澄清与修改
        1.2.5  接收资格预审申请文件
        1.2.6  组织资格审查
        1.2.7  通知资格审查结果
    1.3  招标投标
        1.3.1  编制招标文件
        1.3.2  发布招标公告或投标邀请书
        1.3.3  发售招标文件
        1.3.4  组织潜在投标人踏勘现场
        1.3.5  组织召开投标预备会（视情况）
        1.3.6  招标文件澄清与修改
        1.3.7  收取投标保证金
        1.3.8  接收投标文件
    1.4  开标、评标与定标
        1.4.1  组织开标
        1.4.2  组织评标（提前抽取专家）
        1.4.3  评标结果公示
        1.4.4  发出中标结果
    1.5  合同签订及后续服务
        1.5.1  协助签订合同
        1.5.2  退还投标保证金
        1.5.3  编制招标投标情况报告
        1.5.4  招标资料收集及移交
```

1.3.4　项目时间管理

项目时间管理（也可称为项目进度管理或项目工期管理）是指为确保项目按期完成所有必须完成的工作而进行的管理。

1. 项目时间管理过程

项目时间管理主要包括以下工作过程：

（1）活动定义。识别为完成项目可交付成果而需采取的具体行动。活动定义应结合项目范围的成果如项目范围说明书和工作分解结构，确定为取得各项分解后可交付成果所需开展的各项具体工作，并形成可完整描述项目全部工作与进度的活动清单。

（2）活动排序。识别项目活动间逻辑关系并据此对各项活动加以排序。项目活动之间的逻辑关系（先后顺序关系）包括平行、顺序和搭接三种形式，具体取决于相关的工艺关系和组织关系。工作排序的主要成果是表达项目各工作间逻辑关系的项目网络图。

（3）估算活动持续时间。根据项目活动的具体工作内容、可利用资源和经验数据，估算完成各项活动所需工作时间长短。

（4）制订进度计划。依据活动顺序、活动持续时间以及资源需求和进度约束，确定项目各项工作的开始和结束时间并形成项目进度计划表。

（5）控制进度。监督项目状态以更新项目进展、管理进度基准变更。在项目执行过程中应通过检查和比对实际进度与计划进度，确定进度是否发生变化，找出进度偏差并分析原因，及时采取纠偏措施，对造成进度变化的因素施加影响确保项目整体进度目标的实现。

2. 项目时间管理的常用方法与工具

项目时间管理中常用的方法和工具有横道图、网络计划图等。

（1）横道图。横道图又称甘特图，是一种用来展示计划进展和实际进展的工具和方法。横道图是一种二维平面图，纵维表示具体项目活动，一般在图的左方自上而下排列，横维表示时间的刻度，所使用的线条和横道（柱形）用来显示每项活动的开始时间和结束时间，其长度代表活动的持续时间。

横道图绘制时，要依据项目工作分解结构将各项工作活动列入横道图，然后估计每项活动的持续时间，按项目实施的逻辑顺序计算每项活动的开始与结束时间，再按时间坐标标注在图中即可。除了各项活动的起始时间，横道图中还可以标注活动间的逻辑关系和项目的关键里程碑事件。

横道图具有原始、简单和易读等特点，可通过代表项目具体工作活动的条形图在时间坐标轴上的点位和跨度来直观反映工作包各有关时间参数，通过条形图的不同图像特征（如实心条、空心条、不同颜色等）来反映工作包任务的不同状态（包括时差、关键路径、计划或实施中的实际进度等），通过带有箭头的连线来反映工作包任务与其他工作之间的逻辑关系。

除了作为进度计划的重要表达形式外，横道图主要作用之二是控制进度，即将项目实施的实际进展情况以条形图形式（不同图像特征）画在同一个项目的进度计划横道图中，以此来直观地对比实际进度和计划进度之间的差距，并作为偏差控制计划制订的依据。此外横道图还是项目资源与费用估算曲线编制和资源优化的基础。

（2）网络计划图。网络计划图，或称网络图，是运用网络计划技术加以绘制，由箭线和节点组成的，用来表示工作流程的有向、有序的网络图形。采用网络图方式编制项目进度计划，不仅可以表达工作活动构成和相关工作时间参数，还能以图形方式直观显示出项目活动的发生顺序和其相互之间的逻辑关系。根据网络图中箭线和节点表达内容的不同，网络图一般分为双代号网络图和单代号网络图两种。

单代号网络图中，以节点表示工作，以箭线表示工作之间排序和逻辑关系，示例见图1-3-5。单代号网络中工作之间的逻辑关系主要包括四种类型：结束到开始（FS）、结束到结束（FF）、开始到开始（SS）和开始到结束（SF）。

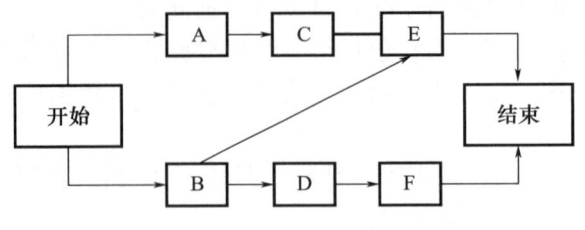

图 1-3-5 单代号网络图示例

双代号网络图中,用箭线代表工作(箭尾节点表示该工作的开始,箭头节点表示该工作的结束),用节点表示事件和工作排序(节点编号顺序应从小到大,禁止重复),示例见图 1-3-6。双代号网络中工作之间的逻辑关系主要为结束到开始(FS),需要表示其他类型的工作逻辑关系时,则要引入虚工作。

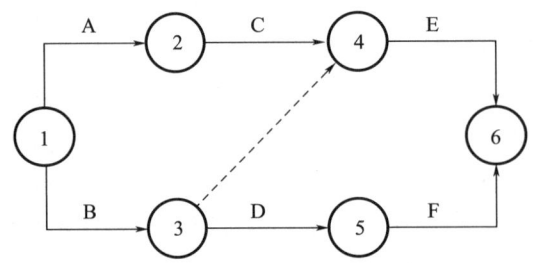

图 1-3-6 双代号网络图示例

与横道图相比,网络图具有如下的优点:

① 清晰表达工作之间的逻辑关系。网络图可以帮助进度计划的编制者理顺工作之间的逻辑关系,掌握项目的总体思路。

② 明确关键工作和关键路径。通过网络图中时间参数的计算,可以识别关键工作和关键路径,抓住主要矛盾,保证整个项目的按时完工。

③ 有利于资源的优化配置。网络图中标明了各项非关键工作的机动时间,可以制订出最经济的资源利用方案,均衡利用资源,达到节约成本的目的。

1.3.5 项目质量管理

项目质量管理是指为确保项目成果(产品或服务)满足预定的质量需求的管理过程和活动。与现代质量管理的理念相一致,项目质量管理也遵循"预防胜于检查"以及"持续改进"的原则和观点,项目管理的目的是了解、评估、定义和管理期望,以便满足客户的要求,项目的成功需要项目团队全体成员的参与,管理层有责任为项目提供所需资源。

1. 项目质量管理过程

项目质量管理主要包括以下工作过程:

(1)编制质量计划。全面识别和确定项目及其产品的质量要求和标准,制订为达到这些要求和标准所需开展工作的计划和安排。

(2)提供质量保证。建立必要的质量保证体系,为项目达到所要求的质量水准提供信心。通过质量保证系统的建立和运行，不断检查（审核）项目质量计划的实际执行情况，提高项目工作自身及项目可交付成果的效率和质量。

（3）实施质量控制。监控项目具体成果以判定其是否符合相关质量标准，并制定相应措施来消除导致质量偏差的原因，以确保项目质量得以实现。简单来说，就是要"确立标准、衡量成效、纠正偏差"。

2. 项目质量管理的常用方法与工具

数据是质量控制的基础，项目质量管理和控制也广泛采用相关数理统计方法，通过收集、整理质量数据，发现分析质量问题，并据此及时采取对策加以预防和纠正。项目质量管理中常用的数理统计方法有直方图、因果分析图、排列图和控制图等。

（1）直方图。直方图，又称质量分布图、矩形图或频数分布图，是将质量频数的分布状态用直方柱表示，根据对直方的分布形状和与公差界限相对关系的观察，探索质量分布规律，分析、判断整个作业过程是否正常、稳定的图示方法。利用直方图，可以制订质量标准，确定公差范围；可以判断质量分布情况是否符合标准要求。直方图的基本形式如图 1-3-7 所示。

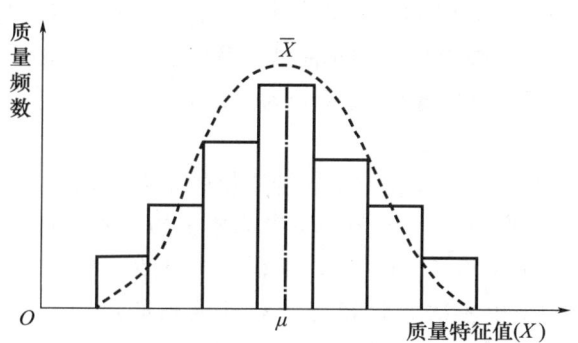

图 1-3-7　直方图示例

$\overline{X}$—样本分布中心；μ—公差中心

（2）因果分析图。因果分析图，又称石川图、鱼骨图，是一种逐步深入研究和讨论质量问题的图示方法。通过将各种影响质量的因素与质量问题联系起来，可以系统地得到产生质量问题的原因，有助于制定决策，解决存在的质量问题，从而达到控制质量的目的。图 1-3-8 是一个采用因果分析图分析某工程钢筋混凝土质量问题的示例。

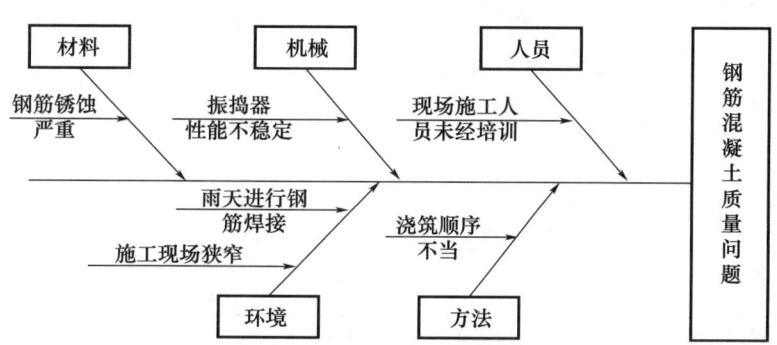

图 1-3-8　钢筋混凝土质量问题的因果分析图示例

采用因果分析图改进质量问题的一般步骤如下：
① 选定需要进行分析的质量问题，用标明箭头方向的主干表示；
② 确定对应质量特性的影响因素，依次寻找造成质量问题的原因，考虑到原因有大有小，分析时应采用分层分级策略。一级是概括性的原因，用大枝表示，一般包括人、材料、设备、方法和环境等五个方面；
③ 对影响质量的一级原因作进一步分析，找出其中存在的具体原因，并分别标注在各自大枝的分枝上；
④ 全面检查逐级分析结果，发现有遗漏的地方进行补充和完善；
⑤ 找出影响质量的原因并分析其影响程度，从中选出若干影响较大的关键原因，并在图上做出标记；
⑥ 针对选定的关键原因，制订相应的对策，改善质量控制，提高项目的质量。

（3）排列图。排列图，又称帕累托图、主次因素分析图，是一种利用统计的方法对影响质量的因素发生频率进行排序，以寻找影响质量的主要因素的图示方法。

排列图中左侧的纵坐标表示频数，右侧的纵坐标表示累计频率，横坐标代表质量影响因素，通常按影响程度（质量问题出现频数）大小顺序在横坐标上自左而右依次绘出，再根据右侧的纵坐标，画出累计频率曲线。累计频率曲线也称帕累托曲线。

在排列图中，通常将曲线的累计频率分为三级，与之相对应的因素分为 A、B、C 三类：

A 类因素：对应于频率 0~80%，是影响质量的主要因素。
B 类因素：对应于频率 80%~90%，是影响质量的次要因素。
C 类因素：对应于频率 90%~100%，是影响质量的一般因素。

运用排列图有利于找出主次矛盾和有针对性地采取对策。图 1-3-9 是某工程采用排列图法对导致混凝土构件尺寸不合格的具体原因进行分析的示意，根据排列图显示，构件表面平整度和截面尺寸不合格可以作为 A 类问题，应作为质量改进的关注重点，平面水平度作为 B 类问题，也应给予充分重视。排列图的基本形式如图 1-3-9 所示。

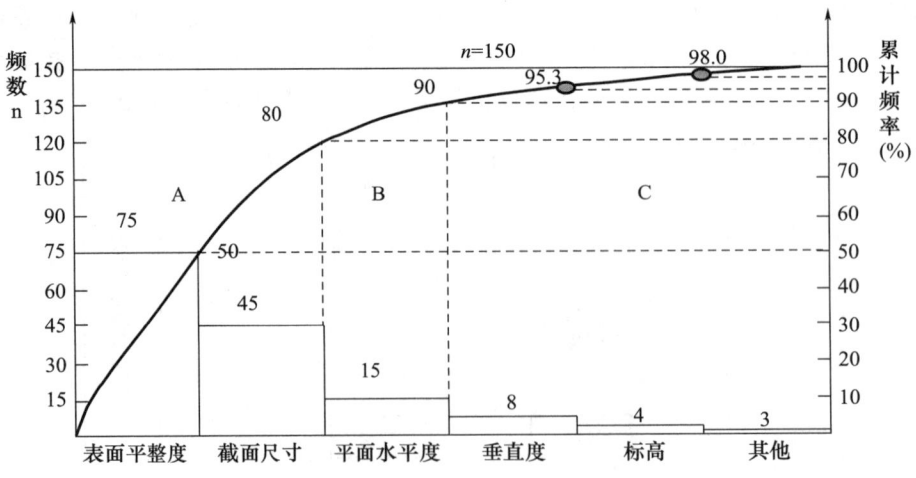

图 1-3-9 某工程混凝土构件尺寸不合格问题的排列图示意

（4）控制图法。控制图，又称为管理图，是反映项目活动或成果随时间变化而发生的质量变动的状态图形。实践中，质量波动有两种类型：偶然因素引起的正常波动；系统因素引起的异常波动。质量控制的目的是分析是否存在异常波动，寻找系统因素并加以消除，使质量只受偶然因素的影响。

控制图就是利用控制界限，将质量特性控制在正常质量波动范围内。通过控制图，可以及时判断异常波动存在与否，以便及时采取对策。控制图的基本形式如图 1-3-10 所示。

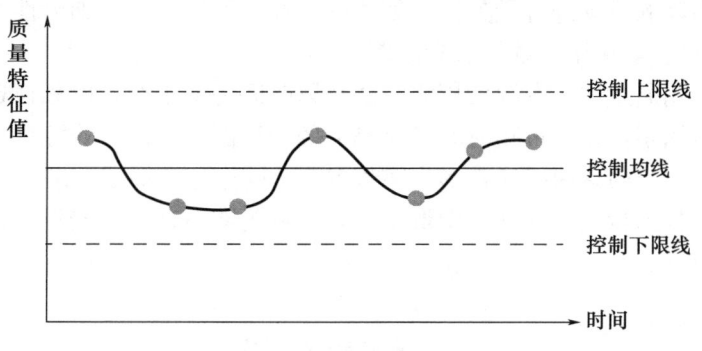

图 1-3-10 控制图示例

1.3.6 项目成本管理

项目成本管理，也称为项目费用管理，是指为保证项目实际发生的成本低于项目预算成本所进行的管理过程和活动。项目成本管理重点关注完成项目所需投入资源的成本，但也应同时考虑项目决策、规划和执行过程中可能对项目成果交付后使用、维护和支持成本的影响。

1. 项目成本管理过程

项目成本管理主要包括以下工作过程：

（1）规划成本。确定如何估算、预算、管理、监督和控制项目成本，制订项目成本管理计划。项目成本管理计划作为项目管理计划的组成部分，旨在为整个项目期间如何管理项目成本提供指南和方向。

（2）估算成本。对完成项目活动所需资源成本进行估算，项目成本估算需建立在已知信息基础之上，在项目生命周期中，随着工作深入和信息完备程度提升，估算的准确性也会由粗到细。

（3）制订预算。汇总所有单个活动或工作包的估算成本，建立一个经批准的成本基准。项目预算包括经批准用于执行项目的全部资金，成本基准则是经过批准且按照时间段分配的项目预算。

（4）控制成本。监督项目状态以更新项目预算、管理成本基准变更。由于项目管理存在不确定性，因此成本控制要求监督资金支出，及时发现实际支出与成本基准的偏差并分析原因，采取纠偏措施使项目回到正常轨道和批准预算内。

2. 项目成本管理的常用方法与工具

项目成本管理中常用的方法和工具有类比估算法、自下而上估算法、资源费用曲线法和挣值分析法。

（1）类比估算法。类比估算法是使用以往类似项目的参数值或属性来进行拟进行项目的成本估算方法。当拟进行项目的详细资料缺乏时，可采用类比估算法，该方法通常比其他技术和方法花费少，但是其准确性也较低，只有当类似项目与拟进行项目在特征和实质上很相似时，类比估算法才较为可靠和实用。

（2）自下而上估算法。自下而上估算法是对工作组成部分进行估算的一种方法。首先对每个项目活动的成本进行最具体、细致的估算；然后把这些细节性成本向上汇总或"滚动"到更高层次，用于后续报告和跟踪。

（3）资源费用曲线法。资源费用曲线法是以时间为横坐标，以累计资源费用为纵坐标，反映资源费用累计投入量随时间变化趋势的一种图示方法。资源费用曲线，也称为累计资源费用曲线，因该曲线通常形似字母 S，又被称为 S 曲线；若同时将计划与实际的资源费用累计投入量反映在同一图形中，则常称为双 S 曲线。资源费用曲线的基本形式如图 1-3-11 所示。

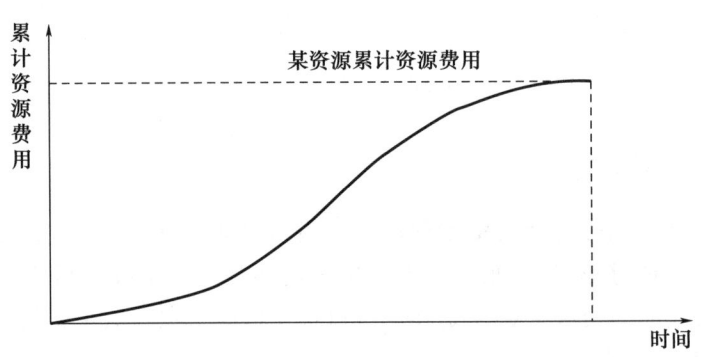

图 1-3-11　资源费用曲线（S 曲线）示意

由于资源费用曲线以二维平面曲线方式来展现项目资源费用消耗情况，具有绘制简单、解读容易的特点，因此被广泛使用。作为成本计划工具，使用资源费用曲线可简明粗略地反映资源费用在项目整个生命周期中的计划投放和实际消耗情况；作为控制工具，在计划实施过程中，把反映项目进展和资源耗用情况的已完成工作的预算费用和已完成工作的实际费用在不同报告期的值画在同一张资源费用曲线图内，可显示项目是超预算还是在预算范围之内；如果再画上计划完成工作预算费用，对比它们之间的差异，可分析得出项目实施进展的偏差状况，从而为项目费用和进度控制提供有关依据。

（4）挣值分析法。在 1.3.2 项目整合管理中"项目整合管理的常用方法与工具"中已有描述，此处不再赘述。

1.3.7　项目资源、沟通、风险、采购及利益相关人管理

1. 项目资源管理

项目资源管理是指识别、获取和管理所需资源以成功完成项目的过程和活动，通过项目资源管理有助于确保项目经理和项目团队在正确的时间和地点使用正确的资源。项目所需资源主要包括团队资源和实物资源两类，前者主要是项目团队组建所需的人力资

源，后者包括项目执行所需投入和使用的设备、材料和基础设施等。

项目资源管理的主要过程包括：

（1）规划资源。制订如何估算、获取、管理和利用实物以及团队资源的计划。

（2）估算资源。估算执行项目所需的团队资源，以及材料、设备和用品的类型和数量。

（3）获取资源。通过各种有效途径获取项目所需的团队成员、设施、设备、材料、用品和其他资源。

（4）建设团队。确认可用的人力资源并组建项目所需团队，不断提高工作能力，促进团队互动和改善团队氛围，以提高项目绩效。

（5）管理团队。跟踪团队成员的表现，提供反馈，解决问题并管理变更，优化项目绩效。

（6）控制资源。确保按计划为项目分配实物资源，以及根据资源使用计划监督资源实际使用情况，并采取必要纠正措施。

项目资源管理中针对团队资源管理的一种常用工具为责任分配矩阵，是把项目具体工作任务或项目活动落实到组织或项目团队的有关部门或个人，以明确表示出他们在组织和项目团队中的关系、责任和地位的一种方法和工具，是一种将工作分解结构与项目组织结构建立起对应关系的结构。责任分配矩阵以工作元素为行，组织单元为列，矩阵中的符号表示项目工作人员在每个工作单元中的参与角色或责任。责任分配矩阵建立在工作分解结构和项目组织结构确定之后，是项目工作的落实环节，也是项目计划控制和考核的依据。责任分配矩阵的表达方式见表 1-3-2 示例。

表 1-3-2　以符号表示的某软件开发项目责任分配矩阵

活动	项目经理	项目成员 2	项目成员 3	项目成员 4	项目成员 5
定义	▲	○	●	○	□
设计	●	▲	○	○	□
开发	●	○	▲	○	□
测试	●	●	○	▲	□

注：▲—负责；○—审批；●—辅助；□—通知。

2. 项目沟通管理

项目沟通管理就是对项目信息传递的内容、方法和过程进行的全面管理，是通过有效策划和执行信息交换活动，来确保项目及其相关方的信息需求得以满足的过程和活动。

项目沟通管理主要包括以下工作过程：

（1）规划沟通。确定项目利益相关方的信息需求，为项目沟通活动制订恰当的方法和计划。在项目生命周期的早期，就需要对项目利益相关方多样性的信息需求加以识别和分析，如谁需要何种信息，何时需要，如何向他们传递，以及由谁传递，并通过制订沟通管理计划做出有效的应对安排，从而引导各方更好地参与项目。

（2）管理沟通。确保项目信息及时且恰当地收集、生成、发布、存储、检索、管理、监督和最终处置，以促成项目团队与其他利益相关方之间的有效信息流动。

（3）监督沟通。为确保满足项目及其相关方的信息需求，按照沟通管理计划和相关方参与计划的要求不断审查、评估和优化信息传递流程。

3. 项目风险管理

项目风险管理是指通过风险的识别、分析和评价去认识项目可能面临的风险，采取合理应对措施，有效控制和妥善处理风险事件造成的不利后果，保证项目总体目标实现。风险管理的指导原则是在风险和机遇之间寻找平衡，其目的是尽量提高有利、积极的事件发生概率及影响，降低不利、消极的事件发生概率及影响。

1) 项目风险管理主要包括以下工作过程：

（1）规划风险管理。确定如何计划和实施风险识别、分析、评价、应对和控制等风险管理的具体活动。

（2）识别风险。运用科学方法对项目风险进行系统归类和识别，记录风险特征与来源，判断哪些风险会影响项目实施。

（3）定性风险分析。评估并综合分析单个项目风险的发生概率和影响及其他特征，对风险进行优先排序，从而为后续分析或行动提供基础。

（4）定量风险分析。对单个项目风险对整体项目目标造成的综合影响进行定量评估。

（5）规划风险应对。为处理整体项目风险敞口以及应对单个项目风险，研究制订可选方案，合理选择应对策略（规避、减少、转移或接受风险等）和商定相关应对行动。

（6）实施风险应对。按照商定的风险应对计划执行相关应对行动。

（7）监控风险。在整个项目期间，持续监督已商定的风险应对计划的实施、跟踪已识别的风险、识别和分析新风险，以及评估风险管理有效性。

2) 项目风险管理的常用工具和方法包括：

（1）风险分解结构。按照风险类别和子类别来排列已识别的项目风险的一种层级结构，用来显示潜在风险的所属领域和产生原因，如表1-3-3所示。

表1-3-3 风险分解结构示例

一级	1 技术				2 管理					3 商业					4 外部						
二级	1.1 范围	1.2 需求	1.3 估算	1.4 设计	…	2.1 目标	2.2 组织	2.3 资源	2.4 沟通	…	3.1 采购	3.2 合同	3.3 供应商	3.4 分包	…	4.1 法律法规	4.2 标准规范	4.3 审批许可	4.4 选址与建设条件	4.5 自然环境	4.6 汇率与利率	…
三级（略）																						

（2）风险概率和影响矩阵。分析已识别出的项目风险发生概率和影响，按照事先定义的规则和标准对具体风险的概率和影响定级，用包含风险概率和影响程度两个维度定级结果的矩阵表格，对具体项目风险进行定量分析和优先排序，以便未来进一步制订应对策略和措施。表1-3-4和表1-3-5是风险概率和影响程度两类因素的分级标准和风险概率和影响矩阵的示例。

表 1-3-4　风险概率和影响程度分级标准示例

分级		很低	低	中等	高	很高
		0.1	0.3	0.5	0.7	0.9
风险发生概率		<1%	1%~10%	10%~40%	40%~70%	>70%
风险对项目目标的影响程度	成本	成本增加不显著	成本增加小于10%	成本增加10%（20%）	成本增加20%（40%）	成本增加大于（40%）
	进度	进度拖延不显著	进度拖延小于5%	进度拖延5%（10%）	进度拖延10%（20%）	进度拖延大于（20%）
	范围	范围减少微不足道	范围的次要方面受到影响	范围的主要方面受到影响	范围缩小到发起人不能接受	项目最终结果没有实际用途
	质量	质量下降微不足道	仅有要求极高的部分受到影响	质量下降需要发起人审批	质量降低到发起人不能接受	项目最终结果没有实际用途

注：本表只反映负面风险的不利、消极影响，可以用类似方法对正面风险的有利、积极影响加以定义。

表 1-3-5　风险概率和影响矩阵示例

概率 \ 影响		很低	低	中等	高	很高
		0.05	0.1	0.3	0.6	0.9
很低	0.05	0.0025	0.005	0.015	0.03	0.045
低	0.1	0.005	0.01	0.03	0.06	0.09
中等	0.3	0.015	0.03	0.09	0.18	0.27
高	0.6	0.03	0.06	0.18	0.36	0.54
很高	0.9	0.045	0.09	0.27	0.54	0.81

注：计算概率和影响两个风险因素定级评分的乘积，作为代表单个项目风险重要程度的综合量化指标，再根据其所在区间做出评价（如表 1-3-5 中：大于 0.5 为重大风险，0.05~0.5 为一般风险，小于 0.05 为轻微风险。）

4. 项目采购管理

项目采购管理是指对从项目组织外部获取资源、产品、服务或成果的过程进行的管理活动，旨在确保项目采购的经济性、及时性、质量符合性和程序规范性。项目采购管理过程围绕合同进行，合同是交易双方之间的法律文件，是对双方都具有约束力的协议，使卖方有义务提供规定的产品、服务或者成果，使得买方有义务支付货币。所以项目采购管理主要围绕合同签订、合同管理以及合同的变更控制展开。

1) 项目采购管理主要包括的工作过程

（1）规划采购。记录项目采购决策、明确采购方法、识别潜在卖方。规划采购首先要确定自制还是采购，如果是采购，需要制订采购管理计划，并编制采购工作说明书，采购说明书中应详述拟采购的产品、服务或者成果，以便潜在卖方确定他们是否有能力提供。工作说明中应详述拟采购物品的规格、数量、质量、性能参数、履约期限、工作地点和其他内容。规划采购中还要考虑供方选择标准，如果是很容易从许多合格卖方获得采购品,则选择标准可以是最低价中标,如果是比较复杂的产品、服务等,还需要确定和记录其他的选择标准,比如卖方对采购说明书的响应、全生命周期成本、技术能力、风险、管理方法和技术方案。

(2) 实施采购。获取卖方应答、选择卖方并授予合同。在该过程中,潜在卖方投标,采购团队按照事先确定的选择标准选出一家或者多家有资格履行工作可以接收到的卖方。该过程以买方和卖方签订合同作为可交付成果。

(3) 控制采购。管理采购关系、监督合同绩效、实施必要的变更和纠正措施,以及关闭合同。控制采购旨在确保卖方的绩效达到采购要求,并且买方也按照合同条款履约,应根据合同来审查和记录卖方当时的绩效或截至目前的绩效水平,并在必要时采取纠正措施。

2) 项目采购管理的常用方法

(1) 自制与采购分析法。是指通过系统分析组织内部资源配置及能力、项目预算制约、对专业技术的需求、接受长期雇佣的意愿等因素,合理确定某项工作最好是由项目团队自行完成,还是必须从外部采购。

(2) 供方选择法。是针对不同类型和特征采购需求,制订差异化的优先排序策略和缔约对象选择方法,主要包括最低成本(价格)、基于质量和成本等因素的综合评估、基于质量或技术方案得分、单一来源等。

5. 项目相关方管理

项目相关方管理是指识别能够影响项目或受项目影响的人、团体或组织,分析相关方对项目的期望和影响,制订合适的管理策略来有效调动相关方参与项目决策和执行的过程和活动。每个项目都有相关方,相关方满意度应作为项目目标的重要组成加以识别和管理,有效引导相关方参与的关键是重视与所有相关方保持持续沟通,以理解他们的需求和期望、处理所发生的问题、管理利益冲突、促进相关方参与项目决策和活动并给予支持。

项目相关方管理主要包括以下工作过程:

(1) 识别相关方。定期识别项目相关方,分析和记录他们的利益、参与度、相互关系、影响力以及对项目成功的潜在影响的过程,从而使项目团队在整个项目期间对项目相关方建立适度关注。

(2) 规划相关方参与。根据相关方的需求、期望、利益和对项目的潜在影响,制订相关方参与项目的方法,提供与相关方进行有效互动的可行计划。

(3) 管理相关方参与。与相关方进行沟通和协作,以满足其需求和期望,处理问题和协调冲突,并促进相关方合理参与,争取尽可能提高相关方的支持、降低相关方的抵制。

(4) 监督相关方参与。监督项目相关方关系,视需要调整相关方法、策略和计划,确保随着项目进展和环境变化,维持或提升相关方参与项目活动的效率和效果。

大型项目相关方往往众多,且各方需求、期望、权力等大相径庭,为了有效进行管理需要将其合理分类,区别对待,常用的分类方法是利益相关者的"权力-利益"矩阵,如图1-3-12所示,其中横轴"利益"代表相关方与项目的利益相关性和紧密程度,纵轴"权力"代表相关人职权和影响项目的能力。

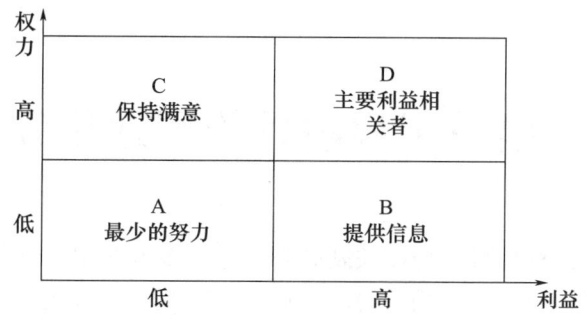

图 1-3-12 项目相关方矩阵示意

根据识别相关方过程获取的信息，可将所有相关方在"权力-利益"矩阵中加以定位，按照所在象限可对相关方进行分类，相应制订和执行差异化的相关方管理策略，其中"权力"和"利益"两个维度均处于高位的属于关键相关方，应重点关注和管理。

除了"权力"和"利益"外，还可以使用其他因素来区分项目相关方，如相关方与项目的联系（必要或备用）、相关方诉求与项目目标的关系（一致或矛盾）、相关方来源（内部或外部）等。

第 2 章　建设工程项目管理通用知识体系

本章主要对建设工程项目管理相关基础知识进行系统介绍，希望招标采购从业人员通过学习掌握建设工程项目管理相关的基本概念和特点，了解建设工程项目管理的主要目标与任务，熟悉建设工程项目管理理论知识和管理工具，有利于更好地准确理解和掌握招标采购项目化管理知识，更为有效地组织实施各项招标采购活动。

同时，随着市场经济发展的需要，我国建设工程项目管理理论和方法正逐步创新和发展，相关的法律法规、规章标准正逐步完善和健全，我国建设工程项目管理正朝着科学化、规范化、法制化和数智化快速发展。

2.1　建设工程项目分类

建设工程是指为人们生活、生产提供活动场所及物质技术基础的各类建筑物和工程设施的统称。建设工程项目是指为完成依法立项的新建、改建、扩建的各类工程而进行、有起止日期的、达到规定要求的一组相互关联的受控活动组成的特定过程。按不同的规则与标准，可分为不同的种类。

由于不同类型与规模的建设工程项目在投资决策、政府审批、建设监管、交付验收等方面涉及不同的决策与管理模式，为了适应科学管理的需要，正确反映建设工程的性质、内容和规模，采用适宜的管理方式，需要对建设工程项目进行相应的分类与分级。

2.1.1　按建设工程项目性质分类

建设工程项目按立项的性质，可以分为以下六类：

（1）新建项目。是根据国民经济、社会或企业的发展规划，按照规定的程序立项，实现从无到有的建设工程项目。已有的企事业和行政单位一般没有新建项目，只有单位需要兴建的新项目增加的固定资产价值超过原有全部固定资产价值（原值）3 倍以上时，才可算新建项目。

（2）改建项目。是指现有企业单位在原有场地内或相邻地点，为扩大生产能力或增加经济效益而增建的生产车间、独立的生产线或分厂项目；或事业和行政单位在原有业务系统基础上为扩充规模或提升社会效益而进行的新增固定资产投资项目。

（3）扩建项目。是指由于技术进步、工艺更新、淘汰落后设备装置及生产线、提高产品或服务质量，或为改变项目功能而兴建的建设工程项目。项目扩建时往往涉及部分项目改建内容，有时也可将同时具有这两个性质的项目合并称为改扩建项目进行立项。

（4）迁建项目。是指原有企事业单位，根据自身生产经营和事业发展的需要，按照国家调整生产力布局的经济发展战略的需要或出于环境保护、基础设施建设等其他特殊要求，搬迁到异地而实施的建设工程项目。

(5) 复建项目。也称恢复项目，是指因自然灾害或战争使原有固定资产遭受全部或部分报废，需要进行投资重建来恢复原有生产能力、业务工作条件和生活福利设施等的建设工程项目。这类项目无论是按原有规模恢复建设，还是在恢复过程中同时进行扩建，都属于恢复项目。但对受到破坏、尚未建成投产的项目，若仍按原设计恢复重建的，原建设性质不变；如果按新设计恢复重建，则根据新设计内容来确定其性质。

(6) 修缮保护项目。主要是指现存古建筑以及属于文物及有文物保护价值的建筑构筑物等，因自然与历史原因濒于损毁或已损毁，需要进行加固、翻修、保护等工程。国家和地方现有房产拟进行大规模加固或装修改造因申请建设资金等原因需要单独立项的也属于此类。对于古建筑及有文物保护价值的建（构）筑物主要依"修旧如旧"等原则进行项目建设；修缮项目立项的工程中，可能包含遗址复建与保护工程。

以上各类性质的建设工程，在立项时每个建设工程项目应确定为一种性质，在项目按总体设计全部建成以前，建设性质始终不变。

2.1.2 按建设工程自然属性分类

按照《建设工程分类标准》（GB/T 50841—2013）有关定义，建设工程项目按自然属性可分为建筑工程、土木工程和机电工程三大类。每一大类中分出不同层次，依次为：工程类别、单项工程、单位工程和分部工程。各行业建设工程可按自然属性分类和组合。

(1) 建筑工程项目。包括民用建筑工程、工业建筑工程和构筑物工程。民用建筑工程按用途可分为居住建筑、办公建筑、旅馆酒店建筑、商业建筑、居民服务建筑、文化建筑、教育建筑、体育建筑、卫生建筑、科研建筑、交通建筑、人防建筑、广播电影电视建筑等；工业建筑工程可分为厂房（机房、车间）、仓库、辅助附属设施等；构筑物工程可分为工业构筑物、民用构筑物和水工构筑物等。

(2) 土木工程项目。土木工程可分为道路工程、轨道交通工程、桥涵工程、隧道工程、水工工程、矿山工程、架线与管沟工程、其他土木工程。

(3) 机电工程项目。机电工程可分为机械设备工程、静置设备与工艺金属结构工程、电气工程、自动化控制仪表工程、建筑智能化工程、管道工程、消防工程、净化工程、通风与空调工程、设备及管道防腐蚀与绝热工程、工业炉工程、电子与通信及广电工程等。

2.1.3 按建设工程建设管理层级分类

建设工程项目按建设管理层级，可以分为以下五类：

(1) 建设项目。即一般所称的工程建设项目，是指企事业或行政单位按照相应建设管理程序通过立项审批并建设的工程投资项目。建设项目的性质、选址、功能、投资与建设规模等均清晰表述于投资人决策层批复的项目建议书及可行性研究报告之中，其中有些还要经过政府主管部门的审批或核准。建设项目可以由一个或多个单项工程组成。

(2) 单项工程。单项工程是具有独立的设计文件，建成后可以独立发挥生产能力、效益或使用功能的工程。单项工程的施工条件往往具有相对的独立性，因此一般可以单独组织施工和竣工验收。建设项目在全部建成投入使用前，可能陆续建成若干个单项工程。

(3) 单位工程。单位工程是单项工程的组成部分，一般指具有独立施工条件但不能独立发挥生产能力或形成使用功能的工程，只有若干个有机联系、互为配套的单位工程全部建成竣工后才能提供生产和使用条件。例如工业车间厂房必须是厂房土建单位工程与工业设备安装单位工程以及室外各单位工程配套等完成，形成一个单项工程交工系统才能提供生产条件。

（4）分部工程。分部工程是单位工程的组成部分，按单位工程的各个部分划分。一般工业或民用建筑工程划分为地基与基础工程，主体工程，地面与楼面工程、门窗工程、装修工程、屋面工程等基本分部工程，其相应的建筑设备安装工程由建筑采暖工程与燃气工程、建筑电气安装工程、通风与空调工程、电梯安装工程等分部工程组成。

（5）分项工程。分项工程是对分部工程的再分解，也是建筑施工生产活动的基本元素及形成建筑产品的基本施工过程，例如主体结构工程中的钢筋工程、模板工程、混凝土工程、砌砖工程、木门窗制作等。分项工程也是计量工程用工、用料和机械台班消耗的基本单元，是工程质量形成的直接过程。分项工程既有其作业活动的独立性，又有相互联系、相互制约的整体性。

分部、分项工程是编制施工预算、制订检查施工作业计划、核算工（料）费的依据，也是计算施工产值和投资完成额的基础。

2.1.4 按建设工程项目投资在国民经济中的地位与作用分类

建设工程项目按项目投资在国民经济中的地位与作用分类，可以分为以下类型：

（1）生产性建设项目。指直接用于物质资料生产或直接为物质资料生产服务的建设工程项目，又可以分为：

① 工业建设项目，包括工业、国防和能源建设。

② 农业建设项目，包括农、林、牧、渔、水利建设。

③ 基础设施建设项目，包括交通、邮电、通信、燃气、给水排水建设，地质普查、勘探建设。

④ 商业建设项目，包括商业、饮食、仓储、综合技术服务业的建设。

（2）非生产性建设项目。指用于满足人民物质和文化、福利需要的建设和非物质资料生产部门的建设项目。主要包括：

① 办公用房，各级党政机关、社会团体、企业管理机关的办公用房。

② 居住建筑，住宅、公寓、别墅等。

③ 公共建筑，科学、教育、文化艺术、广播电视、卫生、博览、体育、社会福利事业、公共事业、咨询服务、宗教、金融、保险等建设。

（3）其他建设项目，即不属于上述各类的其他非生产性建设项目。

2.1.5 按建设工程投资规模大小分类

为满足建设工程项目分级管理需要，国家规定基本建设项目按立项投资规模大小分为大型、中型、小型三类，更新改造项目分为限额以上和限额以下两类。现行的国家有关规定如下：

（1）按投资额划分的基本建设项目，属于生产性建设项目中的能源、交通、原材料部门的工程项目，投资额达到5000万元以上为大中型项目；其他部门和非工业建设项目，投资额达到3000万元以上为大中型建设项目。

(2) 按生产能力或使用效益划分的建设项目，以国家对各行各业的具体规定作为标准。

(3) 更新改造项目，只按投资额标准划分，能源、交通、原材料部门投资额达到5000万元及其以上的工程项目、其他部门投资额达到3000万元及其以上的项目为限额以上项目，否则为限额以下项目。

根据社会经济与建设工程发展水平，国家一般会定期或不定期相应调整大、中、小型项目所对应的投资规模数值。

2.1.6 按建设工程投资效益、社会作用分类

根据建设工程项目的投资效益和社会作用等特性，建设工程项目可划分为竞争性项目、基础性项目和公益性项目三类。

(1) 竞争性项目。指投资效益比较确定、参与项目投资的竞争性比较强的一般性建设项目。这类建设项目应以企业作为投资主体，自主决策、自担投资风险。

(2) 基础性项目。指具有自然垄断性、建设周期长、投资额大而初期收益低或暂时无法回收投资的基础设施项目和需要政府重点扶持的部分基础工业项目，以及直接增强国力的支柱产业项目。这类项目主要应由政府集中必要的财力、物力，通过所属经济实体进行投资或作引导性投资，同时应创新项目的投融资模式（如PPP、BOT等），广泛吸收企业参与投资，同时还可吸收外商直接投资。

(3) 公益性项目。主要包括科技、文教、卫生、体育等设施，政府机关、公检法机关、社会团体办公设施，国家认同的宗教设施、国防建设等。公益性项目的投资主要由政府财政性资金提供。

2.1.7 按建设工程资金来源分类

按建设工程投资资金来源分类，建设工程项目主要分为三种类型：

(1) 政府投资项目。各级政府安排政府投资资金，采取直接投资方式、资本金注入方式投资的建设工程项目，政府投资项目又具体分为经营性与非经营性项目两类。

(2) 非政府投资项目。指政府投资项目以外的建设工程项目。

(3) 混合（联合）投资项目。指使用部分政府资源（如政府投资资金等），如由政府提供以政府或事业单位为使用权人的划拨建设用地，并由各类企业利用自筹资金采用PPP（BOT）等投融资方式建设的项目，企业通过项目建成后的产权移交或特许经营权下的项目运营来收回投资。

这种划分的目的多是为了进行政府与社会投资资金的筹集计划与统计分析。

2.2 建设工程项目阶段划分与生命周期

2.2.1 建设工程项目全生命周期概述

建设工程项目全生命周期是指项目策划、设计、招投标、材料与构件生产、建造施工、竣工验收、运行与维护直到拆除与处理（废弃、再循环和再利用等）的全过程。

建设工程项目具有技术含量高、施工周期长、风险高、涉及单位众多等特点，为确保项目顺利实施，需要树立项目全生命周期管理的理念，构建全生命周期管理的体系，将工程建设过程中的项目规划、设计、招投标、施工建造、竣工验收及物业管理等作为一个整体，形成衔接各个环节的综合管理信息平台，创建、管理及共享同一完整的工程信息，减少工程建设各阶段衔接及各参与方之间的信息丢失，提高工程项目的建设效率。

规划设计是在项目定位的基础上，为使功能、风格符合项目定位，对项目进行具体的设计，将设想变为蓝图的工程。工程施工是施工单位在建设工程设计文件与相关技术标准规范要求下，对建设工程进行改建、新建、扩建的活动。运营包含建筑物的操作、维护、修理、改善、更新以及物业管理等过程。

2.2.2 建设工程项目阶段划分

从建设工程项目全生命过程看，具有明显、确定的周期性与阶段性，不同行业与专业的不同项目，它们的周期性和阶段性的表现又具有各自的特点。研究项目的周期性和阶段性并得出普遍的、规律性的认识，对合理安排建设工程项目管理资源，有效推进并控制项目的实施进程具有积极的意义。

对于建设工程项目而言，其生命周期的阶段划分可以参考图 2-2-1。

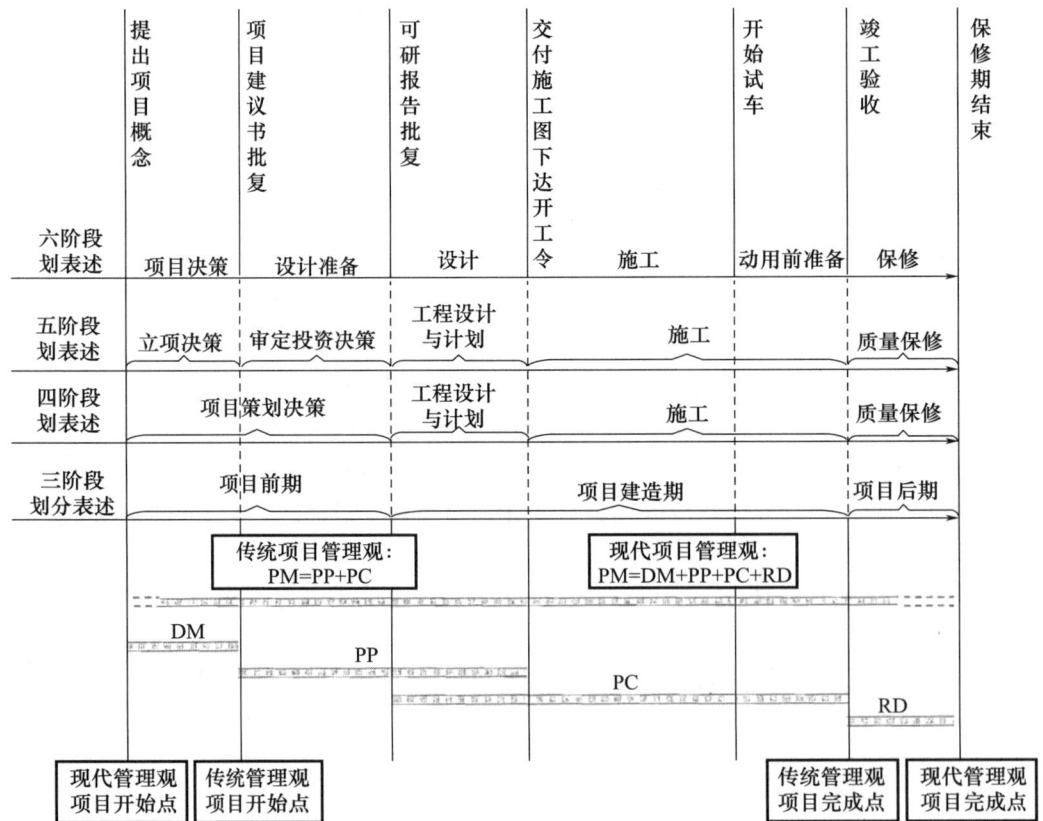

图 2-2-1　工程建设项目全过程管理的阶段划分

PP—工程计划（Project Planning）；DM—项目决策（Decision Making）；
PC—项目操作控制（Project Controlling）；RD—项目保修（Remedying Defects）。

由图 2-2-1 可见，建设工程项目的生命周期可以根据一定次序排列的项目进度形象、可交付管理成果分割成若干阶段，常见的划分方式有四种，包括六阶段、五阶段、四阶段和三阶段划分方式。

1. 六阶段及五阶段划分表达方式

六阶段及五阶段划分是国际工程界最常使用的项目阶段划分方式，某些表述与国内业界习惯的表述方式亦有差异：

（1）立项决策阶段。是指自提出项目概念到项目建议书获得批复的过程。这一过程所要解决的问题是项目的立项可否确定，即决定项目"做不做"的问题，所以这一决策只是项目初步的立项决策。鉴于项目立项决策的重要性，国际工程界亦将此阶段称为"项目决策"阶段。

（2）设计准备阶段。是指自获得项目建议书批复到项目可行性研究报告获得批复的过程，这一过程中将并行两大类工作：一条线是项目功能需求（工艺设计）的详尽论证，形成方案设计（工程方案）任务书，最终获得多个可用的设计方案（工程方案）；另一条线则是编制项目可行性研究报告，最终经技术与经济的综合比选，在上述多个可用方案或多条技术路线中确定最优，即最可行的设计方案（工程方案），从而完成可行性研究报告的编制、评审与批复，也就是决定了项目"怎么做"的问题。可行性研究报告批复是在前述初步立项决策的基础上做出的审定性投资决策，因为这个决策也为项目的工程设计奠定了基础，所以国际工程界亦将此阶段称为"设计准备"阶段。

（3）设计阶段。是指国际工程界习惯所称的工程设计（Engineering）阶段，其范围仅包括国内所称的初步设计及施工图设计。因为按国际工程界的习惯与定义，项目的方案设计是编制可行性研究报告的基础及一部分，不属于工程设计的范畴，而是为工程设计进行准备的工作。国际工程界也往往将此阶段称为"工程设计与计划阶段"，这是因为在工程设计阶段，随着项目的技术与经济条件愈来愈清晰，项目的施工阶段即将到来，须在此时完成项目各项预控计划的编制，以便在项目施工前确定项目的预控指标，为目标管理奠定较为牢固的基础，否则到了施工阶段还没有预控指标，就无法进行正常的管理。

（4）施工阶段。是指从施工单位自业主获得施工图纸，业主下达项目开工令开始，直至项目竣工验收交付使用全过程，对工业项目而言，一般是指从项目开工直至工业设备完成单机安装，具备试车条件的过程。

（5）动用前准备阶段。是指工业项目施工后期开始的工业设备最终调试与试投产运行的工作过程，而对非工业（即不含工业生产设备或工艺设备）项目而言，这一阶段并不存在。基于这一考虑，有时也将非工业项目的生命周期划分为五个阶段。如按 FIDIC（指国际咨询工程师联合会，以下简称 FIDIC）新黄皮书《生产设备与设计＋施工合同条件》（Plant & Design＋Build，P&D＋B）中的条件，将工业设备的设计、制造、安装、调试均纳入工程项目本身的范围，则安装调试与试生产运行工作也可被视为项目施工的一部分。

（6）质量保修责任阶段。项目竣工投入使用，工程实体进入运行管理状态，将脱离原建设工程的项目管理状态，但与此运行过程并行的质量保修过程仍具有原项目的属性，是建设工程项目生命周期的一部分。在此阶段，业主和施工单位一方面办理工程竣工验收移交手续，另一方面采取相关措施确保施工单位在工程保修期履行保修责任。在保修责任期结束后，工程实体将进入全面的运营状态，不再成为原建设工程项目的组成部分。此后即使发生新的质量缺陷修复，也将按另一个项目进行。

2. 四阶段及三阶段划分表达方式

四阶段划分与六阶段划分表达方式的不同点在于：将项目的立项决策阶段（亦项目建议书的编制、评审、批复过程）及项目的设计准备阶段（亦项目方案设计优选/可行性研究报告编制、评审、批复过程）合一，作为项目的"策划决策"阶段，亦即第一阶段；将工程设计与编制预控计划作为项目的"工程设计与计划"阶段，亦即第二阶段；将工程采购与施工作为项目的"施工"阶段，亦即第三阶段；而将处于项目使用期的质量保修责任期作为项目的"质量保修"阶段亦即第四阶段。四阶段划分的意义在于，明确了立项决策与审定投资决策可以合成统一的项目"策划决策"阶段，这一表述方式与国内业界的习惯相符。

三阶段与四阶段表达方式的不同，则是从管理的角度将项目的策划决策阶段称为"项目前期"，将项目竣工后的质量保修阶段称为"项目后期"，而将项目的设计阶段（工程设计与计划阶段）和施工阶段合一，称为"建造期"或"建设期"，这样的两阶段合一与国际工程界习惯的定义与称谓是完全一致的。

与国际项目管理界给出的四阶段或六阶段定义相比，上述三阶段表达方式中的"项目前期"管理阶段涵盖了前者的"开始"与"计划"两个阶段，"建设（造）期"管理阶段正好等同于前者的"执行、控制（细节设计与生产）"阶段，而"项目后期"管理阶段则相当于前者的"结束"阶段。上述四阶段与六阶段表达方式也与抽象的项目生命周期有相对应的关系。

对建设工程项目生命周期，包括阶段划分的科学归纳和正确理解，是项目管理者进行项目管理的基础，建设工程项目生命周期与阶段划分的规则是客观规律，对必经的工作阶段不能省略，考虑到完成每一阶段任务所达成的可交付管理成果同时构成了下一阶段的起始条件，所以也不要轻易打破阶段性工作之间的逻辑关系，否则会带来项目的风险与损失。

2.3　建设工程项目参建方与其他利益相关方

2.3.1　建设工程项目参建方

建设工程项目的参建方是在项目内部直接参与活动的项目利益相关方，一般包括：

（1）业主（Client Owner）。业主是建设工程项目的投资人或投资人专门为项目设立的独立法人。业主可能是由项目最初的发起人延续而来的投资人，也可能是发起人与其他投资人合资成立的项目法人公司；而在项目的质量保修阶段，业主还可能被业主委员会（由获得了项目产权的买家或小买家群体组成，在国外也被称为"业主法人团"）取代。业主是建设工程项目的出资人和项目权益的所有者，承担项目投资的责任和风险，有权决定项目的功能策划和定位、建设与投资规模的限度、项目的各项总体管理目标、项目运作的模式，并确定项目的其他参建方等。在中国传统的基本建设投资与建设行政管理体系中，业主一般被称为"建设单位"。

（2）管理咨询方（Consultants）。以专业知识和技能为建设工程项目的业主方提供高智能的技术与管理服务的一方，一般包括技术咨询、造价咨询、管理咨询、招标采购咨询（含代理）等方面的内容。管理咨询方本不是一般建设工程项目管理中必需的一方，一些小型、简单或由于采用项目管理模式造成业主管理任务较为单纯的项目，其管理也完全可由项目业主自行承担。但因目前建设工程项目的规模愈来愈大，技术构成愈来愈复杂，参与同一项目的单位愈来愈多，管理目标愈定愈高，使得项目管理的难度愈来愈大，造成建设工程项目业主在确定项目后的短时间内，筹备组建可靠有效项目管理机构的困难大大增加，管理的风险也随之提高，客观上产生了对专业管理咨询服务的市场需求，所以对现代的大型建设工程项目而言，管理咨询方已成为项目业主不可或缺的助手，承担着本来由业主实施的大量管理工作。

（3）设计方（Designer）。项目设计工作的承担方。按照国家有关法规和规章，涉及建设工程项目的设计工作一般被划分为方案设计（或称为工程方案与可行性研究）、初步设计及施工图设计三个阶段，也被称为建设工程项目设计的三个阶段，按照国际工程界的一般定义，其中后两个阶段的初步设计＋施工图设计，又被合并称为工程设计。建设工程项目设计包括其中的工程设计工作，在国际上普遍被认为是一种咨询服务，但根据我国现行法规的分类和界定，工程勘察、设计、施工被一起纳入建设工程合同的范围，被定义为"是承包人进行建设工程，发包人支付价款"的建设工程合同行为，为建设工程项目提供设计成果的行为法律界定被一分为二了：项目的方案设计因属于项目可行性研究即项目决策阶段的工作，未被纳入工程设计的范围，仍属于一种咨询服务，而项目的勘察设计与工程设计，即一般所说的初步设计＋施工图设计，则属于工程承包的范围，提供方案设计或设计咨询服务，需要采用适用于一般咨询服务的"委托合同"，而提供工程设计成果，则需要采用"建设工程合同"或直接使用"工程设计承包合同"，同样，设计方在承担咨询服务合同范围内的工作时，其身份是管理咨询方，而在承担工程设计承包合同范围内的工作时，其身份则为设计方。

（4）施工方（Construction Contractor）。建设工程项目施工任务的承担者。狭义的施工方是指承担项目产品建造责任的施工单位，广义的施工方还包括了建设工程项目所需部分材料与设备的供货单位，以及同时承担工程设计与施工任务的设计施工一体化承包方，施工方在建设工程项目中的参与方式是多样的：

① 从承担项目承包责任的范围层面讲，业主可与某一施工方就项目的全部施工任务与责任签订施工总承包合同，也可与多个施工供货方分别签订承担项目某一部分施工任务与责任的施工供货承包合同。

② 施工总承包的方式下，业主可事先与施工总承包商约定按暂估价纳入施工总承包合同的专业工程，施工与供货的分包商由业主和施工总承包商另行招标确定；施工总承包商也可按事先约定的方法自行选择专业工程施工与供货的分包商。

③ 从项目所承担工作范围与类型层面讲，业主方可仅就项目施工任务与施工方签订施工承包合同；也可将工程设计与施工任务合一，交由一个单位承担，与其签订设计施工一体化工程承包合同。

（5）工程监理方（Supervisor）。工程监理单位是建设工程项目责任主体之一，建设工程监理是一种高智能的有偿技术服务,在国际上把这类服务归为工程咨询(工程顾问)服务,从本质上说,我国的建设工程监理属于国际上业主方项目管理的范畴。

工程监理是指具有相关资质的监理单位受甲方的委托,依据批准的工程项目建设文件、有关工程建设的法律、法规和工程建设监理合同及其他工程建设合同,在建设单位授权范围内施工阶段对建设工程项目质量、造价、进度进行控制,对合同、信息进行管理,对工程建设相关方的关系进行协调,并履行建设工程安全生产管理法定职责的服务活动。工程监理目的是确保工程建设项目达成既定的质量和安全目标,提高工程建设水平,充分发挥投资效益。

2.3.2 建设工程项目其他利益相关方

除建设工程项目内部各参建方即在内部参与项目的利益相关方外,还存在着项目外部的其他利益相关方,包括与项目有关的政府部门、金融机构、受到项目影响的社区及公众等,这些利益相关方并不直接参与项目建设,甚至也不直接从项目获取利益,但其利益均受到项目实施可能带来的影响,与项目存在利害关系,并由此支持或反对项目的进行。

2.3.3 建设工程项目各利益相关方的项目诉求

建设工程项目的利益相关方因各自利益驱动在项目中有着各不相同的诉求,各方的项目诉求对各自的行为都具有影响,并产生作用。建设工程项目参建方与其他利益相关方的利益诉求如表2-3-1所示。

表2-3-1 项目参建方与其他利益相关方的项目诉求

项目利益相关方	项目诉求与管理目标
业主	投资少、风险小、周期短、收益高、无遗留的质量与法律问题
管理咨询方	报酬合理、业主信任、信息及时准确、决策迅速
设计、施工、供货等承包商(供应商)	明确及时的指令、准确详尽的设计任务书、清晰正确的施工图,标准的货物规格、充分的设计、生产与施工周期、最低限度的变更指令、及时的付款、丰厚的利润
工程监理方	重复授权的工程监理环境,顺利实现委托监理合同确定的"三控两管一协调"工作目标及安全生产管理的法定职责。
其他(如政府、金融、公众)	项目实施与国家的政策、法律目标一致;安全收回贷款或撤回担保;良好社会效益与使用功能,工程质量优良,无污染及环境破坏

建设工程项目管理者要想做好项目管理工作,取得项目成功,就必须了解并尊重这些利益相关方各自的合理诉求,约束其不正常的诉求,掌握协调他们各自的项目管理目标,在统一的项目总体目标之下集成各方的管理。

2.3.4 建设工程项目各利益相关方介入项目的周期

建设工程项目的参与方介入项目的时间与周期具有各自的规律性,招标采购从业人员在进行建设工程项目招标采购时必须遵从这些规律,具体如图2-3-1所示。

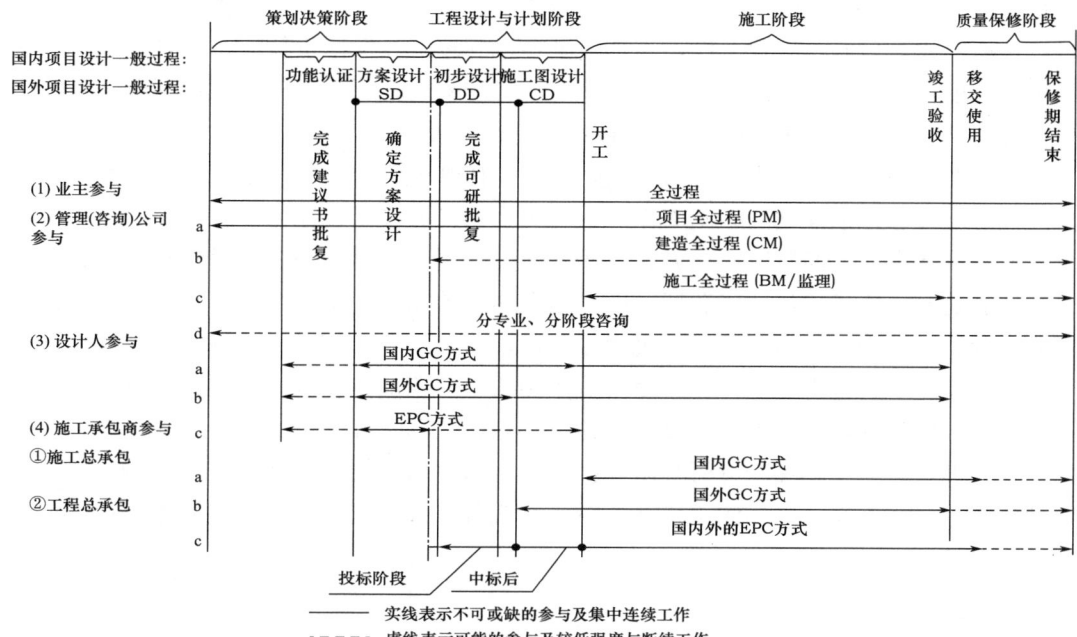

图 2-3-1 工程建设项目各参与方介入项目的周期

SD—国外所称的概要设计（Schematic Design）大致对应于国内方案设计；
DD—国外所称的设计扩展（Design Development）大致对应于国内初步设计；
CD—国外所称的施工文件（Construction Documents）大致对应于国内施工图设计；
GC—施工总承包（General Contracting）；
EPC—工程设计采购建造承包（Engineering Procurement Construction）。

1. 业主的介入

市场经济条件下，投资是建设工程项目得以存在并延续的基础，作为建设工程项目的发起人、投资人或投资人为建设工程项目设立的法人，业主对项目的介入必须是全过程的。在项目的不同阶段，业主身份的表现方式可能有所不同。在"提出项目概念"到"批复项目建议书"的初步决策阶段，业主是项目的发起人，它根据自身的情况作出宏观经济的分析，提出项目投资的基本要求，并在此基础上编制项目建议书，向自己的投资决策机构报批，发起人的投资决策机构一旦批准项目建议书就是决策了项目的立项；此后发起人也可以联合其他投资人合作投资本项目，成立项目法人公司，发起人则成为本项目投资人的一部分。在而后的项目实施阶段，投资人的股权可能发生交易与变动，但这不影响该业主的存在，直至项目的竣工验收形成资产和产权。在项目的保修期内，可能因发生产权的交易和交割，如购房人成立了业主委员会（国外称为"业主法人团"），取代了项目决策与建造阶段的原业主，但业主委员会却就此成了新的业主，承继了原业主在本项目的权利与义务。

2. 管理咨询方的介入

作为业主实施项目管理的代表，管理咨询方所承担的管理工作是原业主管理工作的一部分，其介入项目的时间依业主方委托方式与时间的不同而不同。

（1）业主在项目的决策阶段就委托管理咨询方介入项目管理，承担项目方案设计与可行性研究或更早期的管理工作，并延续至项目的竣工及保修责任期，因管理咨询方在此情况下已经介入项目全部四个阶段的管理，管理咨询方所承担的管理被国际工程管理界称为"项目全过程管理"（Project Management，PM）。

（2）业主在项目的工程设计与计划阶段才委托管理咨询方介入项目管理，承担项目工程设计管理与预控计划的编制工作，并延续至项目的竣工及保修责任期，因管理咨询方在此情况下介入了四阶段表达方式所述"工程设计与计划阶段，工程施工阶段"，或三阶段表达方式所述项目"建造期"或"建设期"的完全管理，管理咨询方所承担的管理被国际工程管理界称为"建造全过程管理"（Construction Management，CM）。

（3）如业主在施工图设计完全完成后才委托管理咨询方介入管理并自然延续到项目竣工及质量保修期，则管理咨询方承担的就只是施工期管理。

（4）如业主只委托编制可行性研究报告、技术评估、招标采购代理、编制标底等专业性的管理咨询工作，这样的工作就是专业性或阶段性咨询服务，这类服务可以随时开始并随时结束。

3. 设计方的介入

设计方开始介入项目工作的时间，起始期往往均在项目方案设计阶段甚至可能更早（如民用建筑项目的概念设计和工业项目的工艺设计），但结束项目设计工作的时间却因项目管理模式的不同而有极大的不同，并与项目施工方开始介入项目的时间相互衔接：

（1）在国内施工总承包（General Contracting，GC）方式下，设计方将参与项目设计（包括方案设计、初步设计与施工图设计）的完整过程，并在施工图设计完成后交付业主用于施工方的招标，但对其中的设计施工一体化专业工程，设计方则仅提供招标所需的方案设计图或相应图纸。

（2）在国外施工总承包（General Contracting，GC）方式下，因国外施工承包的惯例是业主往往采用相当于扩大初步设计的招标图纸招标（国外称其为设计扩展图/Design Development，DD），设计方只需出到此深度招标图纸即可。

（3）在EPC（Engineering Procurement Construction）工程设计采购与建造（FIDIC银皮书）工程总承包（设计施工一体化承包）方式下，业主委托的设计方则只需编制用于EPC招标用的方案设计图、可能包括的生产工艺设计图或相当深度的其他图纸即可。在P&D+B（Plant&Design+Build）工厂设备与设计+施工（FIDIC新黄皮书）所界定的总承包方式下，合同各方的责任划分与关系亦类似于上述工程总承包方式。业主委托的设计方在以此类方式介入项目承担工艺设计与工程方案设计后，往往还要作为业主的设计顾问参与此后对工程总承包商（设计施工一体化承包商）所承担工程设计的审查管理工作。

4. 工程监理方的介入

工程监理方受甲方的委托，依据有关工程建设的法律、法规、工程项目建设文件工程建设监理合同及其他工程建设合同，代表业主方对施工单位的工程建设实施监控，介入建设工程监理业务的时间由委托监理合同具体约定。一般是在施工准备阶段与施工阶段进行建设工程质量、造价、进度进行控制，对合同、信息进行管理，对工程建设相关方的关系进行协调,并履行建设工程安全生产管理法定职责的服务活动。

在订立建设工程监理合同时,业主将勘察、设计、保修阶段等相关服务一并委托的,工程监理单位应根据相应工作开展时间介入建设工程项目监理。

5. 施工方的介入

施工方介入项目的时间特征与设计方恰恰相反,施工方介入项目的结束期基本上都是相同或相近的,但其介入项目的开始期却因项目管理模式的不同而有所不同,并与其可以介入项目的前置条件招标图纸的完备情况相互衔接:

(1)在国内施工总承包(GC)方式下,项目业主以施工图纸作为招标图纸,施工方在中标后照图施工,介入的只是项目的施工阶段。

(2)在国外施工总承包(GC)方式下,业主以相当于扩大初步设计的图纸招标,施工方在中标并签约后需自己出施工图并向监理报批而后再照图施工,施工方就已介入了项目的施工图设计阶段。

(3)在EPC工程总承包或类似的P&D+B方式下,施工方首先是要根据业主提供招标用的工艺设计与方案设计图,在投标阶段先作出扩大初步设计图纸并据此填制工程数量清单进行投标报价,而在中标后再以经业主认可的投标图纸(即扩大初步设计图纸)为基础,完成施工图设计并经监理审批后照图施工,所以EC工程总承包方所介入的是项目建造期的全过程。需要特别说明的是,一些采用设计施工一体化工程方式进行发包的专业工程,其实施方式与EPC工程总承包的实施方式基本相同,应遵循EPC工程总承包介入项目的相同步骤,只是这类工程未处于整体项目总承包的层面,是处于平行的施工承包商或专业分包商的层面。

另外需要说明的是,上述"国内"与"国外"并非地域的概念,按国际工程界的理解,只要是国际多边开发银行资助的项目,或上述四个项目参与方只要有任何一方是在做跨国经营,这样的项目就属于国际工程,即需要以国际工程界的通用术语、按照国际工程项目管理惯例来进行管理。按此理解,许多在中国境内的建设工程项目已经属于国际工程。

2.4 建设工程项目投资决策

2.4.1 建设工程项目投资决策概述

投资决策,是指按照一定的程序、方法和标准对投资规模、投资方向、投资结构、投资分配以及投资项目的选择和布局等方面所做的决断,即对投资是否必要和可行作出一种选择。投资决策的质量是决定项目是否成功的关键。

投资决策首先要有一定的决策目标,其次要有一定的评价标准,评价标准是方案比选的基本依据,也是决策者价值观的直接反映,最后,投资决策必须有可供选择的多个方案,只有经过方案比选,才有可能选择到最优方案。因此,投资决策包括目标、标准及备选方案三个基本要素。

投资决策对项目整体的运营状况及效益实现起着决定性的作用,图2-4-1是项目过程投资曲线及不同阶段对项目的影响曲线。

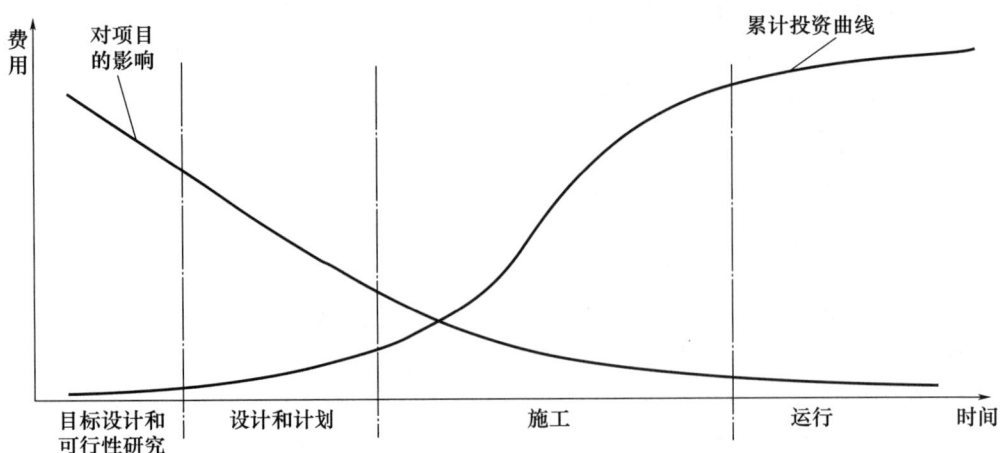

图 2-4-1 项目过程投资曲线和影响曲线

1. 项目投资决策的种类

项目投资决策可以根据不同的标准进行分类，常见的分类有：

（1）根据项目问题的影响程度和范围，可分为总体决策（或称为战略决策）和局部决策（或称为策略决策）。

（2）根据决策目标的数量，可分为单一目标决策和多目标决策。

（3）根据决策问题重复情况，可分为重复性（或称常规型、程序化）决策和一次性（或称非常规型、非程序化）决策。

（4）根据决策问题所处的条件不同，可分为确定型决策、非确定型决策和风险型决策。

（5）根据决策中所涉及的方案个数及其相互关系，可分为独立方案决策和相关方案决策。

2. 项目投资决策的参与主体

与项目投资决策有关的主体至少有三个：投资者（企业）、贷款者（银行）和政府。这三者对项目抱有不同的目的，因此项目决策分析与评价的任务与作用也各有不同。投资者、贷款者和政府构成图 2-4-2 所示的项目战略三角。需要时，投资决策过程可以请咨询公司参与。

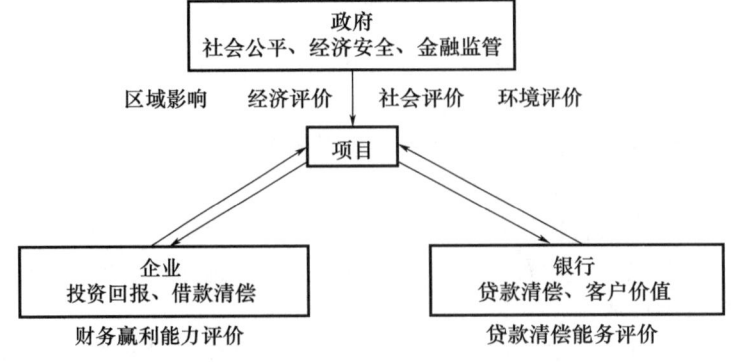

图 2-4-2 项目战略三角

这个战略三角表明，投资者旨在通过项目投资实现营利目的，最关注的是项目的收益水平和风险高低。贷款者首先关注的是资金的安全性，其次是资金的流动性和收益性，而这三者均要求贷款本息能如期收回，而贷款收回的前提是项目能够获得较高的收益。政府之所以也是项目管理的主体，是政府本身就是某些项目的投资者，是项目投资的利益相关方，政府希望通过项目的合理组合实现经济的适度增长、充分就业、物价稳定、国际收支平衡以及环境保护、社会公平、可持续发展等。

3. 投资决策的原则

（1）科学决策原则。科学决策，就是要求决策者在做出决策时，必须以客观的资料为依据，按照一定的科学程序和方法，排除个人的猜测、偏见或武断，在调查研究的基础上，对拟建项目的可行性和发展前景进行认真的分析与评价。因此，保证决策的科学性必须具备几个要素：依据充分、资料可靠、方法科学、决策主体客观公正。

（2）民主决策原则。民主决策，就是项目决策应由决策机构集体充分讨论后才能做出。决策机构集体决策之前应充分发扬民主，广泛听取各方面的意见，集思广益，特别是要注意听取不同的甚至反对的意见，并从中吸取合理的部分。没有决策民主化，就不可避免地会产生片面性和主观性，投资项目决策的科学化就难以实现。

（3）效益决策原则。投资效益是投资活动的出发点和归宿，无论是企业投资项目还是政府投资项目决策必须以提高投资效益为中心。企业投资是为了提高企业在市场中的竞争力，获取经济效益，并创造社会效益；政府投资项目主要追求的是社会效益、宏观效益，而不是单纯地追求微观经济效益，没有效益，或者效益难以补偿成本的项目是不能进行投资的。

（4）决策责任制原则。决策责任制，就是要求决策者对其决策行为所带来的后果负责。投资是一项风险性事业，投资项目决策必须建立在高度责任制的基础上。只有让参与决策的机构和当事人从各自不同的岗位和层次、不同的方面和角度承担与自己的职权相称的风险和责任，才能够减少整个项目决策的盲目性、随意性，才能保证投资项目决策的严肃性和科学性。

4. 项目决策分析

项目投资决策分析的内容及要求如下：

（1）项目决策分析的主要内容。建设工程项目投资决策一般应包括以下几方面的内容：

① 确定投资目标。项目投资决策的目的就是要达到预定的投资目标，确定投资目标是项目投资决策的前提。

② 议定工程投资的设计与技术方案。当确认工程投资目标具有重要意义时，可以根据确定的目标，拟定多个可行的设计与技术方案，通过对各个方案可能产生的效果进行全面综合的分析，从中选择最优的设计与技术方案。

③ 预测风险。任何一项工程投资活动，都存在不同程度的风险。因此需要根据工程投资的环境、投资可能取得的收益等，预测实施设计与技术方案的风险程度。

④ 投资决策。根据风险预测程序的判断、分析和投资效益预测，作出投资或不投资的决策。

⑤ 反馈调整决策方案。作出投资决策后，还要根据变化了的情况和生产实践的反馈信息，作出相应的改变或调整，从而使决策更科学、更合理。

(2) 工程项目投资决策分析的基本要求。包括：

① 资料数据要可靠、深入。信息是决策的基础，是决策的必要条件。全面、准确地了解与决策相关的数据、资料是决策分析与评价的最基本要求。

② 决策方法要科学、合理，要经过多方验证。决策分析与评价要注意方法的科学性、合理性，根据不同情况选择不同的方法。通过多个方法进行验证，保证决策的准确性。方案评价与选择的方法很多，主要有经验判断法、定量分析法、试验法等。

③ 设计与技术方案的比较与优化。设计与技术方案的比较与优化是决策的关键，尤其是在多目标决策时，往往形成每个设计与技术方案各有千秋的局面，多方案比较方法一般有综合评分法、目标排序法、逐步淘汰法、两两对比法等。

2.4.2 建设工程项目投资决策程序

对于建设工程项目而言，投资决策程序一般包含以下四个阶段：

(1) 发现问题，确定目标。工程项目的建设源于外部环境产生的需求，比如市场需求，或者上层系统运行存在的问题，或者是组织的发展战略等。投资者在充分调研组织运行环境的基础上，明确要解决的问题，然后考虑到各种资源的限制，确定问题的解决程度，即确定项目目标。目标的表述应当明确，一般应包括一定的数量概念、时间概念和约束条件。尽量地具体化、标准化、定量化。确定目标是投资决策的前提，它能为决策提供明确的准则和方向，为方案的优选提供标准。

(2) 搜集材料，拟订方案。一般来讲，达到预期目标可能存在诸多可实施方案。所谓决策，就是从多种方案中选择最优的一个。投资者或受托中介机构根据预期目标及现有的市场、资源、技术等条件拟定出可供选择的各种可行的备选方案。备选方案的质量常常很大程度上影响到最后决策的质量，所以备选方案的拟订一般要分两步走，一是广开思路，探索和收集一切可能的途径和方法；二是严密分析、精心设计。

(3) 分析评估，选择最佳方案。拟订出一系列有价值的方案之后，就要组织专家评审团队，用科学的方法来对这些方案进行全面的分析比较。所谓科学的方法，就是指可行性研究和项目评估，它们都是投资决策的重要手段和重要工具。分析内容涉及市场、规模、建设条件和生产条件、技术工艺、财务效益以及国民经济效益等方面。所谓最佳方案，是指各个方面都基本满足投资者的要求。实施一项投资，需要具备各方面的条件，项目可行与否决定于诸多方面。可能从某一个方面讲，实施某方案是最佳的，但是从另一方面来看，可能是次佳方案，甚至是不可行的。所以，几乎不存在从各个方面讲都是最佳的方案，所选方案只能是投资者最满意的方案。

(4) 确定实施计划，提出合理化建议。确定了实施方案之后，就要编制实施计划。实施计划可以说是项目方案的具体化。通过实施计划的编制可以了解项目所需资源消耗量，以及资源消耗的分布状况。以此为依据，可以对项目的顺利实施提出合理化建议。

2.4.3 建设工程项目投资决策文件

按照投资决策程序，对不同类型的项目采用不同的决策文件作为投资建设依据，对于使用政府投资资金项目实行审批制；对于采用直接投资和资本金注入方式的政府投资项目，政府需要从投资决策角度审批项目建议书和可行性研究报告；对于采取投资补助、转贷和贷款贴息方式的政府投资项目，则只审批资金申请报告；而对于企业投资建设属于核准目录中的项目，需要向政府提交项目申请报告。

1. 项目建议书

项目建议书是对拟建项目的一个总体轮廓设想，是根据国民经济和社会发展长期规划、行业规划、地区规划，以及国家产业政策，经过调查研究、市场预测及技术经济的分析，着重从客观上对项目立项的必要性做出分析，并初步分析项目建设的可能性。

工业项目的项目建议书一般包括以下内容：

（1）项目建设的必要性和依据；
（2）产品方案、拟建规模和建设地点的初步设想；
（3）能源、交通及其他建设条件的初步分析；
（4）主要工艺技术方案设想；
（5）投资估算和资金筹措设想；
（6）经济和社会效果的初步估计；
（7）初步结论和建议。

2. 可行性研究报告

（1）可行性研究的概念。项目的可行性研究，是根据市场需求和国民经济长期发展规划、地区发展规划和行业发展规划的要求，对与拟建项目有关的市场、社会、经济、技术等各方面情况进行深入细致的调查研究，对各种可能拟订的技术方案和建设方案进行认真的技术经济分析和比较论证，对项目建成后的经济效益和社会效益进行科学的预测和评价。在此基础上，对拟建项目的技术先进性和适用性、经济合理性和有效性，以及建设可能性和可行性，进行全面分析、系统论证、多方案比较和综合评价，由此确定该项目是否应该投资和如何投资等结论性意见，为项目投资决策提供可靠的科学依据和为开展下一步工作打下基础。简言之，可行性研究就是在项目的投资前期，对拟建项目进行全面、系统的技术经济分析和论证，从而为项目投资决策提供可靠依据的一种科学方法和工作阶段。

（2）可行性研究的内容。可行性研究报告的主要功能是满足投资决策的需要，其内容和深度可根据决策需要和项目情况相应确定。工业类型项目可行性研究报告的具体内容包括：

① 项目总论；
② 项目背景和发展概况；
③ 市场分析与建设规模；
④ 建设条件与厂址选择；
⑤ 工厂技术方案；
⑥ 环境保护与劳动安全；
⑦ 企业组织和劳动定员；
⑧ 项目实施进度安排；

⑨ 投资估算与资金筹措；

⑩ 财务效益、经济与社会效益评价；

⑪ 可行性研究结论与建议。

一般来讲，投资项目可行性研究主要解决投资决策的三个问题：市场研究解决建设项目的"必要性"问题、技术研究解决建设项目在技术上的"可行性"问题、效益研究解决建设项目在经济上的"合理性"问题。项目建议书与可行性研究报告的区别见表 2-4-1。

表 2-4-1 项目建议书与项目可行性研究报告在方法与作用上的主要区别

比较内容	项目建议书	可行性研究报告
文件作用	决策项目是否实施	确定项目实施途径
技术基础	类似项目的技术经济条件	有自己的技术方案（工程方案），且进行多方案的综合比选
成本控制方法	初步估算（匡算），采用指标估算法（精确度±20%~30%）	估算，采用逐项估算法（精确度±10%~20%）
研究深度	探讨项目实现的必要性	在多个可能方案中确定最优（即最可行）的方案
分析侧重	宏观经济与建设环境	微观经济与建设条件
决策过程	部分项目需要经过专业第三方评估	需要经过专业第三方评估

3. 项目申请报告

项目申请报告，是企业投资建设应报政府核准的项目时，为获得项目核准机关对拟建项目的行政许可，按核准要求报送的项目论证报告。项目申请报告重点阐述项目的外部性、公共性等事项，包括维护经济安全、合理开发利用资源、保护生态环境、优化重大布局、保障公众利益、防止出现垄断等内容。编写项目申请报告时，应根据政府公共管理的要求，对拟建项目从规划布局、资源利用、征地移民、生态环境、经济和社会影响等方面进行综合论证，为政府对项目的核准提供依据。至于项目的市场前景、经济效益、资金来源、产品技术方案等内容，不必在项目申请报告中进行详细分析和论证。对于外商投资项目，政府还要从市场准入、资本项目管理等方面进行核准。

（1）项目申请报告的内容。主要包括：

① 申报单位及项目概况；

② 发展规划、产业政策和行业准入分析；

③ 资源开发及综合利用分析；

④ 节能方案分析；

⑤ 建设用地、征地拆迁及移民安置分析；

⑥ 环境和生态影响分析；

⑦ 经济和社会影响分析。

（2）项目申请报告附件。企业报送时应附送下列文件：

① 城市规划部门出具的城市规划选址意见；

② 国土资源部门出具的项目用地预审意见；
③ 环保部门出具的环境影响评价文件的审批意见；
④ 根据有关法律法规应提交的其他文件。

(3) 项目申请报告的审查。根据《企业投资项目核准和备案管理办法》，项目核准机关主要根据从以下方面对项目进行审查：
① 是否危害经济安全、社会安全、生态安全等国家安全；
② 是否符合相关发展建设规划、产业政策和技术标准；
③ 是否合理开发并有效利用资源；
④ 是否对重大公共利益产生不利影响。

4. 资金申请报告

资金申请报告，是指项目投资者为获得政府专项资金支持而出具的一种报告，申请中央预算内投资补助或贴息资金的投资项目，应按照有关工作方案、投资政策的要求，向国家发展改革部门报送资金申请报告。项目资金申请报告原则上应由有资质的工程咨询机构编制，有条件的项目承担单位也可自行编制。

(1) 资金申请报告的内容。主要有：
① 项目单位的基本情况和财务状况；
② 项目的基本情况，包括建设背景、建设内容、总投资及资金来源、技术工艺、各项建设条件落实情况等；
③ 申请投资补助或贴息资金的主要原因和政策依据；
④ 项目招标内容（适用于申请投资补助或贴息资金 500 万元及以上的投资项目）；
⑤ 国家发展改革委要求提供的其他内容。

(2) 资金申请报告的附件。主要包括：
① 政府投资项目的可行性研究报告或者初步设计批复文件；
② 实行核准管理的企业投资项目的项目申请报告核准批复文件；
③ 实行备案管理的企业投资项目的备案意见。

(3) 国家发展改革委受理资金申请报告后，重点对下列事项进行审查：
① 符合中央预算内投资的使用方向；
② 符合有关工作方案的要求；
③ 符合投资补助和贴息资金的安排原则；
④ 提交的相关文件齐备、有效；
⑤ 项目的主要建设条件基本落实。

2.4.4 政府投资项目的决策

政府投资项目决策应按照《政府投资条例》有关规定执行，政府投资项目由于消耗的公共资源较多，项目影响范围较广。因此，建设项目必须先列入行业、部门或区域发展规划。对于符合行业或区域发展规划的项目，政府再审批项目建议书，判断项目建设的必要性，如果项目有必要建设，则开展项目的可行性研究工作，然后政府相关部门审查可行性研究报告，从技术、经济、社会等方面分析项目的可行性，决定项目是否立项。政府投资项目的决策程序如图 2-4-3 所示。

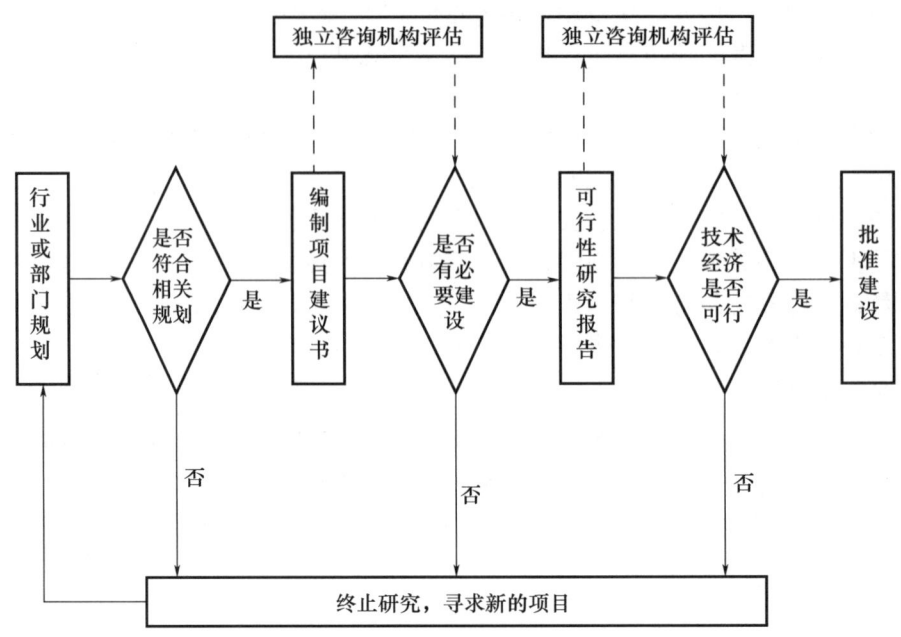

图 2-4-3 政府投资项目审批的决策程序

2.4.5 企业投资项目的决策

1. 企业投资项目的决策过程

企业投资决策是一个研究逐步深化的过程,从投资机会研究,到初步可行性研究,再到可行性研究和项目评估,分析逐步深入,建设项目的价值逐步明晰,建设内容和方案逐步确定,具体程序见图 2-4-4。

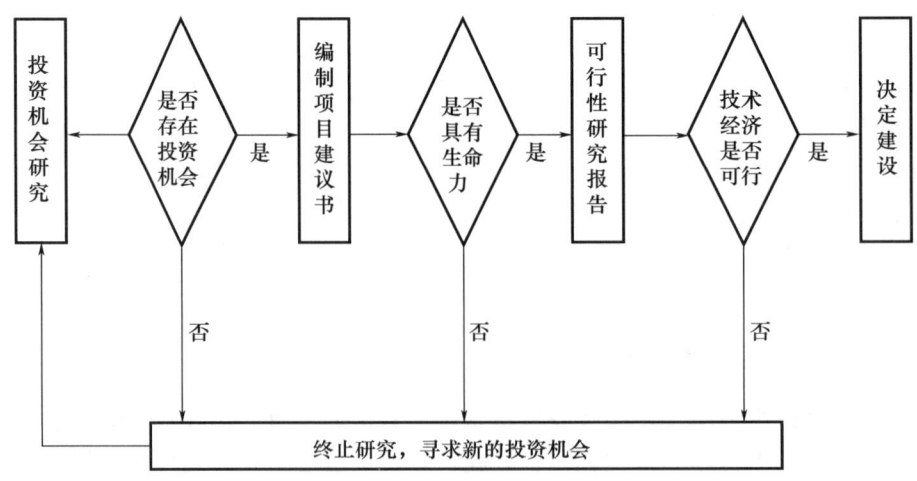

图 2-4-4 企业投资项目决策的程序

2. 企业投资项目的核准程序

对于企业投资建设《政府核准的投资项目目录》中的项目,一般是在企业完成项目可行性研究后,根据可行性研究的基本意见和结论,委托具备相应资质(资信)的工程咨询机构编制项目申请报告,上报政府投资主管部门进行核准。项目申报单位按要求上报材料齐全后,核准机关应正式受理,并向项目申报单位出具受理通知书。核准机关受理核准申请后,如有必要,可以委托有资格的咨询机构进行评估;如涉及行业主管部门的职能,应征求相关部门的意见;对于可能会对公众利益造成重大影响的项目,项目核准机关在进行核准审查时应采取适当方式征求公众意见。对于特别重大的项目,可以实行专家评议制度。核准机关在征求相关部门及团体的意见后,应做出核准决定。对同意核准的项目,核准机关应向项目申报单位出具项目核准文件,同时抄送相关部门和项目下级核准机关;对于不同意核准的项目,应向项目申报单位出具不予核准决定书,说明不予核准的理由,同时抄送相关部门和项目下级核准机关。企业投资项目核准程序见图 2-4-5。

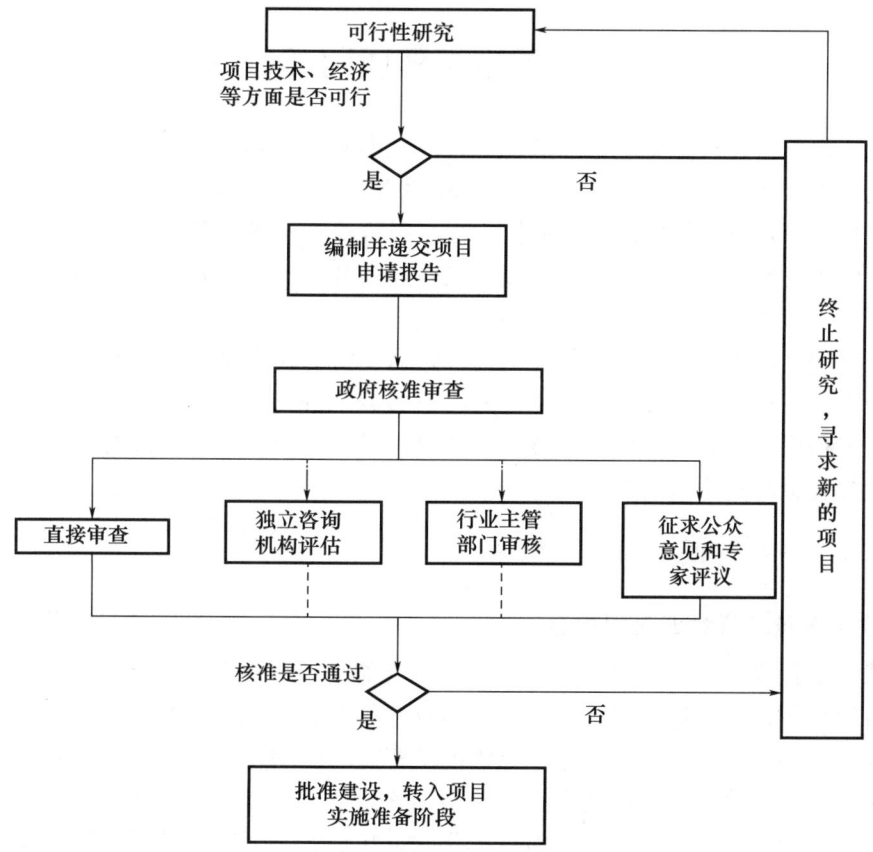

图 2-4-5 企业投资项目核准程序

3. 企业投资项目的备案程序

备案制既不同于传统的审批制,也不同于核准制,其程序更加简便,内容更加简略。除不符合法律法规的规定、产业政策禁止发展、须报政府核准或审批的项目外,应当予以备案。企业投资项目可采取书面备案和网上备案相结合的方式,目前主要采取书面备案的方式。企业投资项目的备案程序见图 2-4-6。

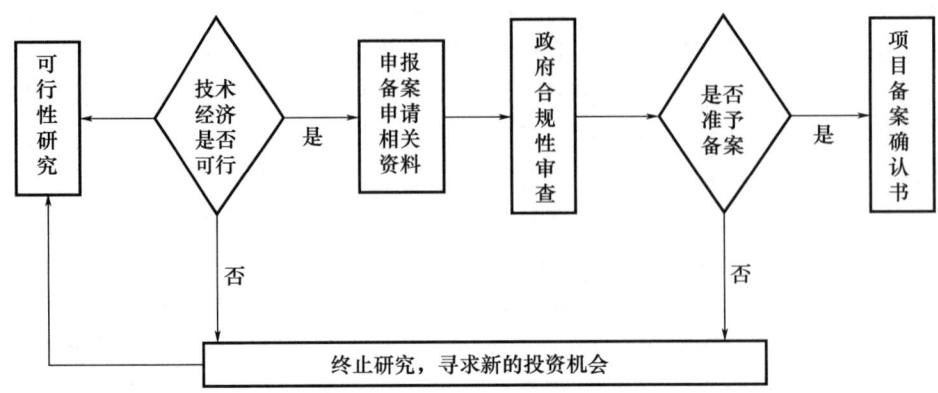

图 2-4-6 企业投资项目的备案程序

2.5 建设工程项目评价

建设工程项目评价主要包括经济评价、环境影响评价和社会评价三个方面。

建设工程项目经济评价是项目决策阶段的重要工作，是项目可行性研究的重要内容，对于加强固定资产投资的宏观调控，提高投资决策水平，引导和促进各类资源的合理配置，优化投资结构，减少和规避投资风险，充分发挥投资效益，具有重要作用。

对于实行审批制的建设项目，应按照《建设项目经济评价方法与参数》（以下简称《方法与参数》）的规定进行项目的经济评价，对于实行核准制和备案制的建设项目，其经济评价可根据投资方的要求，参照《方法与参数》进行。

建设工程项目经济评价包括财务评价和国民经济评价，经济评价的技术基础是有关现金流量与资金时间价值的知识。

2.5.1 资金时间价值理论概述

1. 现金流量与资金的时间价值

在建设工程项目投资过程中，无论是技术方案所发挥的经济效益或所消耗的人力、物力和自然资源，最后都是以价值形态，即资金的形式表现出来的。资金运动反映了物化劳动和活劳动的运动过程，而这个过程也是资金随时间运动的过程。因此，在工程经济分析时，不仅要着眼于方案资金量的大小（资金收入和支出的多少），而且还要考虑资金发生的时间。其实质是资金作为生产要素，在扩大再生产及其资金流通过程中，资金随时间的变化而产生增值。

（1）资金时间价值的含义。资金的时间价值有两个含义：其一是将货币用于投资，通过资金的运动而使货币增值；其二是将货币存入银行，相当于个人失去了对这些货币的使用权，应按时间计算这种牺牲的代价。

在评价、比较投资方案的优劣时，必须考虑各方案的资金时间价值后才能做出正确的结论。其原因就在于投资方案产生的资金流量大多要持续很长时间，因此，将不同时点的收入或支出简单地予以加减的计算方法是不合理的。

(2)利息与利率。如果从银行贷款,则每年必须负担一定的利息;如果是用自有资金去投资,就等于牺牲了运用这笔钱进行其他投资的机会,因而造成相应的机会损失(亦称为机会成本)。通常将伴随着这种资金筹措所应负担的利息或机会成本称为资本化成本,其与本金的比率称为利率。

利息有单利和复利两种,项目经济评价中一般采用复利计算。

复利是指在每个计息期的期末不支付利息,而将该期利息转到下一期,下期再按本息之和的总额计算利息,即所谓的"利滚利"。

(3)现金流量图。在经济活动中,任何方案和工程项目的实现过程总要伴随着现金的流进与流出,为了形象地表述这种现金的变化过程,通常用图示的方法将现金流入与流出、量值的大小、发生的时点(又称为现金流量的三要素)描绘出来,称为现金流量图,如图2-5-1所示。

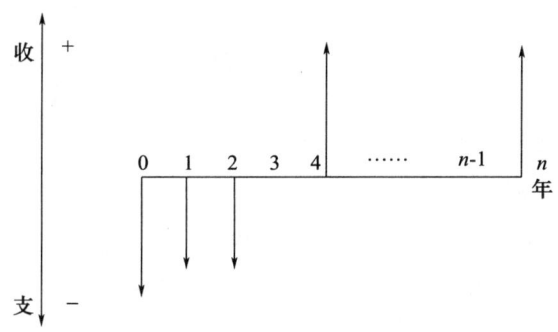

图 2-5-1 现金流量图

值得注意的是,对一项经济活动的现金流量的考虑与分析,因考察角度和所研究系统的范围不同会有不同的结果。

2. 资金时间价值的复利计算公式

复利计算公式是研究经济效果,评价投资方案优劣的重要工具。

(1)现值与终值的相互计算。若用 P 表示现在时点的资金额(简称现值),F 表示未来时点的资金额(简称终值),i 表示利率,n 表示计息次数,则 P 与 F 之间的相互计算关系分别为:

$$F=P\times (1+i)^n \tag{2-5-1}$$

式(2-5-1)中的 $(1+i)^n$ 称为一次支付终值系数,用符号 $(F/P, i, n)$ 表示,因此式(2-5-1)又可表示为:$F=P\times (F/P, i, n)$;

在具体计算时,换算系数值不必自行计算,已有现成表格以供使用,计算时可直接查表。

当终值 F 为已知,欲求现值 P 时,只要将式(2-5-1)稍加变换即可。即:

$$P=F\times (1+i)^{-n} \tag{2-5-2}$$

式(2-5-2)中的 $(1+i)^{-n}$ 称为一次支付现值系数,用符号 $(P/F, i, n)$ 表示,因此式(2-5-2)又可表示为:$P=F\times (P/F, i, n)$。

(2)等额年金与终值的相互计算。若每期期末支付的等额资金(又称等额年金)为 A,当利率为 i,计息期次数为 n 时,F 与 A 之间的相互计算公式为:

$$F=A+A(1+i)+A(1+i)^2+\ldots+A(1+i)^{n-1}=A\times[(1+i)^{n-1}/i] \quad (2\text{-}5\text{-}3)$$

式（2-5-3）中 $(1+i)^{n-1}/i$ 称为等额支付终值系数，用符号 $(F/A, i, n)$ 表示，因此式（2-5-3）又可表示为：

$$F=A\times(F/A, i, n) \quad (2\text{-}5\text{-}4)$$

当已知终值 F，欲计算等额年金 A 时，只需将式（2-5-3）稍加变换即可得到：

$$A=F\times[i/(1+i)^{n-1}] \quad (2\text{-}5\text{-}5)$$

式（2-5-5）中 $i/(1+i)^{n-1}$ 称为等额支付偿债基金系数，用符号 $(A/F, i, n)$ 表示，因此上式又可表示为：$A=F\times(A/F, i, n)$

（3）等额年金与现值的相互计算。若已知等额年金 A，欲计算现值 P，其计算公式为：

$$P=A\times[(1+i)^n-1/i(1+i)^n] \quad (2\text{-}5\text{-}6)$$

若已知现值 P，欲计算等额年金 A，只需将上式稍加变换即得：

$$A=P\times[i(1+i)^n/(1+i)^n-1] \quad (2\text{-}5\text{-}7)$$

式（2-5-6）中，$[(1+i)^n-1/i(1+i)^n]$ 称为等额支付现值系数，用 $(P/A, i, n)$ 表示，$[i(1+i)^n/(1+i)^n-1]$ 称为资本回收系数，用符号 $(A/P, i, n)$ 表示，同样，使用时只要查阅有关表格并计算即可。

3. 名义利率与实际利率

一般复利计算中的利率指年利率，计息期也以年为单位。若计息期不同时，即使年利率相同，其计算得出的利息也是不同的，例如，设年利率为 6%，现在存款额为 1000 元，期限为一年，则一年后的本利和为：

一年计息一次：$F=1000\times(1+6\%)=1060$（元）；

一年计息四次（按季计息）：$F=1000\times(1+6\%/4)^4=1061.36$（元）；

一年计息十二次（按月计息）：$F=1000\times(1+6\%/12)^{12}=1061.68$（元）。

因此利率有名义和实际之分，以上例中的一年计息四次（按季计息）为例，其名义利率为 6%。而实际利率为：$(1+6\%/4)^4-1=6.136\%$。

因此其本利和的计算按照实际利率计算为：

$F=1000\times(1+6.136\%)=1061.36$（元）。

若 r 为实际利率，i 为名义利率，m 为一年内的计息次数，则名义利率与实际利率的关系换算如下：$r=(1+i/m)^m-1$。

在项目经济评价中应采用实际利率。

4. 基准收益率

基准收益率是指在考虑资金时间价值的前提下，企业或者行业所确定的投资项目可以接受的最低收益水平标准，基准收益率是评价和判断投资方案在经济上是否可行的依据和重要的经济参数，在本质上体现了投资者对资金时间价值的判断和对项目风险程度的估计。

（1）确定基准收益率时应综合考虑的因素包括：

① 资金成本和机会成本；

② 投资风险；

③ 通货膨胀。

（2）基准收益率不能定得太高或太低。太高，可能使某些投资经济效益好的被淘汰；太低，则可能使某些投资经济效益差的被采纳。基准收益率与贷款的利率是不同的，通常基准收益率应大于贷款的利率。

5. 经济评价指标

（1）净现值（NPV）的计算

净现值（NPV）是指投资项目生命周期内各年的净现金流量（现金流减去现金流出）按基准收益率或设定的收益率换算成现值的总和。

设投资项目第 t 年的现金流入为 CI，现金流出为 CO，基准收益率为项目生命周期为 n，设定折现率为 i，则投资项目的净现值（NPV）为：

$$NPV = \sum_{t=0}^{n} (CI_t - CO_t) \times (1+i_c)^{-t} \quad (2\text{-}5\text{-}8)$$

若计算出的 NPV 为正值，说明该方案除能满足最低的期望收益之外，有额外的收益；若 NPV 为负，则说明不能满足预定的收益水平或其收益小于通常投资机会的收益。

（2）内部收益率的计算

内部收益率是一个被广泛采用的投资方案评价指标，是指投资方案在其寿命期内使净现值等于零的利率。

若以 IRR 代表内部收益率。其表达式为：

$$\sum_{t=0}^{n} (CI_t - CO_t) \times (1+IRR)^{-t} = 0 \quad (2\text{-}5\text{-}9)$$

内部收益率的计算一般可采用插值的方法。

若计算出的 IRR 大于项目的基准收益率，说明投资方案的投资收益高于期望的最低收益水平。若 IRR 小于基准收益率，则说明投资方案不能满足期望的收益水平。

（3）回收期的计算

考虑到投资项目未来收益的不确定性，对投资方案进行经济评价时经常需要计算初始投资的回收期限，即投资回收期。

投资回收期是指以投资项目每年的净现金流量回收完毕初期投资额所需的时间，通常以年为单位表示。若以 Pt 表示静态投资回收期，其计算公式为：

$$\sum_{t=0}^{Pt} (CI_t - CO_t) = 0 \quad (2\text{-}5\text{-}10)$$

若计算出的较小，说明投资方案的资金回收能力较强，因此项目的抗风险能力也就较强。

2.5.2 建设工程项目经济效果评价

1. 项目经济效果评价的内容

经济效果评价是对投资方案计算期内各种有关技术经济因素，以及方案投入和产出的相关财务、经济资料数据进行调查、分析、预测，对方案的经济效果进行计算、评价，分析比较各方案的优劣，为投资决策提供依据。

经济效果评价是工程经济分析的核心内容，其目的在于明确投资方案的经济效果水平，避免或尽可能减小投资方案的风险，最大限度地提高项目投资的综合经济效益。

经济效果评价主要内容有：

(1) 盈利能力评价，分析和测算项目计算期的盈利能力和盈利水平。
(2) 偿债能力评价，分析和测算项目偿还贷款的能力。
(3) 财务生存能力评价，分析项目是否有足够的财务净现金流量维持正常运营，以实现财务可持续性。

2. 经济效果评价的方法

经济效果的评价方法，按其是否考虑时间因素分为静态评价方法和动态评价方法。

静态评价方法不考虑资金时间价值，而是对投资项目的现金流量直接进行汇总，其最大特点是计算简便。

动态评价方法是考虑资金时间价值进行项目评价的方法。在工程经济分析中，由于时间和利率的影响，对投资方案的每一笔现金流量都应该考虑它所发生的时间节点，以及时间因素对其价值的影响。动态评价方法更能全面地反映投资方案整个计算期的经济效益。

在进行方案比较时，一般以动态评价方法为主。在方案初选阶段，可采用静态评价方法。

3. 项目经济效果评价的步骤

（1）预测、确定项目的财务基础数据，包括：项目产品或服务的数量和价格、投入产品价格、利率、税率、汇率、固定资产折旧率、折旧年限、无形和递延等资产的摊销年限、运营负荷等。

（2）选取合理的财务评价参数。

（3）估算现金流量并编制各类辅助报表，包括：

① 财务效益估算，由营业收入、项目可能获得的补贴收入等构成；

② 建设投资估算由工程费用、建设工程其他费用、预备费构成；

③ 运营成本估算，由经营成本、折旧费、摊销费、经营期财务费用构成；

④ 建设期利息与流动资金估算；

编制各类财务评价报表，计算财务评价指标，进行目的营利能力、偿债能力和财务生存能力分析，见表2-5-1。

表2-5-1 财务评价报表及评价指标一览表

评价内容	评价报表	指标名称	指标含义	指标应用
营利能力	项目投资现金流量表	财务内部收益率（FIRR）	项目在计算期内净现金流量累计等于零时的折现率	$FIRR \geqslant$ 财务基准收益率项目财务评价可行
		财务净现值（FNPV）	按照财务基准收益率计算得出的项目计算期内净现金流量的现值和	$FNPV \geqslant 0$ 项目财务评价可行
		项目投资回收期	以项目的净收益回收投资所需要的时间	回收期短，说明项目的抗风险能力强
	利润与利润分配表	总投资收益率	项目达产年份的息税前利润与项目总投资的比率	项目财务评价可行时，总投资收益率一般应高于同行业参考值
		项目资本金净利润率	项目达产年份的年净利润与项目资本金的比率	同上

续表

评价内容	评价报表	指标名称	指标含义	指标应用
偿债能力	资产负债表	资产负债率	各期末负债总额与资产总额的比率	适度的资产负债率说明企业生产经营活动的安全、稳健
偿债能力	借款还本付息计划表	利息备付率	借款偿还期内各年息税前利润与该年应付利息的比值	应大于1
偿债能力	借款还本付息计划表	偿债备付率	借款偿还期内各年用于还本付息的资金与该年应还本付息的比值	应大于1
财务生存能力	财务计划现金流量表	计算期各年净现金流量	各年现金流入与现金流出的差额	足够的净现金流量是项目财务可持续的基本条件
财务生存能力	财务计划现金流量表	累计盈余资金	各年净现金流量的累计	累计盈余资金大于等于零是项目财务生存的必要条件

⑤对拟选方案进行不确定性分析；

⑥给出项目财务评价结论，编写财务评价报告。

4. 项目经济效果评价参数的选取

项目经济效果评价参数的选取包括财务基准收益率和项目计算期的选取。

（1）财务基准收益率，是指对项目各年现金流量进行折现计算时采用的折现率，一般根据项目投资目标、行业平均收益水平、项目风险、银行利率等综合分析确定。政府投资项目适用的财务基准收益率由国家规定，其他投资项目由投资方自行确定。

（2）项目计算期。包括项目的建设期和生产经营期，其中建设期可参照项目建设的合理工期确定，生产经营期可根据项目的产品寿命期、主要设施和设备的使用年限、主要技术的寿命周期等确定。

2.5.3 建设工程项目国民经济评价

国民经济评价又称经济分析，是在合理配置社会资源的前提下，从国民经济整体效益的角度，计算项目对国民经济的贡献，分析项目的经济效益、效果和对社会的经济影响，从而评价项目在宏观经济上的合理性。在新的投资体制下，投资项目国民经济评价的结论是否可行，是政府审批或核准项目的重要依据。

1. 国民经济评价的适用范围

从投资管理的角度，《建设项目经济评价方法与参数》一书中规定了应进行国民经济评价的项目类型，包括：

（1）政府预算内投资的公益性项目和公共基础设施建设项目、生态环境项目、资源开发项目等；

（2）政府各项专项建设基金投资的基础设施、基础产业建设项目；

（3）利用国际金融组织和外国政府贷款，需要政府主权信用担保的项目；

（4）法律、法规规定的其他政府投资项目；

(5) 需要政府核准的企业投资项目。

2. 国民经济评价的步骤

国民经济评价的步骤，概括如下：

(1) 确定项目目标和评价范围。

(2) 识别与计算项目涉及的经济效益与费用。

(3) 制订项目投资经济费用效益流量表。

计算国民经济评价指标，分析项目投资的经济效益见表 2-5-2。

表 2-5-2 国民经济评价指标一览表

指标名称	指标含义	指标应用
经济净现值（ENPV）	按照社会折现率将计算期内各年的经济净效益流量折现到建设期初的现值和	$ENPV \geqslant 0$ 国民经济评价可行
经济内部收益率（EIRR）	计算期内经济净效益流量的现值累计等于零时的折现率	$EIRR \geqslant$ 社会折现率 项目具有满意的经济效益
经济效益费用比（RBC）	计算期内效益流量现值与费用流量现值的比值	$RBC \geqslant 1$ 项目具有满意的经济效益

(4) 对拟选择的方案进行不确定性分析。

(5) 给出项目国民经济评价的结论，并根据结论提出项目需要改进的对策建议。

3. 经济效益与费用的识别与计算

经济效益与费用的识别是国民经济评价的主要工作内容，是在确定并识别项目所产生的全部重要费用和效益的基础上，应用利益相关者分析，研究项目各利益相关主体获得的收益及付出的代价，计算项目相关的费用和效益。经济效益和费用的识别与计算可以直接进行，也可以在财务评价数据的基础上进行。

(1) 直接识别、计算经济效益和费用，其基本步骤如下：

① 对于项目的各类投入物，按照机会成本的原则计算其经济价值；

② 识别项目产出物所带来的各种影响效果；

③ 产出物具有市场价格的，以市场价格为基础计算经济价值；

④ 产出效果没有市场价格的，按照支付意愿和接受补偿意愿计算经济价值；

⑤ 产出效果难于进行货币量化处理的，可采用其他方式，包括进行定性描述。

(2) 在财务评价数据基础上进行经济效益的识别和计算，主要包括两个方面，一是用影子价格对各项财务评价数据进行调整，二是对项目的外部效果采用量化或定性方式将其计入经济效益费用流量。

4. 国民经济评价参数的选取

国民经济评价参数的选取包括社会折现率和影子汇率的选取。

(1) 社会折现率。是对项目进行国民经济评价时所采用的折现率，代表了占用社会资源所应获得的最低收益率，是在综合分析测定包括社会经济发展水平、投资效益水平、资金供求状况、资金机会成本以及国家宏观经济调控政策等因素后，由国家相关部门定期发布。

（2）影子汇率。影子汇率是指用于对外贸货物和服务进行经济费用效益分析的外币的经济价格，反映了外汇的经济价值。影子汇率外汇牌价、影子汇率换算系数式中影子汇率换算系数由国家相关部门定期测算发布。

2.5.4 建设工程项目不确定性评价

项目经济评价中各项数据的预测、估算过程中有一定的不确定性，为分析其对评价指标计算及评价结论的影响，估计项目可能存在的风险，需在项目的初步方案确定后对其进行不确定性分析。不确定性分析的目的是找出对项目效益具有较大影响的不确定因素，并确定其敏感程度，从而为项目的风险分析提供基础和依据不确定性分析包括盈亏平衡分析和敏感性分析。

1. 盈亏平衡分析

通过计算项目达到设计生产能力年份盈亏平衡点（BEP）的产量水平，分析项目成本与收益的平衡关系，从而据以分析项目的抗风险能力，盈亏平衡分析用于财务评价见图 2-5-2。

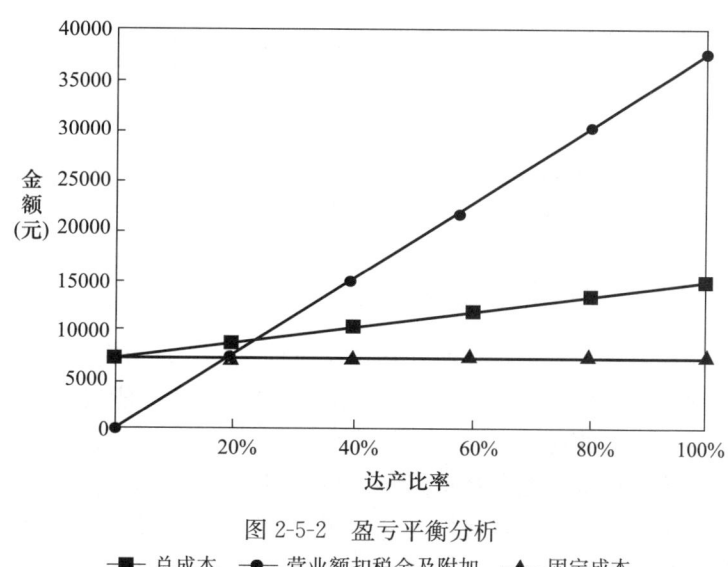

图 2-5-2 盈亏平衡分析
—■— 总成本 —●— 营业额扣税金及附加 —▲— 固定成本

盈亏平衡点是指项目的盈利与亏损的平衡点，采用产量表示的盈亏平衡点计算公式如下：

BEP 产量＝年固定成本/（单位产品价格单位产品可变成本－单位产品营业税金及附加）

盈亏平衡点越低，表明项目对产出品数量变化的适应能力越强，项目的抗风险能力也就越强。

2. 敏感性分析

通过计算项目涉及的各种不确定性因素对项目效益的影响程度，寻找敏感因素，估计项目可能存在的风险。敏感性分析中主要计算以下两类指标：

（1）敏感度系数。是项目评价指标变化的百分率与影响因素变化率的比值，敏感度系数越高，说明该因素对项目的影响越大。

（2）临界点。又称转换值，是指影响因素的变化导致项目结论由可行变为不可行时的临界数值，临界点越低，说明影响因素对项目的影响越大。敏感性分析见图2-5-3。

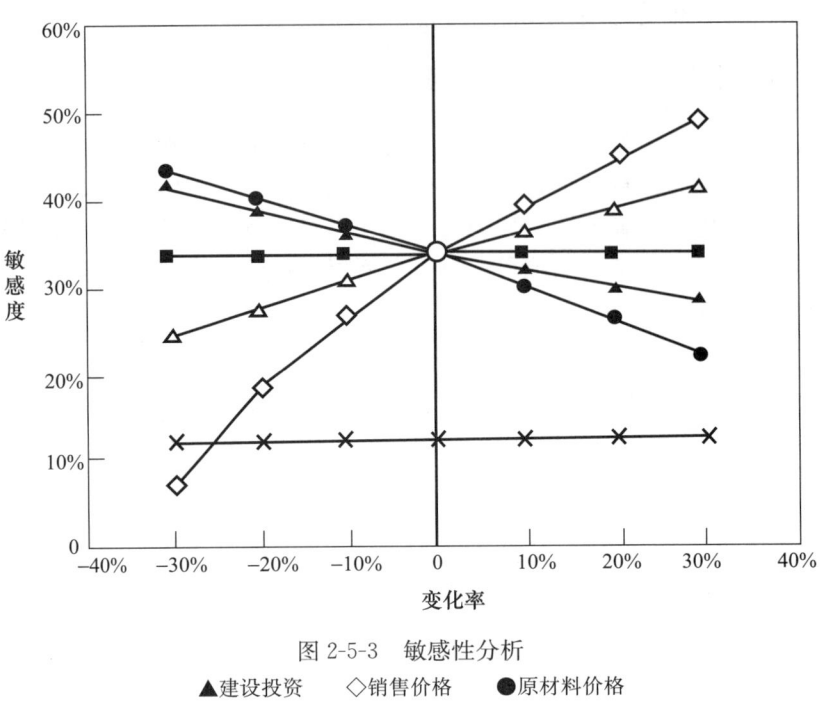

图 2-5-3　敏感性分析
▲建设投资　◇销售价格　●原材料价格
■汇率　×基准折现率 i_c　△负荷

2.5.5　建设工程项目环境影响评价

建设工程项目环境影响评价是在研究确定建设地（厂）址方案和技术方案中，调查研究环境条件，识别和分析建设项目影响环境的因素，以及可能造成的环境影响结果，提出污染治理和环境保护的措施，比选和优化环境保护方案，确保建设项目符合国家环境保护政策法规。按照评价对象，环境影响评价可以分为规划环境影响评价和建设项目环境影响评价；按照环境要素，环境影响评价可以分为大气环境影响评价、地表水环境影响评价、声环境影响评价、生态环境影响评价和固体废物环境影响评价等；按照时间顺序，环境影响评价一般分为环境质量现状评价、环境影响预测评价及环境影响后评价；按照空间域，环境影响评价可分为建设项目环境评价和区域环境评价；按照内容，环境影响评价可分为单项评价和综合评价或宏观评价。

建设项目环境影响评价具有法律强制性，根据《中华人民共和国环境影响评价法》（2018年修正本）的规定，在中华人民共和国领域和中华人民共和国管辖的其他海域内建设，对环境有影响的项目，都应当依法进行环境影响评价。环境影响评价独立于项目建议书和可行性研究报告等的编制而自成体系，是投资项目前期一项必不可少的工作。

1. 环境影响评价的基本要求

建设工程项目环境影响评价应坚持以下原则：
（1）符合国家环境保护法律、法规和环境功能规划的要求；

（2）坚持污染物排放总量控制和达标排放的要求；

（3）坚持"三同时"原则，即环境治理设施应与项目的主体工程同时设计、同时施工、同时投产使用；

（4）力求环境效益与经济效益相统一，在研究环境保护治理措施时，应努力实现环境保护治理方案的技术可行性和经济合理性；

（5）注重资源的综合利用，对项目投产后所产生的废气、废水、固体废弃物等应提出回收处理和再利用措施。

2. 环境影响评价的步骤

（1）环境条件调查，包括以下几个方面。

① 自然环境，指项目所在地的大气、地面及地下水、地质地貌、土壤等状况；

② 生态环境，指项目所在地的森林、草地、动植物、水土流失等状况；

③ 社会经济环境，指项目所在地的人口数量与密度、能源、工业布局、交通设施等状况；

④ 其他环境，指项目所在地的名胜古迹、风景区、自然保护区等状况。

（2）预测、分析环境影响因素。通过对项目所在地环境质量参数变化的预测，分析项目建设过程中破坏环境，项目运营过程中污染环境导致环境质量恶化的主要因素。

（3）对环境影响效果进行定量分析。主要是利用各种定量方法对项目造成环境影响的后果进行定量计算，常用的方法有直接市场法等。

（4）分析并制订环境保护及污染治理措施，比选环境治理方案，其中方案比选主要考虑技术水平、治理效果、管理及监测方式、环境效益等方面。

（5）编制环境影响评价文件，给出项目环境影响评价结论。

3. 环境影响评价管理的内容

（1）分类管理。根据建设项目对环境的影响程度不同，对建设项目环境影响评价的深度要求也不一样，具体规定见表2-5-3。

表2-5-3　环境影响评价的分类管理

环境影响程度	环境影响评价文件	环境影响评价范围
重大	环境影响报告书	对项目产生的环境影响进行全面评价
轻度	环境影响报告表	对项目产生的环境影响进行分析或者专项评价
很小	环境影响登记表	不需要进行环境影响评价

（2）环境影响评价文件的编制。环境影响评价文件的编制，应按照《建设项目环境影响报告书（表）编制监督管理办法》有关规定执行。建设单位可以委托技术单位对其建设项目开展环境影响评价，编制建设项目环境影响报告书、环境影响报告表；建设单位具备环境影响评价技术能力的，可以自行对其建设项目开展环境影响评价，编制建设项目环境影响报告书、环境影响报告表。建设单位应当对建设项目环境影响报告书、环境影响报告表的内容和结论负责，接受委托编制建设项目环境影响报告书、环境影响报告表的技术单位对其编制的建设项目环境影响报告书、环境影响报告表承担相应责任。

编制单位应当具备环境影响评价技术能力。环境影响报告书（表）的编制主持人和主要编制人员应当为编制单位中的全职人员，环境影响报告书（表）的编制主持人还应当为取得环境影响评价工程师职业资格证书的人员。

（3）环境影响评价的工作内容。工程建设项目环境影响评价的工作内容取决于项目对环境所产生的影响，一般根据项目的类型及其产生的影响分为五个部分：工程分析、环境条件调查、环境影响因素确定及分析、环境影响程度分析和环境保护措施。

4. 环境影响评价的程序

（1）环境影响评价的工作程序。环境影响评价工作程序大体可以分为三个阶段，见图2-5-4。

第一阶段为准备阶段，其主要内容是研究有关文件，进行初步的工程分析和环境现状调查，筛选重点评价项目，确定建设项目环境影响评价的工作等级，编制评价工作大纲。

第二阶段为正式阶段，其主要工作是进一步做工程分析和环境现状调查，并进行环境影响预测和评价。

第三阶段为报告书编制阶段，主要工作是汇总、分析第二阶段所得到的各种资料、数据，作出评价结论，完成环境影响评价报告的编制。

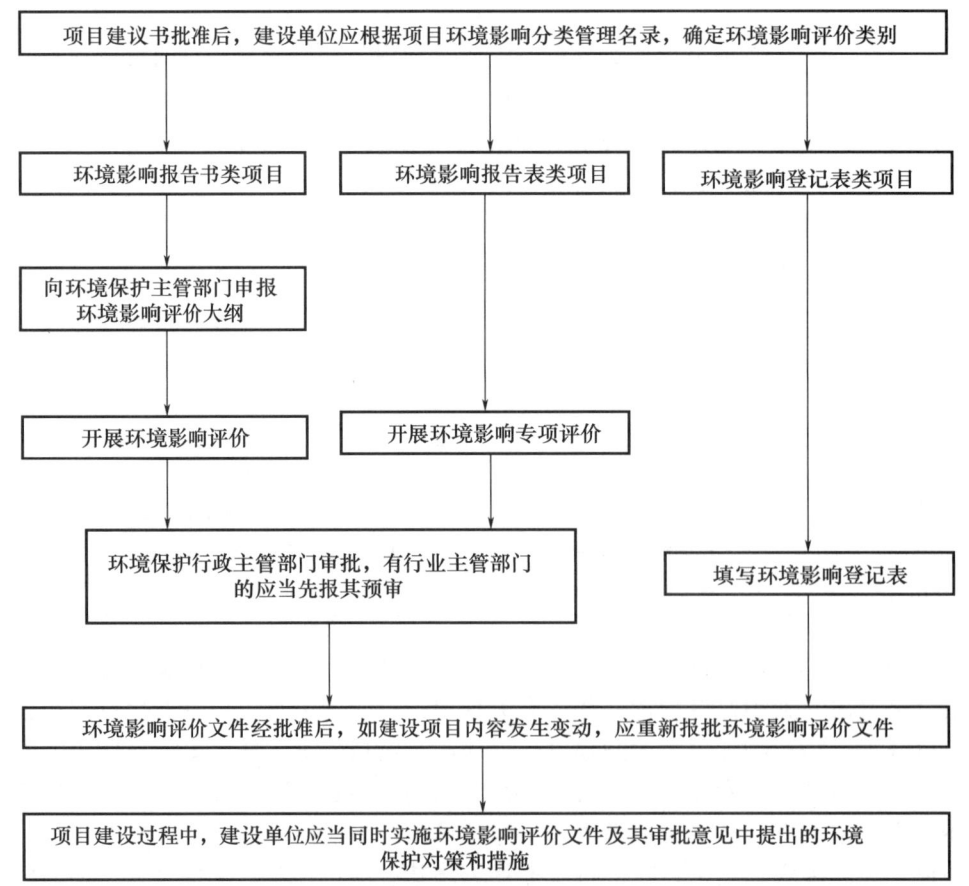

图2-5-4 建设项目环境影响评价管理程序

（2）环境影响评价与基本建设程序的关系。工程建设项目的环境影响评价工作必须在项目建设前期工作的可行性研究阶段进行，评价的技术依据是已被有关部门批准并纳入前期工作计划的项目建议书。尽管环境影响评价与可行性研究分别进行，但作为建设项目决策的主要依据之一，它应该与工程项目的可行性研究同时完成，表 2-5-4 说明了环境影响评价与工程建设程序的这一匹配关系。

表 2-5-4 环境影响评价与工程建设程序对照表

序号	工程建设项目程序	相应的环境影响评价工作
1	项目建议书批准	编制环境影响评价大纲
2	编制工程项目的可行性研究	进行环境影响评价（EIA）
3	工程设计	监督设计，落实评价结论
4	施工	监督环保设施在施工中实施
5	运行	进行项目周边环境监测

5. 环境影响评价文件的审批

环境影响评价文件实行报批制，具体规定如下：

（1）实行审批制的项目，应在报送可行性研究报告之前完成环境影响评价文件的报批；

（2）实行核准制的项目，应在提交项目申请报告之前完成环境影响评价文件的报批；

（3）实行备案制的项目，应在项目开工前完成环境影响评价文件的报批。

2.5.6 建设工程项目社会评价

建设工程项目社会评价是通过识别、监测和评价投资项目对当地社会的影响，考察当地社会条件对项目的适应性和可接受程度，从而评价项目的社会可行性。社会评价的结果对于建设工程项目的立项具有十分重要的影响。

社会评价通过分析工程建设项目涉及的各种社会因素，提出项目与当地社会协调关系、规避社会风险、促进项目顺利实施、保持社会稳定的方案。社会评价是把社会分析和公众参与融入发展项目的设计和实施中的一种行动工具和行为手段，其目的是帮助项目实现可持续的社会发展目标，使项目预期的受益人能够从项目中受益，减少或消除项目可能带来的负面社会影响，提高项目实施的效果。

1. 社会评价的适用范围

社会评价主要适用于那些对当地社会及人民群众影响（包括正面影响和负面影响）较大、容易产生社会矛盾和社会风险的投资项目，如需要大量移民或者大规模拆迁的交通、水利项目；农村区域开发或扶贫项目；文化教育、卫生等公益性项目等。一般而言，对于属于上述性质的政府投资项目，应进行社会评价。

2. 社会评价的主要特点

（1）宏观性和长期性；

（2）目标的多样性和多层次性；

(3) 重人文分析；

(4) 评价标准的差异性和难量化性。

3. 社会评价的主要内容

社会评价的内容主要包括：社会影响分析、项目与所在地区的相互适应性分析和社会风险分析。

(1) 社会影响分析。是通过对项目所在地的居民收入及社会水平、就业、文化、教育、卫生、基础设施以至民族风俗与宗教等方面影响的分析，预测项目可能产生的经济效益和负面影响。社会影响分析的目的是消除或尽量减少项目对当地社会的负面影响。

(2) 项目与所在地的相互适应性分析。是分析预测项目是否能够为当地的社会环境、人文条件所接受，以及当地人民群众、政府支持项目存在和发展的程度，考察项目与当地社会环境的相互适应性。相互适应性分析的目的是尽可能地改进和优化项目实施方案。

(3) 社会风险分析。对可能影响项目的各种社会因素进行识别和排序，选择影响面广、持续时间长、容易引发较大社会矛盾的影响因素进行风险分析，并进一步分析导致风险存在的社会环境和条件。社会风险分析的目的在于尽量规避项目的社会风险。

4. 社会评价的主要作用

(1) 有利于国民经济发展目标与社会发展目标协调一致，防止单纯追求项目的经济效益；

(2) 有利于与所在地区利益协调一致，减少社会矛盾和纠纷，防止可能产生的不利社会影响和后果，促进社会稳定；

(3) 有利于避免或减少项目建设和运营的社会风险，提高投资效益。

社会评价适用于那些社会因素较为复杂、社会影响较为久远、社会效益较为显著、社会矛盾较为突出、社会风险较大的投资项目。其中主要包括需要大量移民搬迁或者占用农田较多的水利枢纽项目，以及文化、教育、卫生等公益性项目。

5. 社会评价的基本步骤

社会评价包括社会资料调查、社会影响和风险因素识别、实施方案比选与优化等过程。

(1) 社会资料调查。包括项目所在地的社会经济数据、利益群体的特征及对项目的反应和要求，以及对项目具有潜在影响的文化、风俗习惯、宗教信仰、社会组织等方面的资料。

(2) 社会影响和风险因素。一般可将影响因素分为三类：影响当地人民群众生活和行为的因素；影响社会环境变迁的因素；影响社会稳定与发展的因素。

(3) 方案的比选与优化。对项目实施方案中的建设地点、工艺方案、技术选用、工程方案等内容，根据其涉及的主要社会影响及风险因素进行定性、定量分析，比选最佳方案，并提出进一步改进的建议。

6. 社会评价的主要方法

公众参与社会评价涉及的区域广，间接效益与间接影响多，不同利益群体对项目目标的要求不同，因此促使公众的积极参与是非常必要的，公众参与是社会评价的重要手段。公众参与包括参与式评价和参与式行动两个方面。

（1）参与式评价。主要是运用参与式的工具进行相关数据的收集、分析，特别是项目的关键利益相关者的信息，如对项目方案的各种建议、项目可能产生的负面影响，以及如何减轻这些负面影响的建议等，为项目方案的进一步改进和优化提供依据。

（2）参与式行动。主要是采取各种措施，吸收项目所在地的公众，参与项目的分析与决策，特别是项目的关键利益相关者，更应尽可能地吸收他们参与项目决策过程，从而避免只有专家参与时，决策过程的片面性和不全面性，为项目的科学决策提供保证。

2.6　建设工程项目组织与管理

2.6.1　建设工程项目管理概述

建设工程项目管理的内涵是指建设工程项目的参建各方，自项目开始至项目完成，通过项目策划和项目控制，围绕项目的各项目标对建设工程全过程或分阶段进行专业化管理和服务的活动，使项目的费用目标、进度目标和质量目标得以实现，其核心任务是使项目及其使用价值增值。

建设工程项目是一个复杂的系统工程，为规范项目管理行为国家发展改革部门于2010年授权中国工程咨询协会编制了《工程项目管理导则》（试行），作为建设工程项目全过程管理的行业惯例在业内全面推行。

在项目的建造期，管理工作涉及方方面面的利益纠结和风险影响，为规范管理，国家建设主管部门组织修订了国家标准《建设工程项目管理规范》（GB/T 50326—2017），编制了《建设项目工程总承包管理规范》（GB/T 50358—2017）、《建设工程监理规范》（GB/T 50319—2013），成为建设工程项目建造期管理的重要依据。

《建设工程项目管理规范》（GB/T 50326—2017）运用系统的观点、理论和方法，对建设工程项目勘察、设计、施工、试运行、竣工验收和考核评价等过程明确了管理要求，范围包括进度、质量、职业健康安全、环境、成本、资源、信息和收尾等，对于建设工程项目建造期管理具有重要的指导意义。

《建设项目工程总承包管理规范》（GB/T 50358—2017）是专门针对勘察、设计、施工和试运行一体化项目管理模式提出的管理要求，包括设计、施工、采购、试运行集成管理的工作内容，成为建设工程项目采用工程总承包管理模式的实施指南及项目专业工程采用设计施工一体化方式的重要参考文件。

《建设工程监理规范》（GB/T 50319—2013）是专门针对工程监理单位接受建设单位委托，对于项目质量、进度、造价目标进行控制，对于项目合同、信息、安全生产进行管理的规范，是工程监理单位开展施工阶段监理工作的主要依据之一。

2.6.2　建设工程项目管理的基本方法

建设工程项目从最初的项目功能策划到完全建成，要经过方案设计与可研、工程设计、采购与施工等一系列渐进的复杂过程，其中必然要受到项目技术构成复杂程度及管理风险判断的影响，与此相应产生了一系列管理实施方法。

1. 线性顺序法

线性顺序法也称作传统的项目实施过程,如图 2-6-1 所示。

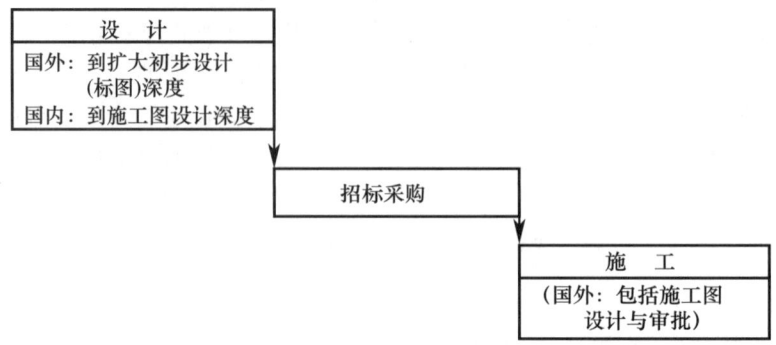

图 2-6-1 线性顺序法

这一实施过程的特点是明确划分工程项目设计、招标采购与施工过程,在完成前一项工作后,再进行下一步工作。采用这一方法实施项目的技术基础是:

(1) 建设工程项目技术构成比较简单,项目在技术上不可能或没必要进行分割;

(2) 虽然项目技术构成复杂,但项目投资人打算用充分的时间逐一解决设计的几乎全部技术问题,避免因"边设计边施工"或设计留有尾巴给项目管理带来的风险。

应该说,如果上述过程能够得以实现,项目实施中工程管理的压力能够减轻,因设计不留尾巴将减少招标图纸的错误,施工合同界面也较清晰,只要在现场施工中能够按时按量达到设计所要求的技术标准与细节即可顺利完成。

但是大多数情况下,存在:

(1) 项目的技术构成非常复杂,一些工程需要先确定材料设备品牌型号再进行二次设计才能完成,而另一些专业工程的设计只能由专业设计单位甚至是设计施工一体化单位来完成,使得由原建安设计单位一次性完成全部设计工作不可行。

(2) 业主由于市场竞争及社会责任的原因,没有充分时间一次性完成项目招标用的全部设计图纸,因而无法使用线性顺序法来实施项目工程,于是就产生了下面所列出的第二种项目实施方法。

2. 快速路径法

快速路径法也称作复杂的项目实施过程,如图 2-6-2 所示。

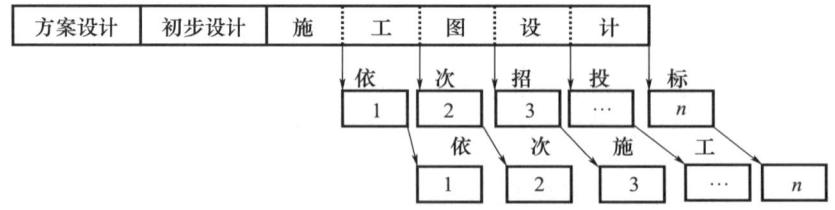

图 2-6-2 快速路径法

这一实施过程的特点是考虑到了项目扩大初步设计(深化设计或施工图设计)过程在技术上的可分割性,或者说设计子过程(如结构设计与机电设计、地下结构设计与地上结构设计）是可以分步骤实施的过程，造成相应工程的采购与施工也是可以分步骤实施的；这就较好地利用了可在早期完成的设计成果，并立即开展相应工程的招投标与施工，如此实施可明显地缩短项目总的实施周期。但其风险与弊端也是显而易见的，由于设计过程被分割，往往是早期施工已经开始，后期设计仍在进行，一旦产生设计错误，造成设计的调整与变更，必然导致经济上与合同索赔。所以采用快速路径法加大了工程实施管理的风险，运用它也是有约束和限度的。

3. 两种管理实施方法的相互关系

（1）要改变一个普遍存在的模糊看法，即快速路径法是先进的，而线性顺序法是落后的。线性顺序法与快速路径法本身并无先进与落后之分，它们只是分别适用于不同技术复杂程度与管理要求的项目。

（2）从理论上讲，如将快速路径法中每一个被分割出的子项目看作是一个"项目"，该子项目的实施过程采用的就是线性顺序法，所以快速路径法本身就是建立在线性顺序法基础之上的，可以被看作一个个子项目按线性顺序法实施的组合。

（3）从管理实践讲，在同一个项目中，既可以根据技术构成和管理要求的不同，对其中部分子项目或子项目组合采用线性顺序法实施，同时又对另一部分子项目或子项目组合进行第二级的分割，并按照快速路径法实施。实践表明同一个项目中往往交错地采用线性顺序法和快速路径法来实施。

2.6.3　建设工程项目常见的管理模式

建设工程项目的内部参与方主要有业主、设计方、施工方，大型或复杂工程项目还包括管理咨询方，上述四方构成了现代建设工程项目内部不可或缺的四个参与方。它们在项目中都在做着各自相对独立又相互关联的管理工作，并相互进行协调，经过长期的项目管理实践，在建设工程投资与管理界形成了界定四方管理关系的若干约定俗成的规则，这些规则可以清晰地用项目管理的组织架构图表达出来，并往往由相关行业的权威组织以行业惯例的方式正式发布，这就是项目管理模式。

建设工程项目管理模式的产生对项目管理学来讲具有重大的意义。首先，从事项目管理的人们通过对建设工程项目管理组织方式的科学归纳，对其进行分类，并找出其中的规律；管理模式形成后，建设工程项目管理不再是零碎的、复杂的、让人眼花缭乱的东西，使得对项目管理的认识日渐清晰。其次，人们可以基于已经确定的管理模式，总结出不同类型的规范性工作文件，如国际咨询工程师联合会（FIDIC）在传统管理（DBB）模式下总结形成的《施工合同条件》（红皮书）、在设计采购建造（EPC）模式下总结形成的《工程设计—采购—建造合同条件》（银皮书）等，再将其用于日常的项目管理工作，使项目的各个参与方的工作及相互沟通变得高质简洁、有效，并大大降低了交易的成本。

国外建设工程市场经过多年的运作与发展，建设工程项目管理界尤其是各国的专业协会和行业组织已对项目管理模式进行了充分的研究，归纳出多种成熟的项目管理模式。国际工程管理模式虽是基于国外建设工程市场内部外部的具体条件而产生，不能完全照搬到中国来，但改革开放以来，尤其是中国加入世界贸易组织（WTO）后，"国内市场国际化"的趋势使得中国与国际的建设工程市场环境日益接轨，管理模式也日益趋同，而随着我国在海外工程领域投资规模的扩大，又产生了"国际市场国内化"的趋势，要求国内工程建筑业各类公司熟悉国际工程投资界的习惯性做法，作为建设工程项目的管理者与项目招标采购的组织参与者。以下介绍国际上最主要的几个建设工程基本管理模式。

1）传统管理（Design Bid Build，DBB）模式，见图 2-6-3。

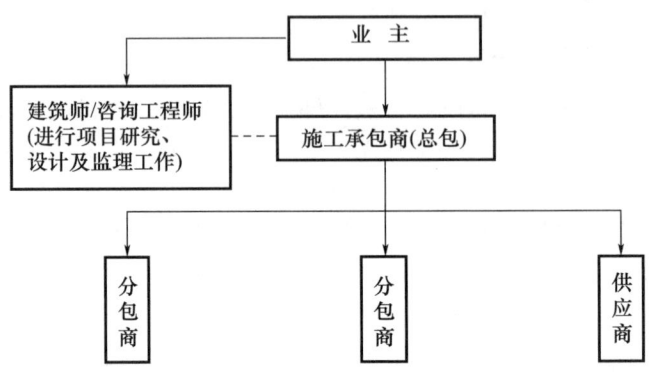

图 2-6-3　传统管理（Design Bid Build，DBB）模式

该模式的特点是：

（1）业主只进行一次施工招标并与一个施工单位签订施工总承包合同，如有其他施工与供货单位参与项目，则它们均将由施工总承包单位自行确定并成为它的分包商。

（2）该模式管理的技术基础是线性顺序法，所以具有线性顺序法固有的缺陷，耗时较长。

（3）项目施工阶段的管理协调已作为一种专业独立出来，往往由参与项目前期策划（项目研究）或设计管理的专业管理公司承担，以确保项目管理达到较高水平，国外在工地现场多采取管理公司派出驻地工程师方式，国内则为委托施工监理方式。

（4）由于国外建设工程项目多基于扩大初步设计深度的招标图进行施工招标，并由承包商在驻地工程师指导下进行施工图设计，而承包商在安排各专业施工图设计时，可根据计划进度的要求分轻重缓急依次进行，这就在一定程度上运用了快速路径法，缩短了项目建造周期，弱化了该模式的缺陷。国内项目亦可将部分专业工程分割出来做设计施工一体化招标，缩短整体设计及工程项目实施周期。

（5）工作界面清晰，特别适用于项目各个阶段需要严格逐步审批的情况。如政府投资的公共工程、国际金融机构资助的工程以及世界银行、亚洲开发银行等国际多边援助银行资助的工程多采用此模式。而采用 FIDIC《施工合同条件》（红皮书）与 FIDIC《施工合同条件多边援助银行协调版》（粉皮书）的工程项目管理基础也是这一模式。

2）建造管理（Construction Management，CM）模式，见图 2-6-4。

建造管理模式是 20 世纪 90 年代以来在国外尤其是美国广泛采用的一种管理模式，其特点是：

（1）与招标用设计图纸全部完成之后，进行一次性招标的传统项目（DBB）模式不同，建造管理（CM）模式将全部工程按专业分割为若干子项工程，并对子项工程采取依次性发包，其技术基础是快速路径法。

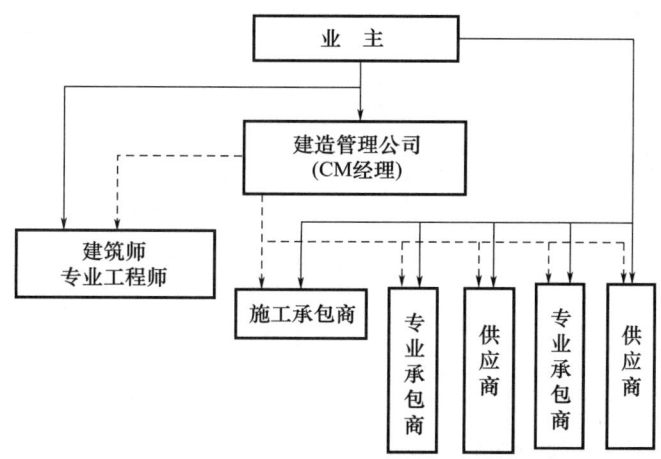

图 2-6-4　建造管理（Construction Management，CM）模式
美国建造规范协会（CSI）将其称为 Construction Management as Adviser，CMa

（2）由业主及业主委托的 CM 经理（即管理公司派出的项目管理部或业主专门聘用的职业经理人）与建筑师组成一个联合小组，共同组织和管理项目建造期的规划、设计和施工。在项目总体规划、布局和设计时，要考虑控制项目的总投资。在设计方案确定后，随着设计工作的进展，完成一部分分项工程的招标图纸设计后，即对相应部分分项工程进行招标，发包给一家承包商，由业主直接就每个分项工程与专业承包商签订平行的承包合同，即不设施工总承包商。

（3）CM 经理在工程设计阶段就参与项目的管理，按子项工程实施的次序安排设计分解与进度计划，对设计的可建造性、材料的可获得性、新施工工艺与方法的采用等向设计方提出建议和要求。

（4）在施工阶段 CM 经理负责工程施工的监督、协调及管理工作，取代了传统模式下施工总承包商的部分管理职能，主要任务是定期与各个设计与施工承包商沟通，对成本、质量和进度进行监督，预测和监控成本与进度的变化，现场监理工作也由 CM 经理承担。

（5）业主与各个设计、施工承包商、设备供应商、安装单位等签订合同，是承包合同关系；业主与 CM 经理、建筑师之间则是咨询合同关系；而业主任命的 CM 经理与各个施工、设计、设备供应、安装等承包商之间则只是业务上的管理和协调关系。

（6）CM 模式的最大优点是，可以缩短工程从设计到竣工的周期，一方面整个工程可以提前投产，另一方面减少了由于通货膨胀等不利因素造成的影响，从而节约建设投资，较早取得收益，减少投资的时间风险。

（7）CM 模式下的合同方式多为平行发包，管理协调困难，对 CM 经理（项目管理部）的管理协调能力有很高的要求，往往由具有相当管理水平的专业工程顾问公司派出CM 经理（项目管理部）来担任。

在国外，业主采用建造管理（CM）模式取代传统管理（DBB）模式，一方面使建造管理（CM）工作的承担人由施工总承包转移为业主聘用的 CM 经理（项目管理公司），同时使部分管理风险的承担人由施工总承包转移为业主自身，而管理造成的损失与收益亦将由业主直接承担或享有。

3）管理承包（Management Contracting，MC）模式，见图2-6-5。

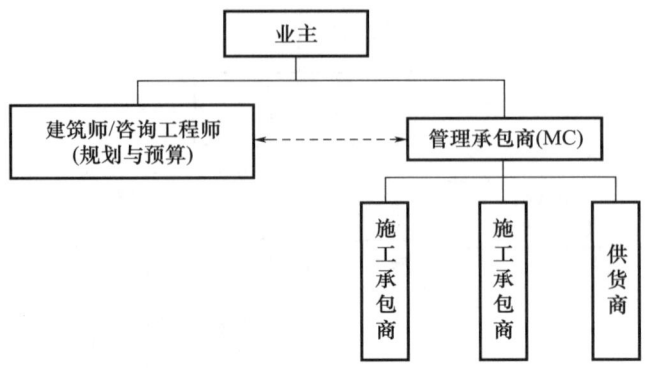

图2-6-5　管理承包（Management Contracting，MC）模式
美国建造规范协会（CSI）将其称为 CM at Risk（CM@R）

（1）MC模式与CM模式在具体管理操作上具有广泛的共同点，但在管理体系上又与其存在以下不同：

① MC模式下的核心参与者不是一般意义上的CM经理，而是管理承包商（MC），即承担建造管理（CM）工作的管理承包商或对项目管理目标进行风险承包的管理咨询方（管理咨询公司或CM经理人）。

② 项目管理的风险承担关系由业主转移给管理承包商（MC），承包商与供货商均直接与管理承包商（MC）签约，而不是与业主签约，这是与承包体制要求相一致的必要安排。

③ 一般来讲，业主均要求管理承包商（MC）提出保证最大工程费用，作为MC的承包基数，投资一旦超支，则由MC承担，如有结余则与业主分成。

④ 一般来讲MC是有很高质量信誉的咨询公司，所以业主将不再委托其他工程质量监督人。

（2）国内建设工程项目管理承包模式。因近几年来政府投资主管部门大力推动的管理承包型代建制而得到较为广泛的应用，该模式在基本的管理操作关系上与国际常见的管理承包（MC）模式具有广泛的共同性，但因其设立基于国内的法规和惯例体系，所以仍然具有以下的特点：

① 鉴于国内的工程设计属于建设工程承包行为，设计方在法律上被视为承包人，在国内的管理承包模式下，其合同关系建立在设计方与管理承包商之间，而非在设计方与业主之间。

② 鉴于《中华人民共和国建筑法》（以下简称《建筑法》）鼓励对建筑工程实行总承包，国家的建设行政管理部门在办理建设工程施工许可证时，对同一个建设工程项目也实行单一的设计与施工单位责任认证制。在国内的管理承包模式下，管理承包商往往在其下分别设立设计总承包与施工总承包体系，即以合同约定专业工程的设计方及施工方或设计—施工一体化承包方，作为设计总承包与施工总承包的分包方，这种安排与国外管理承包（MC）模式下不设施工与设计总承包，而由管理承包商直接管理各个专业承包商的安排也有着很大的不同。具体见图2-6-6。

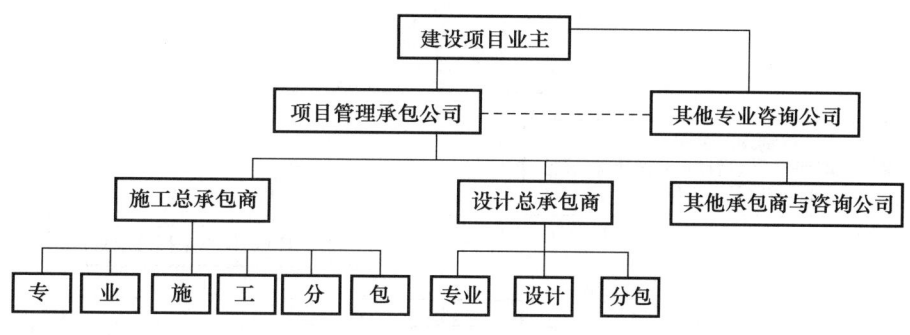

图 2-6-6　国内工程建设项目管理承包模式

③ 我国政府投资主管部门推行的建设工程项目代建制所广泛采用的管理承包方式正是基于中国式的管理承包（MC）模式，但因政府管理体制而派生出如图 2-6-7 所示的基本关系。

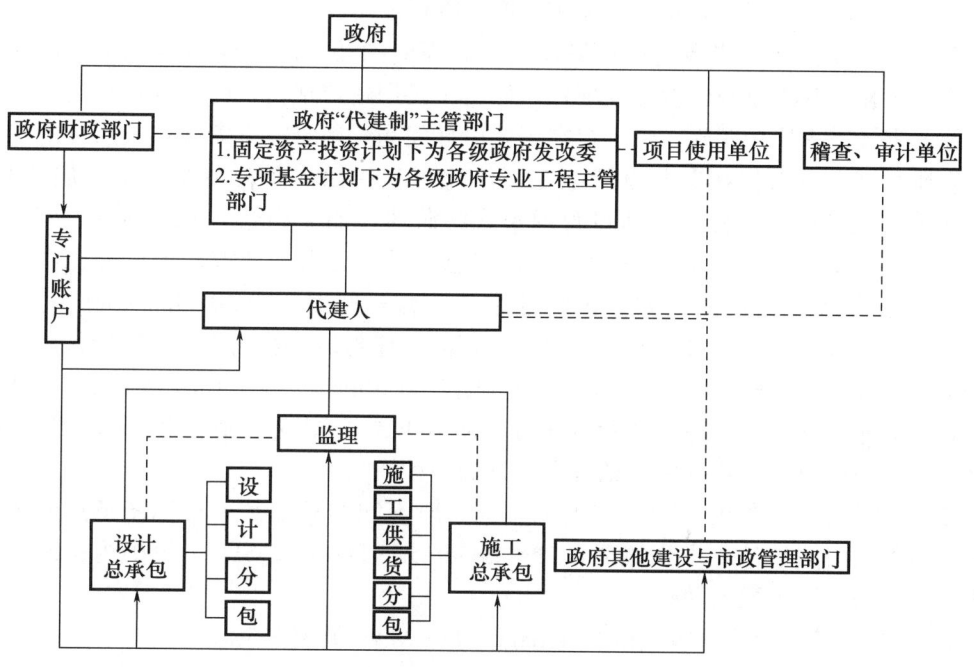

图 2-6-7　政府投资工程建设项目代建模式示意图
───── 管理关系　----- 协调关系　───▶ 资金拨付关系

4）设计采购建造（Engineering Procurement Construction，EPC）模式，见图 2-6-8。该模式的特点如下：

减少了设计与施工方在合同上的工作界面，从而解除了承包商因招标图纸出现错误进行索赔的权利，同时排除了承包商在进度管理上与业主及咨询公司可能产生的纠纷，因而在包干总费用及总工期上非常确定。EPC 合同通常应为总价包干合同。

业主一般以包括生产工艺设计在内的方案设计图纸招标，在选定设计采购建造总承包商时，将其投标时所做方案设计优化的水平及扩大初步设计（招标图设计）的优劣作为主要评估因素，这样可利用投标人的资源进行设计优化，从而大大降低总的工程造价。

75

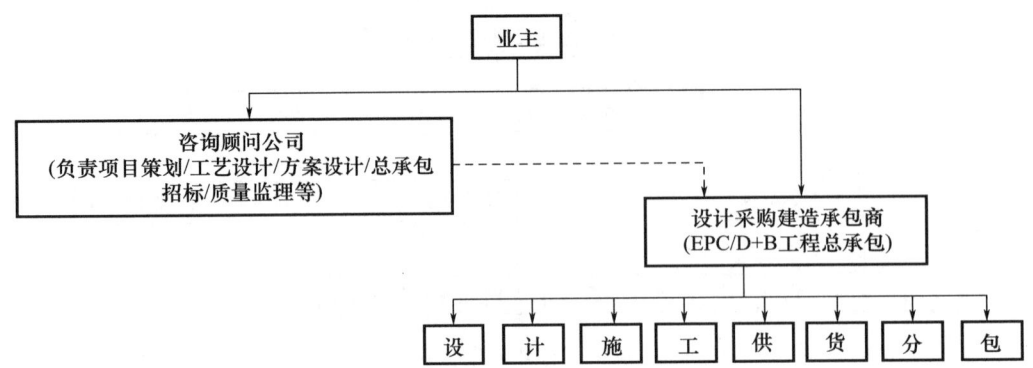

图 2-6-8 设计采购建造（Engineering Procurement Construction，EPC）模式
美国建造规范协会（CSI）将其称为 Design-Build（D+B）或 Design-Construction（D+C）

由于工程设计方就是施工方，所以可以在工程设计中采用更多先进可行的施工技术与标准建筑材料，从而提高质量、缩短工期、降低成本。

EPC 模式虽然具有诸多优点，但在运用方面受到较大的专业与行业局限，一般多限于大型工业与基础设施建设工程项目。而对于民用建筑项目，由于设计与施工方对项目功能的市场需求比较明确，又不存在工艺设计问题，很难在方案优化及后续的工程设计上有所贡献，所以仅在专业设计施工一体化工程层面，而较少在总承包层面采用。EPC 模式还是诸多派生性工程项目管理模式的载体，如交钥匙（Turn-key）模式，就是在 EPC 模式的基础上，业主既向设计施工总包进行更大的放权，但可能也由其承担项目施工期内融资责任的模式；再如建造—运营—移交（Build Operation Transfer，BOT）模式，是业主在多数情况下将项目融资的责任与运营及回收投资的特许经营权均赋予 EPC 承包商的模式；而公营私营合作伙伴（Public Private Partnership，PPP）模式则是政府作为业主的一部分公营合作方，多以 EPC 模式为基础，将部分融资责任与全部运营收益的特许经营权赋予私营合作方的一种模式。

EPC 模式在国内外的运用没有大的不同，所不同的只是其中招标图纸达到的设计深度，国外按行业惯例要求到概要设计（Schematic Design，SD），较国内按政府规范要求的方案设计要更深入一些。

5）设计＋管理模式（Design＋Manage，D＋M），见图 2-6-9。

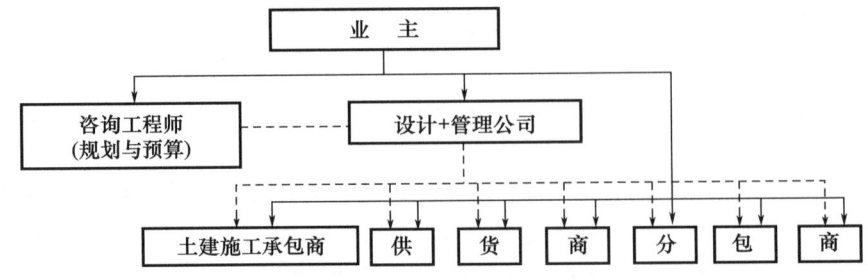

图 2-6-9 设计＋管理模式（Design＋Manage，D＋M）

这一模式产生的基础是国外许多建筑师也兼做工程管理咨询业务，工程管理咨询公司也兼做设计，所以业主将分别委托建筑师与工程管理咨询公司改为委托一家公司同时

承担两项业务，减少了两项业务间的工作界面。在具体管理操作上，D+M模式类似于CM模式，也由建筑师（设计院所）与工程咨询公司组成联合体，在这一模式下分别承担设计及项目管理工作的。具体有代理型与风险型两种责任方式。设计+管理（D+M）模式原本是国外工程项目的管理模式，但只要处理好承担相应角色的单位具有相应能力与资质的问题，设计+管理（D+M）模式便可以直接在国内运用。

6）自设管理机构平行发包模式（指挥部、基建办），见图2-6-10。

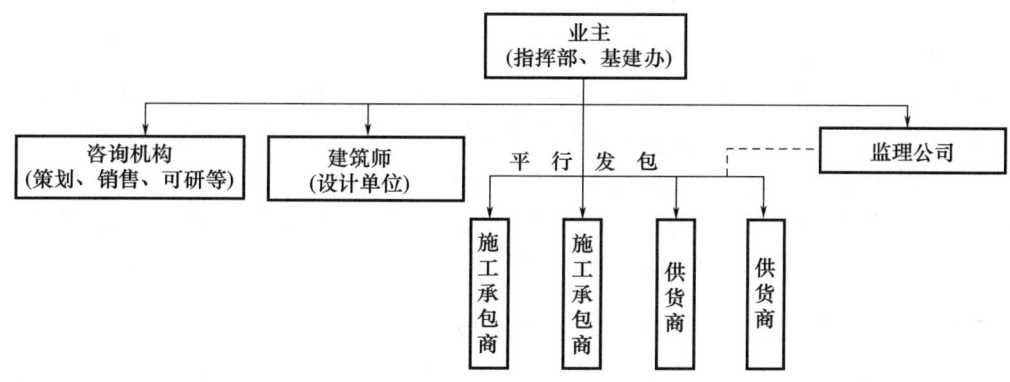

图2-6-10 自设管理机构平行发包模式

这一模式目前在国内仍得到极广泛的采用，其运行具有以下特点：

（1）从其承发包体系上讲，接近于CM模式，有多个平行的专业承包商与业主直接签约，总承包体系是不够清晰的。

（2）业主虽然因法定资质管理的限制，聘用了设计单位与某些专业咨询单位，如监理公司，但没有聘请专业管理咨询公司作为CM经理人。

7）委托代理式管理模式，见图2-6-11。

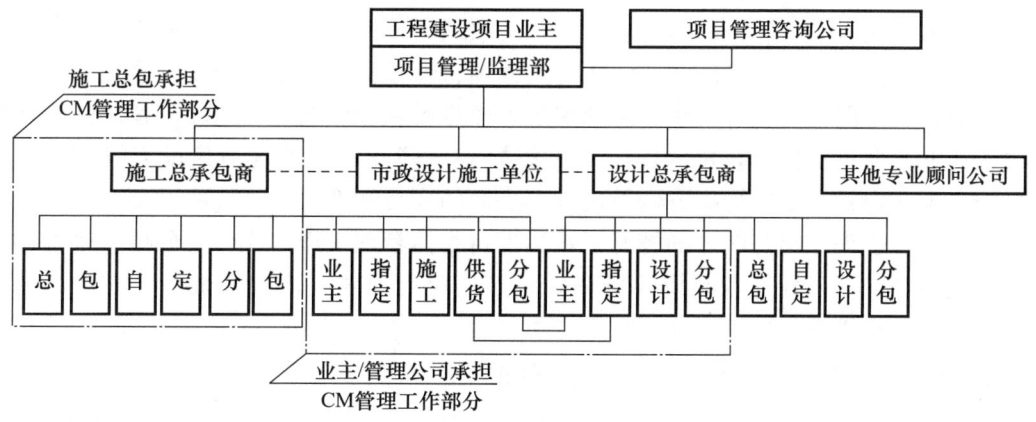

图2-6-11 委托代理式管理模式

这一模式广泛应用于国内各类建设工程项目，为很多业主单位所接受，其基本特点如下：

（1）项目管理公司与业主的关系是委托代理关系，且在项目管理架构中采用了施工和设计总承包的体系，符合《建筑法》推行的精神，与建设行政管理体系的要求相一致。

（2）项目管理公司承担了相当部分重要专业分包工程的建造管理（CM）工作，而并非像传统工程管理（DBB）模式那样，由施工总承包承担绝大部分甚至全部的建造管理（CM）工作。

（3）项目管理公司虽然承担了业主单位大部分的具体管理工作，但重大事项的决策仍由业主单位掌握，如全部业主指定分包工程的决标、签约、工程款的支付等，这在相当程度上解决了业主在委托管理时，因国内项目管理公司处于成长阶段而对其能力存有疑虑的问题。

（4）代理型委托项目管理方式下，项目管理公司需要按委托管理合同的约定，承担实现管理目标的责任，并在违约情况下，承担以管理费为基数的相应经济赔偿责任。

项目管理模式的形成和发展总体上取决于建设工程项目技术构成的复杂程度、工程规模、市场的成熟度及社会分工的细化程度。业主在选择采用何种具体管理模式时，应不拘一格，需要综合考虑项目技术的特点、参与项目的设计、施工、咨询公司适应不同管理模式的能力及所持有的资质情况，正确选用最适当的管理模式，达到项目管理成效最优的目的。

2.6.4 建设工程项目建设单位管理模式

在现实社会中，应由业主方承担的项目管理工作存在着许多不同的实施方式，业主方在建设工程初期必须确定项目管理组织方式，也就是要尽早确定管理实施方式。

1. 业主方自设管理机构实施管理的方式

业主方自行设立自己的管理机构，并将项目管理工作的主体部分交由该机构承担。根据国家相关法规的规定，对于必须实现工程监理的项目，业主方应委托工程监理单位，并由其独立承担监理法定责任。业主方不具备自行招标的规定条件时，需委托招标采购代理单位承担项目招标采购工作。根据项目向政府备案或提请核准的需要，可能还需委托工程咨询单位承担编制项目建议书、可行性研究报告、专项咨询等工作。

业主方采用自设管理机构的管理方式，一般适用于三类情况：一是业主方常年进行建设工程项目投资，拥有稳定的专业化的工程项目管理机构，具有所投资项目的管理经验与能力；二是因投资项目较小、周期很短，较难委托专业项目管理；三是因保密等特殊情况。如不属以上情况，按国际工程投资界的惯例或国家投资与建设主管部门的规定，投资人应委托专业的管理咨询单位承担主要的项目管理工作。

在不具备管理经验与能力的情况下承担项目主体管理工作，往往造成项目管理的失败，将会出现功能策划管理与设计草率确定产生反复修改、遗留审批手续与法律的隐患、合同与造价管理失控、工期超长等严重问题。

2. 业主方委托专业管理咨询单位代理管理

业主方不设立专业的项目管理机构，只派出管理代表或监管代表，做项目的决策与监督性工作，而将项目管理工作的主体部分委托专业的管理咨询单位承担。除主体管理工作外，业主有可能还将其他咨询工作委托该管理咨询单位一并承担，如工程监理、工程咨询、招标采购代理等，只要该管理咨询单位具备相应的资质与能力，管理咨询业务合一或分散，取决于管理咨询单位的实际能力，但过于分散会造成更多的工作界面需要进行协调，也会浪费部分管理资源，因为许多咨询业务是互为因果的，由一家单位承担可减少界面,咨询质量容易保证,管理咨询责任也比较清楚。在此方式下,重大事项的决策仍由业主方掌握,如业主指定分包工程的决标、签约、工程款的支付等,而管理咨询单位需要按委托合同的约定承担管理责任,在违约情况下应以管理费为基数承担相应经济赔偿责任。

3. 业主方与管理咨询单位的一体化项目管理

业主方设有较小的管理机构,但不具有承担相应项目的经验、能力和规模,又无意解散自己的机构,可确定一家具有此类项目管理能力与经验的管理咨询单位,派出管理团队与业主方的管理机构合并办公,共同管理项目。一体化管理可减少双方工作交接的困难与时间,也有助于解决一些项目后期由业主方运营管理,而项目管理咨询单位对运营不够专业的问题。但采用这种管理方式的最大问题是,两个管理团队可能具有不同的企业文化、工资体系、工作系统,机构的融合存在风险,双方各自的管理责任也很难划分清楚。

4. 由专业项目管理单位进行管理承包

基本分工方式与委托代理式管理相似,但管理咨询单位不但承担合同范围的管理工作,而且还对合同约定的管理目标进行承包,如不能实现管理目标,该管理咨询单位应承担以管理承包额为基数的经济处罚。如果项目总投资或工程总造价目标超支,则超出部分一般将由管理承包的咨询单位承担,但如果项目总投资或工程总造价有节余,该管理咨询单位也将分享。在管理承包的方式下,项目的合同体系将调整为以管理承包方为中心的体系,即全部的设计与施工合同均将由承包项目管理目标的管理咨询单位与对方签署,以与承包的法律责任体系相一致,突出的例子是近年来由各级政府投资主管部门主导的非经营性建设工程项目的代建制。

5. BOT、PPP 等特殊的建设工程项目管理实施方式

特指一些城市基础设施工程项目,在实行特许经营方式下的管理实施方式,其主要特征是:政府将拟定的一些城市基础设施工程项目,交由专业的投资人投资建设,并在项目建成后授予专业投资人若干年的特许经营权,使其通过运营收回工程投资与收益,其中投资人为私人(企业)的,采用 BOT(Build Operate Transfer)方式;而投资人为政府与企业联营的,采用 PPP(Public Private Partnership)方式,在 PPP 方式下,政府承担部分投资责任,但不参加运营与回收工程投资及收益。

在 BOT、PPP 投资和建设方式下,政府可通过 DBB 模式即传统的施工总承包方式,招标确定项目的投资人即特许经营权人,也可以通过 EPC 模式即设计—采购—建造工程总承包方式,确定项目的投资人即特许经营权人。多数情况下,投资人或投资组合的部分成员具有建设工程设计、施工的相应能力与资质,他们也将相应的建立自己的项目管理体系与机构,所以这类融资建设模式直接构成了项目管理的实施方式。

2.6.5 建设工程项目参与方协同管理

建设工程项目的不同参与方,包括业主、咨询管理方、设计方与施工方,因其在项目中的角色及利益诉求的不同,而有着各自不同的项目管理内容。不同的项目诉求与目标决定了各个不同参与方将会采用不同的管理方法和手段。各方的管理虽然必须相互依存,相互影响,但也会产生矛盾冲突,然而作为同一工程项目的各个参与方的管理,最终又必须集成为一个整体,即项目各方最终要成为利益共同体。这种项目各参与方协调、相互矛盾、相互影响又相互统一的管理活动贯穿项目实施的全过程。实践表明整体管理良好的建设工程项目，都是各参与方利益较为平衡、管理较为协调的项目，所以各个项目参与方对此均应予以关注。

由各参与方各自的项目管理集成的项目管理体系中，业主因为是项目的投资人与整体风险的承担者，成为项目初始的雇主，从而具有项目投资方式与建设实施方式的决定权，也在相当程度上具有其他各个参与方的选择权，所以它所承担的项目管理在项目整个的管理体系中处于主导地位。业主的项目管理工作具有独特的内容与要求，不同于任何其他参与方的项目管理。其核心工作包括确定项目的功能与规模，安排筹融资，建立项目管理体系与架构，决定其他各方参与项目的时间、方式和条件，制订项目管理的各项目标，并编制项目管理的全部预控计划等。作为业主的工程项目管理机构或业主委托的管理咨询公司，应该在充分了解一个项目完整的管理体系集成的基础上，优先做好自己的管理工作，为项目整体管理水平达到必要的高度奠定坚实基础。

2.6.6 建设工程项目业主方全阶段项目管理

本节以项目管理任务较为复杂的工业与民用建筑工程为例，业主方在项目各个管理阶段应开展的主要项目管理工作内容见表2-6-1。

表2-6-1 项目管理各阶段业主方的主要工作内容

项目初步决策阶段	初步决策阶段的项目建设必要性的环境调查	①进行全面的项目市场与社会需求调查和最终用户的分析，了解项目需求与市场发展趋势，同类型其他项目的建设与使用情况、业主方对项目目标的要求、使用人希望项目所能提供的功能以及配套设施等； ②进行项目用地的初步筛选，并进行项目初选用地周边环境的初步调查，分析其交通条件、用地周边市政公用配套情况、用地拆迁情况、土地开发费用情况、古树名木情况等； ③必要时进行项目所处行业的业务形态调研
	初步决策阶段的宏观经济分析	①对经营性建设项目的投资机会做宏观经济分析，研究宏观经济形势发展对本项目的影响； ②对投资的地域、行业领域、规模、经济周期节律进行研究分析，避免项目宏观及战略决策的失误
	初步决策阶段的技术策划	①在基本投资意向确定的基础上，对项目拟采用的生产制造工艺与工程技术方案的难度极限作出判断与限定； ②确定拟投资项目的类比项目，并全面掌握该项目的实施细节，以作为编制本项目建议书的参考数据，包括所采用的工艺与技术方案、实施周期、造价标准等； ③取得项目建设所需的项目规划条件或修建性详规，必要时征集项目概念设计方案； ④委托勘察单位进行项目的可研察（俗称初勘）
	编制并报批项目建议书	①编制项目建议书，匡算项目总投资，履行项目申请报告的备案、核准和审批程序； ②参加项目建议书的评估与审定，必要时按决策要求作出深化或调整； ③按项目建议书批复的内容，落实最终的投资组合，组建前期项目管理团队

第2章 建设工程项目管理通用知识体系

续表

项目设计准备与审定决策阶段	项目方案设计的准备工作	①按照建设用地面积和容积率估算出总建筑面积，然后根据功能区划分和项目功能结构进行面积分配，组织项目功能设置的详尽论证，确定不同功能的建筑要求； ②根据地块本身及周围环境情况作出功能区布局的总体思考，确定各种设施的平面与空间布局，根据本项目与周边环境的协调要求，确定整个项目的建筑风格取向； ③编制项目方案设计任务书与方案设计招标文件
	确定项目建筑方案设计	①组织项目建筑方案设计招标； ②安排方案设计评审，确定中标方案，发出中标通知书； ③提出深化与优化方案设计要求； ④编制项目工程设计任务书初稿，含有关造价与进度控制的内容
	项目可行性研究的准备工作	①联系取得市政公用各专业的咨询方案； ②委托有资格单位编制相应专业评价报告（如环境、地震、水文、地质等）
	项目可行性研究工作	①结合中标设计方案情况进行投入产出分析，编制项目总投资估算，进行项目总投资按构成成分项估算； ②编制项目实施总进度规划，包括设计、招标采购、施工等全过程； ③制订项目的筹融资方案及资金使用计划； ④确定项目的质量要求和建造标准； ⑤项目可行性研究报告的上报； ⑥参加项目可行性研究报告的评估和审核，协助办理相关报批手续
	项目可行性研究的后续管理工作	①根据可行性研究报告批复意见，调整形成最终版本的项目可行性研究报告，作为制订项目各项管理目标的基础； ②将可研报告批复总投资纳入项目工程设计任务书，作为设计单位控制项目工程投资的合同责任； ③委托勘察单位根据中标设计方案实施项目初设勘察，核查勘察方案并监督实施和进行相应的控制，参与验收勘察成果
	项目设计准备与审定决策阶段的合同管理工作	①确定工程设计承包合同的结构，初步设定专业设计分包及设计施工一体化发包的类型及分工范围，选择工程设计承包合同标准文本，从投资控制、进度控制、质量控制和风险控制的角度分析设计合同条款，起草合同特殊条款； ②进行工程设计承包合同商签谈判，在可行性研究报告获得批复后安排签署
项目工程设计与计划阶段	技术设计工作安排	①根据项目技术构成特点和需要，与设计总承包单位协商确定需进行的技术设计，包括可能的风洞试验、振动台实验、超高建筑的结构论证与试验、超高建筑或超大空间的消防性能性分析等； ②作出技术设计的具体工作安排
	设计进度与计划管理	①分析、论证项目设计总进度目标； ②分析实现总进度目标的主要时间节点及实现的风险、组织编制设计工作进度管理的详尽计划，审核设计进度计划并监控其执行

续表

项目工程设计与计划阶段	工程设计质量管理	①采用价值工程方法，在充分满足项目功能要求的条件下，进一步考虑设计的可建性，材料的可获得性，采用新技术新工艺来优化各级设计，以挖掘节约投资的潜力； ②安排施工图的强制性审查； ③组织全部施工图的质量审查，最大限度地减少各专业施工图纸的"错、漏、碰、缺"； ④组织初步设计与施工图设计的符合性审查，确保初步设计符合经批准并经优化的方案设计要求，施工图设计符合经审定的初步设计要求； ⑤组织初步设计概算的审查，确保经审定的初步设计概算不超过可行性研究报告及工程设计任务书给定的投资控制指标，如有超出则对初步设计及概算作出评价及处置建议；组织安排编制工程量清单及施工图预算，确保预算准确，且不超过上述给定的投资控制指标及浮动的限度
	编制项目管理组织计划（合同网络图）	①以初步设计图为基础，编制项目技术经济的分解结构（WBS），形成合同网络图，必要时根据施工图进行调整与完善； ②在合同网络图中体现整个项目管理的组织架构，如总承包与各分包的合同关系类型，各个类型的合同组团情况； ③根据合同类型分别编制标准合同条款范本，包括但不限于施工承包、设备供货、咨询委托、设计施工一体化等类型
	编制项目进度总控计划（初始文本）	①按合同网络图编制工作任务包目录之一，对施工或工程总承包承担的工程内容做进一步细分，编制工作任务包目录之二，之后汇总； ②按组织分解结构确定各个工作任务包的承担方； ③研究确定各个工作任务包之间的逻辑关系； ④根据时间定额与工作耗时的经验数据，排出项目进度总控计划（初始文本）
	编制项目投资/成本总控制计划	①在可行性研究的基础上，进一步进行项目总投资目标的分析、论证，并基于优化方案对估算作出调整； ②在合同网络图、进度总控制计划、投资总控制计划的基础上，编制项目资金需求计划，并由财务部门做出资金准备
	编制项目管理实施方案	①调查研究业主现行管理体制，确定是否作出调整及需调整的要点； ②研究确定业主方的工程事项审批流程； ③确定业主内外管理所需的工作程序； ④编制项目管理实施方案并报批； ⑤调改并批准实施
	进行项目的筹融资安排	①按可行性研究报告拟定的融资方案向各金融机构申报融资要求； ②应金融机构的质询，提供补充资料； ③编制融资使用计划； ④取得融资款项
	办理项目的各类政府审批手续	
	进行施工承包与监理的招标	①向建设主管部门申请项目报建； ②编审招标文件和合同文件并在标办备案； ③公告、资审、公示； ④参加评标及合同谈判，签署施工承包及监理委托合同

第2章 建设工程项目管理通用知识体系

续表

项目施工阶段	施工阶段的进度控制	①根据项目进度总控制计划，在各专业施工与供货招标文件中明确相应的工期目标； ②编制各招标文件和合同文件中有关进度的条款，设置逾期处罚及补救办法； ③审核、分析各投标单位投标时编制的专业工程进度计划； ④在项目实施过程中，进行进度计划值与实际完成值的比较，纳入月度报告； ⑤根据情况及时调整项目进度总控制计划
	施工阶段的采购与合同管理	①策划各甲供科目的招标方式，协调相关设计方，准备招标用图，编制招标文件； ②起草甲控材料设备的清单及控制内容，参与各类甲控采购合同谈判； ③分析各投标单位的投标报价，必要时安排清标； ④参加评标及合同谈判，商签正式合同； ⑤参与设备采购的招标，签订设备制造合同； ⑥对设备的设计、零部件采购、生产、到货验收等过程实施监督、管理、控制和协调； ⑦进行各类合同的跟踪管理并定期提供合同管理的各种报告
	施工阶段的投资控制	①运用价值工程，对各施工方案作技术经济比较论证； ②对设计施工一体化工程的建造标准进行平衡性论证； ③根据总承包招标情况及深化设计的进展，调整完善项目投资总控制计划； ④编制施工阶段各年度、月度资金使用计划并控制其执行； ⑤审核工程进度付款及项目其他付款申请； ⑥审核及处理各项施工索赔事宜； ⑦工程变更管理； ⑧制订合理的工程保险方案，并进行投保，发生事件并办理索赔
	施工阶段的组织与协调	①组织设计交底； ②建立工程会议制度，主持多类工程会议； ③督促各施工单位整理工程技术资料，绘制竣工图纸； ④定期提供各类工程项目管理报表； ⑤组织落实工地的保卫及产品保护工作； ⑥协调处理工地的各种纠纷
	施工阶段的现场安全文明管理	①审核施工安全专项方案、督促施工单位落实安全保证体系； ②督促施工单位履行施工安全、文明保障义务； ③组织工地安全检查； ④组织工地卫生及文明施工检查协助处理安全事故
	市政公用工程管理	①落实建设场地"四通一平"； ②办理土地征用、建设用地规划及建设工程规划等有关手续； ③办理施工许可等手续； ④办理水、电、供热、煤气、天然气、通信的供给手续； ⑤向政府主管部门办理其他各项审批事项

续表

项目试生产阶段	①组织编制重要设施与生产设备的使用及维修手册； ②进行生产人员及物业管理人员的培训； ③组织项目的物业管理单位参与项目建筑设备的调试与验收； ④组织项目的生产管理单位参与项目生产工艺设备的调试、投料试产及最终验收； ⑤分别办理工程与生产设备的移交手续； ⑥编制本阶段资金使用计划，并控制其执行； ⑦审核本阶段各类付款； ⑧审核及处理本阶段设计变更与综合索赔事宜
项目保修阶段	①与施工单位签订工程保修合同； ②制订工程保修阶段工作计划； ③定期检查项目使用和运行情况； ④检查和记录工程质量缺陷，对缺陷原因进行调查分析并确定责任归属； ⑤审核质量缺陷修复方案，监督修复过程并进行验收； ⑥审核并签署修复费用，在保修期结束时支付剩余保修金或退回保修金保函； ⑦整理保修阶段的各项资料，并向运行管理单位移交

明确业主方在项目各个阶段不同的管理工作内容，是业主与管理咨询单位做好项目管理工作和项目招标采购正常开展的前提，招标采购从业人员对此必须有较深的理解和把握。对其他类型的建设工程项目，可参考上表所列内容进行相应技术性调整，即可明确业主方所需开展的各项管理工作。

2.7 建设工程项目勘察设计、施工、试运行及质保管理

2.7.1 建设工程项目勘察设计管理

1. 勘察与设计的定义和属性

（1）勘察与设计的定义。根据《建设工程勘察设计管理条例》，建设工程勘察是指根据建设工程的要求，查明、分析、评价建设场地的地质地理环境特征和岩土工程条件，编制建设工程勘察文件的活动；建设工程设计是指根据建设单位对于建设工程的要求，对建设工程所需的技术、经济、资源、环境等条件进行综合分析、论证，编制建设工程设计文件的活动。从事建设工程勘察、设计活动，应当坚持先勘察、后设计、再施工的原则。所以建设工程的勘察与设计是两类性质相近但又不同的活动，勘察应先于设计，但勘察与设计并不因"先勘察、后设计"而构成首尾相接的两个独立技术活动阶段，因为细分的勘察与细分的设计往往互为因果，可以混合穿插于同一个项目技术活动阶段，勘察与设计本身的阶段划分也不同于项目整体层面的阶段构成。

本书所述建设工程项目勘察设计，是指项目的勘察与设计单位根据某一特定工程

建设项目业主方提供的具体情况与要求，编制建设工程项目各个阶段所需全部勘察与设计文件及技术数据的活动。

（2）勘察设计阶段具有渐进性的特点。项目勘察往往需要经过基于建设项目选址的可研勘察、基于方案设计进行的初设勘察，以及基于初步设计进行的详细勘察，必要时还需要基于施工图设计及地基施工的初步设想进行施工勘察。项目设计则往往需要经过概念设计、方案设计、初步设计与施工图设计，有特殊需要的项目，还要穿插进行技术设计。对于以上项目勘察与设计的细分过程，均从业主提出较为抽象的原则性的项目需求表述，直至详细勘察或施工图纸的具体技术表述，最后通过施工转化为看得见、摸得着的工程实体。

2. 勘察与设计的阶段划分

勘察与设计的阶段划分与项目整体的阶段划分存在关联但又有所不同，详见图2-7-1。

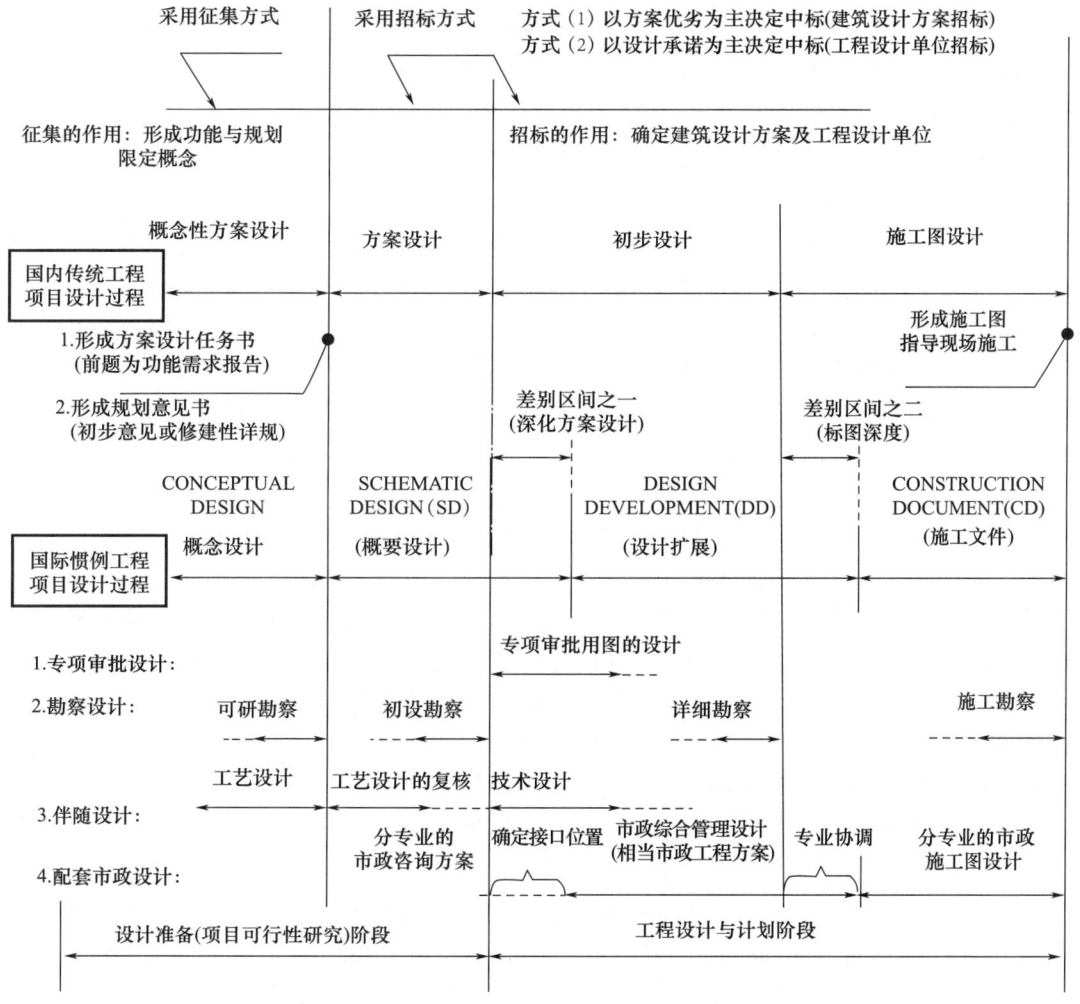

图 2-7-1 建设工程项目勘察设计阶段划分示意图
SD—概要设计（相当于方案设计）；DD—设计扩展（相当于扩大初步设计）；
CD—施工文件（相当于施工图设计）

1) 设计准备阶段的基本工作内容及步骤。

(1) 业主完成项目建议书的审批或完成项目申请报告的备案或核准,建设工程项目立项。

(2) 业主获得国有土地管理部门对项目建设用地使用权属及建设性质的认定。

(3) 业主基于项目建议书的内容进行项目功能需求论证,在论证成果的基础上编制项目的方案设计任务书,确定进行项目方案设计/工程方案招标的主要技术条件。方案设计任务书也可以提出项目投资的限额控制要求。

(4) 设计采用招标方式。包括两种:方式一是以方案优劣为主决定中标(建筑设计方案招标);方式二是以设计承诺为主决定中标(工程设计单位招标)。

(5) 完成可开工建设项目的"可研勘察",获得规划建设用地的初步水文地质资料。

(6) 获得项目所在地城市规划管理部门对项目建设类型及规划条件的认可,取得项目建设的"规划意见书"。对于成片开发建设的项目用地,还需根据城市规划部门提供的总体(控制性)规划条件,依据分期开发建设的设想,组织编制概念设计,呈报拟建项目的"修建性详细规划",以期形成并满足先期建设部分的规划条件。

2) 建设工程项目设计阶段划分的国内外比较。

首先,国际惯例与国内传统两种管理方式均将建设工程项目的设计过程划分为三个阶段。

(1) 方案设计。纲要设计(Programming);

(2) 初步设计。总体设计(Overall Planning),初始设计(Initial Design),最终设计(Final Design),预设计(Pre-Planning),基本设计(Basic Design/Engineering)

(3) 施工图设计。中译基本相同,但英译为Works Drawing/Construction Drawing。

其次,关于工程项目设计的起始点与截止点基本一致,即可以开始工程项目设计的初始条件基本相同,而施工图设计与施工文件需要达到的深度也基本相同。国内与国外做法的不同之处主要体现在以下两个"差别区间"。

(1) 第一个差别区间:深化方案设计。国际工程界表述的"设计概要(SD)"较国内传统管理方式表述的"方案设计"或"实施性方案设计"的深度要大一些,以民用建筑设计的结构设计为例,按国内"设计文件编制深度"的规定此阶段一般仅要求确定结构受力体系,提供拟采用标准图集,而国际惯例要求的设计深度往往要求提供三维的应力应动分析,对重要受力元件还需进行初步的有限元法的计算。再如机电设计,国内仅要求用文字做出拟采用系统的说明,国际惯例要求的深度一般需提供系统示意图甚至系统拓扑图,对机房布局则需要全部出图。

(2) 第二个差别区间:标图深度。国际工程界表述的"设计扩展(DD)"较国内传统方式表述的"初步设计"的深度要大一些,国际惯例所表述的"设计扩展(DD)"是设计单位向业主与施工单位交接的最终成果,其设计深度相当于国内传统管理方式有时提到的"扩大初步设计"深度,是将初步设计或部分初步设计继续深化,扩大到可清晰编制确定工程数量清单科目的深度。因国际惯例管理的工程几乎全部采用工程量清单计价,而工程量清单多依据"设计扩展(DD)"来编制。

3) "概念设计"的作用。

在项目启动时,如尚不具备进行方案设计的初始条件,有时需要先进行项目的概念设计（又称为概念性方案设计）。概念设计的目的与作用主要有：

（1）确定拟建设项目的功能定位。在项目立项阶段，有时业主不确定项目原则性的功能定位，希望通过采用征集或竞赛等方式，借鉴设计单位同类型项目设计任务的成功经验，得到已成功建设的类似项目的功能需求定位的启发，获得明确本项目基本功能构成的概念设计。征集概念设计的前置或必要条件，主要是建设用地的使用性质、项目的初步规划条件和业主原则性的功能策划边界条件。在某些专业工程层面，有时也需通过概念设计明确专业性的方案设计需求。

（2）为项目规划意见书提供参考依据。同样在项目立项阶段，有时由于政府对项目建设用地尚无确定的具体规划意见，如限高、容积率、建筑风格要求等，导致业主无法取得政府规划管理部门提供的项目规划意见书。此时采用征集或竞赛等方式获得包括本项目基本规划设计因素的概念设计，通过邀请城市规划部门人员参加论证会的方式，配合相关学科专家对概念设计的专业评审，能够使城市规划部门在专家评审意见的基础上尽快确定项目规划意见书的主要内容和条件。

（3）作为编制项目修建性详细规划的技术载体。对于连片规划、分期开发建设的大规模项目或新规划开发区等的建设，通过编制修建性详细规划，对分期开发建设的项目进行规划的控制，进而最终实现整个开发项目的总体（控制性）规划。

4）国内初步设计的作用。

（1）作为衔接方案设计与施工图设计的技术链环。对于技术构成简单的工程项目，该阶段可省略；

（2）对于政府投资的建设工程项目，经审批的初步设计及概算作为财政部门向建设单位拨付投资资金的根据。

5）国际惯例中"扩展设计（DD）"的作用。主要有：

（1）是设计单位向业主提交的最终设计成果；

（2）是工程量清单的编制依据，是"概要设计（SD）"与"施工文件（CD）"的技术衔接文件；

（3）在按国际惯例管理的建设工程项目中，施工单位需在签订施工承包合同后以"扩展设计（DD）"为基础，编制"施工文件（CD）"。

近年来，国内一些行业的"设计文件编制深度的规定"已明确将"达到满足编制工程数量清单要求的深度"作为编制初步设计的深度要求之一，这意味着国内某些行业工程初步设计的深度要求已与国际惯例的要求接轨。

3. 设计依据及成果验收

1）设计依据。

（1）方案设计任务书。方案设计任务书是建筑方案设计（工程方案）招标文件的必要技术附件，由业主或其聘用的项目管理咨询单位编制。方案设计任务书的技术主体是关于项目细分功能的需求描述。对于工业类项目，功能需求描述往往和生产工艺要求相关。方案设计任务书中也可以根据获得批复的项目建议书中的初步投资估算，提出进行项目方案设计必须满足一定投资限额的要求。

（2）工程设计任务书。工程设计任务书是设计单位进行项目工程设计（包括初步设计与施工图设计）的主要依据，由业主或其聘用的项目管理咨询单位编制。由于方案设计已经完整细致地描述了项目的功能设置，所以工程设计任务书不需再对项目功能进行描述，而仅需描述项目工程设计所需采用的建筑做法、建造标准、技术方法的选择等。工程设计任务书也可以根据获得批复项目可行性研究报告中的确定性投资估算，提出进行项目工程设计必须满足一定投资限额的要求。

工程设计任务书是项目工程设计合同的必要技术附件，需业主在工程设计合同签署前，根据方案设计或工程设计投标评标意见等进行编制，并在设计合同商签阶段与设计单位充分沟通达成一致。

（3）"技术设计"要求。除前苏联的设计规范中曾出现"技术设计"表述外，按当前的国际工程管理惯例及我国的相关法规规章，均未对"技术设计"有确切、具体的定义，"技术设计"只是行业内对规范要求的设计内容之外的与设计相关的技术性任务的习惯说法。"技术设计"并非一般建设工程项目必须进行的设计工作，也不构成工程设计的子阶段，只有在特殊情况及条件下，按政府法规规章与行业惯例规定进行的设计工作无法满足项目特殊技术要求，此时才需进行"技术设计"。"技术设计"没有类型、内容、范围与深度的规范要求，通常是指一些专业工程实验与论证的手段，如特殊建筑结构的振动台试验、风洞试验、超高层建筑的消防性能化分析、超大空间的空调性能化分析等，只需针对项目或项目设计的具体需要，通过各种技术手段，保证项目设计条件能够满足正常设计的需要即可。"技术设计"一般与初步设计同步进行，并应在初步设计完成前全部结束，其获得的数据用于支持初步设计文件的完善。

（4）其他配套技术与经济要求。为了完成业主在方案设计任务书或工程设计任务书提出的技术与经济及指标，有时会根据项目的具体情况，随工程设计任务书发出其他配套的文件，如项目拟采用的设计管理模式（涉及设计总承包与专业工程设计分包的关系）、分专业的设计文件编制深度要求、主要材料设备品牌清单、设计与施工技术标准等，以便更好地实现设计与施工的接口管理，有利于工程采购时做出准确的技术与经济的综合评估，以及建设实施阶段对投资的合理控制。

2）设计成果文件的验收。

各阶段设计成果文件均要达到法规规章或行业惯例要求的深度，响应相应设计任务书的要求，其他的验收检查内容与要求则相对于不同阶段的成果而有所不同。

（1）方案设计的选定。方案设计的评选依据是各个投标方案设计文件对于方案设计招标文件（含方案设计任务书）的响应程度以及方案设计的技术创造与艺术发挥的水平等，最后由业主选定并报项目所在地城市规划管理部门备案或审查。在投资项目的可行性研究报告尚未获得业主批准时，评标选出的设计方案虽可确定为中标方案，以利项目可行性研究报告的编制，但不宜提前签署工程设计（承包）合同，更不宜使工程设计（承包）合同在可行性研究报告获得批准前生效。

方案设计的评审专家与业主均可以对选定的设计方案提出设计深化与优化的要求。

（2）初步设计文件的审查。初步设计文件应充分响应方案设计，应严格按照工程设计任务书要求的建筑做法、建造标准及技术方法进行，设计深度应达到相应要求，初步设计已经优化，根据初步设计编制的概算不超过工程设计任务书提出的投资限额。对于特殊和复杂的项目，如业主提出了"技术设计"的要求，还需检查必要的技术设计是否已进行并达到目的。

(3) 施工图设计文件的审查。

分为外审与内审两种类型。

① 外部审查。由业主从具有施工图强制审查资格的企业名录中确定强审执行单位，对施工图设计是否符合强制性设计规范的国家规定进行审查。

② 内部审查。由业主或其聘请的项目管理咨询单位进行审查，审查重点包括：控制施工图与初步设计的正常衔接；设计深度是否达到规定的标准；施工图是否能够满足工程设计任务书及类似配套文件（如设计与施工技术标准）的要求；各专业图纸本身是否存在设计错误，分专业施工图之间是否存在冲突；是否按业主提出的"招标图纸"要求，按工程分解结构（合同网络图）分别出图。

4. 招标用图纸

（1）如业主未明确要求设计单位提供"招标用图纸"，设计单位可以按项目设计所涉及的不同专业，分专业提供初步设计（扩大初步设计）图纸或施工图纸。在此情况下，如业主或施工总承包商需要按分解的专业工程再进行招标采购，则需要按专业工程的分解范围来分割图纸与技术说明，补充部分设计图与技术说明，否则容易发生因专业工程范围不清造成的报价混乱情况。

（2）如业主明确要求设计单位提供招标图纸，则需在工程设计任务书中明确提出，并同时提出拟进行分专业招标采购的工程范围及描述。此时，招标图纸的范围就是拟进行采购的每个合同包的技术与数量范围，包括在同一个合同包内各个相关专业的图纸要求。

5. 设计管理要点及设计弊端的防范

1) 设计管理要点。

（1）技术管理与投资管理的有效衔接。在设计阶段可节约的工程投资约占项目可节约投资总额的70%～85%，但能够实现上述目标的项目并不多见，其根本原因在于设计的技术管理与项目投资管理相互脱节，需要采取两阶段限额设计的管理方式予以解决。

（2）设计管理体系的合理架构。设计管理必须基于良好设计管理组织架构的搭建，其中既需建立设计总承包体制，明确项目设计各个参与方之间的管理关系，也需在此基础上确定各项专业设计成果的交付深度与方式。

2) 常见的设计弊端分析及防范。

在项目设计阶段经常出现的问题主要有：

（1）图纸的可施工性差。产生的原因主要在于设计单位业务单一，设计人员专一于设计任务本身，不熟悉施工环节的工作要求，"闭门造车"，脱离施工实际。

（2）采用材料设备的可获得性差。设计人员虽然可以接触更多的行业发展信息，但对相关新技术、新材料是否成熟，能否得到市场普遍接受，能否获得充分供给则不甚了解，从而导致推荐采用的新材料新设备等在采购时面临时间、技术与价格风险。

（3）新施工工法的可运用性差。通常设计与施工任务的分离，使得设计人员既不了解施工现场的常用工法，也不关心采用新工法为施工单位带来的效益，而新工法的采用却要求设计图纸提供相应的配合条件。

解决设计弊端的根本办法是在项目总体层面或专业（分包）工程层面采用设计施工一体化的发承包方式，引入工程设计成果的竞争。其次是加强业主的设计管理力量，如聘用专业的设计单位作为其设计顾问，承担业主委托的设计出图审查任务。

6. 勘察设计利益相关方利益诉求

1）勘察与设计的主要利益相关方。建设工程项目勘察与设计的利益相关方主要有业主、勘察设计单位以及施工单位，其中业主是界定勘察与设计任务与承担方式的一方，是项目设计文件及成果的采购方，是方案设计成果的使用方，还是工程设计形成施工成果的承受方。勘察设计单位则是勘察或设计文件与成果的生产及提供方，在勘察和设计两者之间，设计单位又是勘察成果的主要使用方，施工单位是工程设计文件和成果的直接使用方。

2）利益相关方对设计管理的利益诉求。不同的利益相关方对设计管理的利益诉求各有不同，分别介绍如下。

（1）业主的利益诉求

① 设计单位对设计意图的领悟能力高；

② 设计单位的配合意愿强；

③ 设计单位的图纸质量可靠；

④ 设计单位对设计分包的管理控制严格。

（2）勘察设计单位的利益诉求

① 业主的项目功能策划清晰；

② 业主及时提供方案设计任务书及工程设计任务书；

③ 业主给予的设计周期充分，设计变更要求少、审批快；

④ 及时支付设计费用。

（3）施工单位的利益诉求

① 设计单位提供的图纸没有或极少有错误；

② 设计单位对施工工法理解深刻；

③ 能够配合施工单位采用新工法；

④ 设计单位具有协调专业设计分包方的能力。

7. 勘察设计招标采购范围及方式

1）承担勘察与设计业务的资质要求。不论采用何种招标采购方式，对拟承担勘察设计任务的单位应有相应的资质要求。

（1）承担工程勘察任务，不论处于哪一个勘察阶段，均应具有"工程勘察资质"。

（2）承担项目的"工程设计"任务须具有"工程设计资质"，但对承担方案设计任务的设计单位不受限制，设计单位只要具备相应的能力及相关的业绩支持，必要时在有管辖权的勘察设计管理部门进行备案即可。

2）工程设计业务的采购范围。

（1）业主采购"全过程"设计工作。全过程设计采购的一般流程是：通过方案设计招标，获得方案设计投标及各投标单位全部设计费的投标报价，业主通过对各方案设计优劣的评审，并参考设计费的报价，确定方案中标单位，并进而与该单位签订项目的"工程设计（承包）合同"，由该设计单位承担此项目的全过程设计任务。对未中标单位则给予方案设计补偿金。

（2）业主采购达到初步设计或扩大初步设计深度的成果。在此情况下，业主委托设计单位提供初步设计或扩大初步设计图纸，而施工图则由中标施工单位在签订施工承包合同后承担，其采购的过程基本与上一采购流程相近，只是业主所要求的设计费报价仅达到初步设计或扩大初步设计深度即可。在国内现行建设管理体制下，如施工单位具备工程设计资质或其股份关联的下属单位具备工程设计资质，可以采用此方式进行采购。

（3）业主仅采购生产工艺及建筑方案（工程方案）设计。这种情况下，对应的承包方式为工程总承包（EPC/P&D+B）方式。工程总承包方式广泛用于工业项目或带有工艺设备的基础设施项目，近些年来也出现了更多地用于房屋建筑工程的趋势。对专业工程层面的此类承包方式，一般称为"设计施工一体化承包方式"。

在此方式下，业主采用所委托设计单位提交的方案设计图纸进行项目工程总承包的招标，与其他的委托设计方式及工程承包方式不同的是，各投标人在投标阶段需要基于业主提供的方案设计图纸与技术说明，进行初步设计，编制相应的工程数量清单并做清单报价。评标阶段业主需对投标人提供的初步设计图纸进行详细评审，设计单位中标工程总承包合同后，业主还要进一步审查其提交的施工图设计文件。

（4）凡业主委托设计任务范围之外的设计工作，一般在招标文件及相应的合同条款中约定由施工总承包方或设计施工一体化总承包方承担。

需要注意的是，业主在签订项目设计合同前，需要决定拟采用的项目管理模式，以便确定相关专业工程招标所需达到的设计深度要求，还要确定分专业工程的管理模式，以便确定各专业工程设计图的出图深度。

3）勘察与设计任务的采购方式。

勘察业务一般由业主委托专业的勘察设计单位承担，或是由具有勘察资质的工程设计单位承担，其合同范围可以按工程所处行业或专业的惯例、项目的预定管理方案、项目勘察任务的具体情况等，确定为单纯的可研勘察、可研勘察＋初设勘察或可研勘察＋初设勘察＋详细勘察。勘察合同既可以一次性签订，也可以分期签订。

在建设工程项目用地的水文地质条件特别复杂，或是项目结构受力特别复杂、基础工程施工组织设计难度大的情况下，业主或地基施工单位也可以在同一合同下，或另签订单独合同委托勘察设计单位进行更加深入的"施工勘察"，以便于施工单位研究编制相应的施工组织设计。

设计任务的常见采购方式如下。

（1）征集、竞赛方式。此方式适用于概念设计采购，对于获得的概念设计内某些因素的采用，业主可以通过征集或竞赛，结合方案设计招标的资格预审进行，只有提供完整有效的概念设计的参选单位才可以获得方案设计的投标资格。业主也可以通过设置一定的竞赛获奖补偿金，进行概念设计的征集。不论哪种方式下，业主均应在相应的竞赛或征集文件中明确，参选人在获得方案设计投标资格或获得竞赛补偿金后，业主即有权使用参选人提供的概念设计的任何元素。

（2）招标方式。此方式适用于方案设计的获取，通过招标方式，业主在得到方案设计的同时获得全过程设计费的报价，使对投标的评审可以采用技术与经济相结合的综合评审方法，避免投标人提供方案设计时没有进行相应报价，确定拟中标方案后又难于进行设计费价格的询价、澄清与谈判等情况的发生。

招标方式下，确定中标人主要有以下两种方法。

① 以方案优劣评价因素为主。一般用于方案设计的招标，其原因在于择优选择方案设计（工程方案）对项目投资决策及项目能否成功建设并达到预期目标极为重要。方案设计的优劣评价所评价的不仅仅是技术因素，而且包括经济因素，相比较而言，设计费的报价几乎可以忽略。

② 以设计承诺为主决定中标。一般适用于工程设计单位的招标。往往是业主单独确定了拟采用的方案设计或工程方案，但由于其他考虑因素，拟将后续工程设计任务改由另一家设计单位承担，如方案设计提供者为一家国内的建筑师事务所，或是国外的建筑师，他们本身均无国内的工程设计资质承担且不擅长完全专业的工程设计。此时招标确定项目工程设计承担单位的考虑因素已没有方案设计的评审因素，业主一般以参加投标单位的以往业绩、拟投入设计团队力量、设计费报价、是否具有与方案设计单位配合的经验、其他服务承诺等作为竞争因素进行评审。

4) 设计合同的性质

根据设计阶段的不同，设计合同的性质也有所不同。

(1) 方案设计合同。一般属于咨询性质的委托合同，合同的成立是基于委托方对受托方的信任，一旦信任不复存在，委托方有权单方面解除合同，但合同中一般会规定解除合同需要遵守的必要程序，另外同期应支付的合同费用仍应支付受托方。

(2) 工程设计合同。按现行合同法的归类，建设工程项目的勘察设计均适用其中的《建设工程合同》，属于承包合同的性质，所以一般所说设计合同往往被称为《工程设计承包合同》。

(3) 在境外进行的建设工程项目，不适用我国相关法律。依国际工程界的惯例，设计被定位为咨询行为，设计方就是咨询方，设计合同则普遍采用国际咨询工程师联合会（FIDIC）组织的《客户/咨询工程师（单位）服务协议书范本（Client/Consultant Model Service Agreement)》（白皮书）或类似文本。这一点对中国对外投资建设项目的管理具有借鉴意义。

2.7.2 建设工程项目施工管理

施工过程是建设工程项目的重要实施阶段，业主关于建设工程项目的规划与设计意图是通过施工过程实现的。施工过程涉及的管理领域面广，涉及业主、施工单位、监理单位、设计单位、分包单位、供货单位等多个利益相关方的项目管理工作。由于业主是建设工程项目实施过程的总集成者和总组织者，也是招标采购从业人员的主要服务对象。本小节主要介绍业主在建设工程项目施工过程中项目管理的基本内容。

1. 施工过程及管理特征

1) 施工过程的定义。施工过程又称施工项目，是指在建设工地范围内所进行的各种生产活动，其最终目的是要建造、恢复、改建、移动或拆除工业、民用建筑和构筑物的全部或一部分。施工过程一般是在业主组织和授权下，由施工企业具体实施的具有特定目标的一次性活动，施工过程的范围一般由业主授予的工程承包合同界定。

2) 施工管理的定义。施工管理是为使施工项目取得成功而对其进行的全过程、全方位的策划、规划、组织、控制、协调、监督等活动的总称，是各种资源集中投入的工程建设项目管理的重要子过程。

3）施工管理的属性。施工管理是建设工程项目管理的一个分支，其管理对象是施工活动，管理者是业主及其聘请的监理单位及各种类型的施工单位。施工过程管理具有以下特征。

（1）施工过程的重大管理决策者是业主。施工过程是建设工程项目的有机组成部分，是大量资源投入的关键性过程，只有业主能够从根本上决定施工过程采用的方式和最终结果。业主要通过科学策划，实施施工过程的采购、计划、资源控制和质量、进度、造价的宏观目标管理，坚持工程变更的科学决策，协调不同项目参与方的利益诉求，实现施工过程的风险预防，以确保施工活动达到建设工程项目的各项目标要求。

（2）施工过程的具体管理者是施工单位。业主和设计单位都不进行施工过程的具体管理。由业主进行的施工过程管理是宏观层次的，根据国家相关法规，业主不得自行监理工程，所以必须聘用专业的监理单位承担施工过程的现场监督，所以监理单位的工作是影响施工管理的重要因素。但无论是业主还是监理单位都必须通过施工单位落实其具体的施工管理要求。

（3）依施工阶段的不同，施工管理的内容分为施工准备、基础施工、结构施工、装修施工、安装施工、验收交工的管理。具体内容差异很大，管理者必须进行有针对性的动态管理，优化利用资源，以提高施工效率和施工效益。

（4）施工管理要求强化组织协调工作。参与施工的单位与人员不断流动，需要采取特殊的流水方式，使得组织工作量很大。另外，施工一般在露天进行，工期长，需要的资源多，影响范围大，导致施工管理中的组织协调工作艰难、复杂和多变。因此必须强化组织协调，才能保证施工顺利进行。

（5）施工过程的目标管理。业主根据建设工程项目可行性研究报告确定的总体管理目标，分解并细化施工过程的整体管理目标，确定相应的工作任务。

（6）目标的确定与分解。在招标文件中明确相应的目标，通过委托协议和合同，把工程项目的任务和管理职责以及各项风险分解到项目实施单位，自己进行总体协调和控制，保证项目如期按质建成，并尽可能节省投资。

（7）施工目标的实施管理。为了有效控制影响施工目标实现的关键过程，业主应在施工全过程实施中根据合同要求，确定施工过程进度的总体里程碑计划；针对项目专业性工程的实施特点组织编制专业工程进度计划、施工组织设计或施工方案，并会同监理单位进行分析和审核；围绕可施工性，确定项目质量、进度、安全、环境的技术措施和管理方法，控制工程变更。

（8）施工目标的分析与跟踪。逐步跟踪施工过程各项管理目标与计划的落实情况，发现问题及时改进。业主对施工管理目标和计划的跟踪内容包括：施工目标与计划的落实程度、偏差情况、可能的影响因素，及时进行影响因素的风险分析等。

2. 施工的招标采购管理

通过采购获得项目所需要的施工资源是业主实施项目管理的重要途径，采购质量的水平高低直接影响着业主的施工管理质量。

1）项目招标采购的结果直接影响着施工管理过程。鉴于越来越多的建设工程项目采用快速路径法，一个项目需按多个细分的子项或专业工程分别进行招标采购，即使项目业主按工程总承包（EPC 或 P&D+B）或施工总承包（GC）方式只确定一家总承包方负责项目全部工程内容的施工管理，总承包方也不可避免地需要再次进行专业分包工程的招标采购。所以施工的招标采购将是一个伴随着施工同时发生的持续过程。业内一般不将招标采购作为独立的项目阶段，而是将其视为施工阶段的一部分或从项目施工阶段前端率先开始的一段过程。

2) 工程技术与经济的分解决定了施工投标报价的方式。作为项目的业主或总承包单位，若进行所管理范围内项目的施工或供货的采购，必须先依照工作分解结构（WBS）的方法，分别对自己负责范围内的工程进行技术与经济的分解，形成合同网络图（合约规划）及分项采购成本的规划；分解过程涉及项目相关工程的技术类型划分、市场价格、拟采用的承包管理实施方式等，以便确定设计与施工任务衔接的方式、总承包单位与分包单位的合同及管理关系，并进而确定组织相应施工投标报价的方式。

3) 前瞻性的采购计划有效地预防施工合同风险。

采购计划编制的工作主要包括。

(1) 采购计划的制订。根据施工过程需要，基于上述合同网络图（合同规划），业主及总承包单位应根据施工的具体技术构成及风险特征，制订具有前瞻性的采购计划，以及与采购计划匹配的合同文件，合同条款的前瞻性与预防施工风险的有效性应有机衔接，保证采购成果满足施工风险预防需求，施工合同和监理合同符合施工管理有效性的需求。

(2) 采购计划的执行。应该依据工程项目的进度需求实施采购计划，业主组织编制各招标文件和合同文件中有关进度的条款，设置逾期处罚及补救办法，需要时起草甲控材料设备的清单、控制内容及程序要求。在建设工程设备采购招标时，应该明确对设备的设计、生产、到货验收等过程实施监督、管理、控制和协调。售后的零部件采购和保修服务也应在采购前予以考虑。

3. 施工过程的管理原则与管理活动

1) 施工管理原则。

(1) 实现全过程全方位的过程管理。施工过程管理既是业主与施工单位履行施工合同的过程，也是施工单位实现工程承包合同要求的过程。施工过程管理必须发挥各施工单位的专业技术和管理优势，组织和发动企业管理层、项目管理层、项目作业层等各个层面积极参与到施工管理活动中来，实现全过程全方位的管理。尤其应发挥工程总承包或施工总承包方技术与管理的整体优势，避免对各专业分包"以包代管"的不良倾向。

(2) 确保项目监理的管理控制协调作用。业主应该及时将其施工管理的总体意图贯穿到项目监理单位的工作实施过程。施工单位项目经理部在制订项目管理实施计划时，应当认真研究和领会项目监理部编制的《监理规划》和《监理实施细则》，根据施工合同及相关法律、法规、规范、标准、规程等，分析和判断《监理规划》《监理实施细则》中的有关要求是否清晰准确，积极接受和配合监理工作。

(3) 建立有效的施工管理责任制。施工单位项目经理部应建立和健全以项目经理责任制为核心的各项管理制度，如项目经理聘任制度、项目分包管理制度、材料及设备的采购制度、项目成本核算制度、项目管理实施规划认证及审批制度、项目管理考核评价制度等，以保证施工管理按照既定的程序运行。

(4) 构建基于PDCA循环的集成化过程管理模式。由于施工过程的各种因素复杂多变，风险后果严重，因此必须采用集成化的管理方法，利用PDCA循环的管理原理，在集成各种管理方法的基础上,及时地发现问题、解决和改正问题、反馈信息、总结经验教训,形成管理的持续改进。

2) 管理活动。

从施工项目的寿命周期来看,施工过程的管理活动依次可分为施工准备、施工、竣工验收等阶段的管理活动。

(1) 施工准备阶段的主要管理活动

① 业主的职责

初步设计及概算的审批,尤其是对于政府工程而言,初步设计及概算获得投资主管部门的批准是财政主管部门拨付工程资金的依据,对保证工程款的正常支付具有重要意义;完成施工图纸的内部审查(保证图纸质量或避免错漏碰缺)与外部审查(符合强制性设计规范的要求),以避免在开工后发生过多的设计变更;完成建设工程用地许可证、建设工程规划许可证、建设工程施工许可证的办理;组织完成主体工程的施工承包招标,对于采用工程总承包(EPC 或 P&D+B)方式的项目,如工程总承包方不具有相应施工资质,则仍需再进行施工总承包的招标采购,并由工程总承包方与施工总承包方签订施工总承包合同;对民用建筑工程项目,完成市政公用工程咨询方案的办理;完成消防、人防、交通、园林、抗震、节能、环保等环节的专项审批;按照合同办理施工项目准备的各项手续,解决施工条件(如三通一平或四通一平)不完善的各种问题。

② 施工单位的职责

聘任项目经理,签署项目管理责任及授权书,实行项目经理责任制;设立项目经理部,根据施工项目的规模、结构复杂程度、专业特点、人员素质、地域范围,确定项目经理部的组织形式及人员分配等;编制并完善施工组织设计及质量计划,以指导规范施工准备工作与施工过程,部分施工技术方案需根据政府建设主管部门要求进行事先报批;编制施工项目管理规划及规章制度,以指导和规范施工项目的各项管理工作;施工现场准备,如完成施工场地控制网测量,使现场具备施工条件,并能保证安全文明施工条件;施工队伍的"人工、材料、机械"到位;编写开工申请报告,上报审批。

③ 监理单位的职责

按监理合同要求人员到位,清晰分工与责任;编制监理规划及实施细则,并与施工单位交底并达成一致;熟悉项目图纸;与业主良好沟通,建立正常联系机制;办理项目在质量监督站或其他政府授权部门的质量监督手续。

(2) 施工阶段的主要管理活动

① 施工单位按照施工组织设计组织施工,业主监理实施监督并进行管理。

② 施工单位通过施工过程目标管理的动态控制,采用适当的管理措施、技术措施、经济措施等,保证实现施工项目的进度、质量、成本、安全生产管理、文明施工管理等预期目标。

③ 施工单位实施施工过程的合同管理、现场管理、生产管理、信息管理、项目组织协调工作。

④ 施工单位形成并保持记录,及时收集和整理施工管理资料。

⑤ 业主按市政公用工程咨询方案,完成配套市政公用工程的设计、施工、验收、资产移交、接用等手续。

⑥ 双方继续共同完成在项目总承包合同中列为"暂估价工程"及"暂定金额工程"的明确和采购。

⑦ 监理单位利用各种沟通方式（如监理例会、专题会等）和监理手段，保证对工程施工状态与成果的有效监管。

（3）竣工验收阶段的主要管理活动

业主组织实施竣工验收的各项准备工作。在整个施工过程已按设计要求全部完成和试运转合格之后，且预验结果符合工程项目竣工验收标准的前提下，组织竣工验收。竣工验收通过之后，办理竣工结算和工程移交（含竣工资料）及保修手续。

4. 施工过程信息化工作平台

建设工程项目需要应用信息化手段构建建设工程项目管理系统，提高项目的管理效率。建设工程项目管理系统是集业主、设计、监理和各施工单位的现场办公系统、项目管理系统于一体的项目管理平台，是以系统工程学、控制论和信息论为理论基础，采用挣值原理、信息集成技术和矩阵式管理结构，以高度专业化、科学化、市场化的手段，对工程建设项目过程实施的进度、成本、质量、合同、资源、财务、安全等建设全过程实行动态、量化管理和有效控制。

目前建设工程项目管理系统分为两大类：一是基于传统工程管理基础上的计算机系统管理平台；二是正在兴起的基于BIM技术的建设工程项目管理协同平台。

1）基于传统工程管理基础上的计算机系统管理平台。主要以二维平面为基础，以进度为主线，以合同为约束，以成本控制为核心，兼容了微观、中观、宏观的管理思想，采取数据自下而上分层汇总、层层递进的原则，以施工进度、项目成本、合同管理、物资管理、质量管理、安全管理、竣工管理、资料管理为基础，着眼于项目的细节管理；多种分析方法对各业务报表进行叠加分析及数据钻取分析；通过挖掘数据、分析信息，帮助决策者做出科学的决策。

业主和施工企业管理层可以实时获取远程项目施工过程的各种信息，可同时管理多个不同性质的项目并在多项目之间进行资源协调。项目管理层可实时动态监控项目施工过程中的进度和盈亏状况，对施工全周期的各个环节进行综合管理。利用计算机系统管理平台，实现决策层、业务管理层、协调层和项目执行层协同作业、数据共享，通过严格的角色设置，以业务流程导航，使原本相对独立的业主及施工企业、不同层次的项目管理，有效、科学地整合在同一平台上，满足项目管理需要。

计算机系统管理平台包括建设工程项目的进度计划、物资计划、设备计划、人工计划、成本计划等，支持多项目多层次计划与进度数据，全方位反映项目实际进展情况，并可随时追溯历史计划数据。

2）基于BIM技术的建设工程项目管理协同平台。建筑信息模型（Building Information Modeling，BIM）技术是在计算机辅助设计（CAD）等技术基础上发展起来的多维建筑模型信息集成管理技术，是传统的二维设计建造方式向三维乃至多维数字化设计建造方式转变的革命性技术，是提高建设工程项目信息化管理水平和实现建筑业转型升级的基础性技术。推行BIM技术运用，结合项目管理特点，发挥其可视性、虚拟化、协同管理、成本和进度控制等优势，将极大提高工程规划、设计、施工和运营的管理水平，增强工程建设项目的透明度和可追溯性，减少返工浪费，有效缩短工期，提高建设工程项目的工程质量和投资效益。

初期,BIM 技术在建设工程项目施工阶段的应用主要包括碰撞检查、管线综合、两算对比、材料管理、进度管控、虚拟交底、成本分析、模拟施工技术方案等方面。

随着 BIM 技术的成熟,BIM 技术将成为工程管理模式的基础操作系统,基于 BIM 技术的建设工程项目管理协同平台也应运而生。基于 BIM 技术的建设工程项目管理协同平台以三维乃至多维数字化设计建造方式为基础,通过模拟化、可视化的设计与建造技术,全面支持建设工程项目的所有相关方,包括业主、项目管理单位、勘察设计、施工总包单位和分包商、供应商等方面从立项、规划、设计、施工、保修等项目全生命周期在内的协同管理。BIM 技术将建设工程项目管理带入了大数据时代,彻底改变建设工程领域基础数据采集整理能力低下的现状,为建设工程管理系统提供了完美的基础数据,是建设工程领域的未来发展趋势。

5. 施工过程的技术协调管理

技术管理直接关系施工过程的内在品质。"协调"是施工过程技术管理的一项重要内容。协调的内容不单单是纯技术方面,还包括组织关系、资源供求、信息交换等方面。从业主工程管理的角度出发,施工过程管理中的技术协调的重点,主要是技术信息协调。

1)技术协调是目前施工过程管理相对较薄弱的环节。对于施工过程而言,监理、设计、施工单位自身有较完善的质量保证体系,有各自较为严密的标准、规范,但各承包商之间需要大量的协调与衔接,必然存在技术信息的相互流动。例如,施工企业对于设计使用功能的理解,以及对变更的掌握,设计单位对于现场和施工动态情况的了解等,都依赖技术信息交流。项目管理的对象,即工程实体本身,是一个由众多的环节构成的系统,施工过程管理实践证明,技术信息协调失败引发的问题在项目缺陷中占了相当大的比例。

2)技术协调对施工过程管理水平提高有重要作用。技术信息协调是在各实施阶段之间、工程各部位间以及各单位间(简称各子系统间)传递技术信息,对于其中的部分子系统,这些信息有时作为工作的标准或依据,一旦出错其损失可想而知。错误的技术信息一经传递,往往会在相对封闭的子系统中持续作用,或者对其他子系统引发连锁反应,直至出现矛盾后才被发觉,从而对建设工程项目的顺利实施产生负面影响。

3)技术协调应从施工过程管理的组织结构、制约机制、协调程序等方面着手,采取以下措施。

(1)建立科学的项目管理内、外部结构。项目管理组织是项目所有参与方的组成形式,其界面划分结构决定了技术协调工作的性质和工作量。一方面,业主应发挥建设工程项目总控的作用,根据参与方的能力和技术特长,科学合理地划分内、外部结构的组织形式和工作界面。另一方面,项目管理结构的合理与否,应充分考虑业主自身的协调能力。例如,工程的材料、设备是由施工总包,还是自行采购,业主应根据工程具体情况、自身管理能力及经济方面加以综合考虑和协调。有时单从价格角度看是节省了,但却增加了大量的技术协调工作,客观上违背了集约化原则。

(2)建立高效合理的项目管理机制。一方面法律和经济的制约机制协调是管理的一部分,而管理是需要成本的。另一方面协调失败必然招致损失。项目管理者为了避免和有效转移这类损失,除了应当重视法律和经济上的制约手段外,还应建立高效合理的项目管理机制，从源头保证各参与方之间技术协调的有效畅通。

（3）建立技术及信息的协调管理程序。管理的实践经验无疑是做好技术协调的良好条件，但是真正成熟的技术及信息协调应更多地依靠科学、严密、规范的协调程序，对每个环节进行多方面、多参数的客观分析与控制。强调组织与程序，弱化对个人技术能力的依赖，已是当今项目管理界的共识和将来的发展趋势。

（4）建立快捷的信息管理枢纽。业主应使自己成为一个高效畅通的信息中心，使信息迅速畅达、准确无误地在各系统间流动、转化、落实。特别是充分利用建设工程项目的信息管理平台，以及设计交底、图纸会审、技术变更等管理沟通的时机，保证业主、设计和各施工承包单位之间技术信息的快捷交流。

（5）制订完善的技术保证措施。

① 要求项目各参与方参加图纸会审和各级设计交底工作，让所有参与人员都领会设计意图和技术要求。

② 严格按事先确定的合理施工工序进行操作施工，发现问题及时上报。

③ 协调不同专业之间的工作关系，比如土建施工应理顺与水电安装之间的关系，配合水电安装工程的预留、预埋工作。

④ 合理安排工序的穿插施工，加强成品保护。所有隐蔽工程必须经有关单位验收、签字盖章，并如实做好隐蔽记录后，方可组织下道工序的施工。

6. 施工过程的综合协调管理

作为施工过程的利益主体，业主拥有综合协调的实施权利，可以有效处理与施工过程有关的施工、设计、监理、供应等各方的工作接口和问题纠纷。合理地组织推进综合协调，是施工阶段业主项目管理的重要内容。

1）项目总协调体系的构建。明确建设工程现场各参建单位管理组织机构的协调管理人员及其职责分工，形成工程情况报告制度及实施信息沟通网络，建立项目计划审核制度和项目计划实施的检查分析制度。

2）图纸审查、工程变更和设计变更管理制度的协调实施。审查承包商提交的各种变更、索赔、签证要求，及时协调解决各项变更后的利益问题，使承包商能在合理的状态下施工。同时编制项目管理控制工作细则，指导监理人员实施工程变更控制。

3）施工现场的组织与协调。施工现场的组织与协调工作十分复杂，业主的施工综合协调工作内容必须具体、到位。

（1）组织项目设计交底。

（2）建立工程协调制度，包括各类工程管理会议制度、四方（业主、监理、设计、施工）专责（如安全环保、土建装修、设备电气、工程经济等）小组制度等。明确协调会议举行的时间、地点，协调会议的参加人员及正常程序等。

（3）督促各施工单位整理并保管好各类工程技术资料，及时绘制竣工图纸。

（4）定期提供各类工程项目管理报表。

（5）组织落实工地的现场安全保卫及工程成品保护工作。

（6）协调处理工地的各种纠纷。

4）工程监理的协调与监督作用。工程监理单位的监理业务技能、实践经验、管理水平和监理同类工程的经历对于实施的工程监理非常关键。业主应根据工程监理企业的特点，采用有针对性的方法管理相关的监理过程。一方面协调施工企业与工程监理的工作纠纷，解决相关的疑难问题，及时监督、改进施工监理过程的状态。另一方面检查项目监理对工程实际进度的控制是否在进度目标范围内，工程质量控制是否符合国家现行的有关工程质量法律、法规、技术标准、规范等规定，工程造价与工程计量是否达到合同规定的要求等，以保证施工现场监理工作的有效性。

7. 施工过程的收尾管理

工程施工基本完成，施工过程即进入收尾阶段，本阶段的项目管理工作质量直接关系施工项目的最终成果。施工总承包方式下，工业或基础设施建设项目中的工业生产设备或工艺处理设备的试运行是与施工过程相分离的，但房屋建筑工程等领域中建筑设备的试运行是与施工竣工收尾过程一体化实施的。业主应根据建设工程项目特点确定收尾阶段的管理方法。

1）制订并落实项目收尾计划。一方面规范收尾人员的岗位标准，对收尾人员进行在岗情况检查，并及时考核，兑现奖罚。同时整理重点收尾项目遗留工程的数量、金额、计划完成时间，指定专人和要求承包商进行遗留工程的管理。另一方面强化变更、索赔项目的工程结算管理，对有争议变更索赔项目及时进行汇总整理，在索赔依据、索赔证据等方面进一步完善，并与项目监理审计的相关人员进行接洽、沟通。

2）落实工程保修管理要求。业主应该及时与施工单位签订工程保修合同，制订工程保修阶段工作计划，定期检查项目使用和运行情况，检查和记录工程质量缺陷，对缺陷原因进行调查分析并确定责任归属，同时审核质量缺陷修复方案，监督修复过程并进行验收。

2.7.3 建设工程项目试运行管理

对于建设工程项目中的工业项目或部分基础设施项目，因其中包含工业生产设备或工艺处理设备，项目在工程施工基本结束及上述设备到货并安装就位后，就进入了前述设备的试运行及项目的竣工验收阶段，项目的试运行对于工业项目或带有工艺处理设备的基础设施项目极其重要，它是表明此类项目除一般的工程施工外，其工业生产及工艺处理设备也达到了设计规定的范围与质量要求。在完成项目竣工验收后，将进入此后的质保阶段，直至缺陷责任期及保修期结束。这两个阶段一般需要进行如下管理工作。

1. 生产运营准备

1）生产运行人员聘用。在工程项目建设过程中，业主就要开始生产运行管理人员、技术人员和生产操作人员的组织或招聘工作，并在项目试车、投产之前配齐人员完成上岗前的技术培训。

建设或使用单位安排人员聘用，要依据设计定员要求，选择、配备人员，做到生产人员、辅助生产人员、技术人员、管理人员、后勤服务人员配备齐全，保证生产能够高效运转。

2）人员培训。应考虑如下步骤及因素。

（1）制订培训计划。

（2）确定培训对象与培训目的。培训对象包括生产管理人员和技术人员、各生产岗位的操作人员、大型设备的维修人员等。培训的目的是使经过培训的人员都能上岗胜任所要承担的工作,熟悉企业制度、工作程序、操作规程,掌握应有的技术。

(3) 人员培训的原则。要注重实用、高效、经济、便利及理论培训与实际操作相结合的原则。

(4) 培训地点。根据工程项目生产工艺的复杂程度、生产装备技术含量、主体设备是否从国外引进等因素,合理确定培训地点。为使运行管理人员熟悉设备性能、掌握设备状况,有利今后生产操作和维护,应组织生产运行的核心人员到施工现场与施工安装单位的人员共同参加机械设备、电气、仪表的安装调试。有条件时,应派遣上述两类人员前往同类生产运行单位实习。

3) 管理制度建设。工业类项目投产运行前必须建立各项管理制度,包括正常生产、安全生产、环境保护、职业健康、质量保证、高效运作所必备的人、财、物各方面的规章、制度、规范、规程等。这些文件的编制应根据设计文件、操作手册,供应制造商提交的操作、维护、安全使用说明书,以及国家、行业颁布的相应法规、规章进行。

4) 技术文件准备。其中一项重要工作是编制涵盖不同岗位、不同操作层次的操作手册,在试运行中,如发现操作手册有不完善的地方,应及时修改完善。

5) 物资准备。物资准备包括主材料、辅助材料和备品备件,应注意:
(1) 主要材料和辅助材料的材质必须符合规定的技术标准要求;
(2) 供应的时间和数量应满足试运行的要求,并有一定合理储备;
(3) 分析化验的器具材料、专用维修工具和备品备件要准备齐全;
(4) 建立物资接货、保管和发放的相关规章制度。

6) 辅助条件检查。在工程项目交付使用前,生产辅助装置一定要通过单项验收,应将试运行过程中水、电、气的供应,以及环境保护、安全卫生、消防等辅助设施的项目外部协作条件落实。

2. 空负荷试运行

1) 工业项目与带有工艺处理设备的基础设施项目试运行方式。在单机或单元设备与动力装置安装完毕后,一般采用下述两种方式安排试运行:如项目采用施工总承包方式交付,且生产设备的采购与提供由业主负责,则项目施工总承包商需要安排空载试运行并在合格后进行项目的竣工验收,交付建设及使用单位后,再由他们安排投料试生产及正式的投产。如采用工程总承包(EPC/P&D + B)方式交付,则根据工程总承包合同,既可以由工程总承包负责空负荷试运行,合格后即可进行竣工验收并交付业主与使用单位,由他们负责带负荷试运行(投料试生产),也可以由工程总承包方完成投料试生产并达到原合同或原设计规定的生产纲领(生产能力及产品质量等)后,再进行竣工验收。即通过一系列试车调试与消除缺失,逐步打通工艺流程,进行生产试运行与考核,达到满负荷、持续稳定运行后,再进行整体工程竣工验收,交付使用单位正式生产。在业主采用工程总承包方式时,一般会选择后者。有的行业特别规定,特大型、大型基本建设项目和大型技术改造项目,应在投料试车正常后一年内完成竣工验收,中、小型建设项目应在6个月内完成竣工验收。

2) 试运行准备。应考虑的因素如下。
(1) 应将试运行的准备工作和投入生产的准备工作紧密地联系在一起,特别是必须连续作业的车间和设备，如石油、化工生产装置、钢铁厂高炉、水泥厂回转窑、玻璃厂熔窑等一旦投料点火，只要设备运转正常，就应连续操作下去。

(2) 业主应尽早筹备组建试运行机构，编制试运行与生产准备工作计划，以及这些工作的进度安排。必要时可委托专业的工程咨询机构、技术专利商、承包商承担。

(3) 大中型工业项目总工期较长，为了有计划、有步骤地做好生产准备工作，应制订年（季、月）度试生产专业工作计划。

3) 空负载试车。一般步骤如下。

(1) 审阅试车与竣工文件。

(2) 审查各项准备工作是否已满足试车的需要。

(3) 完成启动前的检查、检验、检测，证明可安全运转。

(4) 单机空负荷试运转。确认合格后，即可签单机试运转合格证书。

(5) 空负荷联动试车。在成套设备中的每一单机试运转合格后，对全套设备或生产线的全部设备按工艺流程分步骤地进行无负荷联动试运转。如项目采用施工总承包方式，则在规定的时间内（一般为 24～72h），各种设备（包括仪器仪表）能满足生产营运要求时，业主（或使用单位）应与施工总承包单位办理并签署双方认证的工程项目质量合格书，同时进行已合格设备安装工程的技术资料交接手续，工程的保管和管理工作移交给项目生产使用单位负责。

3. 工业生产或工艺处理设备正式调试

1) 设备正式调试。也称为带负载试车，其需要采取的步骤如下。

(1) 检查空负荷试车的确认文件和试车中出现的问题是否已经纠正。

(2) 做好试运行和带负荷试车方案与准备工作的落实，包括试运行机构和人员，试运行应达到的要求，试运行的操作程序、安全措施、指挥和联系信号等。

(3) 单项工程的带负荷试车。在带负荷试车考核时核查是否达到合同规定的各项技术经济指标要求。有些单项工程的负荷试车应请有关专业部门参加。

(4) 带负荷联动试车。带负荷联动试运转前，拟接收设备的生产使用单位应按岗位配备操作和检修人员，经培训合格后方允许上岗，负责联动试运转。同时应检查并调整全部设备和仪表，并检查油、水、电、压缩空气、蒸汽、煤气等，确认畅通无阻后，由负责人下达试车命令，向成套设备或机组投料。在行业标准规定时间内（一般为 72h），设备运转正常，产品质量、产出能力、消耗指标以及其他技术经济指标符合工程设计规定的要求，确认能持续、安全满足生产使用要求时，负荷联动试车即为合格，经项目业主确认就可签发合格证书，办理正式竣工验收。

2) 空负荷试车和带负荷试车的交叉。应注意的事项如下。

(1) 有些项目的单项工程较多，并受生产工艺逻辑关系的顺序约束，必须按"单元排序"中的紧前单项工程完成带负荷试车，方能进行紧后单项工程的无负荷试车（竣工试验）。

(2) 不同的项目采用的项目管理方式不同，承发包职责分工不尽一致。施工总承包方式适用的 FIDIC《施工合同条件》（新红皮书）规定，竣工试验（无负荷试车）由承包商负责；竣工后试验（带负荷试车）由业主负责，承包商有协助职责。但在工程总承包方式适用的 FIDIC《生产设备与设计＋施工合同条件》（新黄皮书）和《工程设计、采购与建造（EPC）/交钥匙工程合同条件》（银皮书）中，由于承包商承担了工程设计和设备采购（有时还可能包括生产设备的项目设计），明确规定竣工试验和竣工后试验都由承包商负责。

3）强化项目各参与方职责协调，相互合作是关键。不论带负荷试车由谁负责，其他参与方都要密切配合协作。项目单位负责组织时，现场有关工作必须由承包商负责；而承包商负责时，外部各项条件项目单位也应负责提供。因此，在工程承包合同专用条款中都应对各方的职责进行明确约定，一切按合同要求执行。技术专利商和设备制造商也有相关责任。技术专利商应负责专利技术的数据、条件、文件、资料的准确性，负责专利技术流程、指标的可靠性。负责指导和检查工艺设计及相关图纸，指导承包商编制技术规程并参与指导试运行操作和专利技术问题的处理；设备制造商应负责提供专用工具、随机备品备件、安装指导，负责调试、正常运转以及保证期内的售后服务。

4. 竣工验收

竣工验收是指整个建设工程项目建成后的验收，也是项目建设期管理的最终环节，还是工程项目从建设转入到交付使用的必经程序。竣工验收后如果出现工程质量问题和事故，参建单位应在合同规定期限内负责保修。根据现行国家标准《建筑工程施工质量验收统一标准》（GB 50300）的规定，工程项目验收前，应由监理单位组织施工单位实施工程预验收。

1）竣工验收依据。

按现行法律法规及政府规章，建设工程项目竣工验收的依据如下。

（1）建设工程项目据以建设的项目建议书、可行性研究报告及有关修改文件。

（2）工程设计文件，包括初步设计或扩大初步设计、施工图设计和设计说明。

（3）设备技术资料，主要包括设备清单及其技术说明书。

（4）有关法律、法规，与项目相关的标准、规范，如现行国家标准《建筑工程施工质量验收统一标准》（GB 50300）等。

（5）合同文件。包括施工承包方的工作内容和应达到的标准以及施工过程中的设计修改变更通知书等。

（6）专业工程验收的确认文件。

（7）全部竣工资料，包括全部的工程竣工图及说明。

从国外引进关键技术或成套设备的项目及中外合资建设工程项目，除按国内竣工验收规定内容进行验收外，还应按与外方签订的合同及外方提供的设计文件、技术资料等要求进行竣工验收。

利用世界银行等国际多边援助银行组织成员提供贷款建设的项目，应按有关多边援助银行规定，在项目竣工验收后编写相应的文件，如《项目完工报告》。

2）竣工验收的组织。

（1）对于特大型、大型工程项目竣工验收，分国家验收和工程业主主管部门两级验收。一般情况下，特大型工程项目和国家拨款的大型项目采用国家验收方式，由国家有关部门组织验收；大型工程项目采用项目业主主管部门的验收方式；中、小型工程项目一般采用工程业主验收方式。

（2）对于须由政府相关部门验收的项目，应组建工程项目验收委员会进行验收。对于其他工程项目,要组成项目验收组进行验收。必要时可组织行业专家或专业咨询机构参与验收,并对验收文件进行复核。

(3)政府投资项目竣工验收的组织和程序,由国家委托项目主管部门或地方政府组织验收。

(4)验收委员会或验收小组一般由投资、财政、环保、消防、劳动安全、工业卫生及其他有关部门的相关专家组成,业主,使用单位,勘察、设计、施工以及工程咨询、监理单位参加。

(5)对验收遗留问题提出具体解决意见,限期落实完成,将全面评价意见写入《验收鉴定书》。对不合格工程不予验收并责成限期完成整改。

3)竣工验收基本步骤。

(1)提出验收申请。建设工程项目在按批准的设计文件建成、符合验收条件时,应及时进行竣工验收的准备工作,并提出竣工验收的申请。

对于特大型项目及国家拨款的建设工程项目,政府投资建设项目应向政府相关主管部门提出竣工验收申请。其他工程项目,由业主向其上级主管部门或投资方提出竣工验收申请。

(2)筹备建设工程项目验收的人员和组织。

① 验收组织的人员组成。竣工验收应由业主负责筹备组织,其成员除主管验收政府部门外,还要有政策性贷款银行、环保、消防、劳动卫生、统计、审计等有关部门的专业人员和专家参加;工程勘察设计单位、生产使用单位、施工总承包单位、专业施工与供货承包商、工程监理单位以及部分其他相关单位也应参加工程项目竣工验收。

② 明确验收组织的职责。竣工验收委员会或验收组的主要职责和任务如下。

听取工作汇报:包括业主全面工作汇报和有关单位的工作总结报告;审查工程档案资料:如工程项目可行性研究报告、设计文件、有关重要会议纪要和各种批文、主要合同、协议、建设项目竣工图资料等各项主要技术资料和项目文件;查验工程现场:结合现场生产运营情况,实地查验建筑工程和设备安装工程,对主要工程部位的施工质量和主要生产设备的安装质量进行复验和鉴定,对工程设计的先进性、合理性、适用性、经济性进行评审鉴定;审查生产准备:包括生产试车调试、生产试运行、各项生产准备工作情况以及操作规程、生产管理规章制度等;审核竣工决算与审计文件:核实工程项目全部投资的执行情况;全面评价结论:对工程设计、施工和设备质量、环境保护、安全卫生、消防等方面,做出客观、求实的评价,对整个工程做出全面验收鉴定,对项目投入生产运行做出可靠性结论;核定项目收尾工程:对遗留问题提出具体解决意见,限期落实完成;核定移交工程清单;签署竣工验收证书;提出竣工验收工作的总结报告。

(3)做好各项专业验收。专业验收的具体内容可能有所差异,但它和单项工程交工验收都是最后竣工验收的基础。

(4)准备验收报告、附件、验收证书。竣工投产验收报告、附件、竣工投产验收证书都要在验收开始前做好准备,以便在正式验收时提请验收委员会或验收小组以及与会各方面专家审查并签署。

(5)召开验收会议并审查各项验收文件。听取竣工报告,分组审查竣工文件,包括各单项工程验收、各项专业验收文件,进行讨论和评议,听取专家意见等。

（6）形成验收文件及会议纪要。审查竣工验收报告、附件及竣工验收证书，提出竣工验收会议纪要的建议。通过竣工验收报告签署竣工验收证书。

5. 工程项目竣工档案管理

1）工程项目竣工档案范围与作用。

主要内容包括。

（1）工程项目档案的范围。

① 与工程项目决策有关的文件，包括项目建议书和可行性研究报告及其批复文件、各类专业评估报告等；

② 项目实施前准备阶段的工作资料，包括勘察设计文件和图纸、招标文件、各项合同文件及附件资料；

③ 相关政府主管部门的批准文件；

④ 建设过程中的相关技术与管理资料，包括施工组织设计、设计变更、各项实测记录、质量监理、试运行考核记录、验收报告和评价报告等。

（2）建立工程项目档案是做好竣工验收工作的重要内容。工程档案记录工程项目的整个历程，是国家、地区、行业发展历史的一部分，是评比项目各参建方工作成绩和追究责任的重要依据；技术文件、图纸，特别是竣工图纸，是保证项目正式投入运营后进行维修和进一步改扩建的重要技术依据，也是当地政府需要的新的地理信息。竣工档案是总结经验教训、持续改进项目管理和提供同类型项目管理的借鉴，也是开展项目后评价的基础资料。

2）竣工图。

竣工图的管理要求如下。

（1）竣工图是反映工程项目完工后实际情况的重要档案。项目单位在签订工程招标承包合同（协议）时，应根据国家对编制竣工图的要求，对竣工图的编制、整理、审核、交接、验收提出要求，承包商（包括工程设计与施工单位）应按合同要求准时提交合格竣工图，否则视为未完成工程承包任务，并承担相应责任。承包单位要做好施工记录、检验记录、交工验收记录和签证等，整理好变更文件，按规定编制好竣工图并接受验收委员会对竣工图质量的检查。

（2）编制竣工图的费用。应在签订招标承包合同时规定该费用，凡因设计失误造成设计变更较大，施工图不能代用或利用的，由设计单位负责编制竣工图，费用由设计单位承担。凡因业主或主管部门要求变更设计的，需要重新绘制竣工图时，应由业主绘制或由项目业主委托设计单位绘制，费用由业主在建设投资中解决。凡因承包单位的原因需要重新绘制竣工图时，应由承包单位负责绘制竣工图，所需费用由承包单位自行解决。

（3）竣工图绘制的基本要求如下。

① 按图施工没有发生变动时，可由施工单位在原施工图上加盖"竣工图"标志，作为竣工图；在施工中，虽有一般性设计变更，但能将原施工图加以修改补充作为竣工图的，可不再重新绘制，由施工单位负责在原施工图（必须是新蓝图）上注明修改的部分，并附以设计变更通知单和施工说明，加盖"竣工图"标志后，即作为竣工图。

② 结构形式改变、工艺改变、平面布置改变、项目改变以及有其他重大改变，不宜在原施工图上修改补充者，应重新绘制改变后的竣工图。由于设计原因引起变更的，

由设计单位负责重新绘图；由于施工原因造成的，由施工单位负责重新绘图；由于其他原因造成的，由项目单位自行绘图或委托设计单位绘图；承包单位负责在新图上加盖"竣工图"标志并附以有关记录和说明，作为竣工图。

③ 各项建设工程，特别是基础、地下建（构）筑物、管线、结构、井巷、洞室、桥梁、隧道、港口、水坝以及设备安装等隐蔽部位都要绘制竣工图，各种竣工图的绘制，在施工过程中就应着手准备，由现场技术人员负责，要确保竣工图的质量。

④ 竣工图一定要与实际情况相符，做到规格统一、图面整洁、字迹清楚，不能用圆珠笔或其他易于褪色的墨水绘制。要经过承包单位及工程监理单位技术负责人共同审核签认。

⑤ 重大的改建、扩建工程涉及原有工程项目变更时，应当将相关项目竣工图资料统一整理归档，并在原有档案内增补必要的说明。

（4）国家档案局对工程项目档案的要求。工程项目的竣工图不得少于两套。一套交使用（生产、营运）单位保管，一套交有关主管部门保管，关系到全国的基础设施建设工程项目还应增加一套送国家档案馆保存。工程项目档案资料的保管期分为永久、长期、短期三种，长期保管的工程项目档案资料实际保管期限不得短于工程项目的实际寿命。保管期的划分应按国家档案局规定的《基本建设项目的文件材料归档范围和保管期限表》执行。

2.7.4 建设工程项目保修（缺陷）责任期质保管理

由于工程质量具有隐蔽性、多样性和复杂性以及与环境的协调性等特点，建设工程项目竣工验收后，仍然可能存在着一些质量隐患和问题，直到工程项目使用过程中才会暴露出来，如建筑物基础不均匀沉降、设备及安装工程达不到国家或行业技术标准等，需要在使用过程中检查、观测和维修。为了维护工程项目业主及使用者的合法权益，我国有关法律法规明确规定实行工程质保制度。

1. 质保制度

《建筑法》规定：对建设工程实行质保制度。《建设工程质量管理条例》规定：施工单位在向业主提交工程竣工验收报告时，应当向业主出具质保书，主要内容应当明确工程质保范围、保修期、保修责任、保修费用和其他约定等五部分内容。工程质保就是施工单位对工程竣工验收后在质保（缺陷）责任期内出现的质量缺陷予以修复的行为，还应规定建设工程在保修范围和保修期限内发生质量问题的，施工单位应当履行保修义务，并对造成的损失承担相应赔偿责任。

业主与施工单位应按照工程的性质和特点，具体约定保修的相关内容。《建筑法》规定：建筑工程的保修范围应当包括地基基础工程、主体结构工程、屋面防水工程和其他土建工程，以及电气管线、上下水管线的安装工程，供热、供冷系统工程等项目。《建设工程质量管理条例》明确规定了在正常使用条件下的最低保修期限。

质保从竣工验收合格日起计算。业主与施工单位双方应针对不同工程部位，在保修书中约定具体的保修年限，但约定的保修期限不得低于上述法规规定的标准。

2. 缺陷责任期制度

为了与国际惯例接轨，规范工程质量保修期及质保金（保修金）的管理，完善业主

与施工单位的利益关系,自 2005 年起,国家建设与财政主管部门就建立了缺陷责任期制度。具体规定如下:

(1) 工程保修原则。在工程移交发包人后,因承包人原因产生的质量缺陷,承包人应承担质量缺陷责任和保修义务。缺陷责任期届满但保修期未满的合同约定工程部位,承包人仍应按保修年限承担保修义务。

(2) 缺陷责任期的计算。缺陷责任期自实际竣工日期起计算,合同当事人应在专用合同条款约定缺陷责任期的具体期限,但该期限最长不超过 24 个月。单位工程先于全部工程进行验收,经验收合格并交付使用的,该单位工程缺陷责任期自单位工程验收合格之日起算。因发包人原因导致工程无法按合同约定期限进行竣工验收的,缺陷责任期自承包人提交竣工验收申请报告之日起开始计算;发包人未经竣工验收擅自使用工程的,缺陷责任期自工程转移占有之日起开始计算。

(3) 缺陷责任期届满,业主应将剩余的预留质保金返还承包人。

3. 工程事故原因的界定

由于工程项目情况复杂,质量缺陷和隐患等问题往往是由于多方面原因造成的。因此,虽然施工单位有义务在质保缺陷责任期内承担进行保修的责任,但在发生质量事故时,应分清造成事故或缺陷的原因,并在承担经济责任与保修费用上按照国家有关规定和合同要求与有关单位共同商定处理办法,一般处理原则如下:

(1) 由于勘察、设计方面的原因造成的质量事故或缺陷,由勘察、设计单位负责并承担经济责任,由施工单位负责维修或处理,其费用可按合同约定,通过业主向勘察设计单位索赔,不足部分由业主补偿。

(2) 由于施工单位未按国家有关标准、规范、设计文件要求和合同约定施工,造成质量缺陷引发事故,由施工单位承担经济责任,并负责维修或处理。

(3) 由于设备、材料、构配件不合格造成的质量缺陷,属于施工单位采购的或经施工单位验收同意的,由施工单位承担经济责任;属于业主采购的,由业主承担经济责任。

(4) 由于使用单位未经许可自行改建或使用不当造成的质量事故,由使用单位承担经济责任。

(5) 由于地震、洪水、台风等不可抗力造成的质量事故与其缺陷,勘察设计单位和施工单位都不承担经济责任,由业主负责处理。

(6) 因保修不及时造成新的人身、财产损害,由造成拖延的责任方承担相关费用或赔偿责任。

(7) 在质保(缺陷)责任期内,因工程质量缺陷造成业主或者第三方人身、财产损害的,业主或者第三方可以向施工单位提出赔偿要求。施工单位也有权向造成工程质量缺陷的责任方追偿。

4. 工程质量事故的责任追究

1) 造成工程质量事故的原因。

(1) 项目决策失误。主要表现为:可行性研究报告的调查研究深度不够,存在重大疏漏或错误;决策程序不当,主观决策等盲目决策造成失误。

(2) 勘察设计缺陷。主要表现在:勘察单位未按建设工程强制性标准进行勘察,设计单位未根据勘察成果文件进行工程设计，设计单位指定建筑材料、建筑构配件生产厂、供应商，设计单位未按建设工程强制性标准进行设计等。

（3）施工存在质量事故隐患。主要表现为：施工单位在施工中偷工减料、使用不合格的建筑材料、建筑构配件和设备，或者不按照工程设计图纸或者施工技术标准施工，未对建筑材料、建筑构配件、设备和商品混凝土进行检验，未对涉及结构安全的试块、试件以及有关材料取样检测，不履行保修义务或者拖延履行保修义务等。

（4）监理把关不严格。主要表现为：监理工作缺岗、监理检查不严格。

（5）业主管理不规范。主要表现为：不按照科学规律管理工程，盲目压价、抢工期，施工图设计文件未经审查擅自施工，未组织竣工验收或验收不合格，擅自交付使用，甚至对不合格的建设工程按照合格工程验收。

（6）使用单位由于经营管理不善、维护保养不当、违规操作运行，擅自改变工程项目的使用功能，擅自增加荷载，擅自变更生产工艺等，也会引发工程事故，但不属于工程质量问题。

2）工程质量事故处理。工程质量事故处理的目的是消除缺陷或隐患，以保证工程项目正常、安全使用。在进行工程质量事故处理时，要科学、客观地分析和判断事故，提出适当的处理方法。

（1）事故处理应具备的先决条件包括：工程质量事故情况全部调查清楚；事故的性质区分明确；发生工程质量事故的具体原因已经确定；对事故处理的目的、要求、措施等，建设、设计、施工等有关单位的意见已经基本统一。

（2）对工程质量事故处理的基本要求是：满足使用和功能要求；迅速及时，减少影响程度；处理方便，经济合理；安全可靠，不留隐患。

（3）常用事故处理方法包括：加固补强，封闭保护；地下工程防渗、堵漏、复位纠偏；地基加固处理；减少建筑结构的负荷；改变结构计算图形，减少结构内力；对结构进行补强处理；修改原设计；严重的质量事故需要拆除重建等。

在进行工程质量事故处理的同时，认真进行检查验收，有的还需要做一些必要的试验与鉴定，才能做出事故处理是否合格的结论。有些事故在分析了产生原因，并估计其可能造成的后果后，也可能不需要做专门的处理，但这样做必须建立在可靠的分析与必要的论证基础上，避免造成更大的损失。

2.8 建设工程项目质量管理

2.8.1 建设工程项目质量管理概述

1. 质量的内涵和影响因素

1）建设工程项目质量的内涵。指建设工程的固有特性满足需求的程度，项目需求一般包括明确需求和隐含的需求。

（1）明确需求是指法律法规、技术标准和合同等所规定的具体要求；

（2）隐含需求是指法律法规或技术标准尚未作出明确规定，然而随着经济发展、科技进步及人们消费观念的变化，客观上已经存在的某些现实需求。

2) 建设工程项目质量的范围。包括形成工程质量的勘察、设计、施工等活动的过程质量及其相应的产品质量。

3) 建设工程项目质量的影响因素。影响建设工程项目质量的因素比较复杂，涉及工程质量形成的"人、机、料、法、环"均可能对建设工程项目质量产生直接或间接的影响，如表 2-8-1 所示。

表 2-8-1 建设工程项目质量的影响因素

序号	影响因素类别	影响因素内容
1	人的质量意识和能力	人是泛指与建设工程项目有关的单位、组织及个人，包括：建设单位；勘察设计单位；施工承包单位；监理及咨询服务单位；政府主管及工程质量监督、监测单位；策划者、设计者、作业者、管理者等；意识包括价值观、职业道德等；能力包括培训、教育技能和经验等
2	决策过程	包括资源论证、市场需求预测、功能质量经济性分析及对于这些因素的关联考虑。
3	勘察活动	建设工程项目技术经济条件勘察，直接影响项目决策和工程岩土地质条件
4	项目规划和设计	项目规划关系到土地的合理利用、功能组织和平面布局、竖向设计、总体运输及交通组织的合理性；建筑构造与结构的设计合理性、可靠性及可施工性等是直接影响工程质量的因素
5	材料和设备	选择材料和设备，控制材料、构配件及工程用品的质量等级、性能特性符合设计规定标准
6	施工方法	施工技术方案（包括施工技术、工艺、方法和使用机械、设备模具等施工手段的配置）和施工组织方案（包括施工程序、工艺顺序、施工流向、劳动组织方面的决定和安排）。通常的施工程序是先准备后施工，先场外后场内，先地下后地上，先深后浅，先主体后装修，先土建后安装等。随着技术进步与施工方法灵活多样，影响施工质量的因素也更为复杂多样
7	施工环境	自然环境（地质、水文、气候等）；劳动作业环境（施工现场的通风、照明、安全卫生防护设施等）；管理环境（各方施工的管理关系、组织管理方式及现场施工质量控制系统等）

2. 质量管理与质量控制

建设工程项目质量管理是确立和实现质量目标的全部职能及工作内容，并对其实施效果进行评价和改进的一系列活动。质量管理的基本模式是策划、实施、检查和改进。建设工程项目质量控制是质量管理的一部分，致力于满足工程质量要求的一系列作业和协调活动。质量控制是在明确的工程质量目标条件下，通过有计划的施工作业和协调方法，控制施工过程质量偏差的行为。

3. 质量管理的作用

一般情况下，作业技术是直接形成产品或服务质量的必备条件，但并不是具备相关作业技术能力都能产生合格的质量，还必须通过科学的质量管理来组织和协调作业技术活动，通过确保活动过程的工作质量，实现预期的产品或服务质量目标。

4. 质量目标和管理要求

建设工程项目的质量目标是业主的建设意图，通过项目策划和目标决策提出的项目建设的基本目的。目标的制订应该充分考虑建设工程项目质量的影响因素,考虑市场需求和资源条件,力求把质量风险降到最低。业主工程项目的质量管理过程贯穿于勘察设计、招标投标、施工安装、竣工验收等各个阶段,整个过程均应围绕满足业主的质量目标而展开。项目的其他相关方质量管理都是围绕业主的质量管理要求而开展的。

2.8.2 建设工程项目质量管理体系建立与运行

在建设过程项目实施全过程中,业主方应针对项目的质量管理工作范围与职责,要求参建各方分别建立适合本项目要求的质量管理体系,目标是识别并执行工程质量所需要的控制,确定各方的质量管理目标,识别质量管理体系所需的过程与活动,确定过程与活动的执行程序,明确职责分工和接口关系,监视、分析并改进这些过程。

为了保证建设工程项目全过程质量,原建设部根据国际 ISO 9000 质量管理体系标准要求在先后发布并修订了三个国家质量管理体系标准,包括《工程建设设计企业质量管理规范》(GB/T 50380—2006)、《工程建设施工企业质量管理规范》(GB/T 50430—2017)、《工程建设勘察企业质量管理标准》(GB/T 50379—2018),内容涉及企业质量管理的组织结构与职责、工程质量策划、工程质量控制和检查、验收、改进、创新等,对建设工程项目质量管理提供了勘察、设计和施工的系统化管理要求,成为业主和其他相关方实施和评价建设工程项目质量管理的重要依据。

建设工程项目参与各方的施工质量控制目标如表 2-8-2 所示。

表 2-8-2　建设工程项目参与各方的施工质量控制目标

序号	参与方	施工质量控制目标
1	建设单位	通过施工全过程的全面质量监督管理和决策,保证竣工项目达到投资决策所确定的质量标准
2	勘察、设计单位	通过对施工质量的验收签证、设计变更控制及纠正施工中所发现的设计问题,采纳变更设计的合理化建议等,保证竣工项目的各项施工结果与勘察、设计文件(包括变更文件)所规定的标准相一致
3	施工单位	通过施工过程的全面质量自控,保证交付满足施工合同及设计文件所规定质量标准(含工程质量创优要求)的建设工程产品
4	监理单位	通过审核施工质量文件、报告报表,现场巡视检查,关键部位旁站监理,平行检测,施工指令和结算支付控制等手段的应用,监控施工承包单位的质量活动行为,协调施工关系,正确履行工程质量的控制责任,以保证工程质量达到施工合同和设计文件所规定的质量标准

2.8.3 建设工程项目质量管理成本控制

质量管理的成本是以建设工程项目质量作为成本核算的对象,在质量管理中发生的全部管理费用的总和,是项目总成本的组成部分之一。

建设工程项目质量管理的成本包括从项目策划、勘察、设计、采购和施工等过程质量管理所发生的费用,其中主要影响工程质量管理成本的因素是施工质量管理成本,内容包括五个方面,具体如表 2-8-3 所示。

表 2-8-3 施工质量管理成本的内容

序号	构成要素	内容
1	预防成本	包括材料、设备采购质量预防费用,施工机械的运行质量预防费用,创优施工措施费用,专项施工预防费用,支付给施工人员的质量奖励费用,用于质量管理的管理费用
2	鉴定成本	用于施工过程及其产品的质量检查、检验和评估的费用
3	不合格成本	发生在施工全过程的各种不合格产品(含中间产品)引起的损失费用
4	内部故障成本	由于内部施工过程的各种活动偏离既定目标和要求的损失费用
5	外部故障成本	用于相关方,特别是顾客满意情况的调查和服务成本,由于相关方,特别是顾客的不满意而导致的损失费用

对上述施工质量管理成本五个方面内容,进行合理控制的主要方法参见表 2-8-4。

表 2-8-4 五大施工质量管理成本的控制方法

序号	要素	控制要求与方法
1	预防成本	合理策划和编制项目质量预防的方案和措施,如:创优计划,施工组织工艺和方法,技术交底等。全面正确分析工程特征、技术关键及环境条件等资料,明确质量目标、验收标准、控制重点和难点;编制工程所采用的新技术、新工艺、新材料的专项技术方案和质量管理方案。 选择和聘用高素质的人员,施工过程合理安排和使用人工。 合理确定人工费、材料费、机械使用费、其他直接费和分包费用的控制定额,把过程控制方法纳入项目成本管理计划。 科学确定质量管理的激励方法。 把质量管理成本与项目成本管理有机结合起来实施。 及时对预防成本的控制效果实施检查和验证
2	鉴定成本	合理策划需要鉴定、测量的项目和频次;包括材料设备性能、标准与设计文件的相符性;材料设备各项技术性能指标、检验测试指标与标准要求的相符性;材料设备进场验收程序及质量文件资料的齐全程度; 施工过程中严格执行明确的材料设备封样、采购、进场检验、抽样检测及质量管理资料提交等一系列控制要求
3	不合格成本	制订施工过程不合格品所引起的各种返工返修方案; 确定重点部位返工返修的质量成本标准和控制定额
4	内部故障成本	对施工活动产生的各种偏离趋势及时实施分析; 对施工活动中偏离目标和要求趋势明显的关键过程进行专项预防策划,对其内部故障成本规定管理标准,并进行控制; 针对任何偏离既定目标的损失费用,分析产生的原因,及时采取纠正措施
5	外部故障成本	合理确定为顾客、相关方服务的实施方案以及相应的成本控制标准; 科学实施相关方案,有效降低外部故障成本

2.8.4 建设工程项目勘察设计质量管理

1. 勘察设计质量控制的内容

勘察、设计单位是建设工程项目勘察、设计质量得以实现的责任主体。项目勘察、设计质量控制的内容比较繁杂，其要求主要包括以下内容。

1）执行国家建设法律法规和各项技术标准。

（1）地质勘察、城市规划、建设用地批准、环境保护、三废治理及建筑工程质量监督等方面的法律、行政法规及各地方政府、专业管理机构发布的法规规定等；

（2）工程技术标准，勘察设计规范、规程，工程质量检验评定标准，有关工程造价方面的规定文件等；

（3）经过授权部门批准的建设工程项目的可行性研究、立项批准文件及设计纲要等文件；

（4）发包人提供的资料或勘察单位提供的勘察成果文件。

2）保证勘察、设计方案满足建设单位提出的各项要求，控制工程总造价，符合项目技术经济目标的要求。

3）勘察、设计文件中选用的建筑材料、构配件和设备，应当注明规格、型号、性能等技术指标，其质量必须符合国家及行业规定的标准。

4）勘察成果（报告）应符合国家和合同规定的要求。设计图纸必须按规定具有国家批准的出图印章及建筑师、结构工程师的执业印章，并按规定经过有效审图程序。

2. 勘察设计质量控制的方法

建设工程项目勘察、设计质量控制既是建设单位项目质量管理的重要内容，也是保证施工质量的重要条件，应系统实施相应的控制方法。

（1）科学策划项目勘察、设计实施方案。以项目全生命期管理目标为核心，确定项目勘察、设计的实施方案，精心安排勘察、设计资源提供计划。

（2）组织勘察、设计招标活动。围绕项目实施需求，制订客观有效的招标文件，对拟投标的勘察、设计单位资质、业绩进行审查，评价相应的项目管理能力，形成充分合理的竞争环境。

（3）合理选择勘察、设计供方单位。通过对勘察、设计单位编制的勘察、设计方案及服务大纲等文件的比较，优选勘察、设计方案及勘察、设计单位，并签订勘察、设计合同。必要时通过设计方案竞赛等方式进行设计方案的优选。

（4）协调勘察、设计过程。应对勘察要求、设计功能、标准等级等方面提出系统性要求，控制设计输入，做好建筑设计、专业设计、总体设计等不同工种的协调，保证设计成果的质量。

（5）控制勘察、设计过程和设计深度。应控制各阶段的勘察、设计过程，确保设计深度，并按规定组织勘察、设计评审（如对勘察方案、扩初设计、设计概预算、有关专业设计等的审查和批准），保证各阶段勘察、设计成果符合项目策划阶段提出的质量要求。

（6）验收勘察成果、组织设计方案评审和施工图图纸会审。应及时组织勘察成果的验收，实施设计方案的评审。组织设计单位、施工单位、监理单位参加图纸会审，对设计图纸的相关问题组织评审修改，以保证施工顺利实施。

（7）控制设计变更质量。为确保设计变更不导致设计质量的下降，应按规定在工程竣工验收阶段，在对全部变更文件、设计图纸校对及施工质量进行检查的基础上，出具相应的质量检查报告，确认设计质量及工程质量满足设计要求。

2.8.5 建设工程项目施工质量控制

1. 施工质量控制的目标

施工单位是建设工程项目施工质量的责任主体,建设单位等其他相关方是项目施工质量的重要关联者。施工质量控制的目标是执行建设工程质量法规和强制性标准,通过配置施工生产要素和采用科学管理的方法,实现建设工程项目合同要求的使用功能和质量标准。

2. 质量策划

1)质量策划及其实施。质量策划是质量管理的一部分,致力于制订质量目标,并规定必要的运行过程和相关资源,以实现质量目标。质量计划是质量策划的重要成果之一,施工企业的质量计划用于施工单位向业主表明其质量管理方针、目标及其具体实现的方法、手段和措施,展现施工单位对质量责任的承诺和保证。质量计划的编制主体是施工单位,质量计划编制完成经企业技术负责人审核批准,并按施工承包合同的规定提交工程监理或建设单位批准确认后执行。

2)质量计划的内容。主要包括以下几个方面:

(1)工程特点及施工条件分析;

(2)履行施工承包合同所要求的工程质量总目标及其分解目标;

(3)质量管理组织机构、人员及资源配置计划;

(4)为确保工程质量所采取的施工技术措施、程序和方法;

(5)材料设备采购和使用的质量控制措施;

(6)工程质量检测内容、依据及方法等。

3)质量计划与施工组织设计、技术交底的关系。施工组织设计是施工企业实施整体项目管理的重要策划文件,是项目实施的技术、方法和资源安排等的综合要求,一般覆盖了质量计划的基本要求。施工组织设计与质量计划两者是相辅相成,互相支撑的。质量计划可以作为施工组织设计的一部分,也可以单独编写。

技术交底是根据施工组织设计和质量计划等要求编制的针对工序活动的实施性规定,内容包括:工序目标、工艺方法、工序进度要求、质量验收标准等。质量计划和施工组织设计的要求都应通过相关层次的施工技术交底予以逐一落实。

3. 施工质量的过程控制

1)施工质量控制的过程包括:施工准备、施工过程和施工验收质量控制,如表2-8-5所示。

表2-8-5 施工质量控制的过程

序号	控制过程	控制内容
1	施工准备质量控制	包括项目开工前的全面施工准备和施工过程中各分部分项工程作业前的施工准备(或称施工作业准备)。此外,还包括季节性的特殊施工准备。施工准备质量是属于工作质量范畴,然而它对建设工程产品质量的形成会产生重要的影响
2	施工过程质量控制	施工作业技术活动的投入与产出过程的质量控制,内涵包括全过程施工生产及其中各分部分项工程施工作业过程,过程质量控制是工程质量管理的重点

续表

序号	控制过程	控制内容
3	施工验收质量控制	对已完工程验收时的质量控制,即工程产品质量控制。包括隐蔽工程验收、检验批验收、分项工程验收、分部工程验收、单位工程验收和整个建设工程项目竣工验收过程的质量控制

2)施工质量控制还包括施工单位的质量控制职能,以及建设单位、设计单位、监理单位、供应单位及政府的工程质量监督部门的控制职能,他们具有各自相应的地位、责任和作用。

施工阶段的质量自控主体是施工单位和供应单位,不能因为监控主体的存在和监控任务的实施而减轻或免除其质量责任。

工程质量的监控主体是建设单位、监理单位、设计单位及政府相关部门。在施工阶段依据法律和合同对自控主体的质量行为和效果实施监督控制,自控主体和监控主体在施工全过程相互依存、各司其职,共同履行自己的质量义务和权利。

3)施工单位的施工质量控制过程。施工单位既要遵循企业质量管理体系的要求,也要根据其在承建工程项目质量控制系统中的地位和责任,通过项目质量计划的编制与实施,有效地实现自主控制的目标。施工单位的施工质量控制内容包括以下内容。

(1)工程项目承接。全面了解工程情况和质量特点,掌握承包合同中工程质量控制的目标要求。

(2)施工准备。图纸会审、施工组织设计、施工力量、使用机械设备的策划等。

(3)资源采购。各类专业分包、作业队伍、材料和设备等的评价、选择和确定。

(4)施工生产活动控制,包括质量控制点的设置和管理等,针对施工活动的设计和其他施工变更等实施有效的变更控制。

(5)施工过程的检验与试验,包括检验批、分项分部等的施工验收活动。

(6)工程功能检测。

(7)竣工验收及交付。

(8)质量回访及保修。

(9)其他。

4. 工程质量保修

工程质量保修是一种售后服务,建设工程质量保修制度是国家所确定的重要法律制度,其中保修的期限是十分重要的工程质量保修内容。根据《建设工程质量管理条例》规定,具体的保修范围和最低保修期限如下所示。

(1)基础设施工程、房屋建筑的地基基础工程和主体结构工程,为设计文件规定的该工程的合理使用年限;

(2)屋面防水工程、有防水要求的卫生间、房间和外墙面的防渗漏保修期为5年;

(3)供热与供冷系统保修期为两个采暖期和供冷期;

(4)电气管线、给排水管道、设备安装和装修工程保修期为2年;

(5)其他项目的保修期限由承发包双方在合同中约定。

建设工程的保修期,自竣工验收合格之日算起。

2.8.6 建设工程项目质量验收

建设工程项目质量验收包括工程施工质量的过程验收和竣工验收两个部分。实施主体包括建设单位、勘察设计单位、施工单位、工程监理单位等。

1. 工程质量验收程序与组织

（1）施工单位应在隐蔽工程隐蔽前通知建设单位（或工程监理单位）进行验收，并按规定形成验收文件；

（2）检验批、分部分项工程完成，施工单位自行验收合格后，应通知建设单位（或工程监理单位）验收，重要的分部分项工程应请设计单位参加验收；

（3）单位工程完工，施工单位应自行组织内部检查评定，符合验收条件后，向建设单位提交验收申请；

（4）建设单位收到验收申请后，应组织施工、勘察、设计、监理单位等相关人员进行单位工程验收，并适时根据有关规定实行全项目（如群体工程）的验收，确定验收结果，形成验收报告；

（5）按国家现行管理制度，房屋建筑工程及市政基础设施工程验收合格后，尚需在规定时间内，将验收文件报政府管理部门备案。

2. 施工质量验收的要求

（1）在工程质量验收之前，施工单位应完成自行的检查评定；

（2）应安排具有规定资格的人员参加施工质量验收；

（3）建设工程项目的施工过程，应符合工程勘察、设计文件的要求；

（4）隐蔽工程应在隐蔽前由施工单位通知有关单位进行验收，并形成验收文件，单位工程施工质量应该符合相关验收规范的标准；

（5）涉及结构安全的材料及施工内容，应有按照规定对材料及施工内容进行见证取样检测的资料等；

（6）对涉及结构安全和使用功能的重要分部工程、专业工程应进行功能性抽样检测；

（7）工程外观质量应由验收人员通过现场检查后共同确认结果。

3. 施工质量检查评定验收的基本内容及方法

（1）检验批、分部分项工程内容的抽样检查；

（2）施工质量保证资料的检查，包括施工全过程的技术质量管理资料，其中又以原材料、施工检测、测量复核及功能性试验资料为重点；

（3）工程外观质量的检查和确认。

4. 工程质量不符合要求的处理

（1）勘察、设计成果存在缺陷时，应根据规定及时实施完善；

（2）经返工或更换设备的工程，必须重新检查验收；

（3）经有资质的检测单位检测鉴定达到设计要求的工程应予以验收；

（4）经返修或加固处理的工程，虽局部尺寸等不符合设计要求，但仍然可以满足使用功能要求，可按有关规定进行验收；

（5）经返修和加固后仍不能满足使用功能要求的工程，严禁通过验收。

2.9 建设工程项目进度管理

2.9.1 建设工程项目进度管理体系概述

建设工程进度管理是建设工程项目管理任务的重要内容之一，管理工作的成果直接构成项目进度管理目标实现的程度，同时对项目的其他管理目标实现造成影响。进度管理需要经过进度定义、工作排序、时间估计、计划制订、实施控制与调整的连续过程。其中管理的基础是进度计划的策划和编制，管理的核心是使计划安排与项目进度的执行系统有效结合。

1. 项目进度计划的类型

根据建设工程项目进度控制不同的需要和不同的用途，各项目参与方可以制订多个相互关联的进度计划，构成完整的进度计划管理体系，进度计划一般分为以下几种类型。

1）不同深度的计划。
（1）项目进度总体规划；
（2）项目进度总控制计划；
（3）项目子系统进度计划；
（4）项目子系统下的单项、单位工程进度计划等。

2）不同功能的计划。
（1）控制性进度计划；
（2）指导性进度计划；
（3）实施性（操作性）进度计划等。

3）不同项目参与方各自的计划。
（1）业主方编制的项目决策阶段进度计划和建设期进度总控制计划；
（2）勘察进度计划；
（3）设计进度计划；
（4）施工和设备安装进度计划等。

4）不同周期的计划。

不同周期的计划包括：年度或跨年度进度计划，短周期（如季、月、周）进度计划等。

2. 项目进度管理体系

进度管理是复杂的系统性管理工作，进度管理的目标是确保项目进度计划要求的实现。业主必须组织其他项目参与方建立和实施统一的项目进度管理体系。而建立统一进度管理体系的前提是对项目各个参与方进度任务的分工特点的分析。

1）业主与其聘请的管理咨询方的进度管理。业主是唯一介入建设工程项目全过程管理的项目参与方，是项目总体管理目标的制定人，在项目进度管理中处于决定性领导地位，也要承担主导项目进度管理的责任。

（1）在项目决策阶段，项目业主及其聘请的管理公司应依据批复的项目建议书给定的项目宏观进度目标，制订项目进度的总体规划，纳入可行性研究报告，目的是明确带有里程碑性质的重要时间控制节点，包括勘察、设计、招标、施工准备、施工和设备安装、工程物资采购、竣工验收、项目动用前的准备等工作环节，为此后的项目各项管理工作，尤其是项目施工阶段前实施的主要管理工作确定限期，并为此后由各个项目参与方编制各自的工作进度计划搭建一个时间框架，总体规划属于项目的控制性计划。

在此阶段，一般仅有项目业主及其聘请的管理公司与一些专业性工程咨询公司介入项目管理工作，实施一些专业性很强又相对较为独立的专业策划和咨询工作：如项目的功能策划、土地手续、环境、交通、地震等专业论证，取得各专业市政咨询方案，直至决策阶段后期工程方案设计单位的介入。这一阶段的进度管理工作特点是，每个局部专业工作周期一般较短，进度管理并不困难，但相互衔接及与报批的关联性较强。在进度管理上的需求表现为，业主及项目管理公司对各项工作的逻辑性安排要非常专业、慎重与及时，而对每一家专业咨询单位自身的进度管理要求并不高。

（2）在项目的工程设计与计划阶段，业主与其聘请的管理咨询方进度管理工作的重点如下。

对外管理好工程设计的进度，其中特别要注意的是设计工作的分解和分配，因为工程设计的承包方或总承包方往往并不承担整个项目的全部设计工作，所以需要首先明确不由它承担的设计工作有哪些，这些工作又由谁以什么方式来承担，如是由设计分包方承担还是由设计施工一体化承包（分包）方来承担，如何进行划分；在这些内容明确后，则应由业主或其聘请的管理咨询方根据工程施工实施的时间要求，向各设计承包方发出设计进度计划要求，并在此后检查控制各个设计方的设计进度。

对内则要控制好编制项目的各项预控计划（包括组织、进度、投资等）的进度，使项目工作分解结构与组织分解结构（项目管理组织计划）能在初步设计完成后的最短时间完成，确保在工程施工总承包招标前将其作为建立工程施工总承包体系的基础，此后要按顺序限时完成项目进度总控制计划初稿、项目投资成本总控制计划初稿及其他必要预控计划的编制。

（3）在项目施工阶段，业主及其聘请的管理咨询方则要通过项目进度总控制计划的推行，使其成为项目业主、设计方、施工方、管理咨询方（包括监理方）共同的进度管理工作平台，并在此基础上，建立由项目各参与方分别编制的进度计划所构成的项目完整的进度管理体系，且保持正常运行。

2）设计方的进度管理。设计方进度管理的任务是，依据前期设计咨询合同或工程设计承包合同（方案）或工程设计任务书对设计进度的要求，控制设计工作进度，并使其与招标、施工、材料设备采购等进度要求相协调。

（1）设计方最初是在项目的策划决策阶段以设计或技术咨询方式介入项目的，可能是项目功能策划、工艺设计及技术顾问，或是参加概念设计的征集与建筑方案设计的投标，他们此时的工作较为单一，与其他参与方的协调较少，一般只是按业主或其聘请的项目管理公司指定的时间期限完成咨询任务即可，进度管理较为单纯。

（2）进入工程设计与计划阶段后，设计方首先是要完成自己承担的大量设计任务，这时的进度管理主要体现在确定项目内部设计团队的组成与分工，确定设计本身的过程,如从方案设计到初步设计再到施工图设计衔接,明确设计作业的顺序与各专业设计的协调,又如所要求施工图的内外审程序的衔接;再有就是根据所签署设计承包合同的时间期限,结合本单位的工作时间定额确定分部分段完成设计任务的时间节点,并且加以控制和协调;在此阶段还需特别予以重视的是进度管理内容,就是要按照业主方或项目管理咨询方提出的时限,分期完成各类招标用图纸与技术说明资料的提交。

(3) 在施工阶段,设计方重要的工作就是协调专业设计单位的二次设计,或是配合业主所做的设计施工一体化工程的招标与实施,并参与设计变更的管理与配合工作,设计方这一阶段的进度管理工作涉及大量的外部沟通与协调,设计方与其他设计与施工单位的工作往往交错在一起,互为因果,进度管理工作极为复杂。

3) 施工方的进度管理。施工方进度控制的任务是依据施工承包合同对施工进度的要求控制施工进度,应重视项目的特点和施工进度控制的要点,按不同深度编制控制性、指导性和实施性的施工进度计划,以及按不同计划周期编制的施工进度计划等。

传统的施工方介入项目是从参加施工投标开始的,而其正式的进度管理工作一般开始于签署施工承包合同之日。施工承包方的进度管理有以下显著的特点。

(1) 施工和材料设备供货与设计工作成因果关系,施工供货的招标必须建立在设计图纸与技术说明的基础之上,如设计与技术参数发生变更,则施工与供货也需要进行相应调整,所以施工和材料设备供货受设计进度的直接影响。

(2) 对于技术构成复杂的大型建设工程项目,参与的施工与供货承包方众多,专业工程之间的衔接紧密,进度要求与各参与方的成本密切相关,协调的工作量大而且困难,建造进度计划的编制和管理都具有相当的难度。

(3) 每一项专业工程的施工工序都具有其专业特点,而与其他专业工程不同,施工工序限定的作业顺序及时间定额系统庞大,对其进行管理需要很强的技术背景和专业经验,所以一般而言,应该在项目施工管理架构中设置施工总承包方,授权其承担实现施工进度总目标的管理任务和相应责任,并由其建立项目各个施工方共同搭建的现场进度管理体系。

4) 设计施工一体化承包方的进度管理。设计施工一体化承包方的进度控制任务,是依据工程总承包合同或设计施工一体化工程承包合同对相关工程的进度要求,控制合同范围内的设计、施工、采购和试运行的工作进度。实现工程总承包或设计施工一体化承包的进度总目标。

设计施工一体化工程包括整个项目承包层面的工程总承包、项目分包层面的专业工程设计施工一体化分包或独立承包层面的专业工程设计施工一体化承包。

只要采用设计施工一体化方式,各类各层级设计施工一体化承包方介入项目的时间与过程就都是相似的:业主一般以工艺及方案设计图与技术说明为基础进行招标,设计施工一体化单位在投标时先据此完成项目的扩大初步设计到招标图纸深度的设计,再据此编制工程量清单并作出投标报价,如能中标则以业主批准的扩大初步设计图再深化完成施工图与加工图,报经业主代表或管理咨询工程师批准后进行施工。

可以看出,设计施工一体化单位进行项目进度管理具有以下特点:

(1) 设计施工一体化单位集成了设计与施工两个角色内部的进度管理任务;

(2) 设计施工一体化单位,尤其是工程总承包单位介入项目的时间很早、过程很长，一般是在项目的工艺与方案设计确定、可行性研究报告完成审批后就开始了，而且要延续到项目竣工；

（3）如属项目总承包层面的设计施工一体化承包方，虽然进度管理的工作量大，但其进度管理的协调多是内部性的，即是由该设计施工一体化单位对下属设计、采购供货、施工单位进行的协调，与其外部单位的协调工作量相对较小；

（4）如属专业工程的设计施工一体化承包方，则其外部的进度管理与协调性强，需要与业主、设计总包、施工总包多方形成进度的被管理关系，同时又需管理好自己下属的设计、采购、施工等单位，进度管理比较复杂。

3. 搭建各参与方进度管理的共同平台

根据上述项目进度管理具有的"全过程"与"多方参与"的特点，结合不同参与方介入项目进度管理的不同周期与他们各不相同的进度管理特点，考虑到各参与方在进度管理上将会产生的利益冲突，必须搭建好各方进度管理的共同平台，才能避免各主要参与方在进度计划管理上发生"一人一把号，各吹各的调"，减少不必要的冲突，使各参与方的进度管理行为协调一致。

2.9.2　建设工程项目进度管理主体与工作内容

1. 业主与项目管理咨询单位

在项目整体的进度管理体系及各个参与方承担的进度管理工作中，业主及其聘用的管理咨询单位所做的进度管理工作无疑处于核心的地位，这是因为：第一，业主与管理咨询单位拥有搭建项目管理架构的权力，也是项目管理实际架构的搭建者，最清楚项目的工程分解结构与组织分解结构，了解项目各个参与方的合同责任体系，所以具有协调各方进度管理工作的权威；第二，业主（可能还有管理咨询单位）是项目唯一的全过程的参与者，具有从项目全局与整体看待进度管理的视野，只有他们才能成为项目全过程进度管理的主导者；第三，项目前期是整个开发建设周期的重要组成部分，往往占据了一半或更多的时间，而此时项目的进度管理主要是由业主承担的；第四，业主及其聘用的项目管理咨询单位，尤其是后者往往具备较高的进度计划管理与组织能力，成熟的项目管理咨询单位可以配备专业的计划工程师，运用专业管理软件和时间定额数据，所以能够较快并较完善地编制出其中最复杂的项目进度总控制计划，并具有协助总承包方建立现场生产调度与进度计划管理体系的能力。

2. 项目管理部经理

业主与其聘用的管理咨询单位的项目管理部经理在项目进度管理中应发挥核心作用。在项目管理咨询单位的进度计划管理体制中虽然管理单位内部形成了相关工作的平台及运行规则，也可以设置专业的主任计划工程师，运用其建立起的时间节点的逻辑关系（前置或后置条件）与各项管理及工程的定额与耗时数据，及时编制出项目进度总控制计划的初稿，实实在在地给予各项目管理部以有力支持，但项目管理部经理在项目进度管理中的核心地位与作用并未丧失和改变，这是因为：项目均是独一无二，即具有唯一性，无论不同项目间怎么具有共性，每一项目仍保持着强烈的个性，尤其是在项目施工之前更是如此，这些个性与进度动态的掌握与应对只能由专责的项目管理部承担，而一个项目全面信息的掌握也只有项目负责人才可能做到，项目管理部经理将这些要求与内容准确表述给项目管理咨询单位的主任计划工程师，主任计划工程师依据这些条件并运用专业软件与数据编制出进度总控制计划（初始版本）讨论稿后，再由项目管理部经理进行复核，主要是在项目能否实施的可行性复核。

3. 项目进度管理应实行管理部全员管理

项目管理部经理对全员管理必须清醒认识并妥善安排。全员管理的目的在于让每个项目管理人员明确自己从事工作的进度要求，自己所负责工作与其他进度管理工作的逻辑关系，确保其能够分清轻重缓急，按部就班、从容不迫地安排自己的日常管理工作。

全员管理的具体做法一般包括：计划编制时的适当参与，计划下达时的清晰布置，月（周）计划责任明确到人，进行进度管理绩效考核，要求项目管理部将月（周）工作例会与进度管理工作紧密联系起来。

2.9.3 建设工程项目进度计划编制与控制技术手段

建设工程项目进度管理的基础与依据是进度计划，进度计划的编制水平在相当程度上表现出进度管理的水平与成效，所以项目管理人员都要熟练掌握建设工程项目进度计划编制方法及计划控制的技术手段。

1. 进度计划的编制方法

项目进度计划的编制应掌握以下五个步骤的程序性工作。

（1）利用工作（工程）分解结构确定管理任务和子项任务。包括建设任务和管理工作两类，同时估计和判断完成各项任务所需时间。

（2）利用组织分解结构界定承担任务的机构与岗位。包括项目总体层面各单位的任务分工，以及管理团队层面每一个岗位的分工。

（3）检查任务和子任务之间的逻辑关系，这些关系一般分成两种类型：完全线性的及部分滞后的，都需要对每一项工作和与之关联的其他工作作出类型分析。

（4）草拟进度计划。通过上述三项工作，就可以获得草拟一个进度计划所需的基本信息：任务目录、完成任务所需时间及任务间的逻辑关系，将这三者按时间顺序进行组合，就可以得到一个草拟的进度计划，或进度计划初稿。

（5）完善并优化进度计划。项目管理团队应进一步对草拟的进度计划进行详细研究，逐一考虑以下事项：工作时间估算的现实性，管理与生产任务间逻辑关系的准确性，是否有未排入计划的疏漏任务，各单位与岗位分配任务的均衡性与适当性，各层次进度计划之间的协调程度，是否有可能导致任务搁浅的工作瓶颈，缩短整体工作周期、消除瓶颈的任务是什么等。

2. 进度计划编制的技术手段

进度计划编制的技术手段主要包括使用横道图、关键路径法和管理软件等。

（1）横道图的使用。横道图又称甘特图（Gantt Chart）、条形图，是进度计划编制中最常见且被最广泛应用的一种工具，横道图把计划安排和进度管理两种职能组合在一起，通过日历形式列出项目活动期及其相应的开始和结束日期，为反映项目进度信息提供了一种标准格式。在甘特图中，项目活动在图的左侧纵向列出，图中的每个横道代表一个活动，横道线的长短代表了活动持续时间的长短，而时间坐标列在图的底部，可以依据计划的详细程度，以年、月、周、天甚至小时作为度量项目进度的时间单位，如图2-9-1所示。由于这种方法具有明显的直观性，因此成为建设工程项目进度计划最常见的编制工具。

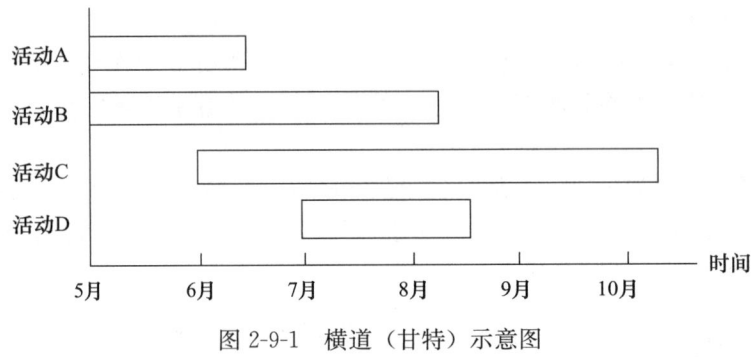

图 2-9-1　横道（甘特）示意图

（2）关键路径法。关键路径法（Critical Path Method，CPM）是一种最常用的数学分析技术，其基本原理是用网络图表达项目活动之间的相互关系和进度，并在此基础上进行网络分析，计算网络中各项时间参数，确定关键活动与关键路线，利用时差调整与优化网络，求得最短工期。同时，还要考虑成本与资源问题，求得项目计划方案的综合优化。简单地说，关键路径法可用以在约束条件下确定项目各项活动最早、最晚的开始和完成时间。

（3）管理软件的使用。由于建设工程项目进度管理的工作量与难度都巨大，其实施有必要借助管理软件进行。一个项目具体使用什么技术手段，包括方法与软件，不应片面地追求其技术的复杂与先进，而应注重其适用性。对于管理规模较小、管理模式及架构仍在探索的项目，一般性的通用管理软件往往更能适用其变化和弹性的情况；而对于大型复杂项目的管理，先确定管理架构并选派适当人选包括软件操作人员，并使用专业的工程项目管理软件可能会更有效果。

3. 网络计划技术

进入20世纪50年代，随着各类项目规模的不断扩大，项目中的工作数量越来越多，各项工作之间的逻辑关系也越来越复杂，原先用横道图编制进度计划的方法，由于横道图无法表达工作之间的逻辑关系而无法满足这种发展的需求，为了适应这类较复杂项目进度计划编制的要求，网络计划技术应运而生。

网络计划是指用网络图表达工作构成、工作顺序并加注工作时间参数的进度计划。网络计划包括两种，即计划评审技术（PERT）和关键路径法（CPM）。

1）PERT（Program Evaluation and Review Technique）又称计划评审技术，1958年，美国军方的工程技术人员在实施北极星导弹项目时，由于项目具有很强的研发特征，各项工作的持续时间很难精准地确定，同时该项目涉及的承包商众多，受到各种不确定性因素的影响，也使得工作的完成时间难以准确估计，针对这种情况，他们开发出PERT，这是一种基于概率分析的网络计划技术，其关注的重点是工作的开始事件和完成事件。PERT 经常用于不确定性较强项目的进度控制的可能性分析。

2) CPM（Critical Path Method）又称关键路径法，1956 年由杜邦公司的工程技术人员开发出来。他们在化工厂设备革新项目的进度控制过程中，发现项目的所有工作应该按照一种定义合理的逻辑关系执行，提出用箭线图作为描述工作之间逻辑关系的表达方式，通过对箭线图中的最长路径，即关键路径的控制，大大地缩短了项目的进度。由于 CPM 将项目的进度与成本联系起来，能够更有效地实现进度与资源的均衡，可以减少不必要的赶工，因此越来越普遍地应用在建筑业，特别是施工企业的项目管理过程中。

关键路径法采用网络图表达，网络图是指由箭线和节点组成的，用来表示工作流程的有向、有序的网络图形，网络图以图形的形式显示出项目中工作的发生顺序以及它们之间的逻辑关系。根据网络图中箭线和节点表达内容的不同，网络图一般分为双代号网络图和单代号网络图两种。

（1）双代号网络图（Activity-on Arrow Network）。双代号网络图是指以箭线及其两端节点的编号表示工作的网络图。在双代号网络图中，箭线代表工作，箭线的箭尾节点表示该工作的开始，箭头节点表示该工作的结束。节点表示事件，节点的编号顺序应从小到大，禁止重复。示例如图 2-9-2 所示。

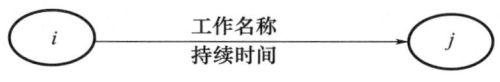

图 2-9-2 双代号网络示意图

双代号网络图中，各条线路的名称可以采用该线路上节点的编号自小到大依次记述。

（2）单代号网络图（Activity-on-Node Network）。单代号网络图是指以节点及其编号表示工作，以箭线表示工作之间逻辑关系的网络图。在单代号网络图中，节点表示工作，一般以圆圈或矩形表示，并同时标注工作名称、工作代号和持续时间，箭线表示相邻工作之间的逻辑关系。示例如图 2-9-3 所示。

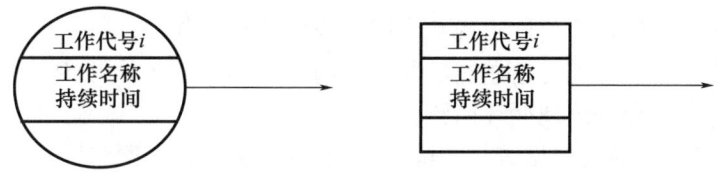

图 2-9-3 单代号网络示意图

（3）与横道图相比，网络图具有以下优点。

① 清晰表达工作之间的逻辑关系。网络图可以帮助进度计划的编制者理顺工作之间的逻辑关系，掌握项目的总体思路。

② 明确关键工作和关键路径。通过网络图中时间参数的计算，可以识别关键工作和关键路径，抓住主要矛盾，保证整个项目的按时完工。

③ 有利于资源的优化配置。网络图中标明了各项非关键工作的机动时间，可以制订出最经济的资源利用方案，均衡利用资源，达到节约成本的目的。

4. 双代号网络图的基本概念

限于篇幅，本书仅介绍双代号网络图。

1) 工作。工作又称活动，是指消耗时间资源的一项任务或一个子项目，一般处于项目工作分解结构的底层。网络图中工作的概念包含如下几项。

(1) 紧前工作。若工作 A 紧排在工作 B 之前，则称 A 为 B 的紧前工作。

(2) 紧后工作。若工作 D 紧跟在工作 C 之后则称 D 为 C 的紧后工作。

(3) 汇聚工作。若一个工作存在多个紧前工作则该工作称为汇聚工作。

(4) 发散工作。若一个工作存在多个紧后工作则该工作称为发散工作。

2) 时间参数。时间参数是指网络图中工作或节点具有的时间值，又分为如下几项。

(1) 最早时间参数。是指根据工作之间的逻辑关系和进度的限制，一项工作最早可以执行的时间值，包括最早开始时间（ES）和最早完成时间（EF）。

(2) 最迟时间参数。是指在不影响项目完工时间的前提下，一项工作最迟必须执行的时间值，包括最迟开始时间（S）和最迟完成时间（LF）。

3) 时差（总时差与自由时差）。时差是指工作的机动时间，又分为自由时差和总时差。

(1) 自由时差（FF）。是指在不影响其紧后工作最早开始时间的前提下，本工作可以利用的机动时间。

(2) 总时差（TF）。是指在不影响计划完工工期的前提下，本工作可以利用的机动时间。

5. 双代号网络图的绘制和计算

1) 网络图绘制的基本规则。网络图的绘制既要正确表达已经确定的工作之间的逻辑关系，又要遵从一定的绘图规则。网络图绘制的基本规则如下。

(1) 网络图的流向一般是从左向右；

(2) 节点代表事件，即工作的开始或结束，一般情况下网络图中只有一个起点节点和一个终点节点；

(3) 箭线代表工作，不允许出现双向箭头或无箭头的连线；

(4) 一项工作必须等到与它相连的所有紧前工作结束后才能开始。

(5) 网络图中不允许出现循环回路。

【例】某网络计划的资料见表 2-9-1，根据表中的资料绘制网络图见图 2-9-4。

表 2-9-1　某网络计划工作逻辑关系及持续时间表

工作序号	紧前工作	紧后工作	持续时间	工作序号	紧前工作	紧后工作	持续时间
A	—	B；C；D	2	F	D	H	10
B	A	E	10	G	C；E	I	12
C	A	G	15	H	F	I	10
D	A	F	8	I	G；H	—	2
E	B	G	7				

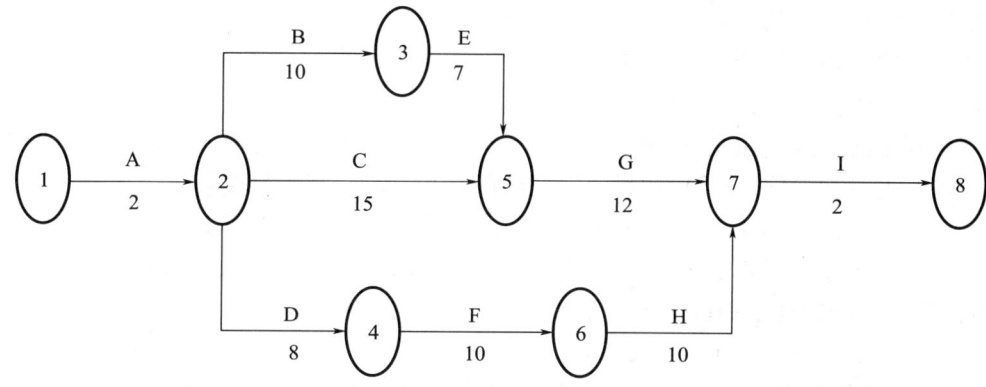

图 2-9-4 双代号网络图

2) 工作持续时间的估计。工作持续时间一般是指在正常工作方式下的正常工作时间，是网络时间参数计算的基础。工作持续时间可以根据类似的项目经验，以历史信息为基础进行估计，也可以采用向专家咨询的方式。下面介绍一种应用概率分析的估计方法，即基于乐观时间与悲观时间的估计方法。

(1) 对工作的持续时间进行三个估计。

① 工作最可能时间。是指在各项条件均正常的情况下，完成该工作的预计时间长度。

② 工作乐观时间。是指在项目进展最好的情况下，完成该工作的预计时间长度，一般来讲，工作的完成时间短于工作乐观时间的可能性小于百分之一。

③ 工作悲观时间。是指在项目进展最坏的情况下，完成该工作的预计时间长度，其发生的可能性也小于百分之一。

(2) 计算这三个工作时间的平均值，其计算公式如下。

工作持续时间＝（工作乐观时间＋4×工作最可能时间＋工作悲观时间）/6

采用这种方法估计工作的持续时间时，应注意每项工作持续时间的估计仅考虑该工作的不确定性，而与其紧前工作的不确定性无关。

3) 最早与最迟时间参数的计算（正推法与逆推法）。网络图中时间参数的计算分正推法和逆推法两个步骤，下面以图 2-9-4 为例具体介绍。

(1) 正推法。正推法是以网络图的起点节点为起点，逐步正向迭代，计算网络图中各个工作的最早开始时间（ES）和最早完成时间（EF）其基本规则如下。

① 从起点节点引出的工作，其 ES 为 0，其 EF 等于其 ES 与其工作持续时间（D）之和，在图 2-9-4 中，

$ES_{1-2}=0$；

$EF_{1-2}=ES_{1-2}+D_{1-2}=0+2=2$。

② 若某工作只有一个紧前工作，则该工作的 ES 等于其前工作的 EF，例如在图 2-9-4 中，即

$ES_{2-5}=EF_{1-2}=2$。

③ 某工作为汇聚工作，即存在有多个紧前工作，则该工作的 ES 等于其所有紧前工作的 EF 中的最大值，例如在图 2-9-4 中，

$ES_{5-7}=\max[EF_{3-5}, EF_{2-5}]=\max[19, 17]=19$。

④ 各项工作的 EF 等于该工作的 ES 与持续时间 D 之和。在图 2-9-4 中，

$EF_{2-5}=ES_{2-5}+D_{2-5}=2+15=17$。

(2) 逆推法。逆推法是从网络图的终点节点开始，逐步逆向代入，计算网络图中各个工作的最迟开始时间（LS）和最迟完成时间（LF），其基本规则如下。

① 从网络的终点工作开始，其 LF 等于网络的计划工期（在计划工期与计算工期相等的情况下，等于该工作的 EF），工作的 LS 等于 LF 与持续时间 D 之差，在图中，即（以下计算均假设计划工期等于计算工期）

$LS_{7-8}=LF_{7-8}-D_{7-8}=33-2=31$。

② 若某工作只有一个紧后工作，则该工作的 LF 等于紧后工作的 LS，例如在图 2-9-4 中，

$LF_{5-7}=LS_{7-8}=31$。

③ 若某工作为发散工作，即存在多个紧后工作，则该工作的 LF 等于其所有紧后工作的 LS 中的最小值。例如在图 2-9-4 中，

$LF_{1-2}=\min[LS_{2-3}, LS_{2-5}, LS_{2-4}]=\min[2, 4, 3]=2$。

④ 各项工作的 LS 等于该工作的 LF 与其持续时间 D 之差。在图 2-9-4 中，

$LS_{5-7}=LF_{5-7}-D_{5-7}=31-12=19$。

4）时差的确定。

(1) 总时差（TF）的确定。TF 的计算有两种方式，

$TF=LF-EF$，或 $TF=LS-ES$

例如在图 2-9-4 中，

$TF_{2-5}=LF_{2-5}-EF_{2-5}=19-17=2$，或 $TF_{2-5}=LS_{2-5}-ES_{2-5}=4-2=2$。

(2) 自由时差（FF）的确定。FF 的计算规则是，某工作的 FF 等于其紧后工作的 ES 与本工作的 EF 之差，若某工作为发散工作，则 FF 等于其所有紧后工作中 ES 的最小值与本工作的 EF 之差。例如在图 2-9-4 中，

$FF_{2-5}=ES_{5-7}-EF_{2-5}=19-17=2$。

根据以上计算规则，图 2-9-4 中各项工作的时间参数计算见表 2-9-2。

表 2-9-2 网络计划时间参数计算表

工作序号	最早时间参数		最迟时间参数		时差	
	ES	EF	LS	LF	TF	FF
A	0	2	0	2	0	0
B	2	12	2	12	0	0
C	2	17	4	19	2	2
D	2	10	3	11	1	0
E	12	19	12	19	0	0
F	10	20	11	21	1	0
G	19	31	19	31	0	0
H	20	30	21	31	1	1
I	31	33	31	33	0	0

由表 2-9-2 可知，该网络计划的计算工期为 33。

6. 关键路径的确定

1) 关键路径的定义。网络图中从起点节点到终点节点的各条路径中，持续时间最长的路径称为关键路径。在网络图的计算工期等于计划工期的情况下，关键路径的总时差等于 0，即该路径上的所有工作的总时差均等于 0。

关键路径上的工作称为关键工作。由于关键工作的持续时间相加就是关键路径的持续时间，因此如果某项关键工作未如期完成，所有处于其后的工作活动都要往后拖延，最终的结果是项目无法按计划完成。反之，如果某项关键工作能够提前完成，那么整个项目也有可能提前完成。由此可知，在编制项目进度计划时，关键工作是关注的重点。

2) 关键路径的确定。确定关键路径一般有两种方法。

(1) 路径最长法。采用列举的方式，分别计算网络图中每条路径的时间长度，以时间长度最大的为关键路径。例如在图 2-9-4 中，共存在三条路径，分别如下。

路径 1：①→②→③→⑤→⑦→⑧，时间长度为 33 天；
路径 2：①→②→⑤→⑦→⑧，时间长度为 31 天；
路径 3：①→②→④→⑥→⑦→⑧，时间长度为 32 天。

三条路径中时间长度最长的为路径 1，因此路径 1 为关键路径。

(2) 时差最小法。网络图中总时差最小的路径为关键路径，特别地，当计划工期等于计算工期时，关键路径的总时差为 0，因此由总时差等于 0 的工作组成的路径即为关键路径。例如在图 2-9-4 中，总时差为 0 的工作有：A、B、E、G、I。

因此，由以上五项工作组成的路径即为关键路径。

2.10 建设工程项目投资与建筑安装工程造价管理

2.10.1 建设工程项目投资与建筑安装工程造价管理概述

建设工程项目投资与建筑安装工程造价管理是以建设工程项目、单项工程、单位工程为对象，研究前期决策、计划实施、项目施工以及工程竣工验收等各阶段的工程估价和控制投资的理论、方法，依据工程造价控制规律开展的一项重要技术与经济活动，对于建设工程项目投资与建筑安装工程造价的作用体现在以下几个方面：业主项目投资控制的前提与基础；签订工程合同，进行工程结算的依据；承包商进行施工准备工作、组织现场施工的依据；建设工程质量得以保证的经济基础；建设工程项目参与各方利益和项目目标实现的基本保证。

1. 项目投资控制

建设工程项目投资是指进行某项建设工程项目花费的全部费用，根据原国家计委审定发行的《投资项目可行性研究指南（试用版）》（计办投资〔2002〕15 号）以及国家发展改革委和原建设部发布的《建设项目经济评价方法与参数（第三版）》（发改投资〔2006〕1325 号）的内容，建设工程项目投资的构成主要划分为建设投资、建设期利息和流动资金三部分,其中建设投资又可以分为工程费用、建设工程其他费用和预备费用三部分,见图 2-10-1。从另一个角度来说,工程造价是指建设工程项目总投资中的固定资产投资部分,即建设投资与建设期利息之和。由于工程造价是建设工程项目投资中的主要部分,因此通常将建设工程项目投资控制与工程造价控制等同为一个概念。

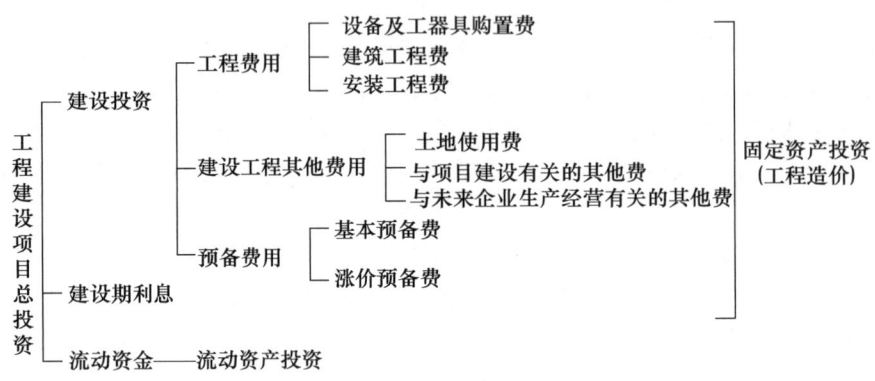

图 2-10-1 我国现行工程建设项目投资构成图

图 2-10-1 中建设投资中的工程费用、建设工程其他费用和基本预备费属于建设工程项目投资静态部分,而涨价预备费和建设期利息属于建设工程项目投资动态部分。

1) 工程费用。是指建设工程项目投资中直接形成工程实体固定资产的支出,由设备及工器具购置费、建筑工程费、安装工程费组成。

(1) 设备及工器具购置费。是指按建设工程项目设计文件要求,由建设单位或其委托单位购置或自制的,达到固定资产标准的设备,包括新建、扩建项目配置的首套工器具及生产经营性家具所需的投资,由设备购置费、工器具购置费、现场制作非标准设备费、生产经营性家具购置费和相应的运杂费组成。国内设备和进口设备的设备购置费应分别计算。

① 国内设备购置费为设备出厂价加运杂费,设备运杂费主要包括运输费、装卸费和仓库保管费等。运杂费可按设备出厂价的一定百分比计算。

② 进口设备购置费由进口设备货价、进口从属费用及国内运杂费组成。进口设备货价通常是指进口设备的离岸价(FOB),进口从属费用包括国外运费、国外运输保险费、进口关税、进口环节增值税、外贸手续费、银行财务费和海关监管手续费等。国内运杂费包括运输费、装卸费、运输保险费等。

(2) 建筑工程费。指为建造永久性建筑物和构筑物所需要的费用,如场地平整、厂房、仓库、电站、设备基础、工业窑炉、矿井开拓露天剥离、桥梁、码头、堤坝、隧道、涵洞、铁路、公路、管线敷设、水库、水坝、灌区等工程的费用。

(3) 安装工程费。包括各种机电设备装配和安装工程费用,与设备相连的工作台、梯子及其装设工程费用,附属于被安装设备的管线敷设工程费用;安装设备的绝缘、保温、防腐等工程费用;单体试运转和联动无负荷试运转费用等。

2) 建设工程其他费用。是指从工程筹建起到工程竣工验收交付使用止的整个建设期间,除建筑安装工程费用和设备及工器具购置费用外,为保证建设工程顺利完成和交付使用后能够正常发挥效用而发生的各项费用,按其内容大体可分为三类:第一类指土地使用费;第二类指与建设工程有关的其他费用;第三类指与未来企业生产经营有关的其他费用。

(1) 土地使用费。是指通过划拨方式取得土地使用权而支付的土地征用及迁移补偿费,或者通过土地使用权出让方式取得土地使用权而支付的土地使用权出让金。

(2) 与建设工程有关的其他费用。根据项目的不同,与项目建设有关的其他费用的构成也不尽相同,一般包括建设单位管理费、勘察设计费、研究试验费、建设单位临时设施费、建设工程监理费、工程保险费、引进技术和进口设备其他费用。

(3) 与未来企业生产经营有关的其他费用,主要由联合试运转费、生产准备费及办公和生活家具购置费组成。

3) 预备费。由基本预备费和涨价预备费构成。

(1) 基本预备费。是指在项目实施中可能发生难以预料的支出,需要事先预留的费用,又称建设工程不可预见费,主要是指设计变更及施工过程中可能增加工程量的费用。

(2) 涨价预备费。是建设工期较长的项目,由于在建设期内可能发生材料、设备、人工等价格上涨引起投资增加,需要事先预留的费用,亦称价格变动不可预见费。

4) 建设期利息。是指项目借款在建设期内发生并计入固定资产的利息。

5) 流动资金。是指生产经营性项目投产后,为进行正常生产运营,用于购买原材料、燃料、支付工资及其他运营费用等所需的周转资金。

2. 建筑安装工程造价控制

建筑安装工程造价又称为建筑安装工程费用,是指建设单位支付给建筑安装企业的全部生产费用,是以货币形式表现的建筑安装工程的价值,是建设工程项目投资中的重要组成部分。根据住房城乡建设部和财政部印发的《建筑安装工程费用项目组成》(建标〔2013〕44号),建筑安装工程造价内容主要包括四部分:直接费、间接费、利润和税金。

1) 直接费。是指施工过程中直接消耗的费用,由直接工程费和措施费组成,其中直接工程费又包括人工费、材料费和施工机械使用费,而措施费则是施工过程发生但未形成工程实体的费用,如环境保护费、安全文明施工措施费、临时设施费等。

2) 间接费。是指虽不直接由施工工艺过程引起,但却伴随工程施工实际发生的施工单位企业管理费和依法向相关政府部门交纳的各项规费。

3) 利润。是指施工企业完成所承包工程获得的盈利。

4) 税金。是指国家税法规定的应计入建筑安装工程造价内的营业税、城市维护建设税及教育费附加。

3. 全过程造价控制

建设工程项目的生产周期一般都相当长,并且是分阶段进行、逐步深化的过程,为了有效地进行投资管理,需要在建设工程项目的实施各阶段合理确定工程造价并进行控制,相应的要在各阶段进行多次估价,以保证工程估价的准确性和控制的有效性。建设工程项目全过程造价控制的工作程序和流程如图2-10-2所示。

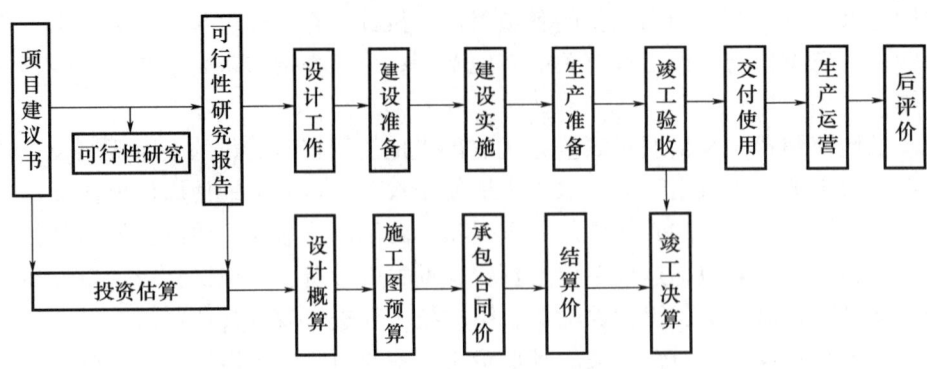

图 2-10-2　建设工程项目全过程造价控制示意图

1）工程造价是随着工程项目建设的进展而动态变化的，因此其管理的核心理念应该包括：

（1）工程造价控制是全过程的。工程造价控制活动从项目建议书阶段对工程造价的匡算开始，到实际造价的确定和项目后评价为止，贯穿建设工程项目的整个建设周期。

（2）工程造价控制是动态的。一方面，任何一个建设工程项目从决策到竣工交付使用，都有一个较长的建设期，在预计工期内，许多影响工程造价的动态因素会发生变化，这种变化使得工程造价在整个建设期中处于不确定状态，直到竣工决算后才能最终确定工程实际造价；另一方面，在项目建设过程中，项目的投资控制紧紧围绕着投资、质量和进度三大目标开展。由于项目业主和相关因素的变化，三大目标控制在项目实施过程中往往是动态变化的，与此相应的工程造价控制也是变化的。

2）建设工程项目投资控制的发展趋势——全生命周期造价管理。

随着工程造价管理和项目投资理论、实践的发展，全生命周期造价管理已经成为建设工程项目投资控制理论发展的新趋势。即在项目决策阶段，业主应当考虑建设工程项目全生命周期的成本，而不仅仅是建设工程项目本身的投资费用。若将建设工程项目建成后的运营和维护纳入项目生命周期的一部分，业主在项目周期内为了满足整体投资控制目标的期望，就需要尽可能早地对运营和维护成本加以考虑。这两者之间的平衡关系如图 2-10-3 所示。

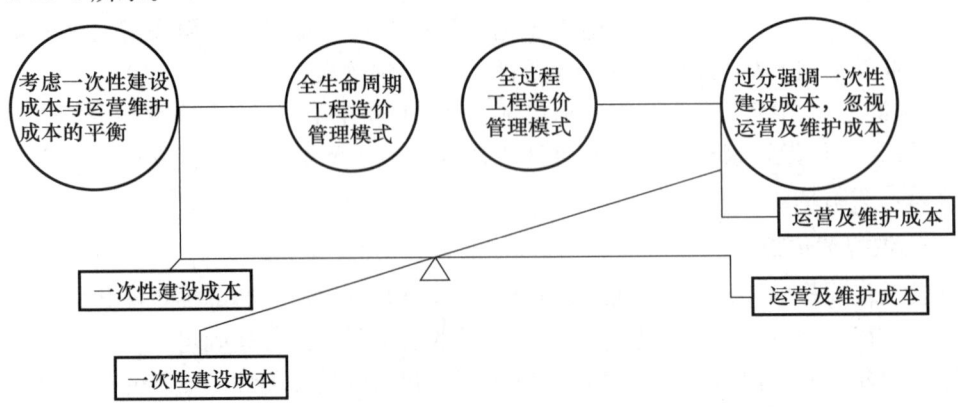

图 2-10-3　一次性建设成本与运营及维护成本平衡示意图

2.10.2 建设工程项目计价

我国目前仍然处于建设市场的不断发展和完善阶段，使用双轨制并行的计价依据，即定额计价依据和工程量清单计价依据。

1. 定额计价依据和方法

定额计价是通过颁布统一的计价定额或指标，对建设工程项目投资进行有计划的管理。

（1）建设工程定额的概念和分类。建设工程是物质资料的生产活动，物质资料的生产过程，必然也是生产的消费过程。在建设工程项目建设过程中，需要消耗大量的人力、物力和资金。建设工程定额就是对这些消耗物单位产品中数量的规定，即在现有的特定生产力水平下，建设工程单位产品中人工、材料、机械、资金消耗的规定额度，这种数量关系体现了正常施工条件、合理的施工组织设计、达到合格产品的前提下，各种生产要素消耗的合理的社会平均水平。

建设工程项目具有构造复杂、产品规模宏大、种类繁多、生产周期长等技术经济特点，造成了建设工程产品外延的不确定性，这一特点决定了建设工程定额必然具有多种类、多层次的特点。建设工程定额是建设工程中各类定额的总称，可以按照不同的原则和方法对其进行分类，如图 2-10-4 所示。

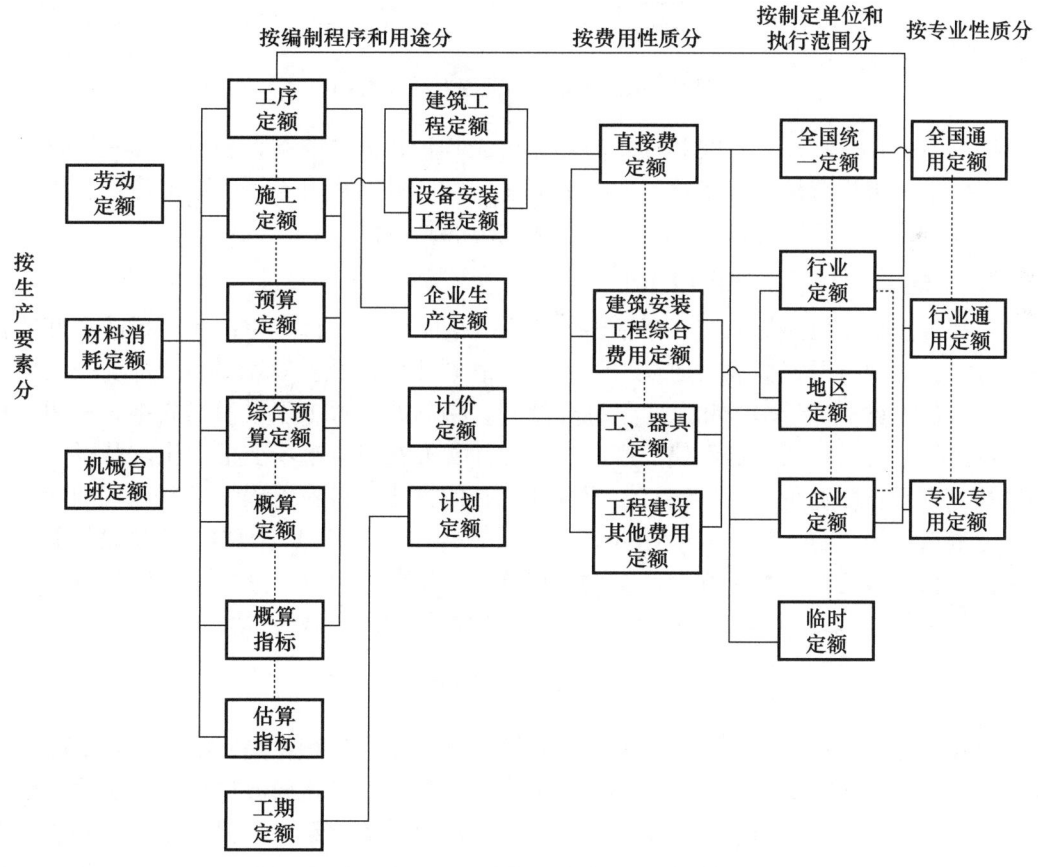

图 2-10-4 工程定额的分类示意图

—— 各类定额之间的关系 ······ 各类定额的层次

（2）建设工程定额计价的基本程序。利用建设工程定额编制建设工程造价最基本的过程有两个：工程量计算和工程计价。工程量确定以后，套用定额单价确定直接工程费，然后按费用定额中的取费标准计算措施费、间接费、利润和税金，经汇总后即为建筑安装工程造价（单位工程造价）。如图 2-10-5 所示。

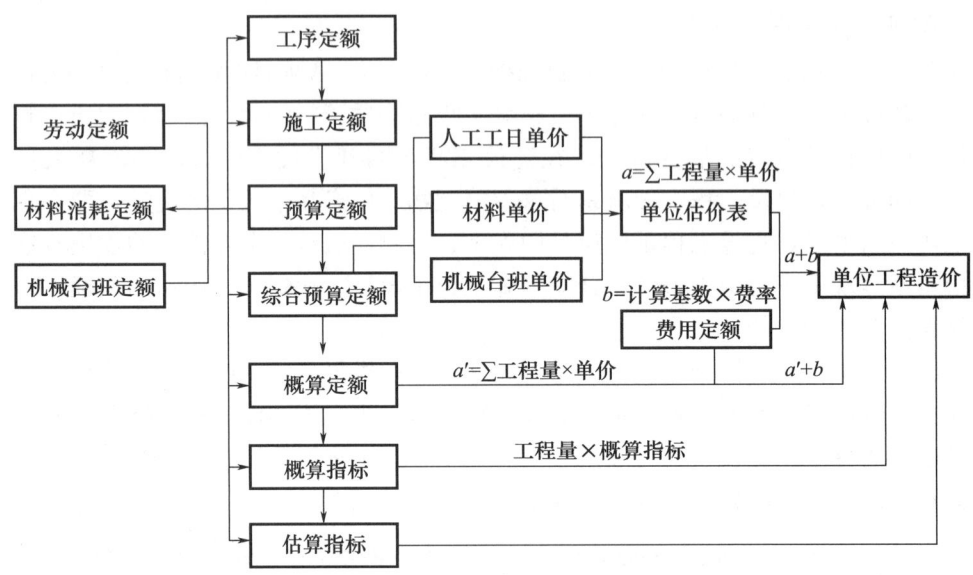

图 2-10-5　建设工程定额计价示意图

根据图 2-10-5 所示的计价程序计算出单位工程造价后，再与设备及工器具购置费汇总即得到单项工程造价，各单项工程造价汇总后，再根据费用定额计算出建设工程其他费用及预备费等，最终可以汇总为建设工程项目的总造价。

2. 工程量清单计价依据和方法

工程量清单是由招标人按照招标要求和设计图纸要求，将拟建招标工程的全部项目和内容，依据现行国家标准《建设工程工程量清单计价规范》（GB 50500）统一的项目编码、项目名称、计量单位和工程量计算规则，编制的反映工程数量的表格。按照工程量清单进行计价，本质上是由建设产品的买方和卖方在建设市场上根据供求状况、工程信息状况进行自由竞价，最终签订工程合同价格的方法。目前工程量清单计价的依据是国家标准《建设工程工程量清单计价规范》（GB 50500—2013）。工程量清单是编制招标控制价、投标报价、计算工程量、支付工程款、调整合同价款、办理竣工结算以及工程索赔等的依据之一。利用工程量清单进行计价的过程如图 2-10-6 所示。

2.10.3　建设工程项目决策阶段投资管理

建设工程项目投资决策是选择和决定投资行动方案的过程，是对拟建项目的必要性和可行性进行技术经济论证，对不同建设方案进行技术经济比较及做出判断和决定的过程。正确的建设工程项目投资行动来源于正确的项目投资决策。项目决策正确与否，直接关系到项目建设的成败，关系到工程造价的高低及投资效果的好坏。正确决策是合理确定与控制建设工程项目投资的前提。

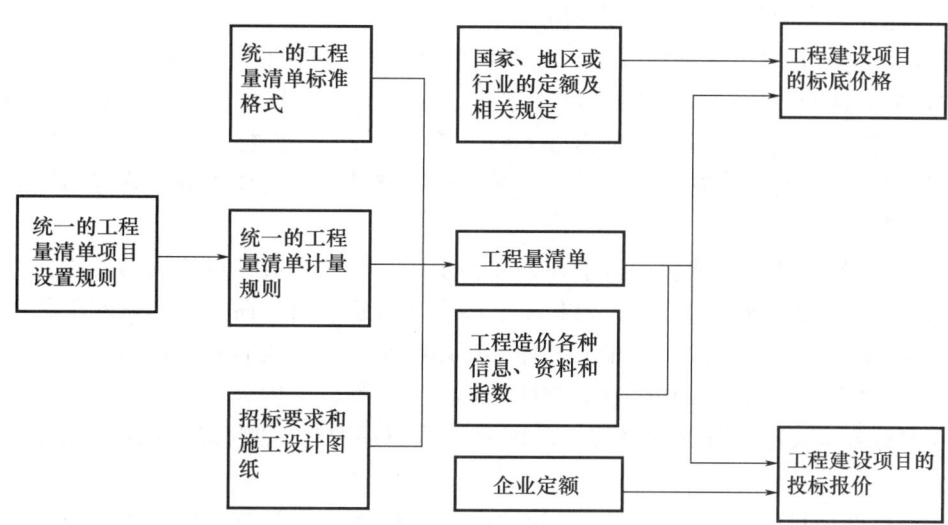

图 2-10-6　工程量清单进行计价过程示意图

1. 投资估算的编制

投资估算是指在建设工程项目整个投资决策过程中，依据已有的基础资料，运用一定的方法和手段，对建设工程项目全部投资费用进行的预测和估计。

（1）建设工程项目投资静态部分估算方法。不同阶段的投资估算，其方法和允许误差都是不同的。建设工程项目决策阶段，编制项目规划和项目建议书时，投资估算的精度要求较低，一般采取简单的匡算法，如生产能力指数法、单位生产能力法、比例法、系数法等方法。在可行性研究阶段尤其是详细可行性研究阶段，投资估算精度要求提高，需采用相对详细的投资估算方法，如指标估算法等。

（2）建设工程项目投资动态部分估算方法。建设工程项目投资动态部分主要包括涨价预备费、建设期贷款利息两部分内容，如果是涉外项目，还应该计算汇率变化可能带来的影响。

2. 影响投资成效的因素及其控制

建设工程项目建设投资的多少主要取决于项目的建设标准。建设标准是编制、评估、审批项目可行性研究的重要依据，是衡量工程造价是否合理及监督检查项目建设的客观尺度。建设标准的主要内容包括建设规模、占地面积、工艺装备、建筑标准、配套工程、劳动定员等方面的标准或指标。

1）项目规模。建设工程项目规模与投资成效有直接关系，项目规模合理化的制约因素包括：

（1）市场因素。市场因素是项目规模确定中需考虑的首要因素。

（2）技术因素。先进适用的生产技术及技术装备是项目规模效益赖以存在的基础，而相应的管理技术水平则是实现规模效益的保证。

（3）环境因素。项目规模确定中需考虑的主要环境因素包括政策因素，燃料动力供应，协作及土地条件，运输及通信条件等。其中政策因素包括产业政策、投资政策、技术经济政策，国家、地区及行业经济发展规划等。同时由于某些项目对自然环境的污染影响，可能会大大制约项目的建设规模。

2) 建设地域选择。一般情况下，确定某个建设工程项目的具体地址（场址），需要经过建设地区选择和建设地点选择（场址选择）这样两个不同层次、相互联系又相互区别的工作阶段。这两个阶段是一种递进关系，其中建设地区选择是指在几个不同地区之间，对拟建项目适宜配置在哪个区域范围的选择；建设地点选择是指对确定的地区内项目具体位置的选择。

(1) 建设地区选择。建设地区选择是在初步可行性研究或项目建议书阶段完成的内容。建设地区选择合理与否，在很大程度上决定着拟建项目的命运，影响着工程造价的高低、建设工期的长短、建设质量的好坏，还影响到项目建成后的运营状况。因此，建设地区的选择要充分考虑各种因素的制约，具体要包括以下内容：

① 要符合国民经济发展战略规划、国家工业布局总体规划和地区经济发展规划的要求。

② 要根据项目的特点和需要，充分考虑原材料条件、能源条件、水源条件、各地区对项目产品需求及运输条件等。

③ 要综合考虑气象、地质、水文等建厂的自然条件。

④ 要充分考虑劳动力来源、生活环境、协作、施工力量、风俗文化等社会环境因素的影响。

(2) 建设地点选择。建设地点选择是在初步可行性研究（项目建议书）规划选择已确定的建设地区和地点范围内，进行具体坐落位置选择，习惯上称为工程选址，建设地点选择应满足以下要求：

① 节约用地，少占耕地。建设用地应因地制宜优先考虑利用荒地、劣地、山地和空地，尽可能不占或少占耕地，并力求节约用地。

② 减少拆迁移民。工程选址、选线应着眼于少拆迁、少移民，尽可能不靠近、不穿越人口密集的城镇居民区。

③ 有利于场区合理布置和安全运行。建设地点选择应满足生产工艺要求，场区布置紧凑合理，有利于安全生产运行。

④ 有利于保护生态环境，有利于保护风景名胜区和文物古迹。

3) 技术方案。建设工程项目技术、设备和工程方案构成项目的主体，体现了项目的技术和工艺水平，是项目经济合理性的重要基础。

(1) 技术方案。主要指生产方法、工艺流程等。选择技术方案的基本要求包括：

① 先进性。衡量技术先进性的指标，主要有产品质量性能、产品使用寿命、单位产品物耗能耗、劳动生产率、自动化水平、装备水平等。项目采用的技术应尽可能接近国际先进水平或者居国内领先水平。

② 适用性。项目所采用的技术应与建设规模、产品方案以及管理水平相适应。

③ 可靠性。项目所采用的技术和设备，应经过生产、运行的检验，并有良好的可靠性记录。

④ 安全性。项目所采用的技术，在正常使用中应确保安全生产运行。

⑤ 经济合理性。在注重所采用的技术设备先进适用、安全可靠的同时，应着重分析所采用的技术是否经济合理，是否有利于节约项目投资和降低产品成本，提高综合经济效益。

(2) 主要设备方案。设备方案选择是在研究和初步确定技术方案的基础上,对所需主要设备的规格、型号、数量、来源、价格等进行研究比选。主要设备方案选择的基本要求包括以下内容:

① 主要设备方案应与选定的建设规模、产品方案和技术方案相适应,满足项目投产后生产或使用的要求。

② 主要设备之间、主要设备与辅助设备之间能力要相互匹配。

③ 设备质量可靠、性能成熟,保证生产和产品质量稳定。

④ 在保证设备性能前提下,力求经济合理。

⑤ 拟选的设备应符合政府部门或专门机构发布的技术标准要求。

(3) 工程方案。工程方案选择是在已选定项目建设规模、技术方案和设备方案的基础上,研究论证主要建筑物、构筑物的建造方案。工程方案选择的基本要求包括以下内容:

① 满足生产使用功能要求。确定项目的工程内容、建筑面积和建筑结构时,应满足生产和使用的要求。分期建设的项目,应留有适当的发展余地与相应的接口。

② 适应已选定的场址(线路走向)。在已选定的场址范围内,合理布置建筑物、构筑物,以及地上、地下管网的位置。

③ 符合工程建设标准规范要求。建(构)筑物的基础、结构和所采用的建筑材料,应符合政府部门或者专门机构发布的技术标准与规范要求,确保工程质量。

④ 经济合理。工程方案在满足使用功能、确保质量的前提下,力求降低造价,节约建设资金。

2.10.4 建设工程项目设计阶段造价管理

建设工程项目投资管理贯穿于项目建设全过程,而工程设计准备与设计阶段是整个工程造价控制的龙头。图 2-10-7 反映了项目设计影响工程造价的一般规律。

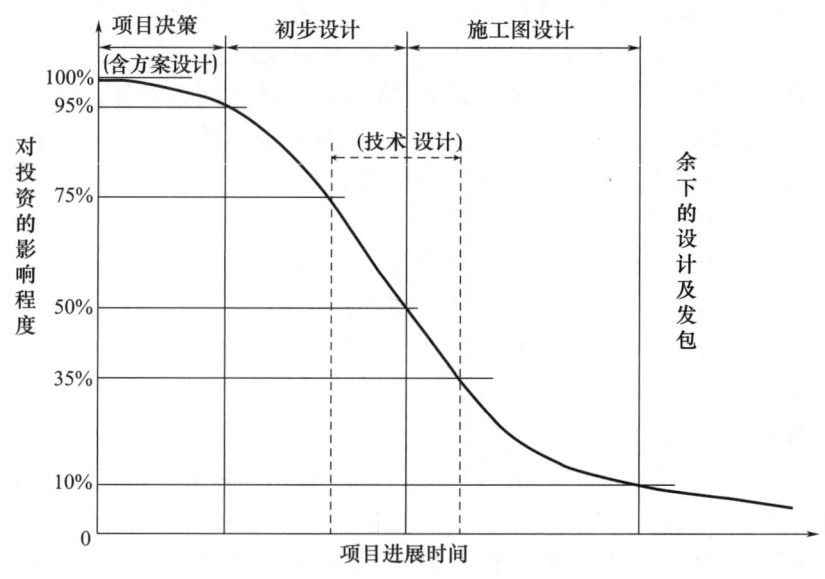

图 2-10-7 项目设计影响工程造价示意图

从图 2-10-7 可以看出，初步设计阶段对投资的影响约为 45%，施工图设计准备阶段对投资的影响约为 40%，期间可能穿插的技术设计阶段影响约为 40%。

1. 设计概算的编制和审查

建设工程项目设计概算是指在建设工程项目的初步设计（扩大初步设计）阶段，在投资估算的控制下，由设计单位根据初步设计（扩大初步设计）图纸、概算定额或概算指标、材料价格、费用定额和有关取费规定，编制和确定建设工程项目从筹建至竣工交付生产或使用，所需全部费用的项目经济文件。设计概算可分单位建筑工程概算、单项工程综合概算和建设工程项目总概算三级。各级概算之间的相互关系如图2-10-8所示。

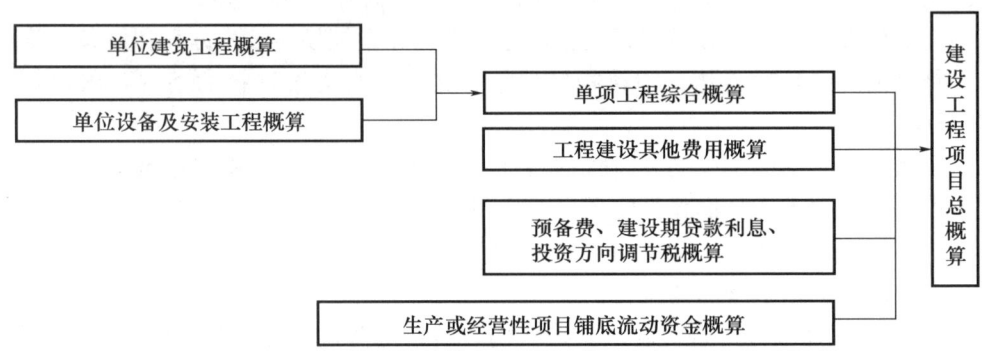

图 2-10-8　设计概算的三级概算关系图

1）设计概算的编制方法。

在设计概算的编制过程中，单项工程综合概算和建设工程项目总概算主要是在单位建筑工程概算的基础上汇总后得到的，本书主要介绍单位建筑工程概算的编制方法。单位建筑工程概算包括建筑工程概算和设备及安装工程概算两大类。

（1）建筑工程概算的编制方法。

建筑工程概算的编制方法有概算定额法、概算指标法、类似工程预算法。

① 概算定额法。概算定额法要求初步设计达到一定深度，单位工程建筑结构比较明确，能按照初步设计的平面、立面、剖面图纸计算出楼地面、墙身、门窗和屋面等分部工程项目的工程量时，才可采用。利用概算定额编制概算的具体步骤如下。

　　a. 熟悉图纸，了解设计意图，施工条件和施工方法；

　　b. 列出分部工程项目，并计算工程量；

　　c. 根据工程量和概算定额基价计算直接费；

　　d. 计算措施费、间接费、利润和税金等费用；

　　e. 将直接费、间接费、利润和税金相加得到单位工程概算造价；

　　f. 计算单方造价（如每平方米建筑面积造价）；

　　g. 编写概算编制说明。

② 概算指标法。当初步设计深度不够，不能准确地计算出单位建筑工程的工程量，但工程设计技术比较成熟，又有类似工程概算指标可以利用时，可采用概算指标法。概算指标法是用拟建的厂房、住宅的建筑面积（体积）乘以技术条件相同或基本相同工程的概算指标，得出直接工程费，然后按规定计算出措施费、间接费、利润和税金等，编

制单位工程概算的方法。如拟建工程初步设计的内容与概算指标规定内容有局部差异时，就不能简单按照类似工程的概算指标直接套用，而必须对概算指标进行修正，然后用修正后的概算指标编制概算。

③ 类似工程预算法。拟建工程初步设计与已完工程或在建工程的设计相类似，没有可用的概算指标时，就可以利用已建工程或在建工程造价资料来编制拟建工程的设计概算。类似工程预算法是根据类似工程的预算或结算资料编制概算指标的方法，算出工程的概算指标，再按概算指标法编制拟建工程概算。利用类似工程编制概算时，应考虑到拟建工程在建筑与结构、地区工资、材料价格、机械台班单价、间接费上的差异。

(2) 设备及安装工程概算的编制方法。

设备及安装工程概算的编制方法应根据初步设计深度和要求明确程度来确定的，主要有预算单价法、扩大单价法、设备价值百分比法和综合吨位指标法。

① 预算单价法。当初步设计深度较深，有详细的设备清单时，可直接按安装工程预算定额单价编制安装工程概算，概算编制程序基本与安装工程施工图预算相同。

② 扩大单价法。当初步设计深度不够，设备清单不完备，只有主体设备或仅有成套设备质量时，可采用主体设备、成套设备的综合扩大安装单价来编制概算。

③ 设备价值百分比法，又叫安装设备百分比法。当初步设计深度不够，只有设备出厂价而无详细规格、质量时，安装费可按占设备费的百分比计算，其百分比值（安装费率）由主管部门制定或由设计单位根据已完类似工程确定。该方法常用于价格波动不大的定型产品和通用设备产品。

④ 综合吨位指标法。当初步设计提供的设备清单有规格和设备质量时，可采用综合吨位指标编制概算，相应的综合吨位指标由主管部门或由设计院根据已完类似工程资料确定，该方法常用于设备价格波动较大的非标准设备和引进设备的安装工程概算。

2) 设计概算的审查内容及方法。

设计概算的审查是设计阶段控制建设工程项目投资的重要手段，有利于核定建设工程项目的投资规模，可以使建设工程项目总投资尽可能做到准确、完整，防止任意扩大投资规模或出现漏项，从而减少投资缺口、缩小概算与预算之间的差距，避免故意压低概算投资，搞"钓鱼项目"，最后导致实际造价大幅度突破概算。

(1) 设计概算审查内容。

① 审查设计概算的编制依据。

a. 审查编制依据的合法性。采用的各种编制依据必须经过国家和授权机关的批准，不能强调情况特殊，擅自提高概算定额、指标或费用标准。

b. 审查编制依据的时效性。各种依据，如定额、指标、价格、取费标准等，都应符合国家有关部门的现行规定与市场情况。

c. 审查编制依据的适用范围。各种编制依据都有规定的适用范围，如各主管部门规定的各种专业定额及其取费标准，只适用于该部门的专业工程；各地区规定的各种定额及其取费标准，只适用于该地区范围内。

② 审查概算编制深度。一般大中型项目的设计概算，应有完整的编制说明和"三级概算"（总概算表、单项工程综合概算表、单位工程概算表），并按有关规定的深度进行编制。审查各级概算的编制、核对、审核是否按规定编制并按规定程序进行了签署。

③ 审查概算的编制范围。审查概算编制范围及具体内容是否与主管部门批准的建设工程项目范围及具体工程内容一致；审查分期建设工程项目的建设范围及具体工程内容有无重复交叉，是否重复计算或漏算；审查其他费用应列的项目是否符合规定，静态投资、动态投资和经营性项目铺底流动资金是否分别列出等。

④ 审查建设规模（投资规模、生产能力等）、建设标准（用地指标、建筑标准等）、配套工程等是否符合原批准的可行性研究报告或立项批文的标准。对总概算投资超过批准投资估算10％的，应查明原因，重新上报审批。

⑤ 审查设备规格、数量和配置是否符合设计要求，是否与设备清单一致，材质、自动化程度有无提高标准，引进设备是否配套、合理，备用设备台数是否恰当，消防、环保设备是否有相关指标的计算等。此外，还要重点审查设备价格是否合理、是否合乎有关规定等。

⑥ 审查工程量是否正确。工程量的计算是根据初步设计图纸、概算定额、工程量计算规则和施工组织设计的要求进行的，审查工程量有无多算、重算和漏算，尤其对工程量大、造价高的项目要重点审查。

⑦ 审查计价指标。应审查建筑与安装工程采用的计价定额、价格指数和有关人工、材料、机械台班单价是否符合工程所在地（或专业部门）定额要求和市场实际价格水平，费用取值是否合理，并审查概算指标调整系数，主材价格，人工、机械台班和辅材调整系数是否正确与合理。

⑧ 审查其他费用。对建设工程其他费用要按国家和地区规定逐项审查，不属于总概算范围的费用项目不能列入概算，具体费率或计取标准是否按国家、行业有关部门规定计算，有无随意列项、有无多列、交叉计列和漏项等。

(2) 设计概算的审查方法。

设计概算审查前要熟悉设计图纸和有关资料，深入调查研究，进行经济对比分析，使审批后的概算更符合实际。常用的方法有对比分析法、查询核实法、联合会审法。

① 对比分析法。对比分析法主要是通过建设规模、标准与立项批文对比；工程数量与设计图纸对比；综合范围、内容与编制方法、规定对比；各项取费与规定标准对比；材料、人工单价与统一信息对比；技术经济指标与同类工程对比等。通过以上对比，容易发现设计概算存在的主要问题和偏差。

② 查询核实法。查询核实法是对一些关键设备和设施、重要装置、引进工程图纸不全、难以核算的较大投资进行多方查询核对，逐项落实的方法。主要设备的市场价可向设备供应部门或招标公司查询核实；重要生产装置、设施向同类企业查询了解；引进设备价格及有关税费向进出口公司调查落实；复杂的建筑安装工程向同类工程的建设、施工单位征求意见；深度不够或不清楚的问题直接向原概算编制人员、设计者询问。

③ 联合会审法。联合会审前，可先采取多种形式分头审查，包括设计单位自审，主管、建设、承包单位初审，工程造价咨询公司评审，邀请同行专家预审，审批部门复审等，经层层审查把关后，由有关单位和专家进行联合会审。在会审会上，由设计单位介绍概算编制情况及有关问题，各有关单位、专家汇报初审和预审意见，然后进行认真分析、讨论，结合对各专业技术方案的审查意见所产生的投资增减情况，逐一核实原概算出现的问题。经过充分协商，认真听取设计单位意见后，进行处理、调整。

2. 施工图预算的编制和审查

施工图预算是施工图设计预算的简称,又叫设计预算。它是在施工图设计完成后,根据施工图设计图纸、现行预算定额、费用定额以及地区设备、材料、人工、施工机械台班等预算价格编制和确定的建筑安装工程造价文件。

1) 施工图预算的编制方法。

施工图预算的编制方法有工料单价法和综合单价法两种。

(1) 工料单价法。工料单价法是目前施工图预算普遍采用的方法。它是根据建筑安装工程施工图和预算定额,按分部分项的顺序,先算出分项工程量,然后再乘以对应的定额基价,求出分项工程直接工程费。将分项工程直接工程费汇总为单位工程直接工程费,单位工程直接工程费汇总后另加措施费、间接费、利润、税金,形成施工图预算造价。

(2) 综合单价法。综合单价法的分项工程单价为全费用单价,全费用单价经综合计算后生成,内容包括直接工程费、间接费、利润和税金(措施费也可按此方法生成全费用价格)。采用综合单价法,建筑安装工程预算造价的计算公式如下:

施工图预算造价＝(分项工程工程量×综合单价)＋措施项目完全价格

2) 施工图预算的审查内容及方法。

为了提高工程预算质量,合理确定工程造价,提高经济效益,在预算编制后,必须对其进行认真审查。

(1) 预算审查的重点。审查施工图预算的重点,应该放在工程量计算、预算单价套用、设备材料预算价格取定是否正确,以及各项费用标准是否符合现行规定等方面。

(2) 施工图预算审查的方法。由于工程规模、结构复杂程度、施工条件以及预算编制人员的业务水平等不同,编制工程预算的质量水平也有所不同,因此所采用的审查方法也就有所不同。

① 全面审查法。全面审查又叫逐项审查法,就是按预算定额顺序或施工的先后顺序,逐项全部审查的方法。其具体计算方法、审查过程与编制施工图预算基本相同。此方法的优点是全面、细致,经审查的工程预算差错比较少,质量比较高。缺点是工作量大。一般仅用于工程量比较小、工艺比较简单的工程。

② 分组计算审查法。分组计算审查法是一种加快审查工程量速度的方法。把预算中的项目划分为若干组,并把相邻且有一定内在联系的项目编为一组,审查或计算同一组中某个分项工程量,利用工程量间具有相同或相似计算基础的关系,判断同组中其他几个分项工程量计算的准确程度。

③ 对比审查法。对比审查法是用已建成工程的预算或虽未建成但已审查修正的工程预算,对比审查拟建的类似工程预算的一种方法。对比审查法一般有以下几种情况,应根据工程的不同条件区别对待。

a. 两个工程采用同一个施工图,但基础部分和现场条件不同。其新建工程基础以上部分可采用对比审查法,不同部分可分别采用相应的审查方法进行审查。

b. 两个工程设计相同,但建筑面积不同。根据两个工程建筑面积之比与两个工程分部分项工程量之比例基本一致的特点,可审查新建工程各分部分项工程的工程量,或者用两个工程每平方米建筑面积造价以及每平方米建筑面积的各分部分项工程量进行对比审查。

c. 两个工程的面积相同,但设计图纸不完全相同时,可把相同的部分,如厂房中的柱子、房架、屋面、砖墙等进行工程量的对比审查，不能对比的分部分项工程按图纸计算。

④ 筛选审查法。根据建筑工程中各个分部分项工程的工程量、造价、用工量在每个单位面积上的数值变化不大的特点，把这些数据加以汇集、优选，归纳为工程量、造价（价值）、用工三个单方基本数值表，并注明其适用的建筑标准。用这些基本数值作为标准来对比筛审拟建项目各分部分项的工程量、造价或用工量。若待审查值与标准值相同或相近就不需要进一步审查了；若待审查值与标准值相差较大，应对该分部分项工程详细审查。

⑤ 重点审查法。重点审查法是抓住工程预算中的重点内容进行审查的方法。审查的重点一般是：工程量大或造价较高、工程结构复杂的工程、补充单位估价表、计取的各项费用（计费基础、取费标准等）。

2.10.5 建设工程项目施工合同签订阶段造价管理

建设工程项目合同签订及施工阶段是建设工程项目投资支出的主要阶段，这一阶段造价管理工作的好坏，直接影响决策与设计阶段所设定的投资管理目标能否真正实现。由于本阶段主要进行施工承发包和施工管理，因此工程造价控制的主要内容是建筑安装工程造价管理。

1. 招投标过程控制管理

项目招投标过程的核心是通过最高投标限价（招标控制价）、标底、投标报价的编制最终形成合同价格，为施工阶段的造价管理奠定基础。

1）最高投标限价的编制与管理。

对于采用招标方式采购的工程项目，为有利于投资控制，招标人可编制最高投标限价。最高投标限价应在招标文件中载明，作用相当于招标人的采购预算，投标人的投标不能高于该限价，否则其投标将被拒绝或视为无效。

(1) 最高投标限价的编制依据。

① 现行国家标准《建设工程工程量清单计价规范》（GB 50500）；
② 国家或省级、行业建设主管部门颁发的计价定额和计价办法；
③ 建设工程设计文件及相关资料；
④ 招标文件中的工程量清单及有关要求；
⑤ 与建设工程项目相关的标准、规范、技术资料；
⑥ 采用的材料价格应是工程造价管理机构通过工程造价信息发布的材料单价，工程造价信息未发布单价的材料，其价格应通过市场调查确定；
⑦ 其他相关资料。

(2) 最高投标限价的编制内容。

按照工程量清单的基本构成，最高投标限价的编制包括分部分项工程费、措施项目费用、其他项目费、规费和税金等内容。

① 分部分项工程费。分部分项工程费的计算应以招标文件中提供的分部分项工程量清单为依据。

a. 工程量的确定，应以分部分项工程量清单中的工程量为依据。

b. 按照编制依据，进行综合单价分析，确定综合单价。综合单价应包括人工费、材料费、施工机械使用费、企业管理费与利润，招标文件提供了暂估单价的材料，应按暂估的单价计入综合单价。

c. 为使最高投标限价与投标报价所包含的内容一致，综合单价中应包括招标文件中要求投标人所承担的风险内容及其范围（幅度）内产生的风险费用。

② 措施项目费用。分部分项费的计算应以招标文件中提供的措施项目清单为依据。

a. 措施项目应依据招标文件中措施项目清单所列内容。

b. 措施项目清单计价，适宜采用分部分项工程量清单方式的措施项目，应采用综合单价计价，其余的措施项目可以"项"为单位的方式计价，并应包括除规费、税金外的全部费用。措施项目清单中的安全文明施工费应按照国家或省级、行业建设主管部门的规定计价，不得作为竞争性费用。

③ 其他项目费用。其他项目费用包括暂列金额、暂估价、计日工以及总承包服务费。

a. 暂列金额由招标人根据工程特点按有关计价规定进行估算确定。

b. 暂估价。暂估价中的材料单价应按照工程造价管理机构发布的工程造价信息或参考市场价格确定；暂估价中的专业工程暂估价应分不同专业，按有关计价规定估算。

c. 计日工。招标人应根据工程特点，按照列出的计日工项目和有关计价依据计算。

d. 总承包服务费。招标人应根据招标文件中列出的内容和向总承包人提出的要求参照下列标准计算：招标人仅要求对分包的专业工程进行总承包管理和协调时，按分包的专业工程估算造价的1%～5%计算；招标人要求对分包的专业工程进行总承包管理和协调，并同时要求提供配合服务时，根据招标文件中列出的配合服务内容和提出的要求，按分包专业工程估算造价的3%～5%计算；招标人自行供应材料的，按招标人供应材料价值的1%计算。

④ 规费和税金。规费和税金应按国家或省级、行业建设主管部门的规定计算，不得作为竞争性费用。

将分部分项工程费、措施项目费用、其他项目费用、规费和税金汇总后最终形成最高投标限价。

2）招标项目标底的编制。

根据招标项目的特点和需要，一些招标项目可以编制标底，具体编制依据、原则、方法见表2-10-1。

表2-10-1 招标标底的编制

名称	主要内容
编制依据	招标文件商务条款；施工图纸、工程量计量规则；现场环境资料；施工进度与施工组织设计；现行定额、标准、规范；国家及地方有关价格调整文件；招标时建筑材料、设备市场价格及变动趋势等
编制原则	一个工程只能编制一个标底
编制方法	定额计价法：通常是根据施工图纸及技术说明，按照预算定额规定的分部分项子目，逐项计算出工程量，再套用定额单价（单位估价表）确定直接工程费，然后按规定的费率标准估计出措施费，得到相应的直接费，再按规定的费用定额确定间接费、利润和税金，加上材料调价系数和适当的不可预见费，汇总后即为编制标底的基础； 工程量清单计价法：以分部分项工程综合单价为基数乘以工程量汇合成其他费用而形成标底，对工程量清单列出的工程数量和综合工程内容不得随意更改，必须保持与各投标单位计价口径的统一。工程量清单标底由分部分项工程费、措施项目费用、其他项目费和规费、税金等各项费用组成

3) 投标报价的编制与实施技巧分析。

投标报价的编制方法、内容、表格与招标控制价基本相同，但其最基本的特征是投标人站在承包人的角度自主报价，它是市场竞争价格的体现，因此在投标报价的编制依据上与招标控制价有明显不同。

(1) 投标报价的编制依据。

① 现行国家标准《建设工程工程量清单计价规范》(GB 50500)；
② 国家或省级、行业建设主管部门颁发的计价办法；
③ 企业定额，国家或省级、行业建设主管门颁发的计价定额；
④ 招标文件、工程量清单及其补充通知、答疑纪要；
⑤ 建设工程设计文件及相关资料；
⑥ 施工现场情况、工程特点及拟定的投标施工组织设计或施工方案；
⑦ 与建设工程项目相关的标准、规范等技术资料；
⑧ 市场价格信息或工程造价管理机构发布的工程造价信息；
⑨ 其他相关资料。

(2) 投标报价的编制。

投标报价编制的原则、要点和方法等具体见表 2-10-2。

表 2-10-2 投标报价的编制原则及方法

项 目	主要内容
编制原则	①招标文件中设定的承发包双方责任划分，应作为考虑投标报价费用项目和费用计算的基础； ②根据工程承发包模式，考虑投标报价费用内容和计算深度； ③应以施工方案、技术措施等作为投标报价计算的基本条件； ④应以反映企业技术和管理水平的企业定额作为计算人工、材料和机械台班消耗量的基本依据； ⑤充分利用现场考查、调研成果、市场价格信息和行情资料，编制投标报价，确定调价方法； ⑥报价计算方法要科学严谨，简明适用
编制要点	①全面反映招标单位提供的设计图纸、工程量清单及有关的技术说明书等要求内容； ②考虑国家及地区颁发的现行建筑、安装工程预算定额，与之相配套执行的各项费用、定额规定等； ③应充分考虑项目地方现行材料预算价格、采购地点及供应方式等； ④关注因招标文件及设计图纸等不明确，经咨询后由招标单位书面答复的有关资料； ⑤应符合本企业内部制定的有关取费、价格等方面的规定、标准； ⑥考虑其他与报价计算相关的各项政策、规定及调整系数等因素； ⑦在投标价的计算过程中，对于不可预见费用的计算，必须慎重考虑，不要遗漏
编制方法	定额模式：一般是采用预算定额来编制，即按定额规定的分部分项工程子目逐项计算工程量，套用定额基价或根据市场价格确定直接工程费，然后再按规定的费用定额计取各项费用，最后汇总形成投标价； 工程量清单模式：采取工程量清单综合单价计算投标报价时，应包括人工费、材料费、机械费、间接费、利润、税金以及风险金等全部费用，将工程量与综合单价相乘得出合价，将全部合价汇总后得出投标总报价，分部分项工程费、措施项目费和其他项目费用均采用综合单价计价，工程量清单计价的投标报价由分部分项工程费、施工措施费和其他项目费用构成

(3) 投标报价技巧的选择与运用。

投标报价技巧是指投标人在投标报价中采用的让招标人可以接受，中标后又能获得更多利润的投标手段,其中比较常用的方法有:不平衡报价法、多方案报价法、增加建议方案等。这些方法的选择与运用见表 2-10-3。

表 2-10-3 投标报价技巧的选择与运用

投标报价策略	主要内容
不平衡报价法	项目总报价基本确定后,通过调整内部各个项目的报价,以期既不提高总报价、不影响中标,又能在结算时得到更理想的经济效益。 ①能够早日结款的项目可适当提高报价; ②预计今后工程量会增加的项目,单价应当提高,而对于工程量可能减少的项目,单价应当降低; ③设计图纸不明确,估计修改后工程量要增加的项目,可以提高单价,而工程内容说不清楚的,则可适当降低一些单价,待澄清后可再要求提价; ④暂定项目,又叫任意项目或选择项目,如果工程不分标,则其中肯定要做的,单价可高些,不一定做的,单价应低些。如果工程分标,该暂定项目也可能由其他承包商施工时,则不宜报高价,以免提高总报价
多方案报价法	对于一些招标文件,如果发现工程范围不明确,条款不清楚或不公正,或技术规范要求苛刻时,则要在充分估计投标风险的基础上,按多方案报价法处理。报价时要对两种方案进行技术与经济的对比,新方案比原方案报价应降低
增加建议方案	招标文件允许投标人提出建议时,可修改原设计方案,提出可以降低总价或缩短工期,或使工程运营更为合理的方案
突然降价法	投标人在充分了解投标信息的前提下,通过优化施工组织设计、加强内部管理、降低费用消耗的可能性分析,提出降低报价方案,并在投标截止日期规定的时间之前提出
无利润报价	缺乏竞争优势的承包商在不得已的情况下,只好在投标中不考虑利润去夺标。这种办法一般是处于以下条件时采用: ①有可能在得标后,将大部分工程分包给索价较低的一些分包商; ②对于分期建设的项目,先以低价获得首期工程,而后赢得机会,创造第二期工程中的竞争优势,并在以后的实施中获得利润; ③较长时期内,承包商没有在建的工程项目,如果再不得标,企业就难以维持生存
分包商报价的采用	总承包商通常应在投标前先取得分包商的报价,并增加总承包商摊入的一定管理费,而后作为自己投标总价的一个组成部分,一并列入报价单中

4) 开标、评标、定标过程的造价控制。

招投标过程的开标、评标、定标过程管理,对于造价控制的影响是十分重要的。维护每个环节公平、规范和有序开展,是确保招投标造价控制效果的重要条件。

(1) 开标。招标人在规定的投标截止时间和地点公开开标,并邀请所有投标人或者其委托代理人准时参加,充分保证每个投标人的投标竞争权利,这是确保项目造价合理控制的基础条件。

(2) 评标。招标人将依法组建评标委员会,并委托其按照招标文件中设定的程序、方法和标准对所有投标文件进行客观、公正的审查评价,形成评标意见和推荐中标候选人。为控制招标采购价格,除了公布招标控制价外,招标人还应根据招标项目实际情况和投标竞争态势,合理设定评标办法和具体评价指标体系,使投标价格水平及合理性评审能对最终评标结果具有客观、公正、合理的影响力。

(3) 招标和评标过程中对于投标人可能采用的不平衡报价法的防范。投标人投标技巧往往可能采用不平衡报价策略，招标人应当了解并有所防范，以避免在合同签订及实施过程中出现过大的损失。招标人可以采取的主要措施包括以下内容。

① 提高招标图纸的设计深度和质量。招标图纸是招标人编制工程量清单、投标人投标报价的重要依据。有些工程在招投标时设计图纸还不能满足施工需要，在施工过程中会出现大量的补充设计和设计变更，导致招标时的工程量清单跟实际施工的工程量相差甚远。若施工合同采用固定单价计价模式，工程结算时按照实际完成工程量据实结算，将会给投标人通过实施不平衡报价获取额外收益带来机会。因此，招标人要认真审查图纸的设计深度和质量，在可能的情况下尽量避免出现"边设计，边招标"的情况，尽可能采用施工图招标，提高工程量预估准确性，从源头上尽量减少工程变更。

② 提高工程量清单编制质量，以免给不平衡报价留有余地。招标人要重视工程量清单的编制质量，消除把工程量清单作为招标参考，最终按实际结算的依赖思想，招标时就要将工程量清单作为投标报价和竣工结算的重要依据。工程量的准确性是工程项目造价控制的核心，也是限制不平衡报价的关键。不平衡报价一般是利用工程量清单中漏项、计算失误等错误所采取的策略，因此，要安排有经验的专业人员负责该项工作，工程量清单的编制要周全、详尽、具有可预见性，同时编制工程量清单要严格执行《建设工程工程量清单计价规范》（GB 50500—2013）的规定，要求数量准确，避免错项和漏项，防止投标单位利用清单中工程量的可能变化进行不平衡报价。每一个子目必须清楚全面、准确地描述各清单项目的项目特征和需要投标人完成的详细工程内容，以便投标人全面考虑完成清单项目所要发生的全部费用。

③ 限制严重的不平衡报价。如果投标人采取过于明显的不平衡报价，招标人可以限制其中标，主要方法是在招标文件中写明对各种不平衡报价的惩罚措施，譬如：某项不平衡报价幅度大于某临界值时，招标人有权要求投标人必须调整投标报价中的不平衡报价。通常判断不平衡报价是否过于明显的方法是编制合理的工程招标控制价。招标控制价是招标人对所招标工程的造价的控制红线，超过此价格的投标报价将被视为废标。因为招标控制价的编制除包括工程总价之外，还包括各个实体与非实体项目的具体单价，均可作为各具体项目的控制红线，这样可以很好地起到防范投标人采取过于明显的不平衡报价策略的作用。

④ 改善评标委员会的专家结构。在评标专家组成员中，应适当安排工程造价专家参与，完善清标、评标、询标、定标制度，对商务标中含糊不清的事项，要求投标人予以书面澄清或承诺，尽量不留隐患。同时确保商务标的评审时间，决不能走过场，使评审流于形式。在评标时，综合单价、措施费、总价应分别设定所占比例。对主要综合单价及措施项目进行分别评分，每项经评审的合理最低价得该项标准分，投标人填报的分项单价每高出一定比例，扣减该项标准分的一定分值，扣完为止。总之，对投标单位商务标报价中的不平衡项目要逐一分析，汇总整理，形成书面材料，对涉及数额较大的不平衡报价，可予以废除。

（4）定标。评标工作结束后，招标人应根据评标委员会提交的评标报告依法确定中标人，并在规定的投标有效期内向中标人发出中标通知书。

2. 招投标合同控制管理

通过建设工程施工合同的计价方式与合同选择、签订进行造价控制。计价方式的合理选择是确保签订合同质量的重要条件。根据《建筑工程施工发包与承包计价管理办法》，按照计价方式签订的合同形式包括：总价合同、单价合同、成本加酬金合同。合同计价方式的选择可由发包方与承包商根据招标文件规定、工程项目特点和风险情况协商确定。以上三种合同形式的适用范围和选择见表 2-10-4。

表 2-10-4 建设工程施工合同的类型及选择

合同名称	合同类型	适用范围	合同选择时应考虑的因素
总价合同	固定总价合同	总价被承包商接受以后，一般不得变动。适用于工期较短（一般不超过一年）、施工图比较详细、工程要求十分明确的项目	①项目规模和工期长短； ②项目的竞争情况； ③项目的复杂程度； ④项目的单项工程的明确程度； ⑤项目准备时间的长短； ⑥项目的外部环境因素。 选择合同类型时，应当综合考虑项目的各种因素、考虑承包商的承受能力，确定双方都认可的合同类型
	可调总价合同	在合同条款中双方商定，如在合同执行中由于通货膨胀引起工料成本增加达到某一限度时，合同总价应相应调整。业主承担通货膨胀的风险，承包商承担其他风险。适用于工期较长（如一年以上的工程）的项目	
单价合同	固定单价合同	单价不变。适用于设计或其他建设条件还未完全落实的情况下（技术条件应明确），实施过程中需增加工程内容或工程量的项目。每月（每阶段）根据实际完成的工程量结算，在工程全部完成时，以竣工图工程量最终结算工程总价款	
	可调单价合同	一般在招标文件中规定，根据合同约定的条款，实施中根据约定的条件调整单价。适用范围较宽	
成本加酬金合同	成本加固定费用合同	此类合同的主要特点是业主承担项目的全部风险，主要适用于：需要立即开展的应急抢险项目，如震后救灾项目等；新型工程项目，或项目工程内容及技术经济指标未确定；风险较大的项目	
	成本加定比费用合同		
	成本加奖金合同		
	成本加保证最大酬金合同		
	工时及材料补偿合同		

2.10.6 建设工程项目施工阶段造价管理

根据财政部、原建设部《建设工程价款结算暂行办法》的规定，建设工程价款结算应按合同约定办理。

1. 工程价款的结算方式

工程价款的结算方式主要有以下两种：

(1) 按月结算与支付。即实行按月支付进度款、竣工后清算的办法，合同工期两个年度以上的工程，一般在年终进行工程盘点，办理年度结算。

(2) 分段结算与支付。即当年开工、当年不能竣工的工程按照工程形象进度，划分不同阶段支付工程进度款。具体划分的阶段应在合同中明确。

2. 工程预付款的计算与支付

施工企业承包建设工程项目，一般应实行包工包料，这就需要有一定数量的备料周转金。在工程承包合同条款中，一般要明文规定发包人在开工前拨付给承包人一定限额的工程预付款。预付款构成施工企业为该工程项目储备的主要材料、结构件所需的流动资金。

(1) 工程预付款的额度。包工包料工程的预付款按合同约定拨付，原则上预付比例不低于合同金额的10%，不高于合同金额的30%，对重大工程项目，按年度工程计划逐年预付。计价执行《建设工程工程量清单计价规范》（GB 50500—2013）相关规定的工程，实体性消耗和非实体性消耗部分应在合同中分别约定预付款比例。

(2) 工程预付款的扣回。发包单位拨付给承包单位的工程预付款属于预支性质，到了工程实施后期，随着工程所需主要材料储备的逐步减少，应以抵充工程价款的方式陆续扣回，抵扣方式必须在合同中约定。在颁发工程接收证书前，由于不可抗力或其他原因解除合同时，预付款尚未扣清的，尚未扣清的预付款余额应作为承包人的到期应付款。

3. 工程进度款支付

承包人在施工过程中，按逐月（形象进度）完成的工程数量计算各项费用，向发包人办理工程进度款的支付，工程进度款的支付周期与工程量计量周期是相同的。

1) 承包人提交进度付款申请。承包人应在每个付款周期末，根据确定的工程计量结果，向发包人递交进度款支付申请，并附相应的证明文件。除合同另有约定外，进度款支付申请应包括下列内容。

(1) 本周期已完成工程的价款；
(2) 累计已完成的工程价款；
(3) 累计已支付的工程价款；
(4) 本周期已完成计日工金额；
(5) 应增加和扣减的变更金额；
(6) 应增加和扣减的索赔金额；
(7) 应抵扣的工程预付款；
(8) 应扣减的质量保证金；

(9) 根据合同应增加和扣减的其他金额;

(10) 本付款周期实际应支付的工程价款。

2) 进度款的支付程序。承包人向发包人提出支付工程进度款申请后,14 天内发包人应按不低于工程价款的 60%,不高于工程价款的 90%向承包人支付工程进度款。发包人不按合同约定支付工程进度款,双方又未达成延期付款协议,导致施工无法进行,承包人可停止施工,由发包人承担违约责任。

3) 质量保证金。从第一个付款周期开始,在发包人的进度付款中,按专用条款的约定扣留质量保证金,直至扣留的质量保证金总额达到专用条款约定的金额或比例为止。质量保证金的计算额度不包括预付款的支付、扣回以及价格调整的金额。约定的缺陷责任期满时,承包人向发包人申请到期应返还承包人剩余的质量保证金金额,若承包人没有完成缺陷责任的,发包人有权扣留与未履行责任剩余工作所需金额相应的质量保证金额,并有权延长缺陷责任期,直至完成剩余工作为止。

4. 变更、索赔及合同价调整

变更、索赔以及其他原因都会引起双方约定的工程合同价格产生变化,从而影响双方的工程价款结算。

1) 变更的处理。

除专用条款中另有约定外,在履行合同时发生以下情形之一的,按照有关变更的规定处理:取消合同中任何一项工作,但被取消的工作不能转由发包人或其他人实施;改变合同中任何一项工作的质量或其他特性;改变合同工程的基线、标高、位置和尺寸;改变合同中任何一项工作的施工时间或改变已批准的施工工艺或顺序;为完成工程需要追加的额外工作。

(1) 变更的估价。在工程变更确定后 14 天内,设计变更涉及工程价款调整的,由承包人向发包人提出,经发包人审核同意后调整合同价款。变更合同价应按照下列原则确定。

① 合同中已有适用于变更工程的价格,按合同已有的价格变更合同价款;

② 合同中只有类似于变更工程的价格,可以参照类似价格变更合同价款;

③ 合同中没有适用或类似于变更工程的价格,由承包人或发包人提出适当的变更价格,经对方确认后执行。如双方不能达成一致的,双方可提请工程所在地工程造价管理机构进行咨询,或按合同约定的争议、纠纷解决程序处理。

(2) 暂列金额的结算。暂列金额合同价格并不属于承包人所有,也不必然发生。只有按照合同约定实际发生后,才成为承包人的应得金额,纳入合同结算价款中。扣除实际发生金额后的暂列金额余额仍属于发包人所有。

(3) 计日工的结算。计日工的结算应按工程师核实的实际发生人工工时、材料用量和施工机械台时数,乘以计日工单价进行结算。承包人应每天向工程师报送准确的报表和凭证。采用计日工单价的任何一项变更工作,应从暂列金额内支付。

(4) 暂估价的结算。在工程招标阶段已经确定的材料、工程设备或工程项目,因无法在当时确定准确价格,而可能影响招标效果的,可由发包人在工程量清单中给定一个暂估价。暂估价的实际开支可分为三种情形:

① 依法不需要招标的材料和工程设备,承包人报送相关证明材料,工程师审核价格,委托人确认;

② 依法不需要招标的专业工程，按照变更计价处理；
③ 依法必须招标的材料、工程设备和专业工程，合同双方当事人共同招标确定。
2）索赔的处理。

工程索赔是在工程承包合同履行中，当事人一方由于另一方未履行合同所规定的义务或者出现了应当由对方承担的风险而遭受损失时，向另一方提出赔偿要求的行为。

（1）索赔的处理程序。根据合同约定，承包人认为有权得到追加付款和（或）延长工期的，应按以下程序向发包人提出索赔。

① 承包人应在知道或者应当知道索赔事件发生后 28 天内，向工程师递交索赔意向通知书，并说明发生索赔事件的事由。逾期申报时，将会丧失要求追加付款和（或）延长工期的权利。

② 承包人应在发出索赔意向通知书后 28 天内，向工程师正式递交索赔通知书。索赔通知书应详细说明索赔理由，以及要求追加的付款金额和（或）延长的工期，并附必要的记录和证明材料。

③ 工程师商定或确定追加付款和（或）延长的工期，并在收到上述索赔通知书或有关索赔的进一步证明材料后的 42 天内，将索赔处理结果答复承包人。

④ 承包人接受索赔处理结果的，发包人应在作出索赔处理结果答复后 28 天内完成赔付。

（2）索赔费用的计算。索赔费用的计算方法有实际费用法、修正总费用法等。

3）合同价款调整与工程造价指数。

除变更和索赔外，引起合同价款调整的原因，还包括物价变动和法规调整等。合同价款调整时通常需要有关的工程造价指数。根据工程造价的构成，可以分为各种单项价格指数设备、工器具价格指数，建筑安装工程造价指数，以及建设工程项目或单项工程造价指数。

具体工程造价指数的内容和特性见表 2-10-5。

表 2-10-5　工程造价指数的内容及特性

内容	特性
各种单项价格指数	计算过程可以简单表示为报告期价格与基期价格之比。依此类推，可以把各种费率指数也归于其中，如措施费指数、间接费指数、建设工程其他费用指数等。这些费率指数的编制可以直接用报告期费率与基期费率之比求得
设备、工器具价格指数	设备、工器具费用的变动通常是由两个因素引起的，即设备、工器具单件采购价格的变化和采购数量的变化。由于工程所采购的设备、工器具是由不同规格、不同品种构成的，因此，设备、工器具价格指数属于总指数。同时由于采购价格与采购数量的数据无论是基期还是报告期都比较容易获得，因此设备、工器具价格指数可以用综合指数的形式来表示
建筑安装工程造价指数	建筑安装工程造价指数也是一种综合指数，其中包括了人工费指数、材料费指数、施工机械使用费指数以及其他直接费、现场经费、间接费等各项个体指数的综合影响。一般用平均指数的形式来表示
建设工程项目或单项工程造价指数	该指数是由设备、工器具指数，建筑安装工程造价指数，建设工程其他费用指数综合得到的。它也属于总数，并且与建筑安装工程造价指数类似，一般也用平均数指数的形式来表示

5. 工程竣工价款结算

工程竣工价款结算遵循以下过程：发包人收到竣工结算报告及完整的结算资料后，按表 2-10-6 中规定的时限（合同约定有期限的从其约定）进行审查，对结算报告及资料没有提出意见，则视同认可。

表 2-10-6　工程竣工结算审查时限

工程竣工结算报告金额	审查时间
500 万元以下	从接到竣工结算报告和完整的竣工结算资料之日起 20 天
500 万～2000 万元	从接到竣工结算报告和完整的竣工结算资料之日起 30 天
2000 万～5000 万元	从接到竣工结算报告和完整的竣工结算资料之日起 45 天
5000 万元以上	从接到竣工结算报告和完整的竣工结算资料之日起 60 天

根据确认的竣工结算报告，承包人向发包人申请支付工程竣工结算款。发包人应在收到申请后 15 天内支付结算款，到期没有支付的应承担违约责任。

2.10.7　建设工程项目竣工决算管理

竣工阶段的造价管理主要是由竣工决算的编制、竣工财务决算及竣工后保修费用处理等内容组成。竣工决算资料是以实物数量和货币指标为计量单位，综合反映竣工项目从筹建开始到项目竣工交付使用为止的全部建设费用、建设成果和财务情况的总结性文件。竣工决算是正确核定新增固定资产价值，考核分析投资效果、建立健全经济责任制的依据，是反映建设工程项目实际造价和投资效果的文件。

1. 竣工决算的内容

建设工程项目竣工决算由竣工财务决算说明书、竣工财务决算报表、工程竣工图和工程竣工造价对比分析四部分组成。前两部分又称建设工程项目竣工财务决算，是竣工决算的核心内容。

（1）竣工财务决算说明书。主要反映建设工程成果和经验，是对竣工决算报表进行分析和补充说明的文件，是全面考核分析工程投资与造价的书面总结。

（2）竣工财务决算报表。根据大、中、小型项目分类编制。大、中型建设工程项目竣工财务决算报表包括：建设工程项目竣工财务决算审批表；大、中型建设工程项目概况表；大、中型建设工程项目竣工财务决算表；大、中型建设工程项目交付使用资产总表、建设工程项目使用资产明细表。小型建设工程项目竣工财务决算报表包括：建设工程项目竣工财务决算审批表、竣工财务决算总表、建设工程项目交付使用资产明细表。

（3）工程竣工图。建设工程竣工图是真实记录各种地上、地下建（构）筑物等情况的技术文件，是工程进行交工验收、维护改建和扩建的依据，是国家的重要技术档案。

（4）工程竣工造价对比分析。在分析时，可先对比整个项目的总概算，然后将建筑安装工程费，设备、工器具费和其他工程费用逐一与竣工决算表中所提供的实际数据和相关资料及批准的概算指标、预算指标、实际的工程造价进行对比分析，以确定竣工项目总造价是节约还是超支，并在对比的基础上，总结先进经验，找出节约和超支的内容和原因，提出改进措施。

2. 建设工程项目竣工财务决算

建设工程项目竣工财务决算的编制主要遵循以下步骤：

(1) 收集、整理和分析相关依据资料。在编制竣工财务决算文件之前，应系统地整理所有的技术资料、工料结算的经济文件、施工图纸和各种变更与签证资料，并分析它们的准确性。完整、齐全的资料，是准确而迅速编制竣工财务决算的必要条件。

(2) 清理各项财务、债务和结余物资。在收集、整理和分析有关资料中，要特别注意建设工程从筹建到竣工投产或使用的全部费用的各项账务、债权和债务的清理，做到工程完毕，账目清晰，既要核对账目，又要查点库有实物的数量，做到账与物相符，账与账相符，对结余的各种材料、工器具和设备，要逐项清点核实，并按规定及时处理，收回资金。对各种往来款项要进行全面清理，为编制竣工财务决算提供准确的数据和结果。

(3) 核实工程变更情况。重新核实各单位工程、单项工程造价，将竣工资料与原设计图纸进行查对、核实，确认实际变更情况。根据经审定的承包人竣工结算等原始资料，按照有关规定对原预算进行增减、调整，重新核定建设工程项目实际造价。

(4) 编制建设工程竣工财务决算说明。按照建设工程竣工财务决算说明的内容要求，根据编制依据材料填写在报表中的结果，编写文字说明。

(5) 填写竣工财务决算报表。按照建设工程决算表格中的内容，根据编制依据中的有关资料进行统计或计算各个项目和数量，并将其结果填到相应表格的栏目内，完成所有报表填写。

(6) 上报主管部门审查。上述编写的文字说明和填写的表格经核对无误，装订成册，即为建设工程竣工财务决算文件。

3. 竣工后保修费用处理

在保修期内发生的质量缺陷，保修的经济责任应区分不同的责任人，采用不同的承担方式：

(1) 由承包人未按施工质量验收规范、设计文件要求和施工合同约定组织施工而造成的质量缺陷所产生的工程质量保修，应当由承包人负责修理并承担经济责任；由承包人采购的建筑材料、建筑构配件、设备等不符合质量要求，或承包人应进行而没有进行试验或检验，进入现场使用造成质量问题的，应由承包人负责修理并承担经济责任。

(2) 由设计人造成的质量缺陷，应由设计人承担经济责任，当由承包人进行修理时，费用数额应按合同约定，通过发包人向设计人索要，不足部分由发包人补偿。

(3) 由于发包人供应的建筑材料、建筑构配件或设备不合格造成的质量缺陷，或发包人竣工验收后自行改建造成的质量问题，应由发包人或使用人自行承担经济责任。

2.11 建设工程项目职业健康安全与环境管理（HSE）

2.11.1 建设工程项目职业健康安全与环境管理（HSE）概述

职业健康安全是研究并预防因工作导致的疾病，防止原有疾病的恶化。主要表现为工作中因环境及接触有害因素引起人体生理机能的变化。建设工程项目职业健康安全具体包括作业安全和职业健康两部分内容。

1. 职业健康安全与环境管理（HSE）的目的和任务

（1）职业健康安全管理的目的。是保护施工人员和其他相关人员的健康与安全，控制影响作业场所内员工、临时工作人员、合同方人员、访问者和其他有关部门人员健康和安全的条件和因素。

（2）环境管理的目的。是使社会的经济发展与人类的生存环境相协调，控制作业现场的各种环境因素对项目周边环境的污染和危害，体现项目参建各方环境保护的社会责任。

（3）职业健康安全与环境管理的任务。是建设工程项目的业主方、设计、施工、监理等单位为达到项目职业健康安全与环境管理的目标而进行的各种管理活动，包括制订、实施、实现、评审和保持职业健康安全方针与环境方针所需的组织机构、工作计划、管理职责、工作程序、管理过程和资源配备。这些活动构成了实现职业健康安全目标和环境目标的管理任务。

2. 职业健康安全与环境管理（HSE）的特点

建设工程项目职业健康安全与环境管理的特点如表 2-11-1 所示。

表 2-11-1 职业健康安全与环境管理（HSE）的特点

序号	特点	影响因素	主要表观
1	复杂性	建筑产品的固定性和生产的流动性	生产要素在同一工地不同建筑之间的流动；同一建筑不同建筑部位上的流动
		外部环境影响因素	露天施工作业多；受气候条件、工程地质和水文条件、地理条件和地域资源等不可控条件的影响较大
2	多变性	产品多样性和生产的单件性	每一个建设工程产品都要根据其特定要求进行施工，施工生产组织及机构变动频繁；施工工艺流程及技术难度差异大，新技术不断引入，管理难度加大，职业健康安全面临的问题与应对的措施存在明显差别
3	协调性	产品生产过程的连续性和分工性	建设工程项目在同一固定场地要按固定程序连续生产；每一道程序由不同的人员和单位来完成；各单位和各专业人员横向配合和协调工作，各工种经常需要交叉或平行作业，相互之间影响大
4	不符合性	产品的委托性	工程项目按照建设单位特定的要求委托进行生产建造；建设工程市场在供大于求的情况下，业主经常会压低标价，造成产品的生产单位对健康安全与环境管理的费用投入减少，时常发生不符合健康安全与环境管理有关规定的现象
5	持续性	产品生产的阶段性	建设工程项目从立项到投产使用要经历五个阶段；每个阶段都要控制项目的安全和环境问题，前一阶段的隐患，可能在后续阶段中暴露，酿成安全事故
6	经济性	产品的时代性和社会性	建设工程项目是特定时代的反映；建设工程产品是否应适应可持续发展的要求；建设工程不仅应考虑建造成本的消耗，还应考其寿命周期内使用成本消耗

2.11.2 建设工程项目施工安全管理

建设工程项目施工安全管理是指建设工程施工过程中为避免人身伤害及其他不可接受的损害风险而开展的一系列工作。不可接受的损害风险通常是指：超出了法律、法规和规章的要求，超出了企业施工安全管理目标的要求，超出了人们普遍可接受的要求。建设工程项目的施工安全管理主要围绕五大常见伤害开展相关工作，即：坍塌、触电、高处坠落、物体打击和机械伤害等。

1. 施工安全管理方针和目标

施工安全管理的目的是保证安全生产，因此施工安全管理的方针也应符合国家安全管理的方针，即"安全第一，预防为主"，施工安全管理目标是基于现有的技术、管理状况，结合建设工程安全管理实际水准，为保障参建人员健康安全和企业财产免受损失，实现风险预防而设定的管理目标标准。具体包括：

(1) 减少或消除人的不安全行为的目标；

(2) 减少或消除设备、材料的不安全状态的目标；

(3) 作业现场安全控制的目标。

2. 施工安全管理的特点

(1) 控制面广。建设工程规模较大，工艺复杂、工序多，流动作业多、高处作业多、作业位置多变，安全控制工作涉及范围面广。

(2) 控制的动态性。由建设工程项目的单件性和分散性所决定，安全控制随着施工进展必须持续动态的实施。

(3) 控制系统的交叉性。建设工程项目受自然环境和社会环境影响很大，需要把工程系统及社会系统结合起来实施系统性的安全控制。

(4) 控制的严谨性。安全状态具有触发性，控制措施必须严谨，否则风险极大。

3. 施工安全控制的基本要求

(1) 只有取得安全行政主管部门颁发的安全生产许可证以后才可以开工。

(2) 施工单位必须持有有效的安全生产许可证。

(3) 各类人员必须具备相应的执业资格才能上岗。

(4) 所有新员工必须经过进公司、进项目和进班组的三级安全教育。

(5) 特殊工种作业人员必须持有特种作业操作证，并确保证书有效。

(6) 对查出的安全隐患要做到定整改责任人、定整改措施、定整改完成时间、定整改完成人、定整改验收人。

(7) 必须把好安全生产"六关"，即措施关、交底关、教育关、防护关、检查关、改进关。

(8) 施工现场所有安全设施应确保齐全，并符合国家及地方有关规定。

(9) 施工机械必须经过安全检查验收，合格后方可使用。

2.11.3 建设工程项目职业健康管理

1. 职业健康安全事故的分类

建设工程职业健康安全事故分两大类型，即职业伤害事故与职业病，如表 2-11-2 所示。

表 2-11-2 职业健康安全事故的分类

项目	分类依据	类型
职业伤害事故	按照事故发生的原因	按照我国现行国家标准《企业职工伤亡事故分类》（GB/T 6441），职业伤害事故分为 20 类：物体打击；车辆伤害；机械伤害；起重伤害；触电；淹溺；灼烫；火灾；高处坠落；坍塌；冒顶片帮；透水；放炮；火药爆炸；瓦斯爆炸；锅炉爆炸；容器爆炸；其他爆炸；中毒和窒息；其他伤害
	按事故后果严重程度	轻伤事故：轻度损伤，休息 1~105 个工作日； 重伤事故：器官、功能等严重伤，损失 105 个工作日以上的失能伤害； 死亡事故：一次死亡 1~2 人； 重大伤亡事故：一次死亡 3 人以上（含 3 人）； 特大伤亡事故：一次死亡 10 人以上（含 10 人）； 急性中毒事故：生产性毒物中毒事故，发病快，一般不超过 1 个工作日
职业病		《职业病分类和目录》中列出的法定职业病为 10 大类共 132 种，10 大类包括：①职业性尘肺及其他呼吸系统疾病；②职业性皮肤病；③职业性眼病；④职业性耳鼻喉腔疾病；⑤职业中毒；⑥物理因素所致职业病；⑦职业性放射疾病；⑧职业性传染病；⑨职业性肿瘤；⑩其他职业病

2. 职业健康安全事故的处理

施工安全事故处理应坚持"四不放过"原则：事故原因未查清不放过；事故责任者和员工没有受到教育不放过；安全事故调查没完成不放过；没有制定防范措施不放过。

施工安全事故处理的程序：施工单位发生生产安全事故，应当按照国家有关事故报告和调查处理的规定及时、如实地向负责安全生产监督管理的部门、建设行政主管部门或者其他有关部门报告；特种设备发生事故的，还应同时向特种设备安全监督部门报告。实行总承包的建设工程，由总承包单位负责上报事故。接到报告的部门应当按照国家有关规定，如实上报上级部门。有关部门和单位应根据事故的性质、严重程度和影响大小，按照规定组成事故调查组实施调查，调查的结果应该形成书面报告并按规定程序上报、公布。

2.11.4 建设工程项目环境管理

1. 施工环境管理的特点

施工环境管理是指按照法律法规、各级主管部门和企业环境方针的要求，制订环境管理工作程序、配备相应资源、明确管理过程和工作方法、识别管理环境因素的过程，包括控制现场的各种粉尘、废水、废气、固体废弃物、噪声、振动等对环境的污染和危害，节约建设资源等。建设工程项目的环境管理主要体现在项目设计方案和施工环境的控制。项目设计方案确定的施工工艺的选择对环境的间接影响比较明显，施工过程则是直接影响建设工程项目环境的主要因素。

2. 施工环境的污染预防

为了降低有害环境影响因素对于环境造成的影响，而采用过程、惯例、技术、材料、产品、服务或能源,以避免、减少或控制任何类型的污染物或废物的产生、排放。保护和改善项目建设环境是保证人们身体健康、提升社会文明水平、改善施工现场环境和保证施工顺利进行的需要,建设工程的文明施工是事故环境管理的一部分。

3. 施工环境管理的要求

(1) 在识别和评价环境因素的基础上,确定主要环境因素,明确施工项目运行的控制对象。

(2) 收集和落实施工项目相关的法律法规要求,进行合规性评价。

(3) 项目管理团队应结合现场施工要求,从制度上规定施工现场实施适宜的运行程序和方法。根据事先策划的施工环境管理措施落实施工现场的相关运行要求。包括:在施工作业过程中全面落实针对施工噪声、污水、粉尘、固体废弃物等排放和节约资源的环境管理措施。

(4) 施工现场应识别可能的紧急情况,制订应急响应措施,提供应急准备手段和资源环境应急响应措施,环境应急响应措施应与施工安全应急响应措施有机结合,以尽可能提高资源效率,减少相应的环境影响和损失。

(5) 环境绩效监测(检查)和改进。施工现场应及时实施环境绩效监测,根据监测结果,围绕污染预防改进环境绩效。

2.12 建设工程项目风险管理

2.12.1 建设工程项目风险管理概述

建设工程项目风险是指在整个建设工程项目全寿命周期中,因自然灾害和各种意外事故的发生而造成人身伤亡、财产损失和其他经济损失的不确定性。建设工程项目风险是一种特定的风险,由于实施全过程涉及各种复杂因素及变量,风险及其影响贯穿工程项目实施活动的始终。另外,建设工程项目施工周期较长、施工过程管理和施工工艺复杂,建筑材料和机械设备、工器具种类繁多,各利益相关方关系复杂,建设工程项目的预期目标与实际结果往往存在差异,因此建设工程项目的风险是普遍存在的。建设工程项目风险管理的主要内容为风险识别、风险估计、风险评价与风险处置。

建设工程项目风险管理过程一般分为项目风险管理计划制订、实施、调整三个阶段。

1. 风险管理计划的制订

建设工程项目风险管理计划是项目风险管理组织进行风险管理的重要手段,是整个风险管理过程的基础环节。建设工程项目风险管理计划的主要内容一般包括:设置风险管理组织、进行风险识别、开展风险估计、组织风险评估、制订风险应对措施(风险处置)等。

(1) 设置建设工程项目风险管理组织,是建设工程项目风险管理计划得以有效地制订和贯彻执行的组织保证。建设工程项目风险管理组织的规模和形式应根据项目风险的特点和具体管理任务确定,同时要考虑成本效益原则。

(2) 建设工程项目风险识别，是风险分析的基础，目的是减少建设工程项目各种构成要素的不确定性。风险识别首先应弄清项目的构成、各类不确定性因素的性质和相互间的关系、项目与环境之间的关系等，在此基础上利用系统的、事先规定的步骤和方法查明可能导致项目产生风险的各种事项。风险识别的关键是确保识别结果的充分性。常用的风险识别方法有：文件审查法、专家调查法、故障树法、流程图法、情景分析法等。

(3) 建设工程项目风险估计，是在对不利事件所导致损失的历史资料分析的基础上，采用定性或定量分析方法，估计各种风险发生的概率和风险严重程度，对所造成的损失作出定量估计的过程。常用的风险估计方法有：故障树法、蒙特卡罗法、影响图法等。

(4) 建设工程项目风险评价，是在建设工程项目风险辨识和估计的基础上，综合考虑风险属性、风险管理目标和风险主体的风险承受能力，确定工程风险和风险处置措施对系统的影响程度的过程。常用的风险评价方法有：层次分析法、等风险图法、模糊数学法等。

(5) 建设工程项目风险应对措施（风险处置），是指针对风险采取相应的措施，尽可能规避、减少或降低风险损失，以实现建设工程项目的预期目标。应对建设工程项目风险的常见方法可分为四大类：风险回避、风险减轻、风险转移和风险自留。由于具体的建设工程项目风险环境不同，每个建设工程项目风险的具体应对措施是不同的。

① 风险回避。是指通过变更建设工程项目计划，消除风险或风险产生的条件；或者是保护建设工程项目的目标不受风险的影响。风险回避是一种彻底消除工程风险影响的策略。

② 风险减轻。是指通过一定的手段将建设工程风险的发生概率或后果降低到合理的、可接受的范围内，它不能消除风险，只能减轻风险，具体包括：风险分离、风险监测、后备应急措施等。

③ 风险转移。是指风险承担者通过一定的途径将风险转嫁给其他承担者，经常使用的建设工程项目风险转移方式如下。

a. 设定保护性合同条款。在项目风险三种转移方式中，利用合同的保护性条款来降低或规避某些风险的转移成本相对较低。工程担保和保险需要向被转移者支付一定的风险保障费用，而设置保护性条款的转移费用支出是隐性的，不必直接支付转移费用。

b. 工程担保。工程担保是将风险转移给第三方，分为信用担保和财产担保。信用担保是以个人或组织信用担保债权的实现，即保证担保。按照担保用途不同主要分为投标保证、履约保证和承包商要求业主提供的支付保证。财产担保是以财产保证债权的实现，包括抵押担保、质押担保和留置担保。合同履约担保主要担保合同履约方的履约能力，避免因违约而使业主或承包商蒙受意外损失，合同履约担保所化解的风险主要是合同履行的风险。

c. 工程保险。工程保险是借助第三方来转移风险，同其他风险处理方式相比，工程保险转移风险的效率是比较高的，投保工程保险的项目出险后，发生的合理的处理费用都计入应赔款中。对于投保方而言，工程的风险转移成本主要是保险费，属于显性的费用支出。与其他风险处理方式相比，工程保险的风险转移成本相对较高。

工程保险的风险属性表现为可转移性和经济性,可转移性即风险可以通过投保转给保险公司,经济性是指选择某些保险标的保险责任范围和保险金额等要素所提供的保障程度,要与保费、免赔额和赔偿限额等支出要素进行权衡,保险支出和保险利得应相当。工程保险可化解的风险范围很广,一般是在遵循保险法规的前提下,由保险双方商定,最终以双方签订的保险合同所列保险项目和保险责任为准。

工程保险与工程担保之间存在明显的区别:工程保险是一种损失基金机制,它是补偿投保者用来对抗不可预见的不利事件和因素,工程担保是一种基于被担保人的信用程度和专业经验为其设置的规避损失的机制。

④ 风险自留。是指明知可能会有风险发生,但在权衡了其他风险应对策略之后,由于经济性和可行性的考虑,仍将风险留下,若风险损失一旦出现,则依靠项目主体自己的财力,去弥补财务上的损失。

2. 风险管理计划的实施

风险管理计划制订之后,接下来要做的工作就是如何全面贯彻和落实计划。在建设工程项目风险管理计划的落实过程中,应注意以下三个方面:

(1) 风险管理人员应做好指导、监督、检查、信息反馈或决策等工作。

(2) 应充分认识风险管理是一个全员参与的、项目实施期内全过程的、动态监控的复杂管理系统。

(3) 风险管理计划实施过程中的指导和组织协调非常重要。风险管理组织人员应向施工人员、技术人员、现场管理人员等介绍风险管理计划的思路和基本内容,并且帮助他们明确各岗位在风险管理中的职责和具体的风险管理措施等。

3. 风险管理计划的调整

在风险管理计划实施过程中,若出现计划不适应实际工程风险管理要求的情况,应及时调整计划。在调整计划时,一般采取局部修订,修订过程要注意调整部分与其他未调整部分的关联关系。

建设工程项目风险管理计划的调整主要涉及两方面的工作:一是风险管理组织的调整、增减或调整施工现场的工程风险管理人员;二是补充或修正风险分析,调整建设工程项目风险处置内容。

2.12.2 建设工程项目风险分类

1. 按风险产生的原因及其性质分类

根据建设工程风险产生的来源及其性质,风险可分为以下几类。

(1) 自然风险。指由自然因素带来的风险,如在建设工程项目实施过程中出现洪水、暴雨、地震、飓风等自然灾害,造成财产毁损或人员伤亡。

(2) 技术风险。指伴随科学技术的发展而带来的风险,例如核燃料出现之后产生了核辐射风险,由于海洋石油开采技术的发展而产生的钻井平台在风暴袭击下翻沉的风险。

(3) 政治风险。指由于国家政局变化、政权变更、罢工、战争等引起社会动荡,造成财产损失和损害以及人员伤亡的风险。

（4）经济风险。指人们在从事经济活动中，国家和社会一些大的经济因素变化带来的风险以及由于经营管理不善、市场预测失误、价格波动、供求关系发生变化、通货膨胀、汇率变动等所导致经济损失的风险。

（5）社会风险。包括宗教信仰的影响和冲击、社会治安的稳定性、社会的禁忌、劳动者的文化素质、社会风气等带来的风险。

（6）信用风险。指合同一方的管理能力、业务能力、财务能力等存在缺陷或者没有全面履行合同而给合同另一方带来的风险。

（7）组织风险。指由于项目有关各方关系不协调以及其他不确定性而引起的风险。由于有关各方参与项目的动机和目标不一致，在项目进行过程中常常出现一些不愉快的事情，影响合作者之间的关系、项目进展和项目目标的实现，组织风险还包括项目发起组织内部的协同部门由于对项目的理解、态度和行动不一致而产生的风险，通常是指管理风险。

（8）行为风险。是指由于个人或组织的过失、疏忽、恶意等不当行为造成财产毁损、人员伤亡的风险。

需要注意的是，除了自然风险和技术风险是相对独立的，政治风险、社会风险和经济风险之间存在一定的关联性。有时表现为相互影响，有时表现为因果关系，难以截然分开。

2. 按建设工程项目阶段划分

按建设工程项目阶段可以划分成以下四个阶段的风险。

（1）项目决策阶段的风险。建设工程项目决策阶段主要任务是研究项目建设必要性、项目技术可行性、项目经济合理性。本阶段的风险管理包括项目建议和可行性研究阶段的风险管理、项目评价和决策阶段的风险管理。

（2）项目设计阶段风险。建设工程项目设计阶段风险是指由于设计过程中出现的失误或错误，引起工程事故而导致的经济损失的不确定性。建设工程设计风险主要表现为政策风险、技术风险和行为风险。

（3）项目施工阶段风险。建设工程项目施工阶段风险管理主要涉及合同风险管理、财务风险管理、技术风险管理、自然及环境风险管理、政治社会风险管理。

（4）项目竣工验收阶段风险。工程竣工验收阶段风险管理主要是以竣工验收资料、工程实体内容为对象，包括竣工验收资料的完整性、准确性，建筑、安装工程实体的符合性，确定出现风险对于工程本身、利益相关方造成的影响，将涉及的这些风险的内容整理归档。

3. 按风险承担主体划分

根据建设工程风险承担的主体，风险可分为以下三类。

（1）业主方风险。建设工程实施过程中，对任何风险损失大小的衡量均要以货币的形式体现，而业主是建设资金的支付方，因此业主方是风险造成经济损失的主要承担者之一，常见的业主方风险有决策风险、财务风险、技术风险、经济风险、不可抗力风险、管理失误风险、政治法律风险、组织风险等。

（2）承包商风险。承包商风险根据建设工程实施阶段划分主要包括投标决策阶段的风险，如信息缺失风险、中介与代理带给承包商的风险、报价失误风险、合作风险等；签约和履约阶段的风险，如合同条款的风险、工程管理的风险、合同管理的风险、物资供应的风险、成本管理的风险、业主履行合同能力的风险、分包或转包的风险、不可抗力造成的风险等；工程验收与交付阶段的风险，如竣工验收的风险、竣工验收资料管理的风险。

(3) 专业咨询人员风险。专业咨询人员为业主在项目投资、设计、成本、合同策划和工程管理各个方面提供专业咨询服务，这些人员应充分运用自己的专业技术能力、知识和经验，确保业主的利益受到保护，因此专业咨询人员主要承担的是与建设工程项目有关的责任风险。主要有行为责任风险、工作技能风险、技术资源风险、职业道德风险等。

2.12.3　建设工程项目保险

1. 建设工程保险概述

1) 建设工程保险的定义、特点和作用。

建设工程保险是承保工程在施工建设期间各种风险的保险。建设工程保险是一种综合性保险，它取决于工程风险的综合性。

(1) 建设工程保险的主要特点。建设工程保险不同于其他保险种类的特点，主要表现为以下几点。

① 对建设工程保险承包业务的专业水准要求高。

② 保险金额高。

③ 建设工程保险领域存在信息不对称问题。一方面，保险人占有保险方面的信息优势，保险人通过设置对自己有利的保险合同条款，期望从投保人缴纳的保险费获得更多的收益，另一方面，投保方占有建设工程方面的信息优势，依据建筑安装工程中的风险情况，选择对自己有利的险种，而且在保险条款协商方面占有优势。

④ 工程保险可以附加承保，工程保险除了可以承保主险外，还可以承保附带的保险责任。

⑤ 关键保险条款具有个性化。

⑥ 保险条款可以变更。

⑦ 保险标投保时具有不完整性。

(2) 建设工程保险的主要作用。建设工程保险会起到分散工程风险损失的作用，具体表现在以下几方面。

① 保护工程承包商或分包商的利益。承包商或分包商可以通过投保工程一切险或质量责任险等险种将风险损失赔偿责任转移给保险公司。

② 保护业主利益。业主可以通过投保雇主责任险将工程施工过程中可能造成的雇员人身伤害（亡）和职业疾病的经济赔偿风险转嫁给保险公司。

③ 减少工程风险的发生。保险公司可能从自身利益出发，凭借积累的工程风险与保险的工作经验，为被保险人提供风险管理指导，并采取合理的措施，尽量减少风险发生的概率和风险损失程度。

2) 建设工程保险的类别。

广义的建设工程保险包括项目建设期间的建筑安装工程保险以及其他与工程相关的保

险，狭义的工程保险一般仅指建筑安装工程保险。根据适用工程性质的不同，目前国内和国际保险市场最常用的建筑安装工程保险主要为建筑工程一切险和安装工程一切险。

（1）建筑工程一切险。建筑工程一切险是承保以土木建筑为主体的各类工程在整个建筑期间因自然灾害和意外事故造成的物质损失，以及被保险人对第三者依法应承担的赔偿责任的险种，简称建工险。

（2）安装工程一切险。安装工程一切险专门承保各类机器设备或钢结构建筑物在整个安装、调试期间，由于自然灾害和意外伤害事故造成的物质损失，以及被保险人对第三者依法应承担的赔偿责任的险种，简称安工险。

在大多数情况下，同一个建设工程项目既包含建筑工程项目也包含安装工程项目，往往需要将建工险和安工险组合成一张建筑和安装工程险保单，有时也可以根据建设工程项目中建筑工程和安装工程部分的占比情况，分别按照建工险或安工险投保。

（3）工程相关保险。工程项目建设期间，除了对主体工程投保的建筑安装工程保险外，还可能会涉及以下险种。

① 相关人员保险。对于施工过程中可能造成的人员伤害，可以通过投保雇主责任险或施工人员意外伤害保险提供保险保障。雇主责任险的被保险人是所有人、承包人和分包人，一般由各方分别投保，承保的是被保险人因施工意外事故造成人员人身伤害而对人员承担的经济赔偿责任；意外伤害保险的被保险人是从事工程施工的各类人员，在发生施工意外事故造成人身伤害时，保险公司按照保险单约定的金额向受益人支付保险赔偿金。

② 施工机具保险。施工单位需要为其在施工中使用的各种施工机具投保专门保险。施工机具也可以作为单独的保险项目，放到建工险或安工险中投保。

③ 相关职业责任保险。参与工程的设计方、监理方、咨询方等专业工作人员，可以为其在建设工程中的专业工作投保职业责任保险，转移其面临的由于自身工作中的过失而承担经济赔偿责任的职业风险。目前国内这类险种包括设计责任保险、监理责任保险等。

④ 其他险种。

上述险种中，建工险和安工险（包括其中的责任险）、人员相关保险、施工机具保险应是最基本和最必要的。

3）建设工程保险的安排。

（1）投保人和被保险人。工程保险一般可以由所有人或总承包人投保，具体由哪方投保，应在工程承包合同中写明。所有建设工程项目的最终受益方（所有人）投保可以使其对工程保险的成本、执行情况等加以控制。而承包人是工程项目建设的实施方，对建设工程更加了解，由其投保，办理保险投保和索赔手续等更加直接和便利。国际上保险费列入工程合同承包价，由承包人投保的情况比较多。国内是将工程保险费作为工程建设项目其他费用列入工程合同价。

无论哪方投保，一般情况下，均应把对方及工程其他相关方（如分包商）列为共同被保险人。由承包人投保的情况下，所有人一般会对保险条件提出明确的要求，保险合同签订、变更等都必须征得所有人的同意

（2）保险方案的确定。根据工程的实际情况，在通用保险合同范本基础上，根据工

程项目的实际情况，设计制订出最符合工程需要的保险方案。需要考虑的关键因素如下：一是保险项目和保险金额（赔偿限额）的确定；二是免赔额的确定；三是保险期限的确定。

（3）保险费率和保险费。保险费率是保险的单位成本，是一定时期保险费与保险金额的比例关系。影响保险费率的因素主要包括：工程性质、施工难度、工程各关系方的资质、工程所处的地理位置、施工现场的条件、工期长短及施工安装季节、免赔额的高低等。保险费是指投保人按一定的保险条件取得保险人的保障而应交纳的价款。保险费的计算公式为：

工程保险费＝保险金额×保险费率

工程保险费与投保方要求的保障程度成正比。保单规定的保险项目越多，保险责任范围越宽且保险金额越大，意味着保险提供的风险保障程度越高，则保费就要相应增加。另外，若保险标的的风险程度增加，说明潜在风险转移的可能性增加，则需提高保险费率。总之，保险金额和保险费率是影响工程保险保费的两个重要因素。

（4）保险公司的选择。在选择保险公司时，除了保险费因素外，还应充分考虑保险公司的实力和资信，考察其财务状况、赔偿能力、类似项目的承保理赔经验、人员的专业技能等。

4）工程保险期限。

工程保险的期限包括以下几部分。

（1）施工期（建筑安装期）。自被保险工程在工地动工之日起，至工程所有人对部分或全部工程签发完工验收证书、验收合格之日止，或至工程所有人实际占有或使用接受该部分或全部工程之时止，上述两项时间以先发生者为准。

（2）试车期和考核期。在安装工程中，机器设备安装完毕后，投入生产性使用前，为保证正式运行的可靠性和准确性，必须进行试车考核。

（3）质量保证期。质量保证期是指根据工程合同的规定，承包人对于所承包的工程项目在工程验收并交付使用之后的一定时期内，对施工中存在的质量问题应承担修复或赔偿责任。

上述各部分期限应与工程承包合同中的规定一致。需要说明的是，试车考核期和质量保证期的保险责任不同于施工期，应在保险合同中通过附加条款等予以明确。

5）建设工程保险的原则。

（1）保险利益原则。保险利益是指投保人对保险标的所具有的法律上承认的利益。它体现了投保人与保险人之间存在的利害关系。保险利益原则是指在签订保险合同时或履行保险合同过程中，投保人和被保险人对保险标的的必须具有保险利益的规定。

（2）损害补偿原则。该原则表述为被保险方在保险期限内遭受到保险责任事故的损害，有向保险方索要赔款和申请保险金的权利，保险方也必须承担所约定的保险保障的义务。

（3）近因原则。近因原则是在处理赔案时决定保险人是否承担保险赔偿与保险金给付责任的重要原则。可表述为保险赔偿与保险金给付的先决条件是，造成保险标的损害后果的近因必须是保险责任事故。

（4）最大诚信原则。工程保险合同是最大诚信合同。最大诚信的含义是指当事人真诚地向对方充分而准确地告知有关保险的所有重要事实，不允许存在任何虚伪、欺骗、隐瞒行为。最大诚信原则可表述为保险合同当事人订立合同及在合同有效期内，应依法向对方提供足以影响对方作出订约与履约决定的全部实质性重要事实，同时绝对信守合同订立的约定与承诺。否则，受到损害的一方，按民事立法规定可以此为由宣布合同无效，或解除合同，或不履行合同约定的义务或责任，甚至因此受到的损害还可要求对方予以赔偿。

2. 工程保险合同管理

工程保险合同管理主要包括工程保险合同的订立、履行、变更和续保等关键环节。根据合同管理主体的不同，工程保险合同管理分为两个层面：一方面是监管当局对工程保险合同的监督管理；另一方面是保险公司在相关政策法规允许的条件下，实施全方位合同管理。

工程保险合同签订后，投保人和被保险人应严格按照合同履行自身的义务，否则有可能会影响保险合同的效力，影响索赔。

投保人和被保险人在工程合同下的义务主要包括以下几项。

（1）如实相告。在投保时，被保险人及其代表应对投保申请书中列明的事项以及保险公司提出的其他事项作出真实、详尽的说明或描述；在保险期内，如被保险工程有重大变化（如合同金额、设计、施工方案、工期等），应及时通知保险公司。

（2）按期缴费。被保险人或其代表应根据保险单中的规定按期缴付保险费。

（3）防灾防损。被保险人应采取一切合理的预防措施，遵守一切与施工有关的法规和安全操作规程；若在某一被保险财产中发现的缺陷表明或预示类似缺陷亦存在于其他被保险财产中时，被保险人应立即调查并纠正该缺陷；在发生事故时，被保险人应采取一切必要措施，防止损失的进一步扩大，并将损失减少到最低程度。

（4）及时报案并配合保险公司的调查。在发生引起或可能引起保险索赔的事故时，被保险人或其代表应立即通知保险公司，保留事故现场及有关实物证据，根据保险公司的要求提供作为索赔依据的所有证明文件、资料和单据。

（5）协助追偿。若保险单项下负责的损失涉及其他责任方时，被保险人应立即采取一切必要的措施行使或保留向该责任方索赔的权利。在保险公司支付赔款后，被保险人应将向该责任方追偿的权利转让给保险公司，并协助保险公司向责任方追赔。

3. 工程保险的理赔程序和理赔原则

1) 工程保险的理赔程序。工程保险的损失原因分析和损失估算非常复杂，因而其理赔过程也很复杂。工程保险理赔流程如图 2-12-1 所示，主要经历六大步骤。

（1）进行查勘前准备，审阅保险单，了解险情；

（2）进行现场勘察，主要是查勘受损项目，清点损失；

（3）事故调查，分为初步调查、详细调查和技术测试鉴定；

（4）进行灾害事故原因及责任分析，原因分析适用近因原则，责任分析主要认定是保险责任还是除外责任；

（5）审核财务情况；

（6）进行赔偿支付和损余处理。

建筑安装工程保险中，被保险人的索赔时效自损失发生之日起，不超过 2 年。

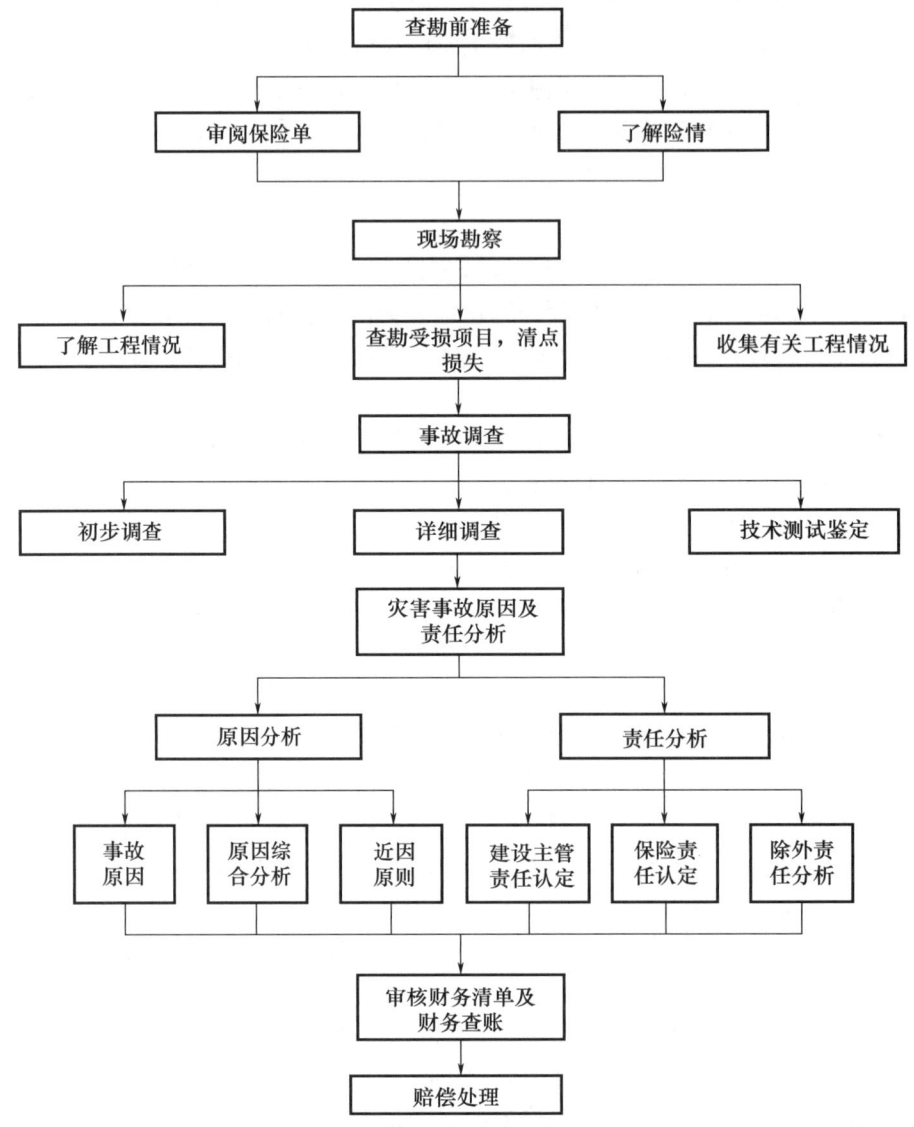

图 2-12-1 工程保险理赔流程图

2) 工程保险的理赔原则。

(1) 重合同、守信用原则。保险合同是保险双方权利义务的依据，双方均应严格遵守并履行合同约定，保证合同顺利实现。

(2) 实事求是原则。在理赔工作中，要认真勘查现场，注意在事实调查的基础上，一方面坚持按保险合同办事，另一方面要具体情况具体分析，灵活处理赔案。

(3) 主动、迅速、准确、合理原则。这一原则是衡量和检验保险理赔工作质量的标准，是保险企业良好信誉的集中表现。

(4) 近因原则。近因原则是保险理赔遵循的一条重要原则，是指按照造成保险标的损失的有效原因来判断理赔责任。保险公司仅对与损失有直接因果关系的承保风险所造成的损失负赔偿责任，对非承保风险造成的损失，不负赔偿责任。

利用近因原则判定责任时,共分为四种情况。

① 单一原因造成的损失。这种情况相对简单,只需判断这一原因是否属于保险责任范围即可。如果是,保险公司应赔偿;如果不是,则保险公司不赔偿。

② 多种原因同时发生造成的损失。如果存在对造成事故损失都起着重要影响的多种风险因素,应该逐一分析这些风险因素是否属于保险责任,如果各风险因素导致的损失能够区分开,则保险公司对其中属于保险责任内的风险因素导致的损失负责赔偿。如果不能划分开,则双方协商赔付。

③ 多种原因连续发生造成的损失。如果前后风险因素存在必然的因果关系,且因果链未中断,则根据前风险因素是否属于保险责任范围来判断赔偿责任。如前因素在保险责任内,则保险公司负责赔偿;若前因素不在保险责任内,后因素是前因素的必然结果,即使后因素在保险责任内,保险公司也不负责赔偿。

④ 多种原因间断发生。当多种因素间断发生时,则根据新出现而且独立的风险因素是否属于保险责任范围内来判断赔偿责任。如在保险责任范围内则赔偿,不在保险责任范围内则不赔偿。如果新出现的风险因素与前面发生的风险因素有关,则按照前一种情况来判断。

2.12.4 建设工程项目决策风险管理

决策阶段的风险管理就是在全面考虑影响项目目标的风险因素后,通过良好的规划及采用恰当的风险管理手段以减少设定目标与实际达成目标之间的差距,以达到事前控制风险的目的。

1. 项目决策常见风险

建设工程项目决策阶段的风险包括项目建议与可行性研究阶段的风险、项目评价与决策阶段的风险。

(1) 项目建议与可行性研究阶段的风险。项目建议与可行性研究阶段要对拟建项目涉及的所有方面(工程、技术、经济、财务、生产、销售、环境、法律等)进行全面的、综合的调查研究,分析项目建设必要性,论证项目在技术、市场、工程和经济等方面的可行性。在调查研究的过程中可能出现一些不确定因素,这些不确定性因素会对项目目标产生有利或不利的影响。这些机会事件的不确定性和损失的可能性就是项目建议与可行性研究阶段的风险。

项目建议与可行性研究阶段的风险管理旨在综合应用风险管理技术,编制风险管理计划,尽可能地提高风险管理成功的概率、降低风险造成的损失。

(2) 项目评价与决策阶段的风险。在项目评价与决策过程中,不可避免会存在各种不确定因素。这些不确定性因素一般包括物价浮动、技术装备和生产工艺变革、生产能力变化、建设资金不足、建设工期延长以及政府政策法规变化,另外还有员工罢工、市场竞争行为、重大技术突破、政治事件、恐怖袭击、国际性金融危机、经济贸易情况变化以及发生自然灾害等。

项目评价与决策阶段的风险管理旨在识别出项目可能承担的风险,尽可能降低这些风险因素对经济评价指标的影响,确定项目经济上的可靠性,保证投资决策的正确性。

2. 项目决策风险处置

对于一些必须首先给予控制的风险，应购买强制性保险，如建安工程一切险等，对于其他风险，可以考虑采用风险回避手段，也可按以下程序进行控制选择。

（1）回避（规避）风险。首先应分析风险事件能否回避，如果可以回避，且又不损害根本利益，则首选回避风险。

（2）减轻风险。需要综合考虑风险防范的效果与费用，如果效果好且费用又不高，则可选择减轻风险。

（3）接受风险。风险造成的后果可以承受的，可以首先选择采用接受风险（风险自留）。经评估分析，如果采取其他风险措施所花费用超过风险发生所造成损失的费用，则应该选择接受风险。

（4）转移风险。转移风险包括非保险转移和保险转移两种。非保险转移是指通过各种契约，将本应由自己承担的风险转移给别人，保险转移是指通过购买保险的方式从保险公司获得可能的损失补偿。

2.12.5　建设工程项目融资风险管理

1. 项目融资常见风险

（1）信用风险。项目融资所面临的信用风险是指项目有关参与方不能履行协定责任和义务而出现的风险。在项目融资中，即使对于借款人、项目发起人有一定的追索权，贷款人也将评估项目参与方的信用、业绩和管理技术，因为这些是贷款人所贷项目能否成功的重要因素。如同提供贷款资金的银行一样，项目发起人也非常关注参与方的可靠性、专业能力和信用。

（2）建设开发风险。建设开发风险是指项目无法完工、延期完工或者完工后无法达到预期运行标准而带来的风险。项目的建设开发风险存在于项目建设阶段和试生产阶段，它是项目融资的核心风险之一。建设开发风险对项目投资人而言意味着立即支出的增加，贷款偿还期限的延长和市场机会的错过。

（3）金融风险。金融风险包括金融、市场等风险，存在于项目建设的全过程，由于金融风险，可能会导致项目资金的供应中断。

2. 项目融资风险处置

1）风险回避。

项目融资风险回避一般适用于以下三种投资情况。

（1）高风险的项目投资领域；

（2）高风险的技术创新项目投资；

（3）高风险的技术创新方案。

2）风险控制。

（1）信用风险的控制。主要措施是考察项目有关参与方的资信，通过各类资金承诺、支持等文件获得保障。

（2）建设和开发风险的控制。贷款人主要通过对合同、履约保函的控制来确保项目工程设计、设备采购和建设工程按原计划进行。

(3) 金融风险的控制。在融资协议中包含套期保值技术，以应付汇率、利率风险，或采用诸如货币与利率互换、利率封顶等技术。

3) 风险转移。

(1) 风险控制型转移，即随所有权转移而实现的风险转嫁。

(2) 财务型风险转移，即将风险及损失的有关后果转嫁出去而不转移财产本身。

2.12.6 建设工程项目勘察设计风险管理

建设工程项目勘察设计风险是指由于勘察设计过程中出现的失误或错误，引起工程事故而导致经济损失的不确定性。建设工程项目勘察设计风险主要表现为政策风险、技术风险和行为风险。

1. 勘察设计常见风险

(1) 政策风险。根据《中华人民共和国安全生产法》《建筑法》《建设工程质量管理条例》《建设工程安全生产管理条例》等法律法规，设计单位需要承担应由其负责的相关责任。如果由于设计方的失误或错误导致设计质量有问题而引起工程事故，设计单位应承担全部责任。

(2) 技术风险。技术风险主要表现在三个方面：一是设计方案不当，比如屋架支撑不完善、悬挑结构稳定性严重不足等；二是构造不合理，如钢筋混凝土构造不合理、墙体连接构造不合理、墙梁构造不当等；三是缺乏抗震设计理念，结构设计中缺少抗震措施。

(3) 行为风险。行为风险主要表现为：一是结构计算书不全，主要的荷载取值不准确；二是工程地基、基础承载力计算错误，部分工程没有按规定进行差异沉降计算；三是设计图纸缺少注册结构工程师、注册建筑师签章审核；四是无勘察资料就进行设计；五是超出标准规范的限制范围，出现超高、超层、开间过大等情况；六是设计单位内部不严格执行设计、校对和审核等制度。

2. 勘察设计风险处置

发包人针对勘察设计阶段可能出现的风险，可以从风险自留和风险转移等风险处置策略入手，通过对各种勘察设计风险的识别结果，选择适当的风险处置方案。

(1) 风险自留。发包人通过科学预测政策趋势，有效决策相关措施。

(2) 风险转移。由于工程项目勘察设计风险具有可保性，因此勘察设计单位可以通过投保工程勘察设计责任保险转移风险。

2.12.7 建设工程项目施工风险管理

1. 施工阶段常见风险

建设工程项目施工阶段风险主要涉及合同风险、财务风险、技术风险、自然及环境风险、政治社会风险等。

(1) 合同风险。工程项目合同既是项目管理的纲领性文件，也是项目全面风险管理的主要依据。工程项目施工阶段的合同风险管理分为承包商承担的合同风险和业主面临的合同风险。业主的合同风险包括客观环境因素产生的风险、工程变更风险、工程质量风险等。从业主的角度进行合同风险管理是指合同订立过程中利用合同条款将风险进行合理分担，合同履行过程中严格执行合同规定，减少合同变更。

(2) 财务风险。财务风险是指在各项财务活动中，由于受建设工程项目内外环境、各种难以预料或无法控制的因素影响，使企业在一定时期、一定范围内所获取的财务收益与预期目标发生偏离而使企业蒙受经济损失的可能性。业主面临的财务风险主要来自国家政策、自身原因和承包商三个方面。在建设工程项目施工阶段的财务风险主要是工程预付款环节、工程价款结算环节、款项支付环节和国家财政政策方面的风险。

(3) 技术风险。建设工程项目施工过程中涉及的技术因素产生的风险，如降水方法、施工工艺、开挖深度和宽度等施工工艺或施工组织。

(4) 自然及环境风险。建设工程项目施工中存在自然及环境风险因素产生的风险，如工程地质、水文、气候等。

(5) 政治社会风险。建设工程项目涉及的政治社会因素变化带来的风险，如法律法规及政策的调整等。

2. 施工阶段风险处置

(1) 合同风险应对措施。建设工程项目施工合同的种类对业主的合同风险影响是至关重要的。在不同的施工合同种类情况下，业主所面临的风险状况也不同。因此，业主应针对不同的施工合同种类，分别采取相应的风险管理策略来防范、转移或化解合同风险。具体的风险应对措施见表 2-12-1。

表 2-12-1 合同风险应对措施

合同形式		风险因素	实施要点
总价合同风险		业主面临：①因工程变更导致合同价格调整的风险；②市场物价起伏过大的风险	①采用合同手段； ②预先设立涨价预备金，应对涨价风险； ③当变更发生，双方可协商，对价格做适当调整，根据合同的工程量清单或暂定费对变更进行估价； ④要求承包商提供履约担保或者投保信用保险
单价合同风险	估量工程量单价合同	①不能准确地计算工程量；②清单中的项目不明确	规定工程量极限变动幅度，当工程量变幅超过极限幅度时，才允许适当调整单价来降低风险
	纯单价合同	成本增加的风险	业主可以通过补充、完善合同条款，提高合同管理人员素质，将风险转移给承包商或消除，即业主可根据工程特点通过合同选择来规划转移风险
成本加酬金合同		业主可能降低成本的机会风险	投资者需要承担项目实际发生的一切费用，因此投资者实际承担了项目的全部风险，签订合同时慎重采用

(2) 财务风险应对措施。财务风险贯穿于工程项目建设的全过程，财务风险管理也极为复杂。具体的财务风险应对措施见表 2-12-2。

第 2 章 建设工程项目管理通用知识体系

表 2-12-2 财务风险应对措施

风险环节	风险因素	实施要点
工程预付款方面的风险	①承包商不能将预付款用到建设工程上去；②承包商不能归还工程预付款	业主支付预付款时，要求承包商提供相应的保证和担保，如预付款保函、预付款保证金、第三方提供担保等
工程价款结算方面的风险	多算工程量、提高结算价或重复结算	保证严格按合同结算，完善工程价款结算手续，规范结算程序
款项支付方面的风险	支付主体风险	将工程价款支付到合同预定的用户和账号
	支付方式风险	严格执行《支付结算办法》和其他相关法律法规
国家财务政策风险	政策调整变化的风险	及时了解、掌握、运用最新的政策、法律、法规

（3）技术风险、自然及环境风险、政治和社会及其他风险应对措施。由于这些风险的复杂性，技术风险、自然及环境风险、政治社会风险的处置需要系统的实施，具体见表 2-12-3。

表 2-12-3 技术风险、自然及环境风险、政治和社会及其他风险应对措施

风险种类		风险因素	处置措施	实施要点
技术风险	设计	缺陷设计，错误和遗漏，规范不恰当，未考虑地质条件	风险转移	业主通过设计合同约束设计单位，加强设计责任风险管理，减少设计变更
	施工	施工工艺落后，不合理的施工技术和方案，施工安全措施不当，应用新技术新方案的失败，考虑现场情况不周等	风险转移	①业主通过施工合同，可以把施工技术风险转移给施工单位；②业主投保工程保险转移部分施工风险
自然环境风险		洪水、地震等不可抗拒自然条件，复杂地质，施工对环境的影响	风险转移	通过购买工程保险和附加险转移风险
政治和社会风险		拆迁问题、法律及规章制度的变化、战争和动乱、罢工、经济制裁或禁运等	风险自留	有效预测风险前景
组织风险		项目参与各方出现纠纷或意见不统一	风险缓解	通过协商、协调解决
管理风险		分包商过多，管理能力不足	风险转移	①设计有约束力的合同；②采用总承包方式将风险转移给总承包商
		项目领导班子内部管理制度不完善，对投资、工期、质量、进度、安全等指标落实不到位	风险自留	落实各项责任制
		监理不到位或工作效率低下	风险转移	①业主与监理方签订有约束力的监理合同；②监理单位投保责任保险
质量风险		承包商信誉差，弄虚作假，施工质量存在隐性缺陷	风险转移	①要求承包商投保工程质量险；②要求承包商缴纳保证金或提供工程担保

风险种类	风险因素	处置措施	实施要点
材料设备风险	原材料、成品、半成品的供货不足或拖延，数量差错，质量问题等；施工设备供应不足，类型不配套，故障，安装失误，选型不当	风险转移	通过采购合同转移风险

3. 项目竣工验收阶段常见风险

建设工程项目竣工验收阶段风险，主要从发包人和承包人两大利益相关方的角度进行风险识别。对于建设工程项目承包人来说，项目竣工验收阶段的风险主要体现在竣工验收、竣工验收资料管理、债权债务处理以及利益相关者关系的协调等方面。

1）工程竣工验收的风险。

主要包括承包人全面回顾项目实施的全过程，确保项目验收顺利通过的风险。其中实行总分包的项目需要请分包单位参加并落实他们的整改责任。如果整改计划不及时或不落实，不具备竣工验收条件，必定对承包商造成风险。

2）竣工验收资料管理的风险。

（1）由于施工项目经理部或企业未按有关资料管理规定编制资料，使竣工资料不全或混乱，影响施工项目竣工验收。

（2）发包人与承包人在签订施工合同时，对施工技术资料的编制责任和移交期限等事项未能作出全面、完整、明确的规定，造成竣工验收时资料不符合竣工验收规定，影响竣工验收。

（3）监理人未能按规定及时签认相关资料，以致在竣工验收时发生纠纷，影响竣工验收工作的顺利进行。

（4）由于市场的供求机制和法规不健全，发包人拖欠工程款，承包人拖欠材料款、机械设备租赁费，资源供应方为了索取款项故意不按时交付有关证明文件，致使竣工验收工作不能正常进行。

3）债权债务处理风险。

（1）债权处理。工程项目面临竣工验收阶段，应提前做好工程结算准备，以便做好结算工作，否则不能按时竣工结算。如果遗留争议和问题多，且久拖未决，可能严重影响资金运转。对于业主有意拖欠工程款，不按时结算等事件，超过《中华人民共和国民法典》规定的普通诉讼时效，法院不再受理，承包商将由此蒙受损失。

（2）债务处理。承包商由于自身原因拖欠供应商或劳务费用，会增加利息的支付或影响其接受新的施工任务，同时还影响竣工验收资料的收集整理。对于发包人来说，该阶段的风险主要体现在合同的履行、资料的真实性以及项目实体的质量风险，以及运营阶段所面临的市场风险等。

4. 项目竣工验收阶段风险处置

根据以上分析，建设工程项目竣工阶段的风险主要集中在资料真实性风险、质量风险、合同风险以及工程结算风险等，针对这些主要风险，应采取的相应风险管理措施如下。

1）质量风险应对管理措施。

（1）实施质量验收监控。项目的竣工验收是施工阶段质量控制管理的最后环节，是对工程质量进行全面检查管理的阶段。尤其设备、电气安装及装饰工程往往发生较多的质量弊病，必须严格遵守竣工验收检查制度，不合格的坚决返工，不留漏洞，质量审查可以从设计、检测、环境、安全、适应性等多方面进行严格审查验收。

（2）工程质量风险转移。竣工验收阶段相对于业主风险来说，可采用保险风险转移，具体有质量责任保险和保修保险两种形式。

① 质量责任保险。主要是针对工程建成后使用周期长、承包商流动性大的特点设立的，为合理使用年限内工程本身及其他有关人身财产提供保障的保险。

② 工程保修保险。是将业主工程维修期间出现的质量维修责任转嫁给保险公司的一种保险方式，对于实际维修费用高于扣留的保修金的费用及其责任将由保险公司来承担。

2）合同风险应对管理措施。竣工验收阶段的合同风险主要是指合同履行方面的风险，对于该风险的处置主要是工程担保、工程保险转移风险。

3）工程结算风险应对管理措施。竣工验收阶段的竣工结算风险主要是通过制订严格的合同和协议降低风险发生的概率，将风险缓解。

第3章 建设工程招标采购项目化管理

本章从项目管理的角度探讨建设工程项目与招标采购活动之间的关系、建设工程招标采购活动的项目属性以及项目管理理论和方法在建设工程招标采购实践中的运用。其中，运用项目管理的理念及工具对建设工程招标采购活动实行项目化管理，是本章重点内容。

3.1 建设工程招标采购项目化管理概述

3.1.1 建设工程招标采购项目化管理及特点

1. 招标采购项目化管理的概念

招标投标是一种典型的市场交易方式，是招标人依据法律规定的交易规则和程序，通过市场主体之间的公平竞争，科学、公正地选择满足项目需求的实施主体及实施方案，确定交易价格，形成和签订合同的一种交易方式。招标投标制度对于实现市场资源优化配置，提高资金使用效益，规范市场主体交易行为，建立健全现代化的统一、开放、透明、公平的市场竞争机制，促进社会经济秩序的自律、规范具有重要意义。

招标投标制是我国工程建设领域的基本制度之一。招标投标制和项目法人负责制、工程监理制、合同管理制，共同保障了我国工程建设的有序开展和建筑业的发展壮大。

在工程建设领域，招标投标广泛应用于工程及与之相关的货物、服务的采购。国家出台了大量的法律法规和规范性文件，用于规范工程建设领域的招标投标活动。在我国工程建设领域已普遍采用了招标投标制度。

《建筑法》第二十四条第二款规定：建筑工程的发包单位可以将建筑工程的勘察、设计、施工、设备采购一并发包给一个工程总承包单位，也可以将建筑工程勘察、设计、施工、设备采购的一项或者多项发包给一个工程总承包单位；但是，不得将应当由一个承包单位完成的建筑工程肢解成若干部分发包给几个承包单位。建设工程招标采购可以划分为工程总承包招标、工程施工招标、工程货物招标、工程服务招标。

虽然采购标的物性质不同，建设工程招标的过程都是按照招标投标法律法规所规定的程序进行。一个完整的招投标程序包含招标、投标、开标、评标、中标等阶段，每个阶段又包含很多环节，这些环节共同构成了招标投标的全过程。

项目是为创造独特的产品、服务或成果而进行的临时性工作，是受时间和成本约束的、用以实现一系列既定的可交付物（达到项目目标的范围）、同时满足质量标准和需求的一次性活动。

项目管理是把各种知识、技能、工具与技术应用于项目活动，以达到项目的要求，也就是组织实施对实现项目目标所必须的一切活动的计划、组织、安排与控制。项目管理随着近年来的发展，已经成为管理科学的重要分支，有着完整的知识体系（图3-1-1），在各类项目的管理中取得了非常好的成效。

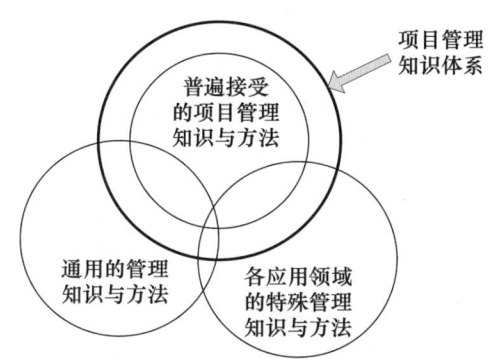

图 3-1-1　项目管理知识体系

项目管理过程就是制订计划和按照计划开展工作的过程。项目管理过程包括两个主要方面的内容，就是计划制订过程和计划执行过程。

项目计划制订过程决定了需要做什么、如何做、谁去做、做多久、花费多少资源、可能遇到哪些风险等内容。

项目计划执行过程，包括按照计划开展工作和监控项目的进展情况，其目的是使项目在预算内按照进度开展，达到客户满意的成果。执行阶段包括以下方面。

（1）实施各项工作。按照进度计划，投入各类资源实施各项工作。完成这些工作需要项目团队的协作，包括采用内外部资源，以及与所有的干系人沟通，以保证项目成果与预期相符。

（2）监测和控制进程。测量实际的进度，与计划的进度相比较，当出现进度延误、预算超支、不符合质量标准等问题时，采取必要的纠正措施，使项目在限定的项目目标、工作范围、进度和预算下恢复正常。

（3）控制变更。在项目实施期间，若出现外界情况变化、项目发起人需求发生变化等情形导致对项目范围、进度、质量、预算等进行变更时，应对项目进行变更。需要建立一个变更控制系统对变更进行记录、批准和实施，以确保变更得到控制。

在项目管理过程中，除了通用的管理知识外，项目管理知识体系还包括项目整合管理、项目范围管理、项目时间管理、项目成本管理、项目质量管理、项目人力资源管理、项目沟通管理、项目风险管理、项目采购管理、项目干系人管理。如图 3-1-2 所示。

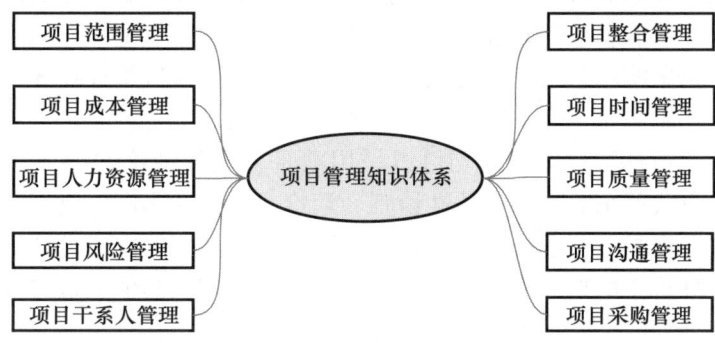

图 3-1-2　项目管理知识体系的知识领域

分析一个完整的招标采购过程会发现，招标采购具有以下几个明显的特点：招标采购都是从采购规划开始，至采购合同签订为止结束，具有明确的开始时间和结束时间；招标采购是为实现招标采购目标所做出的一种阶段性的努力，具有明显的"一次性"的性质；招标采购由一系列具有开始和结束日期、相互协调和控制的活动组成，并通过实施活动而达到满足质量、进度、费用和资源等约束条件要求，具有鲜明特点的独特服务过程；招标采购的实施都需要投入一定的人力资源和物质资源，在一定的限制条件下开展各项工作；招标采购中由于涉及众多参与方，过程复杂，整个过程存在一定的不确定性等。

对照项目管理知识关于项目的特征描述，招标采购活动具有明显的项目特征，在对招标采购的实施和管理中，完全可以采用项目管理的思路，使用项目管理的方法和工具来指导和完成工程建设项目的招标采购。如图3-1-3所示。

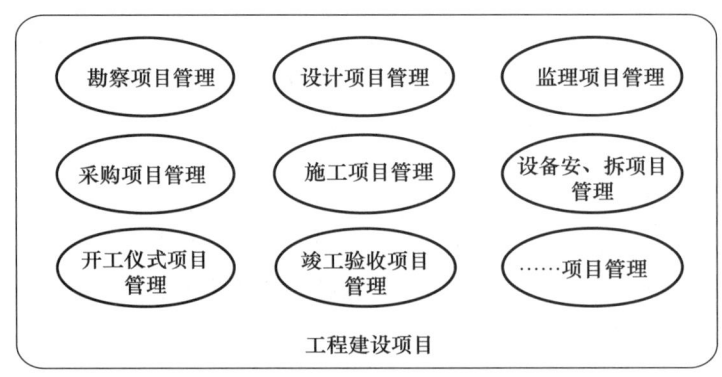

图3-1-3　工程建设项目中的项目管理

在工程建设项目中，有许多工作都具有项目的特征，例如举行一个开工仪式、安装或拆除一台塔吊、组织一次项目验收，这些都具有明显的"一次性"的特点，都可以看作一个项目而使用项目管理的思想和方法来完成。在当今社会中，一切都是项目，一切也将成为项目。项目管理已广泛应用于工程建设项目的各个方面。

工程建设项目招标采购项目化管理，是指招标采购组织以工程建设项目中的招标采购活动为管理对象，运用项目化管理的思路以及项目管理各种知识、技能、工具和技术等，对招标采购的全过程进行有效的计划、组织、指挥、控制和协调的系统化管理活动，目的是实现招标采购目标，为工程建设项目整体目标的完成创造条件。

在理解"招标采购项目化管理"这一概念时，需要注意三个方面的问题。

（1）关于招标采购活动与工程建设项目的关系。根据项目管理实践，在工程建设项目中的任何一次招标采购活动，无论采购标的是工程还是货物、服务，还是招标方式采用公开招标或邀请招标，招标采购均可以采用项目管理的理论知识体系进行控制和操作。采用非招标方式的采购，如竞争性谈判、询价、竞争性磋商、单一来源采购、协议供货等，其过程同样具备项目的特征，也都可以采用项目化的方式进行管理。本章重点探讨在工程建设项目中的招标采购活动本身的项目化管理，其他采购方式的项目化管理可以参照进行。

（2）关于运营中的招标采购管理。组织通过开展工作来实现各种目标，组织所开展的工作都可分成"项目"和"运营"两大类。运营是持续性的，生产重复的产品、服务或成果。例如在工程建设项目竣工交付后，使用单位所进行的工作一般属于运营的范畴。而在运营中存在需要进行招标采购时，如保安、保洁以及设备、原材料等，也可以按照招标采购项目化管理思路来实施。

（3）关于工程建设项目中招标所涉及的利益相关方主体类型。工程建设项目招标采购活动涉及的主要当事主体和利益相关方包括招标人组织实施的招标采购管理和投标人实施的投标管理。招标采购管理和投标管理均可以采用项目化管理的思路进行。参与各方虽然目标均指向同一项招标采购活动，但各自关注的任务、重点及利益等均存在差异，其管理类型应各不相同。招标采购管理的实施主体业主（建设单位）和委托代理机构，他们对于招标采购管理的内容也并不相同。由于招标采购代理机构是从事招标采购工作的专业组织，因此在招标采购代理机构中建立规范的招标采购项目化管理具有更大的现实意义。本章仅从招标人及招标采购代理机构的角度讨论招标采购的项目化管理。

2. 招标采购项目化管理的作用

对招标采购活动实行项目化管理，其作用主要体现在以下四个方面。

（1）有利于最优采购目标的实现。在工程建设项目招标采购中，存在利益相关方较多，而且相关方经常会存在明显不同甚至是矛盾的利益诉求。招标采购活动必须关注这些诉求，并以此为基础确定招标采购目标。工程建设项目招标采购的首要作用是为了满足工程建设项目总体目标。工程建设中的建设目标体系除了包含质量、进度、投资三大指标外，还包含安全、绿色、环保、节能等指标。招标采购过程以满足项目整体利益最大化为出发点，按照符合项目整体进度总体目标的要求，在法律制度的框架内，以较低的成本，采购到满足项目功能需求和质量标准的标的，同时合理控制采购过程中的采购费用。对于招标采购过程本身，采用项目化管理，使用项目管理的方法和工具，有利于控制招标的质量、进度和成本，确保招标采购过程的顺利实施。招标采购活动实行项目化管理后，采购过程聚焦在项目目标上，在采购的全过程中进行目标分解，制订完善的工作计划。在项目实施过程中通过一系列规范的工作过程控制，达到对结果的控制，最终确保招标采购的结果符合项目目标的要求。

（2）有利于采购进程的监控。招标采购活动应当严格按照国家法律法规规定的程序进行。招标采购活动中包含很多环节，每个环节由不同的人员实施，难以及时监控。而每个环节出现问题都可能导致整个招标采购的失败。招标采购项目采用项目化管理，使用工作分解结构（WBS）、责任分配矩阵、甘特图、挣得值计算等方法和工具对招标采购全过程进行管理，非常有利于对招标采购进程的监控，可以极大提高项目顺利完成的成功率。例如在项目计划阶段就对这个招标采购项目进行分解，采用头脑风暴等方式确定招标采购项目的工作分解结构（WBS），能够避免出现遗漏某些工作内容；在项目人力资源管理中，确定招标采购项目的责任分配矩阵，可以明确每项工作的负责人，做到每项工作有人负责、有人监督，避免出现部分工作没有人负责的问题；在进度管理中，采用项目里程碑计划和项目进度计划甘特图，可以对每项工作的进度进行实时监控，保证项目进度目标的实现。这些方法和工具的使用，使得对招标采购项目的实时监控成为可能，切实保证了招标采购工作的顺利进行。同时这些方法和工具也在建设项目总体项目管理中广泛使用，有利于建立一个覆盖招标采购工作的工程建设项目总体控制系统，使招标采购工作与工程建设项目的其他工作无缝对接,避免出现招标采购影响工程建设项目的情况。

(3) 有利于对招标采购工作的规范化管理。工程建设项目招标采购环节多、时间紧、风险大、责任重。为了做好这项工作,必须建立一套规范化的招标采购工作流程和制度。在传统的企业管理模式下,各部门只是负责本部门的工作,而对整个项目的总体认识比较模糊。而采用项目化的管理模式,招标采购工作的开展就需要在熟悉整体项目需求的前提下,对工作进行分解,使得招标采购人员眼里不但有"树木",还要有"森林"。通过将招标采购项目分解到工作包,针对每个工作包建立规范的流程、制度、标准、表格,就可以在开展每项工作时了解其所涉及的完整信息,知道每项工作是什么、谁来做、如何做、何时做、做到什么程度、需要哪些资源、需要多少费用,这些规范化的工作标准,从根本上改变了粗放型的管理模式,最大限度地保证招标采购工作的正常开展。

(4) 有利于项目经验的积累。招标采购工作既要遵守国家相关法律、法规和政策的规定,又要与具体项目的采购任务实际相结合。从招标实践看,较大规模项目经常包括数十次乃至上百次的招标采购任务,同时专业采购团队往往还要同时承担多个项目的招标采购任务。这就需要采购组织除了运用具体的项目管理技术和工具对单次招标采购活动进行管理外,还要使用项目管理方法中的项目群管理和项目组合管理的思路,从资源配置乃至采购战略角度实施采购工作的管理协同和优化,并要以大量的实操经验为基础不断进行总结提炼,以标准化、规范化为目标,改变以往"边采购、边思考、边提高"的操作模式,通过进行事前策划、事中监督、事后检查等方式,积累招标采购项目化管理经验,为招标采购活动的精细化管理的逐步提高创造条件。

3. 招标采购项目化管理的特点

建设工程招标采购活动,作为工程建设领域一项特殊的服务活动,采用项目化的管理方式后,具备以下特点。

(1) 招标采购项目化管理是由专业人员组成的专门机构完成。建设工程项目招标采购作为建设过程中的一个环节,相比于工程建设项目来说,其工作范围单一、时间短、费用少,但招标采购工作是专业化要求很高的活动,对于整个建设项目的成败举足轻重。招标采购活动必须符合法定程序,环节多,工作紧凑。组织一次工程招标活动,从确定工程建设目标、技术标准开始,进行分析市场竞争情况,确定投标人资格条件,公开发布信息,发放招标文件,踏勘现场,标前会的组织,接收投标文件、开标、评标,评标结果公示,中标公告,合同谈判及签订等多个环节,有时还包括处理采购相关异议。这些程序和环节涉及工程建设的各个方面,而且时间紧,任务重,工作质量要求高,对招标采购人员的综合素质提出非常高的要求。因此从事招标采购的人员业务能力要强,不但要掌握与招标投标相关的法律法规,还应当具备招标投标的专业知识,对工程建设项目有深入的理解,对其中所涉及的技术、经济、合同问题能够准确把握,沟通和协调管理能力方面都要实力过硬。

为做好工程招标采购工作,应当建立专门从事招标采购工作的组织机构。招标人方面应当建立专门的工程招标管理机构,由熟悉项目情况的专业人士组成,能够满足建设工程招标的需要。招标采购代理机构作为专业从事工程招标的机构,更应当根据建设项目的复杂程度，配备综合素质优秀的项目经理和专业化的招标采购人员及相关领域的专家组成的熟练招标采购团队。招标采购团队应当能够提供与工程招标项目相匹配的专业技术能力和良好的职业素养，为招标人提供专业化的招标采购代理服务。另外，针对工程建设项目中多个采购同时或交叉进行的情况，招标采购团队应当采用项目管理理论中的项目群管理和项目组合管理的理论和方法，合理安排项目工作进度和资源，通过招标采购项目之间的合理搭配，最终实现更优化的采购目标。

（2）工程招标采购程序应当符合国家法律法规的规定。工程招标采购是在法律约束下的过程，必须符合法律法规所规定的程序性要求。依据《中华人民共和国招标投标法》（以下简称为《招标投标法》）和《中华人民共和国招标投标法实施条例》（以下简称为《招标投标法实施条例》），各地区、各部门出台了大量不同层级的地方性法规、规章和规范性文件，对招标投标活动的各个环节都做出了严格的程序规定。工程招标采购主体各方均应当依照这些程序和规则开展招投标活动，严格遵守，不得违背。

招标采购采用项目化的管理方式，首先招标采购从业人员应当严格依据招投标的法律、法规和政策，制订完整的工程招标投标流程，确保流程符合国家的各项强制性规定。由于工程招标投标活动设计环节多、内容复杂、参与人员广，招标采购人员还应当建立工程招标投标过程中各个环节的工作流程和工作标准，形成完整的招标投标操作流程。以这些规范化的招标投标工作流程和工作标准作为依据，指导和管理每个项目的招标采购，才能确保工程招标采购程序的合法、规范、严密。

（3）招标采购更加关注项目相关方的需求。工程招标采购是工程建设中的重要环节之一，也是工程建设项目能否顺利实施的重要保障，这就需要更加关注工程建设招标采购项目相关方的需求。工程建设招标采购相关方除了招标人、招标采购代理机构、投标人，还包含实际参与工程建设的各方，如勘察、设计、监理、检测等，与建设项目实施全过程相关的政府部门，如项目立项审批、工程招标监督机构、相关工程手续办理机构等，以及建设项目可能影响到的人员，如项目周边居民、商户等。这些项目相关方的需求各不相同，有时会相互矛盾。而在工程招标采购采用项目化管理，首先就是关注他们的需求，把这些需求视为基础设定的招标采购目标，并把这些目标反映在招标采购的过程中。只有这样才能够保证尽可能满足项目相关方的需求，减少工程招标采购及项目实施中的风险，保证项目最终达到建设目标。

（4）招标采购应注重质量管理。工程招标采购的质量包含工程建设项目的质量和招标采购本身的工作质量。工程建设项目应当达到国家规定的质量标准是法律法规的明确要求。建设项目招标中所设定的质量标准也是招标人的实质性要求之一，这些要求必须清晰明确，便于投标人响应。同时招标文件设定的质量标准应当符合国家规定的强制性标准，国家没有明确质量标准的，招标人需要对质量要求进行详细的描述。需要注意的是，在招标文件中提出的质量要求不得违反工程建设强制性标准，降低建设工程质量，也不得使用不合格的建筑材料、建筑构配件和设备。

招标采购的工作质量是指招标采购团队的服务能力与效果所满足项目业主明确和隐含的需要的程度。招标采购工作质量具有如下特点。

① 招标采购工作属于服务工作，而服务质量标准难以预先确定。招标人委托招标采购代理服务时，难以对其质量及价值预先作出准确、定量的判断，因此难以用一个统

一的标准或特性指标要求和衡量。

② 招标采购工作质量体现于服务的提供过程中。由于招标采购服务的提供与使用具有同步性，导致招标服务质量无法经过检查合格后才交付委托人（业主）。

③ 招标服务内容的多样性。招标服务工作内容的复杂多变，同时因招标服务人员个体能力的差异，造成了招标服务质量的多变性，使得质量管理复杂化。

采用项目化管理的方式管理招标采购，其基础是对招标采购进行工作分解，并针对每项工作制订质量标准并明确责任人，在实施过程中对每项工作的质量进行监控，随时发现质量偏差。通过这一系列事前、事中、事后的质量管理措施，注重质量形成过程中的管理，通过严格控制项目的工作质量而达到控制项目成果质量的目的。

（5）招标采购的进度管理更加可靠。招标采购项目化的特点是按照项目管理的思路，使用项目管理所特有的工具进行进度管理。招标采购进度管理包括以下特点：

① 计划性。招标采购属于整体项目管理的一部分，其进度计划必须服从于整体项目进度要求，所以招标采购活动往往具有较为严格的进度要求。

② 合法性。招标采购属于法定的程序，应当符合法律法规规定的时间要求，否则可能导致整个招标采购项目的失败。

③ 时限约束。根据招标投标活动的严密程序规定，每次招标采购活动都存在事先规定并公布的时限约束。

④ 合理性和紧凑性。由于每次招标采购活动的生命周期相对短暂，从合理配备各种资源的角度看，招标采购进度计划必须具有合理性和紧凑性。特别是针对多个招标采购项目同时交叉进行时，合理安排工作搭接会使项目进度更加合理，也能大大提高工作效率。

（6）可以有针对性地进行成本和费用管理。建设工程招标采购成本和费用管理包括建设工程本身的成本和招标采购过程中的费用管理两部分内容。

① 建设工程本身的成本指获得建设工程本身（包括工程、货物或服务等）所需要的成本，即工程的采购价格。招标采购就是在单纯的"买、卖双方博弈"的基础上再行增加"卖方（各投标人）之间的博弈"，解决招标人自身因建筑市场价格信息不对称和投标人议价能力不足的困难，通过公开发布招标信息、设定清晰的技术条件和商务要求、明确中标规则等方法，达到通过投标人相互之间的良性竞争获得合理采购价格的理想状态。

② 招标采购费用是指在进行招标采购工作过程中所发生的费用。与一般的工程建设项目的成本不同，招标采购费用主要由人力资源费、市场调研费、资料费、开标评标的场所租用费、专家评审费、办公及设施费、企业管理费与税金等组成，其中人力资源费占据相当高的比例，招标采购团队确定适当的组织模式、合理配置人员达到优化组合、减少不必要的支出是招标采购费用控制的关键。

此外，招标采购活动本身还具有经济性、技术性、多样性、复杂性和不确定性等特点，所以招标采购管理应根据招标采购自身活动的特点，有针对性地采取相应的管理措施。

3.1.2 建设工程招标采购项目化管理与整体项目管理的关系

从项目管理寿命周期的角度来看，招标采购管理作为整体项目管理中不可或缺的一环，对整个项目的成败具有重大影响。同时，针对招标采购活动本身的特点，对招标采购工作进行项目化管理时，也可以借助项目管理的工具和手段实施管理。招标采购项目化管理与整体项目管理的关系可以从以下三个方面来理解。

1. 招标采购项目化管理是建设工程项目管理的重要组成内容

在项目管理的知识体系中，采购管理是项目管理的知识领域之一，是项目管理实施的关键环节和重要组成部分。采购管理是为整体项目管理服务的，和整体项目管理的其他方面有着密不可分的联系，且互相影响、互相交叉。采购管理成果是整体项目管理总体成果的一个部分，与整体项目管理的目标一致。任何大型或复杂项目的实施都离不开采购活动，采购管理的成果为整体项目管理提供基础和保障，贯穿项目规划到项目竣工收尾的全过程。特别是针对工程建设项目，工程勘察、设计、监理、施工和主要材料、设备大多通过招标采购方式获得，可见招标采购工作在工程建设项目管理占有举足轻重的地位。如果采购管理工作做得不好，不仅会影响项目的顺利进行，而且还会影响项目的预计效益，甚至会导致项目的失败。

（1）招标采购对工程建设项目目标实现的影响。招标采购是合同订立的过程，工程建设项目实施的基础就是这些合同。从这个意义上来说，建设工程项目管理的基础是采购管理。工程建设项目的建设目标一般包括质量、进度、投资三大目标，还包含安全、文明、环保等其他目标。这些目标都是在项目实施过程中通过承包人的实际工作来逐步实现。在招标采购中，招标人在招标文件中提出的各项实质性要求就包含对这些目标，经过投标响应后，中标人所签订的合同中的核心内容也包含这些目标。如果招标采购中没有对这些建设目标提出明确要求，则将会极大影响工程建设项目的实现。由此可以看出，工程建设目标的实现过程中，招标采购起到至关重要的作用。

（2）招标采购对工程建设项目范围管理的影响。工程建设项目范围管理的基本要求是工作任务必须覆盖且只能覆盖整个工程建设项目的全部内容。在我国，大量的工程建设项目通过招标方式进行发包。一个完整的工程建设项目从开始到结束一般包含多次不同标的物的招标采购，这些招标采购工作应当与工程项目的全部建设内容相对应，才能够确保工程建设项目的全部工作内容得以实施不发生遗漏。如果对工程建设项目了解不深刻、招标采购前期规划内容不认真等原因，导致部分应当招标的工程内容没有招标，将对工程建设项目的进度、投资等方面造成很大影响。

（3）招标采购对项目整体进度管理的影响。招标采购对项目整体进度管理的影响。项目进度目标能否实现是项目成功与否的重要标志。项目能否按进度计划顺利执行，很大程度上取决于项目招标采购工作的进度。招标采购项目化管理核心内容的招标采购进度计划，是在建设项目总进度计划的约束下编制的，同时综合考虑采购工作所涵盖的内容及工作安排，并针对可能遇到的风险预留一定的机动时间。特别是工程勘察、设计、施工的招标工作一般都是属于总进度计划中的"关键工作"，其进度安排应特别引起重视。而招标采购工作在实施过程中应及时监控各项工作是否按照进度计划执行，如果发生延误，应采取相应的措施纠正偏差。因此，招标采购活动从招标采购管理方案的制订开始，就必须严格按照项目总进度计划制订相应的采购进度计划，同时采取相应措施确保采购工作的有效执行，使之符合项目进度控制的要求。项目管理实践表明，在项目执行过程中，项目整体进度的滞后常常是由于采购进度的延误所造成。正因为如此，对招标采购进度的控制、跟踪已成为招标采购管理的重要环节。如果在制订相应的采购进度计划或采购执行过程中出现某单项采购的进度无法满足项目的进度要求的情况，必须要启动"纠偏"措施，对进度计划进行调整，以利于实施整体项目的计划变更和过程改进。

（4）招标采购对工程建设项目质量控制的影响。工程质量是项目建设的根本，也是工程建设项目的基本目标，没有质量保证，其费用控制和进度控制也就没有任何意义。招标采购工作必须兼顾经济性和有效性这两个方面，要使两者完美地结合起来，既要价格合理、经济，又要做到工程的质量完全符合国家强制性规范要求和项目设计要求。工程建设项目中如果因为承包商选择的错误造成工程质量不合格，将是工程建设项目的失败。因此，通过招标采购活动选择合格的承包商，是保证项目质量目标实现的前提。同样的道理，如果工程中所使用的设备、材料质量出现问题，只能返修、更换，甚至重新采购，势必造成造价超支和工期拖延，所以合理设置供货商的资格条件，提出明确的技术标准和要求，合理分配合同风险，严格遵照采购程序选择合格的中标人，到包装、运输方式直至到货后的严格检验等与质量有关的各个环节，招标采购团队均须慎重地对待，保证设备、材料在质量上都能满足设计要求，从整体上保证项目的质量，使项目得以顺利实施。在工程服务招标方面，对勘察、设计、监理等都是项目质量目标实现的重要保障，在招标采购中对这些服务内容提出明确的质量要求，要求中标单位派出由专业人员组成高水平的服务团队，提供全面的服务，将是工程建设质量的重要保障。

（5）招标采购对项目投资控制的影响。招标采购对投资的控制将直接影响到项目成本和预期效益目标能否实现。招标采购活动的结果首先是确定中标人和中标价格，而后订立的承包合同直接决定了项目的合同金额、付款方式、结算方法等重要事项。不同的项目采购方式、项目管理模式、合同条件对项目的投资影响巨大。因此，在项目采购过程中，应根据市场价格波动趋势和项目进度计划，选择合适的付款方式和支付条件，制订切合实际的资金使用计划，以便于有效地进行资金筹措和使用；制订符合工程项目特点的合同条款，合理分担风险，并设置必要的制约条款等。总之，采购团队应尽量防范市场价格风险，减少损失，增加效益，以降低整个项目的成本。

（6）招标采购对项目风险控制的影响。工程建设项目在整个建设期间面临风险因素较多、影响较大，如果应对不利将严重影响工程项目的建设。风险管理是建立在风险识别、风险评估的基础上，而做好招标采购是防范风险的基础和重要手段。招标过程中可以针对不同风险提出相应的防范措施。如对于技术类的风险，可以采用制订合适的技术标准和要求、合理划分标段、选择具有专业技术能力的承包商；对于价格风险，可以在合同中明确约定价格波动的处理方式，或采用合理的合同形式的方式规避风险；对于履约风险，可以采用合适的资金拨付比例和时限等方式规避风险。这些风险控制措施将大大提高建设项目成功的几率，而这些风险防范措施大多在招标采购过程中实施的。

因此，招标采购组织要集中力量，在尽可能短的时间内，以高质量、低成本，同时合理控制风险，完成项目的招标采购工作，为工程建设项目的顺利实施打下坚实的基础。

2. 招标采购项目化管理基本贯穿整体项目管理的全过程

一般来说，工程建设项目的发包模式决定了招标采购的内容与方式。发包人在工程建设项目立项审批时就应当确定所采用的发包模式，并在此基础上确定招标采购的招标范围、招标方式、招标组织方式等内容。同时应当把招标采购管理纳入项目总体目标及总进度计划，对招标采购工作进行系统的规划，确定招标采购的相关工作安排。

（1）招标采购管理与工程建设项目同步开始。从项目管理生命周期分析，工程建设项目计划阶段的工作包含了招标采购规划的内容。工程项目建设目标是招标采购规划的基础，项目总进度计划也是招标采购计划的指引。在工程建设项目决策阶段，招标范围、招标方式、招标组织方式就是项目决策审批的内容之一；而在项目的计划阶段，项目策划、评估及工作安排就需要同时考虑招标采购内容及要求，招标采购管理方案作为项目整体管理方案的重要组成部分，应与项目的整体管理方案同步完成。所以招标采购管理与项目同步开始。

（2）招标采购的实施与工程建设项目各阶段实施密切相连。招标采购的实施与控制需要严格按照工程建设项目的总体目标的要求，根据项目总进度计划的具体安排，与项目各阶段的实施过程密切相关。如在工程建设项目的建设准备阶段，通过招标方式选择专业的勘察、设计单位来完成项目的勘察、设计，为整个项目建设奠定了基础；在建设阶段，通过招标方式选择施工单位、监理单位，则能够保证整个工程建设项目按计划顺利实施；对于重要材料、设备的招标采购，也是实现建设项目的使用功能的必要条件。可以看出，工程建设项目各阶段的实施都与招标采购的实施密不可分。

（3）招标采购的收尾基本与工程建设项目收尾同步。项目采购管理应已逐步延伸到工程建设项目的合同管理和变更控制过程，这些工作开展的基础也与招标采购密切相关，而工程建设项目实施是否顺利也是对招标采购成果的检验。招标采购管理延伸到合同履约完毕直至工程建设项目收尾阶段，通过项目收尾检验招标采购的工作质量，积累检验教训，是招标采购收尾工作的重要内容，也越来越成为目前采购管理的发展趋势。

3. 招标采购采用项目化管理的方式

招标采购采用项目化管理，就是把每次招标采购作为一个项目来进行管理，即按照项目管理的思想，把招标采购划分为不同的阶段和过程，按照项目管理的方法和工具管理好招标采购相关的工作内容。

（1）招标采购项目管理的过程划分。招标采购工作本身就具有项目的基本属性，完成一次招标采购的项目管理包含四个阶段：开始、计划、执行与控制、收尾。在这四个阶段中，又可以根据项目管理工作内容的不同划分为五个基本的管理过程组：启动、计划、实施、监控、收尾。如图 3-1-4 所示。

（2）招标采购项目管理所涉及的项目管理知识领域。招标采购项目管理涉及整合管理、范围管理、时间管理、成本与费用管理、质量管理、人力资源管理、沟通管理、风险管理、采购管理、干系人管理十方面的项目管理知识领域。项目管理知识领域在招标采购项目化管理的具体工作内容见表 3-1-1。

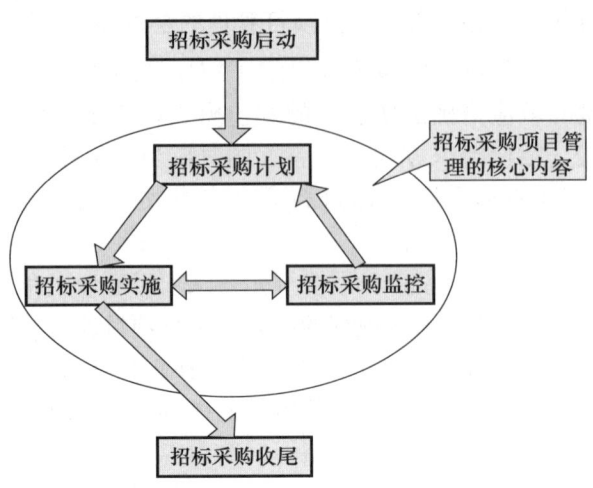

图 3-1-4 项目管理的过程组

表 3-1-1 项目管理知识领域在招标采购项目化管理的体现

序号	项目管理知识领域		招标采购项目管理主要工作内容
	名称	主要工作内容	
1	整合管理	制订项目管理计划，指导与管理项目执行，监控项目工作，实施整体变更控制	确定采购目标和任务、编制招标采购项目管理方案、工作计划等，协调各种资源，监控采购各项工作
2	范围管理	收集需求，定义范围，创建工作分解结构，核实范围，控制范围	界定招标范围和招标服务工作范围，合理划分标段与合同包，分解工作内容
3	时间管理	定义活动，排列活动顺序，估算活动资源，估算活动持续时间，制订进度计划，控制进度	确定招标工作各环节的顺序及持续的时间，编制进度计划，按进度计划进行控制
4	成本与费用管理	估算成本，制订预算，控制成本	各项成本和费用估算，编制成本和费用预算及支出计划，进行成本和费用控制
5	质量管理	规划质量，实施质量保证，实施质量控制	编制质量计划、质量保证体系、技术文件、验收程序、标准等，进行过程控制
6	人力资源管理	制订人力资源计划，组建项目团队，管理项目团队	确定项目采购组织机构，选派项目负责人，组建团队，分配责任，编制人力资源使用计划
7	沟通管理	规划沟通，管理沟通，控制沟通	制订内、外部沟通计划，利用或建立信息体系，编制沟通管理的措施，执行情况报告
8	风险管理	规划风险管理，识别风险，实施风险分析，规划风险应对，监控风险	制订风险防范计划，识别并评估风险，确定风险应对措施，实施风险控制
9	采购管理	规划采购，实施采购，管理采购，结束采购	收集并分析市场信息，确定采购方式，制订采购计划，实施采购
10	干系人管理	识别干系人，规划干系人管理，管理干系人参与，控制干系人参与	分析业主及项目利益相关方实际需求，协调各方利益

（3）招标采购项目管理常用到的项目管理方法和工具。招标采购项目化管理中，会用到项目管理领域所特有的方法和工具，主要包括工作分解结构、责任分配矩阵、网络计划技术、里程碑图、横道图、资源负荷图、累计资源曲线、挣得值方法等。如图 3-1-5 所示。

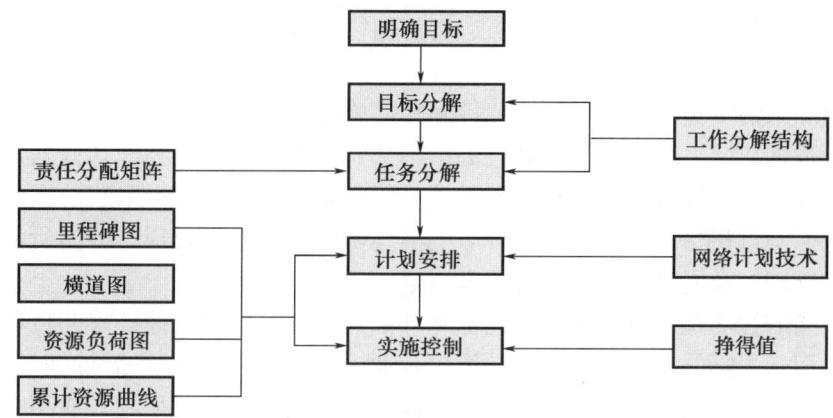

图 3-1-5　项目管理常用的方法和工具

3.1.3　建设工程招标采购项目化管理过程

1. 招标采购管理的内容

招标采购管理就是对招标采购活动进行管理。工程建设项目采购管理主要包含以下过程中的工作内容。

（1）招标采购合同订立的过程，即经过招标、投标、开标、评标、定标，形成采购合同的过程；

（2）招标采购合同的履约过程，即按照合同的约定履行合同，对合同进行管理和控制履行过程中出现的变更；

（3）招标采购合同的绩效评价过程，即对招标采购过程进行评价和对合同实施效果进行评价，确定在招标采购及合同实施中的经验和教训等。

2. 招标采购项目化管理的过程

1）招标采购管理的生命周期。

把每一个招标采购项目从开始启动到结束收尾的完整过程划分成若干个阶段，以便有效地进行管理控制，并与该项目实施组织的日常运作联系起来。这些项目阶段合在一起称为项目生命周期。招标采购管理的生命周期可分为下面四个阶段。

（1）规划采购。记录项目采购决策、明确采购方法、识别潜在卖方的过程。

（2）实施采购。获取卖方应答、选择卖方并授予合同的过程。

（3）管理采购。管理采购关系、监督合同绩效以及采取必要的变更和纠正措施的过程。

（4）结束采购。完成单次项目采购的过程。

2）招标采购项目化管理的阶段划分。

依据前述的采购管理过程划分，结合招标采购管理特点，可以将招标采购项目化管理全过程划分为四个阶段。

（1）招标采购规划阶段。招标采购的规划阶段是招标采购管理的开始阶段，是运用项目管理的有关知识和工具，通过梳理和分析项目的招标采购需求，建立招标采购目标系统，制订招标采购项目管理方案，为下阶段招标采购的具体实施提供指导。招标采购规划阶段的工作包括招标采购需求分析、制订招标采购目标、编制招标采购项目管理方案和相关配套计划等。

（2）招标采购实施与控制阶段。招标采购实施与控制阶段的主要任务是为实现招标采购目标，根据招标采购规划阶段制订的招标采购项目管理方案和配套计划，围绕招标采购项目管理的主要任务，对招标采购活动具体实施的管理。招标采购的实施与控制阶段的工作包括制订招标方案、实施招标采购实施阶段的全过程管理、根据所设置的控制点实行目标管理、合同缔约谈判与授予合同等。

招标采购的控制是通过采购组织内部和外部的检查和监督，保证采购过程和成果满足国家有关招标投标的法律、法规和政策以及业主项目管理总体目标，同时采购团队的绩效达到采购管理要求。招标采购的控制具体可包括项目组织（采购人或招标机构）内部对招标采购实施过程的检查和考核，以及政府及行业协会对招标采购行为的行业监管两大类。招标采购的控制实际上是贯穿于整个招标采购管理的全过程，从强调招标采购实施阶段控制管理出发，本章所指招标采购的控制的重点截止到合同签订阶段。

（3）采购合同履行阶段。在项目管理知识体系中又称管理采购阶段，其主要任务是确保中标人按采购合同的条款履约。根据项目管理组织形式以及对招标采购任务委托范围的不同，对采购组织而言，标的物合同履行阶段的工作可以分为标的物合同履行管理和标的物合同履行跟踪等。

（4）招标采购收尾阶段。招标采购的收尾阶段属于招标采购结束及其后续阶段，是完结单次项目采购的过程。主要工作包括确认采购的全部工作和可交付成果的验收，处理招标采购遗留问题，做好招标采购档案的搜集与整理、项目的总结与评价等工作。

3）招标采购项目化管理阶段划分与整体项目管理的对应关系。

从工程建设项目生命周期阶段划分角度，对于构成工程建设项目最终成果的招标采购内容，其管理阶段划分与项目管理整体阶段划分存在基本的对应关系。

（1）招标采购规划阶段对应于工程建设项目的计划阶段。在工程建设项目的启动阶段一般开始对招标采购工作进行初步酝酿和策划，正式的招标采购规划的实施则与工程建设项目生命周期的计划阶段同步进行。

（2）招标采购实施与控制、采购合同履行管理这两个阶段与项目整体的执行和控制阶段相对应。针对每次招标采购，招标采购实施与控制阶段从制订招标方案开始并实施至采购合同授予。随后采购合同履行管理阶段，工程建设项目一系列的采购工作依据采购工作计划的安排随项目整体进度的安排逐步实施，并与工程建设项目整体的执行和控制阶段的工作内容相对应。

（3）招标采购收尾阶段基本与工程建设项目整体的收尾同步结束。工程建设项目整体收尾的同时，对招标采购过程及采购合同实施效果进行评价，确定在招标采购及合同实施中的经验和教训等。

图3-1-6表明招标采购管理的阶段划分与项目管理整体阶段划分的对应关系。

第3章 建设工程招标采购项目化管理

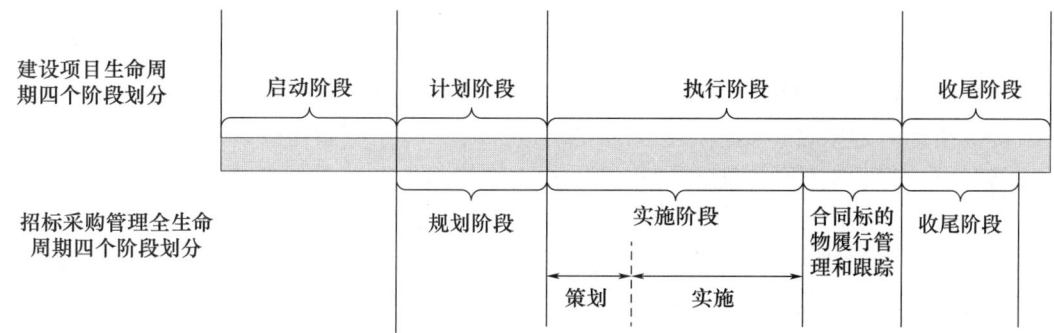

图 3-1-6 招标采购管理的阶段划分与项目管理整体阶段划分的对应关系

4) 招标采购项目化管理各个阶段的关系。

招标采购管理与工程建设项目管理互相交叠。在工程建设项目管理的所有阶段和管理任务中,只要需要外部资源,都需要进行采购,招标采购管理几乎涉及工程建设项目管理的各个阶段。

招标采购与工程建设项目其他管理任务之间以及招标采购管理的各个阶段、各个过程、各个环节本身之间,存在着相互作用和相互影响:首先招标采购管理不是孤立的,其管理过程需要应用其他管理任务的成果和要求,反过来采购成果也会影响到其他管理任务的工作过程。其次从招标采购管理的各个阶段、各个环节本身来看,一般来说上个阶段的工作成果就是下个阶段的工作依据和条件,反过来下一阶段某个环节工作成果产生的影响又会涉及上一阶段某工作过程的具体安排。如招标采购项目管理方案属于规划阶段的成果,但实施过程中需要不断反馈和调整,对原方案进行不断调整和修订。

3. 招标采购项目化管理的实施要点

由于社会经济技术的发展和工程建设项目管理水平的提高,招标采购对于工程项目建设起到越来越重要的作用。招标采购理论与实践的不断发展,招标采购逐渐融合了技术、经济、合同、造价、法律等多门类知识,发展成为一个专门的行业。与此同时,项目管理知识体系也在实践中发展、完善。招标采购的项目化管理既是招标采购专业化的体现,也是社会的客观需要。招标采购项目化管理对于提高采购效率、保证采购质量、防范采购风险等方面都起到了很大的作用。做好招标采购项目化管理,需要做好以下工作。

(1) 建立适应项目化管理的招标采购组织机构。招标采购组织机构是专业从事招标采购工作的组织,由于招标采购活动具有时间紧凑、规模小、专业性强的特点,传统意义上的职能式方式并不适合招标采购项目,而应当成立相对独立、专业化、精干的招标采购项目组织架构。在这个组织架构中,以构成相对稳定的项目组为基本单元,设置项目经理,负责招标采购项目的管理。项目组成员不宜过多,主要由与项目经理长期配合、具备一定专业水平的代理人员组成,负责招标采购项目的各项具体工作。其他辅助工作,如财务、行政、档案等可以临时从其他部门抽调加入完成相关工作。对于包含招标控制价编制的招标采购项目,可以抽调专业造价人员临时加入项目组。对于技术复杂、难度较大的项目,可以另设外部咨询顾问组,用于解决特殊的疑难技术问题。项目经理与项目组成员应当长期合作、相互信赖,能够最大限度减少沟通配合中的障碍,对于招标采购项目的顺利完成非常有利。

（2）招标采购项目经理的作用至关重要。在招标采购项目化管理过程中，项目经理是决定招标采购项目能否顺利实施的重要因素。项目经理是受单位委派，对招标采购项目实施负总责，实现招标采购目标的人员。项目经理经授权组建项目组，领导和管理项目组实施招标采购项目，实施招标采购的各项工作。为了有效地管理项目，项目经理除了应具备招标采购领域的技能和通用管理方面的能力外，还需具备丰富的知识，包括项目管理的知识、招标采购的知识；具备熟练应用项目管理知识和工具管理招标采购项目，实现招标采购的目标的实践能力；以及优秀的个人素质，道德品质、工作态度以及指导项目团队实现项目目标和平衡项目制约因素的能力。

（3）建立规范招标采购操作规程。招标采购工作涉及的环节多、工作要求高、风险大，对于工作质量提出了更高的标准。只有以更规范的工作标准和更严格的控制，才能做好这项工作。因此，建立一套完备的招标采购工作流程和工作标准，是招标采购工作顺利进行的必然选择。招标采购工作规程主要包含招标采购工作阶段划分、各阶段工作流程、工作内容、工作标准以及相关表格。招标采购工作规程应当是在深入研究法律法规和规范性文件的基础上编制，并经过单位内部的反复研讨。招标采购工作规程应当覆盖招标采购工作的所有内容，能够指导招标采购中各项工作的开展。同时在招标采购的实践中，应当针对发现的新问题，对招标采购规程不断修订、完善。

（4）切实做好招标采购规划阶段的工作。招标采购项目包含的工作内容繁多，需要由多人配合完成，同时招标采购又是承发包双方利益的焦点，市场竞争激烈。招标过程时间短、质量要求高、风险大，因此对于任何一个招标采购项目，都应当立足于"一次就把工作做到位"的标准开展工作。因此必须事前充分准备、事中严格执行、事后细心总结。因此对于招标采购来说，做好规划阶段的工作至关重要。招标采购规划阶段的工作包含从分析招标采购项目特点、明确招标采购目标开始，直到制订各类招标采购工作计划。这些计划应当符合工程建设项目的特点和要求，才能在招标采购的实施阶段有条不紊地开展各项工作，最终保证招标采购工作的顺利进行。

除了上述应当特别关注的方面外，开发使用招标采购信息管理系统，对于规范化地开展招标采购工作非常有益。如果有条件可以设立招标采购项目管理办公室，统一管理招标采购项目和项目经理，对于提高单位的招标采购项目运作能力和项目经理的综合素质都能够起到很大的作用。

3.2 建设工程招标采购规划阶段管理

工程建设项目招标采购规划阶段的工作重点是解决一系列与招标采购相关的关键问题，包括：工程建设项目招标采购的目标；招标采购标的物的内容、特征及其技术、商务要求，即采购什么、如何采购、采购多少、何时采购等；招标方式及招标组织方式的确定；招标采购项目管理目标的确定，包括组织采购的进度安排、质量保证、资源安排；还包括招标采购中各项工作的安排及指导招标工作开展的人力资源计划、进度计划、沟通计划、风险应对计划等。由于工程建设项目整体建设方案会对招标采购方案的制订产生重要影响，而招标采购方案也会影响项目整体建设方案，因此需要综合分析与招标采购相关的各项因素并有机整合，综合形成招标采购的目标管理体系。另外还应考虑采购团队自身的组织资源与所承担招标采购任务的匹配程度等。本阶段标志性成果是招标采购项目管理方案以及各类工作计划。

3.2.1 建设工程招标采购需求分析

招标采购需求，是指招标人为实现工程建设项目的建设目标，拟招标采购的标的及其需要满足的技术、商务要求。技术要求是指对采购的标的功能和质量要求，即性能、材料、结构、外观、安全等内容和标准等。商务要求是指取得采购的标的时间、地点、财务和服务要求，即实施的时间（期限）、地点（范围）、付款条件、包装和运输、售后服务、保险等。

1. 招标采购需求分析的概念

招标采购需求分析是建设工程招标采购规划阶段首先要进行的一项基础性工作。所谓招标采购需求分析是运用相关的管理方法和工具，通过项目组织内部沟通和调研并结合市场调查研究，深入系统地分析影响招标采购管理的内、外部相关因素，从而厘清招标采购的需求及重点，为下一步招标采购目标成果的制订和招标采购项目管理方案的编制提供切实可行的基础资料。

2. 招标采购需求分析的步骤

招标采购需求分析应根据工程建设项目的实际情况，有针对性地开展工作，其总体思路和方法大致为：收集工程建设项目基础信息，分析项目特点，开展有针对性的内、外部沟通和市场调查研究，运用管理工具和技术，围绕项目采购的需求进行各方面的系统分析，从而明确招标采购范围、采购方式、采购的内容及制约条件、合同类型及主要条款、采购流程、活动资源、风险提示等，并厘清招标采购管理的组织资源需求和相关约束条件。对于规模大、技术复杂的工程建设项目，上述工作需要多次反复进行，直至理清所有的重要需求信息。

1) 采集项目的基本信息。

在进行招标采购需求分析前，应采集工程建设项目的基本信息，以便初步梳理和熟悉项目招标采购的基本情况。需采集的项目基本信息依据项目建设条件和招标采购标的物类型（工程、货物或服务等）的不同，侧重点会有所区别。

采集内容应当尽可能详尽，主要内容如下。

（1）项目背景材料。包括项目建设批准手续，项目背景、概况及地理环境，项目特征情况，技术方案包括重要设备、工艺条件等，特别需要收集工程建设项目所在地发布的与招标投标相关的规范性文件。

（2）招标采购相关的法律、法规、政策。包括工程招标采购可能涉及的适用法律、法规、行业政策、技术规范、技术标准等。

（3）建设项目基本需求。项目基本需求指与建设项目采购有关的基本需求信息，包括工程建设项目的建设目标，包括整体目标、质量要求、进度计划、成本估算等，以及对招标采购工作的基本要求。特别需要关注的是进度计划中包含有关键节点的里程碑时间表。此外还包括合同和法律层面的有关要求，如健康、安全、安保、绩效、环境、保险、知识产权、执照和许可证等。

（4）招标人的管理制度。主要包括招标人内部与招标采购及合同管理相关的管理流程、规章制度，以及与编制采购管理计划和选择合同类型相关的管理规定、项目绩效考核标准等，还包括招标人已有的成熟的供应商库以及类似项目的合同范本等。

（5）其他与招标采购有关的项目基本信息等。

2）针对招标采购项目进行内部沟通。

在项目管理的环境中，建设项目是由建设单位发起和建设的，目的是满足建设单位的需求。因此招标采购规划阶段的重点就是掌握招标人对招标采购的真实需求。采购团队应当首先与招标人及项目的其他主要利益相关方之间进行反复的充分沟通和调研，详细了解招标采购的标的数量及内容、技术标准、商务要求、采购预算等内容。在了解充足信息的基础上，在项目组织内部进行梳理、分析和判断，对招标采购的真实需求取得共识。

招标采购项目进行内部沟通重点工作包含以下方面。

（1）熟悉项目基本信息。采购团队应采用访谈、头脑风暴、焦点小组会议、引导式研讨会、群体创新技术、问卷调查等方法，充分熟悉工程建设项目的特点、建设目的、采购内容、采购要求、项目管理目标以及涉及的法律、法规、行业政策、规范标准等内容，对采购的基本情况做到心里有数。

（2）采购团队熟悉项目基本信息后，应及时向委托人沟通并以文字记录的形式固化信息，以确保采购团队对招标采购需求的理解和委托人的真实需求一致。

3）开展项目组织的外部市场调查研究。

市场调查研究的目的是了解项目组织外部可能影响招标采购的市场、环境、其他制约条件等因素，起到对项目基本信息不完整或者需要市场调查才能确定的有关内容等加以补充的作用。外部市场研究调查主要包括下列内容。

（1）市场条件。包括工程建设项目所涉及市场行情和市场供给等的成熟程度，可从市场获得的产品、服务的类型、数量、质量和价格信息。对于技术标准高的特殊项目，更需要进行有针对性的深入调查。

（2）潜在供应商情况。包括市场上潜在供应商竞争情况，包括潜在供应商的数量及能力、资质资格、可投入的资源情况以及以往的绩效或声誉等。尤其是对工程建设项目某些特定服务采购，应摸清能够提供此类服务的潜在投标人的专业特长、业绩与声誉、技术力量等是否胜任本项目特定服务要求，以及相关专业人员的技术能力及收入情况等。

（3）项目所在地的特别要求等。对项目所在地的有关招标采购活动的特别要求，也是市场研究调查的一项重要内容。对于工程建设项目的管理都是按照属地管理的原则，由建设项目所在地建设行政主管部门监管，在当地办理各项建设手续。各地对于工程建设管理，特别是工程招标投标管理，都有各自的特殊规定。因此需要了解项目所在地建设市场的相关规定和政府的监管方式、公共资源交易模式和特殊要求、造价管理模式及内容、市场的劳动力成本、材料设备与施工机械的价格行情及趋势、选用评标专家库的类型及评标专家的专业化程度、网上电子招投标开展情况、交易软件的操作方法及注意事项等，这些因素都对招标采购的管理产生影响。

市场调查研究一般是通过公开渠道进行，包括通过网络信息及杂志查阅，特别是政府主管部门的官方网站中发布的政策信息、中标公示等,还可以去工程建设项目现场实地调查,也可以通过专家讨论、技术交流等方式了解已完工的类似项目历史信息等。对于创新型或专业性特别强的项目,公开渠道无法获得充足信息时,可以通过和潜在的投标商开展技术征询、技术方案征集等方法,获得市场最新动态信息。市场调查研究需要结合采购组织的自身优势进行,专业招标采购团队由于长期承担招标采购工作,往往积累大量的信息资料和经验,有着得天独厚的信息优势,可以充分利用采购团队的专业优势。例如在某地市要修建横穿城市主干道的机动车和非机动车的下穿式隧道,由于该主干道地下管线种类多、埋层较深,无法进行明挖方式的大开挖作业,且存在道路与周边建筑距离较近等不利因素,经到类似项目现场考察并经专家论证后,决定采用矩形顶管方式修建该下穿隧道。

4)进行招标采购的相关系统分析。

(1)项目范围分析。项目范围描述了项目需求的范围和现行边界,包括项目范围说明书、项目工作分解结构(WBS)汇编等。其中项目范围说明书包括产品范围描述、服务描述和成果描述、可交付成果清单和验收标准,以及有关技术问题的重要信息或可能影响成本估算的事项。工作分解结构(WBS)汇编为工作分解结构(WBS)的汇总及其工作内容详细说明,包括各可交付成果及为完成各可交付成果而需进行的工作内容,是项目范围分析中的常用项目管理工具。

(2)采购对象分析。采购对象分析是对采购对象及其所包含的采购范围、采购内容、采购时机和采购成本等方面分析。依据项目范围基准、项目需求、项目进度计划、项目成本估算等内容,通过分析工作分解结构(WBS)的可交付成果,及其所需要进行的工作内容,明确每一项可交付成果的具体采购范围、内容、技术标准、采购成本及采购时机等,保证采购对象的明确和具体。

(3)项目利益相关方分析。包括项目内部利益相关方和外部利益相关方两类。其中内部利益相关方包括投资人、业主、招标采购团队以及参与投标竞争的潜在投标人等,外部利益相关方包括政府项目主管部门、招标投标监督机构、公共资源交易中心,还包括与项目建设及运营相关的社会各界、行业组织及项目成果用户等。由于招标采购需要多方利益相关方的参与,涉及多方利益且关系复杂,所以招标采购需求分析不仅要分析项目特性和技术条件,还要通过分析项目所涉及的内部和外部的利益相关方可能对招标采购的需求所施加的影响,并尽可能地协调各种利益诉求。由于项目利益相关方的利益诉求各不相同,有可能出现相互矛盾的情形,就应当在充分了解其诉求的基础上,在招标采购中作出合理的决策,保证最大程度地满足关键项目利益相关方对招标采购的需求。

(4)市场供求分析。主要是分析采购需求和市场潜在供给两者之间的平衡关系及其对招标采购的影响。招标采购的本质是市场"招标与投标"之间的博弈以及"投标与投标"之间的博弈,市场供求分析对招标采购的采购方式、合同形式、价格、风险等方面均会产生直接的影响。施工总承包项目的招标采购中,由于建筑市场符合条件的潜在投标人普遍较多,市场竞争十分激烈,可以提出适当有利于招标人的招标条件;在招标方式选择方面,可以根据采购对象的特点以及市场供求关系,合理选择招标方式,并在划分标段、承包范围等方面提出有针对性的措施;在商务和技术方面,可根据项目的资金状况、时间跨度、设计深度及市场供求情况，提出合适的项目承包方式、计价方式、合同形式、质量验收标准等。

（5）采购方式分析。对于依法必须招标的项目，在有关可行性研究报告或项目资金申请报告的批准文件中，对招标范围、招标组织形式、招标方式等已作了明确规定，招标人应当遵照执行。而对于依法必须招标以外的采购内容，采购人应进行认真的采购方式分析，确定合适的采购方式。确定采购方式的主要决策依据如下。

① 国家、行业和项目所在地的有关招标采购法律、法规和政策。如招标投标法、政府采购法、行业和项目当地的建筑市场管理等规定和要求。

② 企业内部的采购政策。如企业或企业上级部门内部对招标采购的要求和规定、关于自行采购与集中采购的划分、招标与非招标的划分等。

③ 项目的具体情况。如具体项目的采购的标的性质及数量、以往经验、采购成本预算、采购时间及费用要求、对采购产品的熟悉程度等。

④ 市场潜在供给资源的供给程度等。

（6）招标采购风险分析和合同策划。由于招标采购中存在许多不确定性因素，采购过程可能遇到多种风险，从而导致采购的实际结果与预期目标产生偏离。应在招标采购开始前对风险进行综合分析，通过风险识别、风险评估等过程，针对可能出现的风险采取适当的风险防范措施。对合同文本而言，合同类型的选择以及具体合同条件的设置，决定着甲乙双方各自承担的风险水平，应根据招标采购的标的类型，优先选择我国政府部门、行业以及地方出台的一些通用的标准合同文本。对于招标人内部使用的合同范本，也应当在分析其合同内容完善情况的基础上使用。

5）招标采购管理的组织保障资源分析。

除了对招标采购的标的物相关需求进行详细分析外，招标采购机构本身的组织保障资源分析也是招标采购需求分析的一项重要内容。所谓招标采购管理的组织保障资源分析，就是采购团队为保障招标采购任务的完成，依据招标采购项目化管理的工作内容，以所承担的招标采购工作内容为基础，分析招标采购团队的组织保障资源现状与所承担招标采购任务的匹配程度。由于招标采购任务具有周期较短、程序相对单一以及资源通用等特征，采购组织往往同时管理多个招标采购项目，在项目实践中多采用项目群的管理方法，提高了人力资源的使用效率，取得了良好的效果。通过组织保障资源分析，采购团队应就招标采购的组织架构、管理模式、人力资源配备、物资保障等方面提出切实可行的建议，从采购组织和采购团队等多个层面，合理调动和安排各种资源，在最大程度保障招标采购管理需求的同时，实现资源配置的合理优化。

6）评估和审核招标采购需求分析结论。

招标采购需求分析完成后，应在项目组织内部对于采购需求取得一致后，提供给项目委托人以及其他利益相关方对分析结论进行评估和审核，及时收集各方面的意见和建议，在共同讨论后达成一致的结论。为方便此类的评估和排列，应做到：

（1）建立完整的需求调查文档和记录体系。通过文档记录管理系统，方便管理，便于查找且不易出差错。

（2）尽量使用直观图表形象表达需求。撰写需求分析结论尽可能用直观、简练的语言和图表进行描述，避免使用过于专业化的词汇，有利于加深认识，便于管理和控制。

7) 对招标采购需求变化的跟踪。

由于招标采购的外部环境及市场条件的变化，以及委托人或项目组织对招标采购对象的进一步认识而产生新的需求，会导致有关需求的修正。招标采购存在一定的不确定性，可能存无法提前确定的采购需求。而且在招标采购实施过程中，委托人也可能提出新的采购需求。针对这种情形，可以先实施已经确定的需求。对没有确定的或新增加的采购需求，应经过协调讨论后再实施。也可以在招标采购管理方案中预留一定的机动时间，等到委托人确认新的需求后再进行计划、实施。为保证招标采购能够反映外界环境以及采购需求的可能变化，都需要建立招标采购需求跟踪系统，并将此类系统纳入整体项目管理方案的有关"变更程序"，通过实施整体或局部变更控制和调整有关受影响的内容。

3. 招标采购需求分析的成果

招标采购需求分析的成果中所包含的核心内容是招标采购标的物的基本需求和招标采购管理的组织保障资源。

1）确定招标采购标的物的基本需求。

（1）采购方式的确定。工程建设项目中需要采购的标的物种类很多，根据项目立项文件中有关招标方案的规定，确定哪些属于依法必招项目，哪些不属于依法必招项目。通过对标的物的分析，确定哪些适用于招标采购，哪些适用于其他采购方式。对于适用于招标采购的内容，还要进一步确定招标方式，即采用公开招标还是邀请招标方式进行；对于适用于其他采购方式的内容，可以根据标的物的性质选择竞争性谈判、询价、竞争性磋商、单一来源以及其他采购方式。

（2）招标采购流程。招标采购流程首先应当严格执行国家、行业和项目所在地的招标采购法律、法规和政策的关于招标采购程序管理等的相关规定，另外还应当符合企业内部的采购流程规定以及管理要求。

（3）招标采购的各项内容要求以及有关制约条件等。具体招标采购内容要求应包括招标采购范围及内容、招标进度要求、标的物数量、技术标准和要求、项目预算、不同采购标的物的界面初步划分、标段初步划分等内容。招标采购的有关制约条件主要考虑工程建设项目总进度计划对于招标的要求等。

（4）拟定招标文件的主要条款。拟定科学合理的招标文件的主要条款是招标采购需求分析的重要策划内容，也是整个采购工作是否顺利进行的最关键性因素。其中招标文件中的投标人资格条件、技术标准和要求、评标办法中的主要评价因素、合同主要条款都应当初步确定。特别是招标文件内的合同文本还要注意结合合同规划的相应成果。选用合同规划的成果时应注意以下两点。

① 属于合同的相关资料如专用合同条件、图纸、技术标准和要求、工程量清单等应当保证完整和表述一致，还应该围绕项目建设目标针对相关合同条款资料进行合理的选择和编制，确保合同相关条款和资料满足项目要求。

② 不同类型的招标采购项目应该关注不同的特点。招标采购的标的物不同，合同内容也不相同，应关注合同主要条款中的差异。如在《建设工程施工合同》中，合同组成中包含技术标准和要求、图纸、已标价工程量清单或预算书；而在《建设项目工程总承包合同》中，合同组成中包含发包人要求、承包人建议书、价格清单。

（5）确定可能的招标采购风险及对策。包括记录与风险有关的信息，如已识别的风险、风险责任人、风险应对措施以及与风险相关的合同决策。与风险相关的合同决策包括保险协议、担保协议、专项服务协议和专业分包协议等。这些协议是对特定风险的应对措施，保障了工程建设项目的顺利实施。

2) 招标采购管理的组织资源保障。

招标采购管理的组织资源保障也是招标采购分析的重要成果。招标机构应围绕招标采购标的物的基本需求，对招标采购中所需的各类资源作出计划，确定招标采购管理活动的各类组织资源的优化配备和保障需求，包括：采购组织架构、管理形式、采购团队的人力资源配备、沟通管理、风险管理以及招标采购各类资源（人力及设备、场所、费用支出等）的测算。

3) 招标采购需求分析的成果。

招标采购需求分析的成果主要包含业务需要、对客户需求的理解，以及招标采购的目标要求等，一般包含以下方面的内容：

（1）招标采购项目目的或招标采购代理合同的要求；
（2）概括性的招标采购项目描述；
（3）可测量的招标采购项目目标和标准；
（4）招标采购项目的管理要求；
（5）总体里程碑进度计划；
（6）总体预算；
（7）项目的主要风险；
（8）委派的项目经理及其职责和职权。

4. 招标采购需求分析所运用的项目管理工具和技术

除工作分解结构（WBS）以及采购方式选择技术外，招标采购需求分析中的常用工具还包括以下几种。

（1）合同类型选择技术。合同方的风险分担由合同类型决定。通常可把合同分为三大类，即总价合同、单价合同和成本加酬金合同。应当根据项目的特点合理选择合同类型。一般情况下，人们比较喜欢固定总价合同，大多数项目倾向于使用固定总价合同。但是，在有些情况下，其他某种合同类型可能对项目更加有利。如果工程施工招标项目通常采用单价合同，而工程设计施工总承包或交钥匙工程则通常采用总价合同。通常所选择的合同类型以及具体的合同条款和条件，决定着招投标双方各自承担的风险水平。在实践中，针对特殊情况，在单次采购中同时使用两种甚至更多合同类型的情况也不罕见，即某些合同中的部分内容采用总价合同，剩余部分采用单价合同。

（2）自制或外购分析。在项目管理过程中，经常会用到自制或外购分析这种方法。自制或外购分析用来决定哪些工作或可交付成果希望通过内部生产来完成，哪些工作希望通过外部供应商采购来完成。进行自制或外购分析时，应该考虑的因素包括资源可用性、资源技能、成本、专利、风险和其他相关的因素。

在招标采购过程中，某些情况下，你需要进行采购，但你的组织中没有完成交付所必须的技能；而在另一些情况下，你的组织想管控整个过程，甚至你希望相关知识始终留在组织内部，那就必须由组织内部来完成这些工作。可以参照表 3-2-1 信息进行判断。

表 3-2-1　自制与外购判断因素

自制的原因	外购的原因
使用组织现有的能力	使用供应商的技能
维持对项目的直接管理	需求较小的项目
保证项目的保密性	内部力量有限
项目属于组织的核心竞争力	维持供应商关系
具备相应的管理能力	服务容易获得
费用较低	可以转移风险

某国有投资公司负责投资、建设、运营数量众多的文化旅游项目，涉及新建、改建、收购等工作内容。由于投资公司的核心竞争力是资本运营，包括资金筹措和投融资、资本运营，本身不具备完善的项目建设管理能力，特别是对于工程建设的招标投标工作这类专业性较强的工作。因此，该投资公司通过公开比选，选择了五家招标采购代理机构负责本单位中与工程建设项目相关的招标投标工作，不仅提高了招标投标的质量，节约了招标采购的资金投入，而且简化了组织结构，减少了企业内部人员，提高了招标的工作效率，取得了很好的效果。

（3）功能分析法。招标采购功能分析就是从招标采购活动的组织结构角度去分析每一步工作的独特功能，是一个从整体到局部的过程，即分解每一步工作在业务流程中的任务及在职位体系中的作用，最后综合得到每一步工作的具体职责的方法，称为基于功能分析的工作分析法。功能分析对招标采购工作的需求分析有着特有的优势。

招标采购功能分析的具体做法是：首先分解招标工作步骤，进行每一个工作环节的功能分析和功能指标体系确立，然后根据该工作对总体招标影响程度确立功能指标权重（F）；综合考虑该工作所花费的人力、时间和财务成本，确定该工作的成本指标系数（C）；最后计算每一步的价值系数 $V=F/C$，价值系数越大，说明该项工作对整个招标采购活动的影响越大，花费越少，即改善该工作所需要付出的成本较低但却能最大程度实现招标工作目标，这些工作就成为优化工作流程的重点。

（4）采购对象分析。对于采购标的物相对简单的项目，其采购对象的分析较为简单，不需要作出复杂的标段或合同包划分等。但是如果采购的工程建设项目的规模大、技术要求高时，则应根据工作分解的结果，考虑工程建设项目的进度要求、空间关系、合同类型、供应商的专业能力及资质限制、市场供应条件、采购估算等，合理地划分合同包、标段或合同组团，以此作为确定项目采购任务、制订招标采购项目管理方案的重要依据。

（5）专家判断。专家判断是一种定性的需求分析方法，是指广泛邀请相关领域专家和社会、经济方面的专家参加预测，充分发挥专家集体的智慧进行分析和判断，使预测值尽可能接近期望值，这样有利于提出更加优越的方案。专家判断法最大优点是在缺乏足够统计数据和原始资料的情况下，根据专家的经验进行判断，可得到更全面和准确的信息。这种方法由于借助于专家集体的智慧和努力，往往可得到较满意的结果。

某金融企业新建办公楼为超过 100 米的超高层建筑，三层裙房为对外营业部分，上部建筑为本单位各部门使用，顶层为董事长办公室。在该项目的电梯招标中要求专家论证电梯配置方案，在采用高、低速电梯的问题上，专家给出的意见是：直达董事长办公室的电梯宜采用进口高速梯；三层裙房的电梯采用低速梯；其他电梯采用高速梯并合理设置停靠层。这个配置方案在满足使用功能的条件下，大大降低了电梯的采购费用，获得了建设单位的认可。

3.2.2 建设工程招标采购目标制订

所谓项目目标是指实施一个项目所要达到的明确的、具体的且可以度量的预期结果。建设工程招标采购目标的制订，就是以招标采购项目化管理为出发点，通过招标采购需求的建议和结论，分析招标采购目标系统的特点及约束条件，服从项目管理整体目标，建立招标采购的多目标系统，确定招标采购目标的范围与重点，达到输出清晰、明确的目标系统的目的。招标采购目标的制订有利于明确整个招标采购管理的工作方向，同时也为制订招标采购管理方案奠定基础。

1. 招标采购目标的概念和特点

1）招标采购目标的概念。项目管理的目标通常具有多目标属性，且具有范围、质量、时间、资源等目标间相互约束的特点。项目目标管理的核心是突出系统化的思想，追求的不是项目单个目标的最优，而是要在项目多个目标相互协调的基础上，寻求项目目标之间的平衡，最终实现项目管理活动的总体效率和效果的提高。

总的来说，招标采购的目标主要以满足招标采购项目整体利益最大化为出发点，在限定的时间内，使采购结果满足项目采购质量和成本要求，同时寻求控制采购过程的费用。换句话，招标采购的目标是在符合项目整体采购进度要求下，以较低的采购成本采购到满足项目的功能需求和质量标准的采购对象，同时控制采购过程所发生的费用。从上述概念可知，招标采购目标应是多层次、多系统的目标群，既包含招标采购的整体目标，还包含具体招标采购活动的管理目标。

2）招标采购目标的特点。招标采购目标具有下列特点。

（1）多重性。

① 从采购对象看，无论是工程还是货物、服务采购，招标采购项目都会存在质量、进度、投资三大目标，除此之外还可能包含安全、文明、环保等其他目标，这些目标共同构成了招标采购项目目标体系。招标采购的目标有些是建设项目自身特点所决定，有些则是项目业主或投资人的要求。针对不同的工程建设项目，这些目标的重要性会有所差别。如学校项目，一般要求必须在新生入学前竣工投入使用，那么其进度目标的权重就要高于其他的目标。而从招标采购过程本身来说，也有其管理目标的要求。招标采购本身也需要在规定的时间内，以合理的成本完成招标采购的全部工作，达到选定合格的中标人、签订一份完善的合同的目的，所以招标采购过程也包含质量、进度、费用控制的目标。

② 从项目整体层面看，招标采购项目整体利益最大化本身也存在项目委托人的期望值与项目的功能需求、质量标准、采购价格等多重约束因素之间的矛盾，需要在项目功能、质量、进度与投资之间在一定范围内取得平衡。

③ 从采购程序中的微观环节看，采购程序中的每个环节、关键控制点、工作成果等均需要制订工作中的具体目标，项目目标的实现，有赖于这些具体目标的实现。

这些多重目标组合在一起，形成了招标采购中由不同权重的决策目标而形成的多重目标系统。

（2）相关性。招标采购目标系统内的多重目标存在对立统一的关系，互相矛盾、互相约束、互为相关。如提高使用功能需求或质量标准，势必需要增加工程造价且可能增加项目实施工期；反过来多重目标也存在统一的方面，如保持采购价格同时寻求提高采购对象的质量标准和缩短实施工期等。

（3）层次性。把项目整体利益目标，采购的质量标准、采购时限、采购成本等具体目标，采购过程各个控制点或工作环节的具体实施目标等，按不同的层级依次分解，可以划分出多个层次，形成目标系统的层次性特点。

（4）动态性。随着项目管理工作的不断推进和深化，项目环境会发生变化，采购服务本身也存在的不确定性和多变性，导致招标采购目标系统内的具体目标经常发生变化，具有动态性特点。

2. 招标采购目标的制订过程

（1）落实招标采购目标制订的技术和管理条件。制订项目管理目标需要具备一定的基础和前提条件。同样对于招标采购目标制订而言，其目标制订的前提，就是需要熟悉掌握招标采购项目的特性、基础资料等有关信息，包括项目管理组织内、外部的沟通和调查研究信息，以及通过招标采购的需求分析的成果，作为招标采购目标制订的技术和管理条件。其中招标采购需求分析的成果是招标采购目标制订的最主要基础条件。

（2）研究分析招标采购目标系统。根据招标采购的多目标性，目标系统存在相关性、层次性、动态性等特点，在工程建设项目管理整体目标约束下，以招标采购整体利益最大化作为招标采购总目标，研究分析招标采购目标系统，包括招标采购标的物的基本功能需求，满足关键项目利益相关方的期望，协调项目其他利益相关方的要求。以招标采购各项管理因素的协调与整合为基础，进行招标采购目标分解，评估实现目标的风险，识别相关技术和管理措施的可靠性，以及项目变更控制的管理方法等内容。

（3）制订不同层级、不同范围的目标。根据招标采购目标动态性、多重性和层次性的特点，建立合理的招标采购目标系统及构成要素。一是招标采购总目标起初可能是初步目标方案，随着工程建设项目的不断推进而不断深化，是逐步从浅到深的过程。二是招标采购总目标自身也存在进行分层次目标分解过程；依据项目的总体目标和任务，根据工作分解结构（WBS）所进行的目标详细分解，在与项目相关参与方充分沟通的基础上，实施整合管理，通过总目标的逐层分解，制订不同层级、不同范围的具体目标，逐步建立起符合招标活动从属关系和关联关系的目标体系，该目标体系用于招标采购管理。三是招标采购目标体系中不同目标是相互制约相互影响的，存在逐层逐级的评价和互动过程。

（4）确定招标采购目标的范围与重点。确定招标采购目标的范围与重点是招标采购目标制订的核心内容。针对特定的采购活动，采购人面临的首要工作就是结合项目本身特性和业主的期望目标，对于采购目标群进行分析、权衡和取舍，确定采购的主要目标、次要目标，确定招标采购应关注的重点需求，并以此为基础，确定招标采购管理的目标和范围，进一步构思招标采购项目管理方案的编制路径，用于指导实施整个招标采购管理活动。例如在确定某项工程施工承包商供方选择标准时，可根据需求分析的有关成果，在排列相关需求重点的基础上，对投标文件的相关因素包括价格、施工方案、质量、工期、企业信誉、项目部管理班子等因素进行主要、次要等因素排序，分别确定多目标组合下的权重，赋予每个具体目标不同的权重值，用于综合评估各投标文件，从而建立综合评价的科学评价体系。

（5）及时动态调整招标采购目标系统。采购团队的项目经理应根据招标采购的进展和招标采购目标的实现情况，实时掌握招标采购的变化，评价影响目标实现的相关信息，及时评估其对招标采购目标，尤其是对重点目标的影响程度进行评估，不断发现问题、采取措施、纠正偏差，并依照项目管理系统启动有关变更程序，通过实施整体或局部变更，及时调整采购目标管理内容，以便确保对整体项目管理目标的影响降至最低。

3. 制订招标采购目标的作用

招标采购目标的制订对于招标采购项目的成败非常重要，对后续招标采购工作的实施起到如下作用。

（1）招标采购项目管理方案的指引。招标采购项目管理方案是描述如何进行招标采购管理的全局性指导文件，从工程建设项目管理整体角度看，属于整体项目管理方案中的采购管理分篇。招标采购项目管理方案主要包括招标采购总体设想、方式及流程，招标采购的标的物以及有关制约条件，招标采购管理的目标、范围、重点及难点分析、实现招标采购的工作要求和思路，招标采购的组织管理模式、资源和各种保障措施，招标采购可能遇到的风险及对策。

招标采购项目管理方案的编制必须紧紧围绕招标采购目标进行，其主要目的是指导招标采购工作完成招标采购，最终实现这些招标采购目标。招标采购目标是招标采购项目管理方案编制的基础，也是所依据的主要素材，在招标采购项目管理方案中的各个部分都能反映出招标采购目标的指引作用。

（2）采购工作说明书的重要依据。工作说明书（SOW）是对项目所需交付的产品或服务的叙述性说明。开展每次招标采购活动前，应依据招标采购目标以及项目范围、工作分解结构（WBS）等内容编制采购工作说明书（SOW），明确各次的采购范围及需求描述，并对招标采购流程的具体要求、招标采购具体工作安排、里程碑要求等内容提出明确和具体的操作性规定。采购工作说明书（SOW）中包含的需求描述包括拟采购标的物的规格、数量、质量要求、技术标准以及履约期限、实施地点和其他内容。采购工作说明书（SOW）应当反映招标采购目标的各项要求，其详细程度应根据采购对象的性质、采购需求或拟采用的合同形式而异。汇总并经相关程序批准后的采购工作说明书（SOW）是招标采购项目管理方案的主要内容之一，也是招标文件的重要组成部分和投标人投标响应的核心内容。

（3）招标采购文件选用的基础。招标采购目标包括了采购的标的及其各项要求，根据这些内容编制招标文件是招标工作的核心内容。招标文件的编制应尽量选用国家、行业、地方及采购组织内部出台的不同类型的标准招标文件或招标文件示范文本，这样可以在很大程度上减少招标文件中出现错误。在具体的招标采购实施中，招标文件是招标人确定采购标的技术及商务要求。招标采购的标的有很大差别，但招标文件的组成大同小异，根据国家发布的标准招标文件体系，招标文件组成都包含招标公告（投标邀请书）、投标人须知、评标办法、合同条款及格式、投标文件格式等部分，但因工程施工、货物、服务等招标项目不同,对于招标的标的物描述方面存在差异。如图 3-2-1 所示。

不同类型招标文件组成					
序号	总承包	施工	材料、设备	监理	勘察、设计
1	招标公告(投标邀请书)				
2	投标人须知				
3	评标办法				
4	合同条款及格式				
5	发包人要求 项目清单 发包人提供的资料和条件	工程量清单 图纸 技术标准和要求	供货要求	委托人要求	发包人要求
6	投标文件格式				

图 3-2-1 不同类型招标文件组成

拟定的招标采购文件应便于潜在投标人作出准确、完整的响应,还要便于对投标人响应进行评价。招标文件的复杂和详细程度应与采购的价值和风险水平相适应。招标文件既要足以保证投标人做出一致且适当的响应,又要具有足够的灵活性,允许投标人为满足既定要求而提出更好的建议。

(4) 变更申请的重要原因。在项目管理工程中,如果实施过程中与计划出现偏差,则应按照变更申请程序采取相应的措施。制订的招标采购目标若出现与现有的项目管理整体方案、其他系统的子计划以及其他组成部分产生矛盾的情况,应依据变更申请程序提出有关变更申请,通过项目管理系统的整体变更控制过程,对变更请求进行审查和处理,以保证招标采购目标符合项目管理整体方案的要求。

3.2.3 建设工程招标采购项目管理方案

1. 招标采购项目管理方案的概念、特点和作用

围绕招标采购目标制订招标采购项目管理方案,是整个项目招标采购管理的基础工作,也是招标采购规划阶段的最重要成果。

1) 招标采购项目管理方案的概念。

项目管理方案是在项目实施前编制的,用于指导整个项目实施的、综合性的、完整的、全面的、总体的项目管理全局规划,包括项目目标、实施思路、工作程序及任务分配、工作步骤、所使用的资源以及所涉及的其他因素等。所谓招标采购项目管理方案,是在招标采购规划阶段通过对招标采购的需求、目标以及技术特点、经济特性、管理特征等方面进行分析,依据有关法律法规、技术标准和规范编制的,用于指导招标采购实施全过程工作的目标明确、结构完整、内容清晰、可操作性强的招标采购管理总体规划。招标采购项目管理方案是确定采购任务、针对可能遇到的问题提出解决措施和手段的粗略管理规划,是合理调配招标采购组织的时间、资源和能力的总体设想,是用于指导招标采购管理的初步纲领性文件。招标采购项目管理方案经过各方面专业人员针对项目的功能、规模、质量、价格、进度等需求目标进行研究和分析,使招标采购项目实施的组织、方法、手段等都更具系统性和可行性，避免随意和盲目，从而为下一步招标方案的制订和实施工作提供指导和依据。

关于招标采购项目管理方案需要厘清两个概念上的问题。

(1) 招标采购项目管理方案和招标方案的关系。

从项目管理角度看，招标采购项目管理方案和招标方案（招标方案的相关内容详见本系列教材《建设工程招标采购专业实务》）两者之间既有联系，又有区别，其表现在：

① 层级不同。招标采购项目管理方案是指导招标采购工作具体开展的全局性指导文件，而招标方案是在招标采购项目管理方案的指导下，针对每次招标采购任务所进行的具体实施计划和工作安排，层级属于招标采购项目管理方案的下级层面。

② 作用不同。招标采购项目管理方案的作用是从总体上的、宏观的角度对招标采购任务的思考和谋划，是对工程建设项目中所有招标采购活动作出的前期规划，招标方案的作用是指导单次招标采购活动的具体操作性文件。

③ 编制阶段不同。招标采购项目管理方案是在工程建设项目获得批准后开始的招标采购规划阶段编制完成，并随着项目的进展逐步深化；而招标方案在招标采购项目化管理的第二阶段即实施与控制阶段启动，通常在正式开展每次招标采购具体活动之前编制。

(2) 招标采购项目管理方案和项目合同规划的关系。

招标采购项目管理方案和项目合同规划同属于整体项目管理方案中的内容，两者之间关系非常密切，具体表现在：

① 层级相同。招标采购项目管理方案作为整体项目管理方案中采购管理的内容，核心是保证采购活动的基本原则、基本要求和总体安排与整个项目建设的总体要求相一致，主要明确关于招标采购管理的"采购哪些标的""什么时候采购""如何采购"等基本内容；而项目合同规划是整体项目管理方案中合同管理的内容，主要通过对工程建设项目特点的分析和策划，制订合同的总体框架体系，明确其中所包含的"最小合同单元"。从项目管理知识体系的角度看，两者处于整体项目管理方案的同一层级。

② 互相影响、互为交叉。项目合同总体框架的策划应充分考虑招标采购项目管理方案制订过程中的关于招标采购需求分析和采购目标的成果；同样招标采购项目管理方案中关于招标采购的标的、数量、规格以及计价方式、合同文本及主要条件等重要内容均需要同步引入合同管理框架、"最小合同单元"等一系列具体成果，并以此为依据结合相关需求分析后进行标段划分，并将合同策划的成果作为开展招标采购活动的主要依据之一。

2) 招标采购项目管理方案的特点。

招标采购项目管理方案除了具备预见性、针对性、操作性、指令性的基本特点外，还具备层次性、基础性、集成性的特点。

(1) 层次性。根据招标采购的目标设定，招标采购管理方案根据所覆盖的项目生命周期范围不同可划分为三个层次：第一层次只针对招标采购活动本身进行规划；第二层次针对从项目筹备到交付使用的层面对招标采购活动进行规划；第三层次针对整个工程建设项目全生命周期对招标工作进行规划。所以，层次性也可理解为招标采购项目管理的跨度。

(2) 基础性。由于招标采购在工程建设项目中占有重要的地位，所以招标采购管理是项目管理重要的基础性任务。工程建设项目的实施主体大都是经过招标采购方式产生,其合同价格也往往占整体项目费用的很大部分。同时项目的勘察、设计等对工程建设项目起到基础作用的工作也需要通过采购完成,如果项目的勘察、设计成果不符合工程建设项目的要求,必将影响项目的质量,甚至导致项目的失败。制订出具有预见性、兼顾各方需求的招标采购项目管理方案,就成为达到采购要求和实现项目建设目标的重要基础。

(3)集成性。招标采购项目管理方案涉及采购范围、成本、质量、时间、环境、资源和风险等多方面管理的协调与综合,是一项具有全局性与系统性的规划成果。招标采购项目管理方案的集成性就是从工程建设项目的全局出发,以项目整体利益最大化作为目标,形成以招标采购各项管理任务相互协调的整体管理规划。由于调整管理方案中任何一个目标都与其他目标密切相关,或变更其中的管理活动可能会影响项目其他专项目标的实现,甚至改变其他管理活动的内容和要求,这些都是集成性的重要体现。

3)招标采购项目管理方案的作用。

招标采购管理方案不仅是对招标活动进行总体规划的成果,而且是工程建设项目能否实现建设目标的核心,其作用十分重要。

(1)有助于建立采购目标系统。规划并构建招标采购项目管理目标系统并分解为可以实现的分项目标是实现招标采购总体管理目标的前提。项目管理方案可以通过项目的定位、项目目标系统的建立,逐步形成有效满足招标需求的项目管理机制,预防风险。

(2)确立采购实施组织方式。确立采购实施组织方式是招标采购项目管理方案的重要内容,应根据项目的特点、招标人组织结构的现状、类似招标项目管理经验和现有人力资源情况,确定采用项目管理组织的方式,并任命合适的项目经理,这是项目实施的组织保证。

(3)指导采购管理具体实施。通过采购项目实施初期进行的管理规划,可以利用采购项目工作及管理目标的分解,围绕项目特点和目标形成计划、组织、控制、评价等基本职能,为具体招标采购合同规划及招标方案编制乃至实施提供全局性的指导。

2. 招标采购项目管理方案的内容

1)招标采购项目管理方案的基本内容。
(1)项目概况、背景。
(2)招标采购的总体规划,包括目标、任务、范围、进度等分解、难点分析及对策等。
(3)实现招标采购目标的相关内容。
① 标段(标包)划分、投标人资格条件;
② 招标采购标的、技术标准和要求、批次、时机和顺序;
③ 质量、价格、进度需求目标分解及计划;
④ 招标方式、组织形式的方法和原则;
⑤ 合同管理的规划、框架和原则,计价形式的选择和原则。
(4)招标采购管理保障措施。
① 组织管理体系、制度、人力资源及费用计划;
② 范围、质量、进度控制计划;
③ 沟通、标准化、信息、风险防范等计划;
④ 有关服务及保证措施。

(5) 其他事项等。

此外，招标采购目标制订的其他成果，如采购工作说明书、招标文件、评标办法等，从广义来说，也是招标采购项目管理方案的组成部分。

2) 招标采购管理方案依据招标对象的不同，其内容的侧重也不同。

在工程招标的管理方案中，应当首先考虑工程承包方式（工程总承包或平行发包等）和招标方式（公开招标或邀请招标），这将影响到标段的划分和投标人的资格条件的确定。管理方案的内容应根据标的物的特点和要求等实际情况相应编制，突出不同标的物的特点，编制有针对性的管理方案。

3) 招标采购工作总进度计划的编制。

招标采购实际工作中，招标采购工作总进度计划也是招标采购管理方案的重要组成部分。所谓招标采购工作总进度计划是将招标采购管理方案中相关工作的责任主体、目标任务、工作方法与招标采购工作起止时间统一安排，以便于采购任务的执行和控制。如在管理方案中已阐述项目招标采购范围、组织方式、招标方式以及各标段划分组合和招标顺序等，可以应用在招标采购工作总进度计划中，对每次的招标任务规定相应的起始时间，并用横道图或网络图进行表述以便执行和控制。依不同的采购标的，总进度计划编制所涉及的内容分别如下。

(1) 工程招标主要有工程项目的细分、工程建设程序、工程总进度计划、招标相关工作顺序和时间安排以及相关责任主体等；

(2) 货物招标主要有采购货物名称、数量、技术指标、时间节点、顺序安排和工程建设项目或生产需求的衔接配套和相关责任主体等；

(3) 服务招标主要有服务内容、目标要求、需求特点、时间安排和相关责任主体等。

在工程建设项目项目管理方案中，常常将合同包与标段的划分结果汇总形成采购工作计划，亦称作项目管理组织计划（合同网络图）。如图3-2-2所示。

3. 招标采购项目管理方案的编制原则

在编制招标采购管理方案时，应注意以下各项原则。

1) 质量原则。质量标准是招标采购的基本要求，采购到符合质量要求的工程、货物和服务是招标活动的根本目的，招标采购项目管理方案对质量标准的设定是保证项目质量水平的基础。采购质量可分解为采购工作质量和采购标的实体质量，应合理设定采购的质量标准。实体质量应当符合国家相关领域的质量标准；采购质量标准应当满足行业公认的或在招标采购代理委托合同中约定的标准。招标采购的质量标准应当满足工程建设项目的要求，并且应当适应建设市场能够达到的供给情况。

2) 经济原则。任何一个项目的实施都必须考虑经济性问题。招标采购项目的经济性，既包括采购标的物的经济性，也包括采购活动的经济性。工程建设项目中，工程本身的成本是项目总投资的重要组成部分，项目采购成本的高低将直接影响到项目的经济性。工程建设项目采用招标方式就是通过投标人之间的竞争获得更经济的价格。项目采购活动的经济性就是在坚持项目采购质量标准和互利供方关系的前提下，尽可能降低项目采购工作的总成本，即在获得性价比最优的货物、工程和服务的同时，有效控制采购活动的成本。因此项目采购的经济性不仅要关注采购对象的成本，也要关注项目在采购活动中的成本支出，甚至还要关注采购活动中的社会总成本支出。

第3章 建设工程招标采购项目化管理

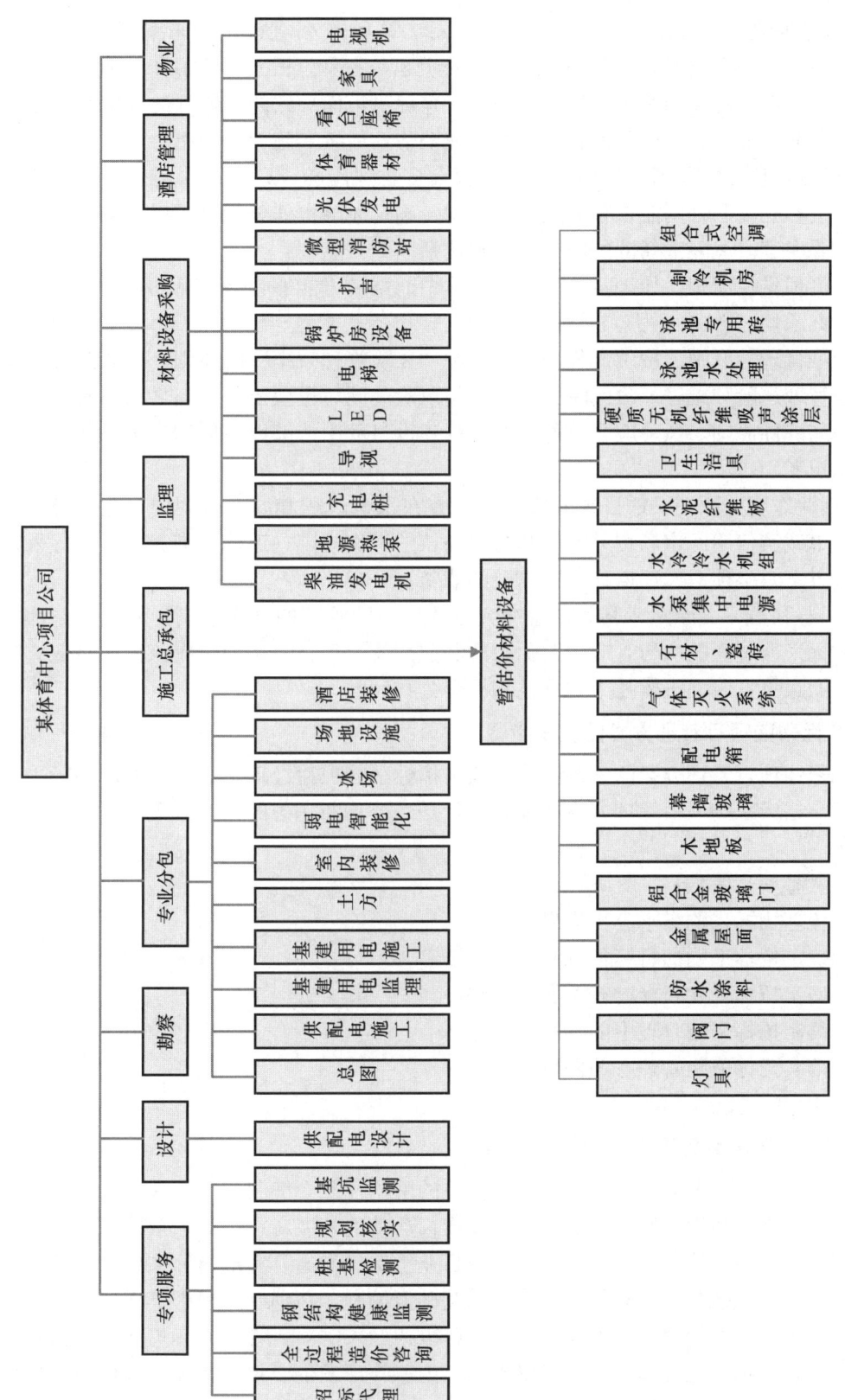

图3-2-2 项目管理组织计划（合同网络图）

3）效率原则。效率是项目管理的重要目标，采购效率直接影响采购工作的成本，这就要求项目管理方案应充分考虑提高效率的问题，主要包括人力资源和其他资源的高效利用。另外也要避免因片面缩短采购周期、仓促决策而导致的采购到的标的物无法满足项目需求的情形，或者避免因合同文本存在缺陷给后续实施埋下隐患。

4）风险责任分配原则。招标采购过程存在多种风险与不确定性，能否合理分配风险，将直接影响采购合同能否顺利履行，而初步确定风险责任分担是招标采购项目管理方案的重要内容。风险责任分配的一般原则包括以下三点。

（1）可预见性原则。如果某风险市场主体中的某一方能够合理预见的，则该风险则应由这一方承担。

（2）可管理性原则。按"责权利对等"和"风险管理效率"的原则，将风险分配至能够最佳管理风险和减轻风险的一方，而承担风险的同时也应当获得与之相当的收益。

（3）经济性原则。风险应当分配给在工程建设过程中能够以最低的成本来承担风险损失的承担者。

5）反欺诈腐败原则。项目采购所有参与方在采购过程和履行合同中，应该遵守公平、公正、诚实信用的市场交易原则和行业公认的工作规则、道德标准。制订招标采购项目管理方案时必须考虑反欺诈及反腐败的要求。

6）回避利益冲突原则。避免利益冲突是招标采购管理的基本原则。回避利益冲突主要指招标采购过程的参与者应该避免出现利益冲突。项目采购团队应该提供专业、客观、公正的意见，服务于委托人的利益和社会公共利益。

4. 招标采购项目管理方案的编制步骤

招标采购项目管理方案的编制工作一般由招标采购项目经理和其领导下的招标采购团队担任。招标采购项目管理方案的编制经常是一个不断完善的动态过程，可按以下步骤进行。

（1）熟悉项目信息；

（2）梳理招标采购需求分析成果；

（3）确定招标采购的目标重点和任务；

（4）确定招标采购目标的有关实施思路；

（5）编制招标采购管理中的各类计划；

（6）落实招标采购管理有关保障措施；

（7）文字撰写。

5. 招标采购项目管理方案的批准与调整

招标采购项目管理方案是为完成项目业主的采购任务而编制的，所涉及的内容应当经过项目业主审核和批准后方可实施。招标投标活动的开展应在招标采购项目管理方案的指导下进行，在实施过程中应当主动与项目业主保持沟通，实现招标采购的目标。

招标采购方案是基于已有信息和资料的基础上编制，在编制过程中，需要不断和采购组织的内部、外部相关方面沟通和反馈，所以招标采购项目管理方案仍然属于初步的项目管理计划。在实施过程中，如果出现项目内、外部发生变化的情况，招标采购机构应当及时分析这些变化对招标采购工作的影响，及时与项目业主沟通，调整招标采购项目管理方案中的内容，按照调整后的方案执行。

3.2.4 建设工程招标采购工作计划编制

招标采购工作计划是招标采购项目化管理的配套计划，主要包括进度计划、组织保障计划、人力资源计划、费用计划、采购成本计划、质量计划、沟通计划、风险防范计划等。招标采购工作计划是招标采购项目管理方案的重要组成部分，这些计划与招标采购项目管理方案中其他内容，共同指导招标采购项目的具体实施。

招标采购工作计划是依据招标采购项目管理方案的管理思路，以及所确定招标采购的目标、方法和原则，通过对招标采购管理系统的详细分析，对招标采购活动涉及的有关范围管理、组织机构设置、人力资源配备、费用控制、质量控制、进度控制、沟通管理、风险管理等方面的工作安排，细化成目标具体、措施得当并具有可操作性的招标采购管理系统活动的筹划，是指导招标采购具体实施的重要文件。本节将重点讨论进度计划、组织保障计划、人力资源计划、费用计划等有关内容的编制。

1. 招标采购项目的工作分解

1）定义招标采购工作范围。

定义工作范围是制订项目和产品详细描述的过程。详细项目范围说明的编制，对项目成功至关重要。应该根据项目启动过程中记载的主要可交付成果、假设条件和制约因素，来编制项目范围说明。在招标采购规划过程中，由于对项目有了更多的了解，所以应该更具体地定义与描述招标采购的项目范围，分析现有风险、假设条件和制约因素的完整性，并在必要时进行补充。

招标采购的工作范围是由工程建设项目决定的，根据工程建设项目的建设模式决定招标采购的工作范围。对于采用委托代理招标的项目，招标采购的工作范围是以委托合同中约定的内容为准。

招标采购工作范围的定义主要依据前期已完成的招标采购需求分析的成果和建设工程招标采购目标，以及用于制订项目范围说明书的政策、程序和模板、以往项目的项目档案、经验教训。

招标采购工作范围的定义一般采用专家判断、产品分析、备选方案识别、引导式研讨会等工具和方法进行，最终确定招标采购项目的标的物范围及其必须开展的工作范围，详细描述要做和不要做的工作内容。项目范围说明使项目团队能开展更详细的规划，并可在执行过程中指导项目团队的工作。

2）创建工作分解结构。

创建工作分解结构（WBS）是把项目可交付成果和项目工作分解成较小的、更易于管理的组成部分的过程。工作分解结构（WBS）是以可交付成果为导向的工作层级分解，其分解的对象是项目团队为实现项目目标、提交可交付成果而实施的工作。工作分解结构每下降一个层次就意味着对项目工作更详尽的定义。工作包是工作分解结构的底层，是能够可靠地估算和管理工作成本和活动持续时间的位置。工作包的详细程度因项目大小与复杂程度而异。工作分解结构在项目管理中具有非常重要的作用，是制订项目管理计划、定义项目管理活动、估算项目成本、制订项目预算、规划项目管理质量、识别风险等工作的基础。

要把整个项目工作分解成工作包，一般需开展下列活动：
(1) 识别和分析可交付成果及相关工作；
(2) 确定工作分解结构的结构与编排方法；
(3) 自上而下逐层细化分解；
(4) 为工作分解结构组成部分制订和分配标志编码；
(5) 核实工作分解的程度是必要且充分的。

工作分解结构是一个逐渐细化的树状分支，可以采用多种形式，可以采用表格形式，也可以图表的形式，如表 3-2-2 所示。

表 3-2-2 招标采购项目 WBS

招标采购项目 WBS			
一级 WBS		二级 WBS	
编码	工作名称	编码	工作名称
0100	招标准备	0101	招标采购代理合同签订
		0102	编制招标方案
		0103	招标文件编制
		0104	招标控制价编制
		0105	招标备案
0200	招标	0201	招标公告发布
		0202	招标文件发售
		0203	踏勘现场
		0204	组织招标答疑
		0205	接收投标保证金
		0206	处理招标文件异议
0300	开标评标	0301	开标评标准备
		0302	组织开标
		0303	组织评标
0400	定标	0401	发布评标结果公示
		0402	处理评标结果异议
		0403	发放中标通知书
0500	签订合同	0501	协助签订合同
		0502	退还投标保证金
		0503	招标档案移交

2. 招标采购的进度计划

编制招标采购进度计划是招标采购项目管理方案的重要组成部分。招标采购进度计划中列明了招标采购过程中需要完成的工作及各项工作的开始时间、结束时间，以及各项工作之间的关系。招标采购进度计划的制订过程如图 3-2-3 所示，主要包含以下工作内容。

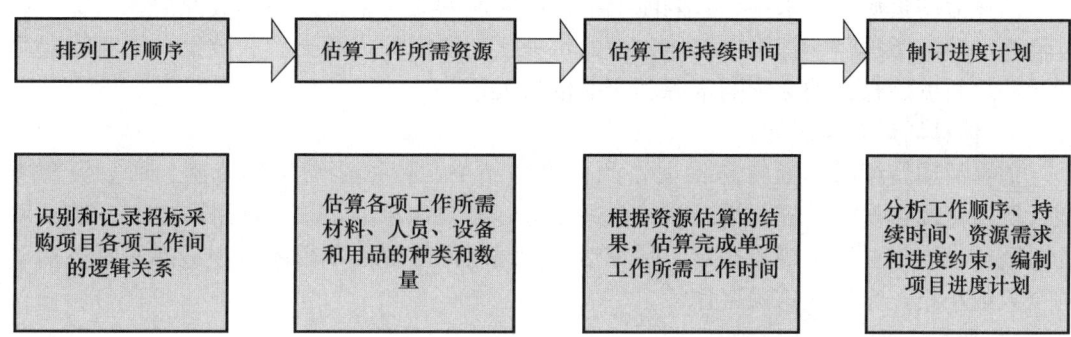

图 3-2-3　招标采购进度计划制订过程

1）确定招标采购工作顺序。

排列活动顺序是识别和记录项目活动间逻辑关系的过程。项目活动按逻辑关系排序。除了首尾两项，每项活动都至少有一项紧前活动和一项紧后活动。招标采购工作错综复杂，因此应围绕招标采购工作的逻辑关系，确定进度管理任务。

（1）工作之间的依赖关系。项目管理中的各项工作按照工作之间的先后关系安排次序，任何工作的执行必须在某些工作完成之后才能执行，这就是工作的先后依赖关系。依赖关系是合同所要求的或工作本身的内在性质所决定的依赖关系。工作先后依赖关系有两种：一种是工作之间本身客观存在的、无法改变的工艺关系，如"先设计后施工"就是典型的工艺关系；另一种是由于组织安排而使工作安排出现先后顺序的组织关系。一般而言，工作先后关系的确定首先应分析确定工作本身存在的工艺关系，然后确定各工作之间的组织关系。

（2）确定招标工作排序的基本步骤。具体如下：

① 制订项目招标工作内容。这是确定招标工作排序的基础性工作。

② 研究项目特性。项目的特性通常会影响到招标工作排序的确定，在招标工作排序的确定过程中更应明确项目的特性。

③ 确定各项工作内容之间的工艺关系。工艺关系是招标工作之间所存在的内在关系，一般主要依赖于技术方面的限制，也包括法律法规的规定，这些通常是不可调整的。因此确定起来较为容易，通常由采购团队与技术人员之间交流就可完成。

④ 明确组织关系。招标工作组织关系的确定一般比较难，它通常取决于采购团队的知识和经验，组织关系的确定对于招标项目的成功实施是至关重要的。

⑤ 研究实施条件和外部制约因素。应考虑开展招标工作时所依赖的各项前提条件和制约因素。外部工作通常会对招标工作存在一定影响，只有充分考虑外部工作对招标

工作的制约，才能主动把握招标采购活动的进展情况。

⑥ 对各项招标工作排序，为编制招标采购进度计划提供了条件。

2）估算活动资源。

估算活动资源是估算每项活动所需材料、人员、设备或用品的种类和数量的过程，估算活动资源有助于协调招标采购过程中各类资源的使用和进度计划的优化，也与估算成本过程紧密相关。

估算活动资源可以采用专家判断或参考已完成的类型项目的实际资源消耗情况。通过估算活动资源过程，识别出工作包中的每项活动所需的资源类型和数量，同时需要判断活动之间可能存在的会影响资源利用的依赖关系。

3）估算活动持续时间。

估算活动持续时间通常是根据资源估算的结果，依据活动工作范围、所需资源类型、所需资源数量等，进行活动持续时间估算。需要注意的是，招标采购中的一些活动的时间应当满足法律法规的规定。估算活动持续时间一般由项目团队中最熟悉具体活动的个人或小组，来完成这项工作。

4）招标采购进度计划的制订。

制订进度计划是在分析活动顺序、持续时间、资源需求和进度约束的基础上，参考已完类似项目的实际进度情况编制。通过处理各种活动、持续时间和资源信息，就可以制订出一份列明各项目活动的计划完成日期的进度计划。编制可行的项目进度计划，往往是一个反复进行、逐步优化的过程。这一过程旨在确定项目活动的计划开始日期与计划完成日期，并确定相应的里程碑。在编制进度计划过程中，可能需要审查和修正持续时间估算与资源估算，以便制订出有效的进度计划。

由于法律法规的规定、委托人（客户）的要求或者其他的条件限制，导致某些招标采购工作必须在某些时间点完成，这就是所谓的强制日期或时限。此外，招标过程中总会存在一些关键事件或者一些里程碑事件，这些都是进度计划中所必须考虑的限制因素。

制订招标采购进度计划应在充分了解项目采购项目的特点、技术经济条件及限制条件的基础上，根据项目招标采购的时间要求、各项工作的顺序及时间估计进行。

招标进度计划是表达招标采购工作中各项工作的开展顺序、开始和完成时间以及相互衔接关系的计划，具体编制步骤如下：

（1）根据招标采购工作内容的分解，确定各项工作的先后顺序；

（2）估计出各工作的延续时间；

（3）确定招标采购工作的时间进度；

（4）针对各项工作的资源消耗对时间进度进行优化和调整；

（5）应用相关工具（如关键路径法、横道图）编制进度计划。

进度计划可以采用表格形式，也可以采用专门的进度计划编制工具完成，通常采用横道图或网络图的方式，这样可以形象地表达招标采购项目管理包含哪些工作，这些工作的持续时间有多长以及工作之间的相互关系等，也便于在实施过程中对进度的控制。

图 3-2-4 为委托代理招标采购流程图，表达招标采购工作先后顺序，是编制招标采购进度计划的主要依据，图 3-2-5 为采用横道图方式编制的某工程施工总承包招标进度计划。

第3章 建设工程招标采购项目化管理

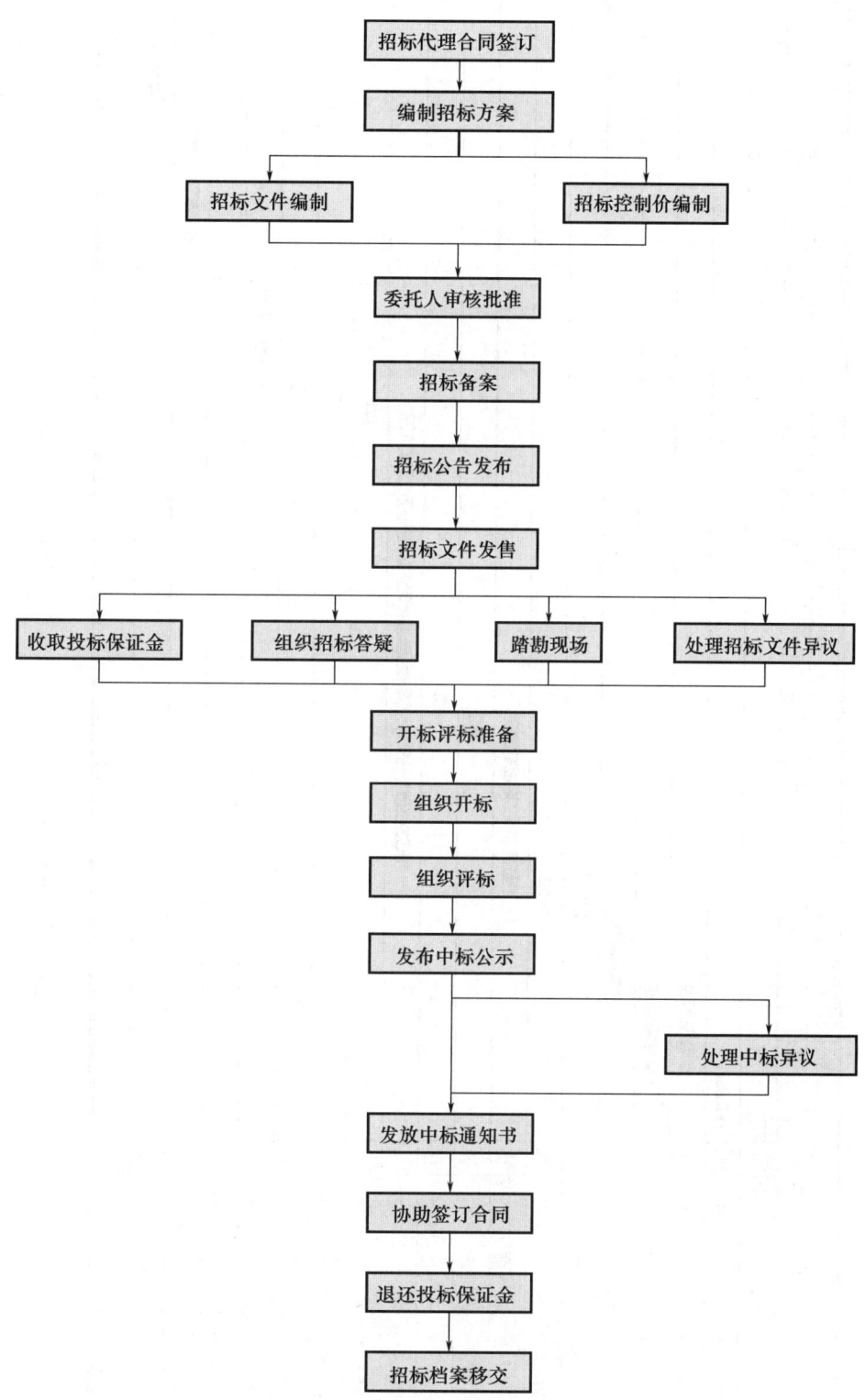

图 3-2-4 委托代理招标采购流程图

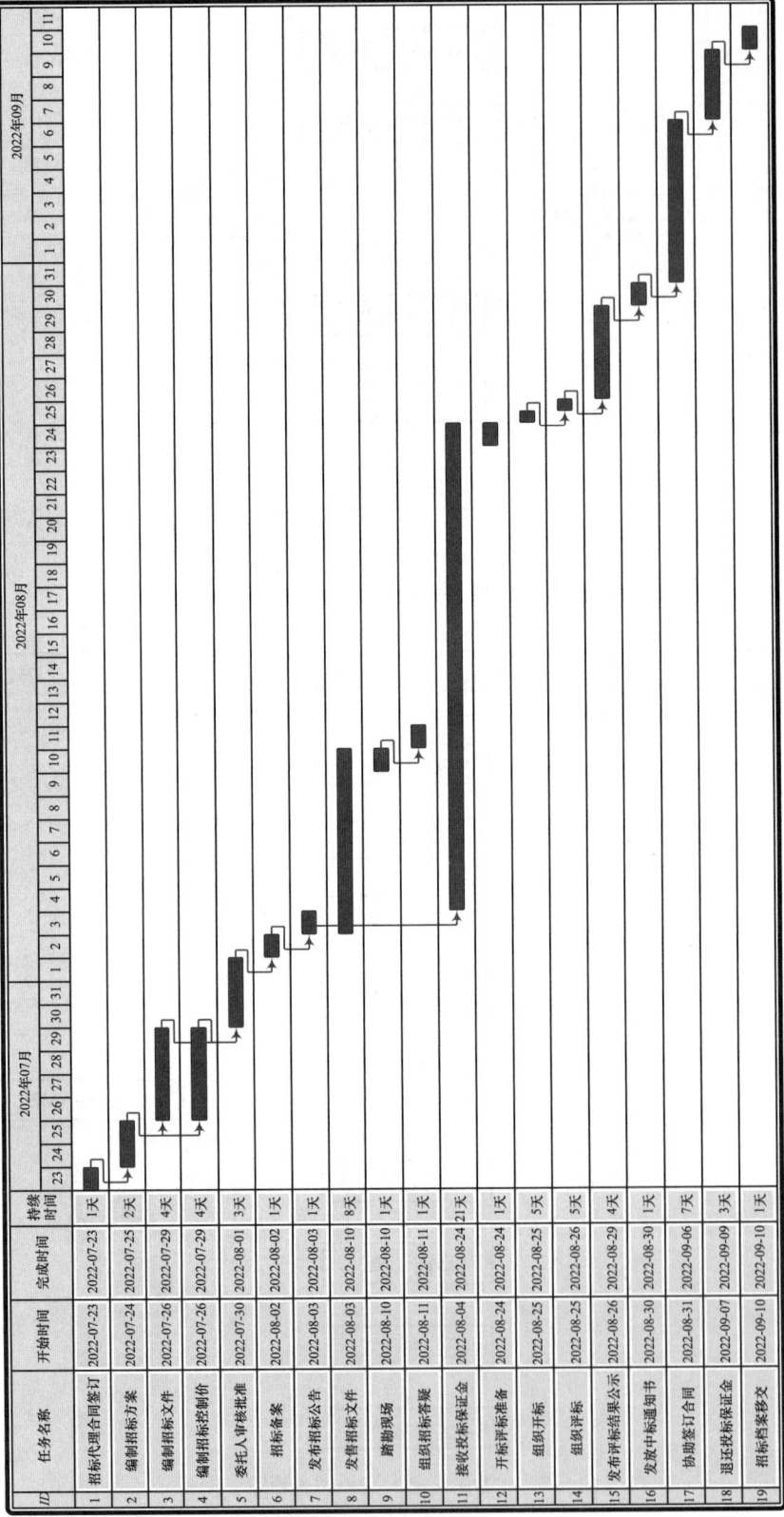

图3-2-5 采用横道图方式编制的某工程施工总承包招标进度计划

3. 招标采购的组织保障计划

1）招标采购的组织方式与团队建设。

采购机构在接受招标任务后，应根据企业现有组织结构及招标采购项目特点，选择有经验的招标采购专业人员和恰当的组织方式，组建招标采购团队。

（1）确定招标采购的组织方式。招标采购项目具有时间短、工作内容多、专业性高的特点，因此团队的组织方式及团队成员应当效果稳定。

图 3-2-6 所示为某工程管理有限公司采取职能制和项目制结合的组织架构，在公司层面采用职能制，在造价咨询和招标采购代理部门层面采用项目制，分别成立多个人员固定项目组，分别任命项目经理，由项目经理负责项目组的内部管理，完成公司的造价咨询和招标采购代理项目。公司根据项目特点确定招标项目组的组织方式，在固定的项目组的基础上，增加档案管理人员和财务人员参与项目组织。若代理工作中包含工程量清单、投标最高限价等相关工作的，可以增加造价咨询人员，在招标采购项目经理的领导下完成相应工作。

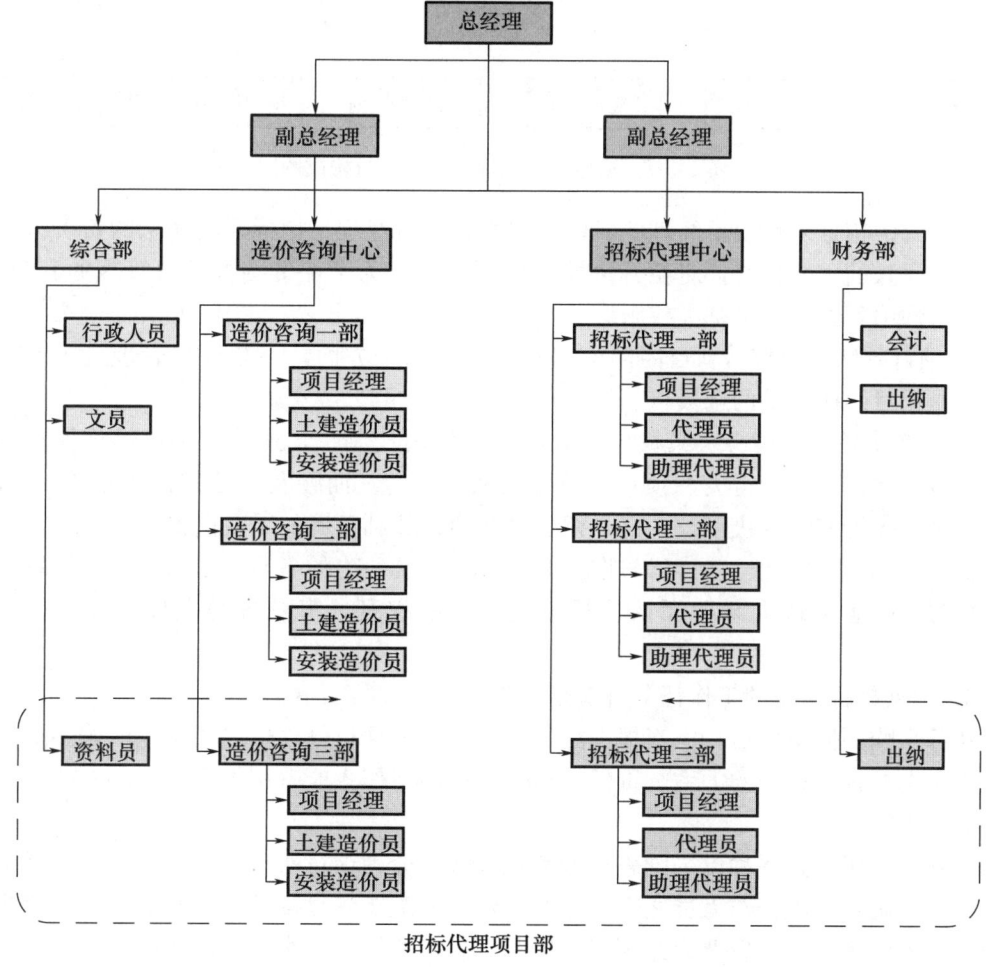

图 3-2-6　招标采购项目组织架构

（2）组建招标采购团队。招标采购团队是为了成功完成采购任务而组建的机构。招标采购团队应当具有如下特征：

① 共同而明确的采购目标。共同的目标是招标采购团队存在的基础，清晰明确的采购目标是有效开展工作的保障。

② 结构组成合理。招标采购团队由不同部门、不同专业的员工组成，人员结构应当与招标采购项目的要求相匹配。

③ 角色适当分工。招标采购团队的成员必须有清晰的角色定位和分工，团队成员应清楚地了解自己的定位与责任，在项目经理的领导下协调工作。

④ 信息沟通顺畅。招标采购团队成员针对出现的问题及时交流，不应存在信息孤岛。

⑤ 成员能力互补。招标采购团队成员总体专业知识和技能全面，知识、经验、素质与技能互补性强。

图 3-2-7 为招标采购项目组的人员配备情况。

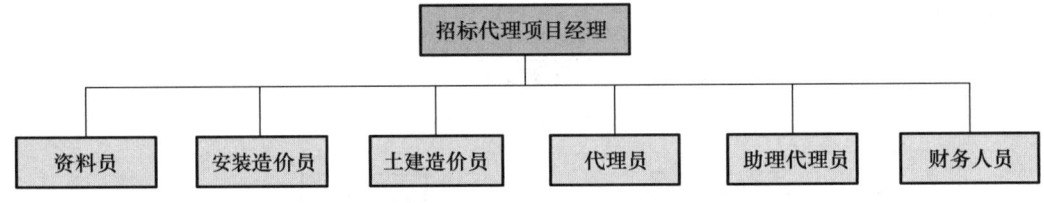

图 3-2-7　招标采购代理项目部人员构成图

（3）明确招标采购项目经理的责任和权力。项目经理是招标采购团队的负责人，是项目管理团队的重要核心，对招标采购工作负总责。为了保证招标项目管理的有效性，应授予采购项目经理以下基本权限。

① 项目团队组建权。项目团队的组建权包括两个方面，一是项目管理班子的组建权；二是项目团队成员的选拔权。

② 财务决策权。财务决策权包括分配权和费用控制权，这些权力能够促使招标采购团队成员将其个人的得失和项目的盈亏联系在一起，而顾及自己的行为后果。因此，项目经理必须拥有财务决策权，这是招标采购项目顺利开展的重要前提。

③ 项目实施控制权。项目经理应当有权对招标采购的各项工作实施监督和控制，包括项目采购各阶段向采购团队成员下达指令的权利，审核各类文件并予以批准的权利。

2）根据招标采购的工作任务分解落实责任。

招标采购团队组建后，应当根据招标采购工作的项目管理任务要求，明确招标采购团队人员在招标工作中的关系、责任和地位，这项工作主要采用招标采购的责任分配矩阵的方法进行。

责任分配矩阵是一种以二维表格的表现方式，分列项目所包含的工作和所涉及的人力资源，明确各项工作与人员之间的关系。责任分配矩阵显示了为工作分配的人力资源情况，也表明了该人力资源为这项工作所起到怎样的作用。责任分配矩阵一般采用以下步骤进行。

（1）建立二维矩阵表格。

(2) 在矩阵的左列，列出每项工作内容，一般可以采用工作分解结构（WBS）中列明的内容。

(3) 在矩阵的顶部，依次列出整个项目所涉及的人员情况，包含项目团队中的人员，也可以包括不属于项目团队中的人员，如高层管理人员、外部的咨询顾问等。

(4) 在矩阵中明确人员在各项工作中的工作职责，工作职责一般包含四类（Z 为执行人，具体完成本工作的人；F 为负责人，负责按照要求完成工作的人，项目经理认定负责人为该工作的唯一负责人，每项工作一定需要有唯一的负责人；C 为参与人，参与工作的人，主要是指完成部分辅助性工作的人；Q 为知情人，需要将工作情况告知的人）。

(5) 用图例表示类型或关键字，方便人员阅读和理解。

表 3-2-3 为招标采购工作的责任分配矩阵表，该责任分配表清楚列出与招标任务有关的部门及个人，并明确表示出他们在招标工作中的关系、责任和地位。

表 3-2-3　某工程招标采购工作的责任分配矩阵表

项目 WBS		责任人						
		项目经理	代理员	助理代理员	土建造价员	安装造价员	财务人员	资料员
招标准备	招标采购代理合同签订	F	Z	C				C
	编制招标方案	F	Z	C	C			C
	招标文件编制	F	Z	Z				
	招标控制价编制	Q	C		F	C		
	招标备案	Q	F	Z				C
招标	招标公告发布	Q	F	Z				
	招标文件发售	Q	Z	C			F	
	踏勘现场	Q	F	Z	C	C		
	组织招标答疑	F	Z	C	C	C		
	接收投标保证金	Q		Z			F	
	处理招标文件异议	F	Z	C	C	C		
开标评标	开标评标准备	Q	F	Z			C	C
	组织开标	F	Z	Z	C	C		
	组织评标	F	Z	Z	C	C		
定标	发布评标结果公示	Q	F	Z				
	处理评标结果异议	F	Z	Z	C	C		C
	发放中标通知书	Q	F	Z				
签订合同	协助签订合同	F	Z	C	C	C		
	退还投标保证金	Q		Z			F	
	招标档案移交	Q	F	C				Z

注：Z 为执行人，具体完成本工作的人；F 为负责人，负责按照要求完成工作的人，项目经理认定负责人为该工作的唯一负责人，每项工作一定需要有唯一的负责人；C 为参与人，参与工作的人，主要是指完成部分辅助性工作的人；Q 为知情人，需要将工作情况告知的人。

4. 招标采购的人力资源计划

招标采购的人力资源计划是针对招标采购中完成各项工作所需人员类型及数量的计划。招标采购人力资源计划应当与所承担的招标采购项目的规模和复杂程度相匹配，并在人员知识、经验、能力等方面符合招标项目的要求。

1) 人力资源计划的编制依据。

（1）招标采购工作分解（WBS）和责任分配矩阵。招标工作分解结构和责任分配明确了招标采购实施各阶段工作所需资源的基本情况，是人力资源计划的重要依据。

（2）招标采购进度计划。在招标采购进度计划中可以了解每项工作何时需要多少人力资源，也可以发现不同时间人力资源使用中存在的不平衡现象。通过对招标采购进度计划的优化可以促使人力资源的均衡使用。

（3）已完类似项目的历史信息。历史信息记录了已完类似招标采购项目中人力资源的真实情况，这些资料可以作为人力资源计划编制中重要的参考。

（4）人力资源安排描述。明确哪些人员可以从内部获得，哪些是自身不具备而寻求外部的帮助，这些是人力资源计划编制中必须考虑的内容。

2) 招标工作人力资源计划的成果。

人力资源计划一般采用表格的形式，内容包括招标采购的工作内容及其所对应的各类人力资源需要的情况。人力资源计划应当根据招标采购项目的特点编制，所列工作内容应满足项目管理的需要。

人力资源计划还可以进一步与招标采购进度计划相对接，生成人力资源进度负荷图和人力资源累计曲线，用于直观显示随招标采购工作的开展，人力资源的使用情况。

3) 招标工作人力资源计划示例。

（1）人力资源需求示例（表 3-2-4）。

表 3-2-4　某工程招标人力资源需求

序号	招标工作	招标人力资源需求（人·天）						
		项目经理	代理员	助理代理员	土建造价员	安装造价员	财务人员	资料员
1	勘察招标	20	32	28	6	4	12	7
2	设计招标	22	36	33	5	3	12	7
3	监理招标	18	32	28	2	1	12	7
4	工程总承包招标	29	48	47	29	24	18	9
5	合计	89	148	136	42	32	54	30

（2）人力资源计划示例（表 3-2-5）。

表 3-2-5　某项目工程总承包招标工作的人力资源计划

序号	工作内容（WBS）	人力资源需求量（人·天）							
		项目经理	代理员	助理代理员	土建造价员	安装造价员	财务人员	资料员	小计
1	招标采购代理合同签订	1	2	2				1	6

续表

序号	工作内容（WBS）	人力资源需求量（人·天）							
		项目经理	代理员	助理代理员	土建造价员	安装造价员	财务人员	资料员	小计
2	编制招标方案	2	4	4	2	2		2	16
3	招标文件编制	4	8	4	2	2			20
4	招标控制价编制	1	2	2	15	10			30
5	委托人审核批准		1	1				1	3
6	招标备案	1	2	2				1	6
7	招标公告发布	1	1	2					4
8	招标文件发售	1	2	4				8	15
9	踏勘现场	1	2	2	1	1			7
10	组织招标答疑	2	2	2	3	3			12
11	接收投标保证金	1	1	2			6		10
12	处理招标文件异议	2	2	1	1	1			7
13	开标评标准备	2	2	2			1	1	8
14	组织开标	1	2	2	1	1			7
15	组织评标	1	2	2	1	1			7
16	发布评标结果公示	1	1	2					4
17	处理评标结果异议	2	3	2				1	10
18	发放中标通知书	1	2	2					5
19	协助签订合同	2	4	4	2	2			14
20	退还投标保证金	1	1	1			3		6
21	招标档案移交	1	1	2				2	6
22	合计	29	48	47	29	24	18	9	204

（3）人力资源负荷图。人力资源负荷示例见图3-2-8。

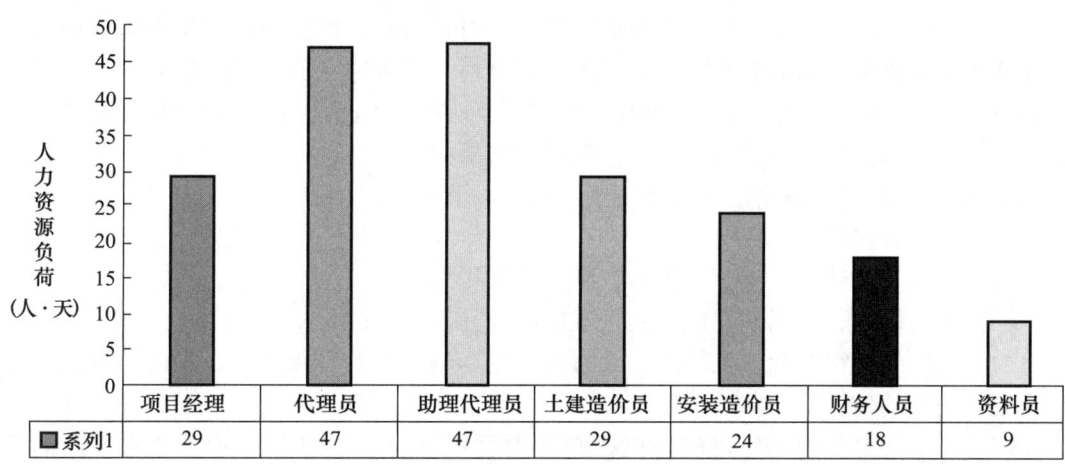

图 3-2-8　人力资源负荷图

(4)人力资源进度负荷图。人力资源进度负荷示例见图 3-2-9。

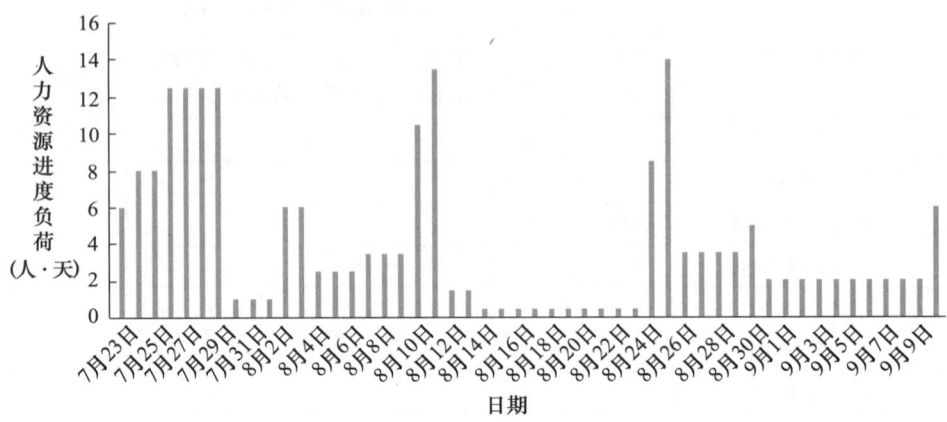

图 3-2-9 人力资源进度负荷图

(5)人力资源累计曲线。人力资源累计曲线示例见图 3-2-10。

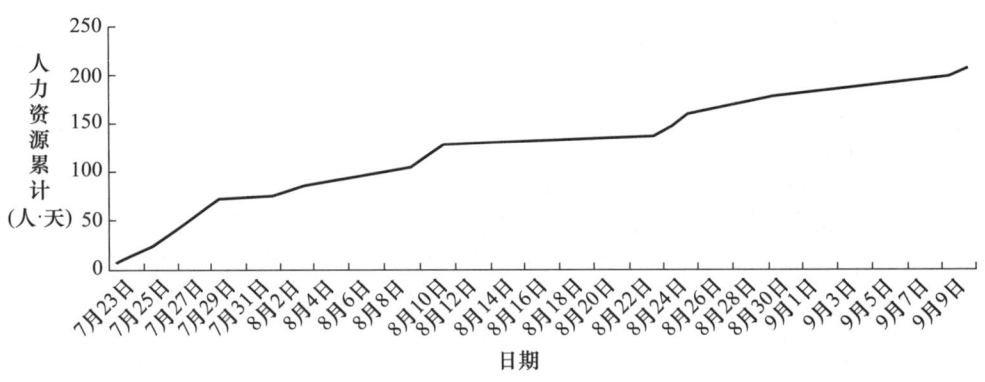

图 3-2-10 人力资源累计曲线

5. 招标采购的费用计划

1)招标采购项目费用的估计。招标采购的费用计划就是对招标采购工作费用的估算,用于计算招标采购工作的资金需求和费用支出。招标工作费用估计是指招标采购开始前估算完成招标采购活动所需资源(人工、材料、设备等)的费用。招标采购是在一定约束条件下实施的工作,因此费用的估计是一项重要的工作。招标采购具有明显的服务项目特点,费用估计应该与招标工作质量的结果相联系。

2)招标采购工作费用估计的主要依据包括以下内容:
(1)工作分解结构(WBS);
(2)资源需求计划,主要是人力资源计划安排结果。
(3)资源价格,包括不同职位的工资标准及其他物资的价格。
(4)工作的延续时间。工作的延续时间直接影响分配的资源数量,进而影响到招标采购工作费用的估算。
(5)历史信息。同类项目的历史资料是项目招标过程中可以参考的最有价值的资料,包括项目文件、可共用的项目费用估计数据库及项目工作组的相关经验等。

3）招标工作费用计划的成果。招标采购费用计划一般采用表格的形式，内容包括招标采购所需资源的需要情况、资源价格以及各项费用的汇总。

招标采购费用计划还可以进一步与招标采购进度计划相对接，生成费用支出累积曲线如图 3-2-11 所示，用于直观显示随招标采购工作的开展，费用支出的情况。

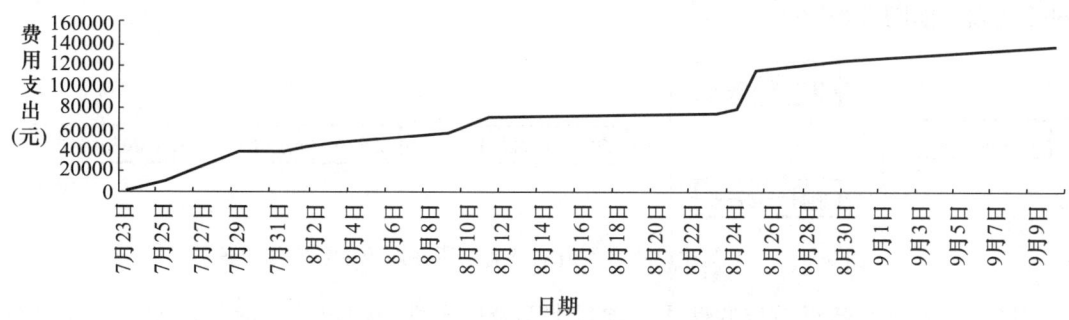

图 3-2-11 招标工作的费用支出累积曲线

4）招标采购工作费用估计示例（表 3-2-6）。

表 3-2-6 某工程招标工作的费用支出计划表

序号	费用名称			数量（人·天）	单价（元/天）	小计（元）	备注
1	人工成本	工资	项目经理	29	450	13050	
			代理员	48	300	14400	
			助理代理员	47	200	9400	
			土建造价员	29	400	11600	
			安装造价员	24	400	9600	
			财务人员	18	200	3600	
			资料员	9	250	2250	
			小计	204		63900	
		社保福利费				25560	按工资的 40%
2	专家评审费			7	2000	14000	
3	其他费用	管理费				12780	按工资的 20%
		开标室租赁费				15000	
		标书制作费				5000	
4	费用支出合计					136240	

3.2.5 建设工程招标采购项目管理方案编制实例

1. 建设工程招标采购项目管理方案编制过程

1）建设工程招标采购需求分析。

工程建设项目招标采购在规划阶段首先要对建设工程的基本情况做充分的研究。这些情况可以由建设单位完成，也可以与委托的招标采购代理机构共同完成。

（1）了解工程建设项目所属的行业及所在地域。我国工程招标投标领域，不同地区分别制订了适用于各地的地方性法规、地方性规章和规范性文件，而不同行业主管部门也有适用于本行业的部门规章和规范性文件，这些法规文件的规定各不相同。我国建设项目采用属地管理的模式，因此了解建设项目所属的行业及所在地域是进行工程招标采购的基础。如图3-2-12所示。

图 3-2-12　工程建设项目所属的行业及所在地域主要工作流程

（2）了解项目建设单位的性质、项目类型及资金性质确定采用的采购方式。如果是属于依法必须招标范围的，应当选择招标方式；不属于依法必须招标范围的，可以选择招标方式，也可以选择其他采购方式。流程图如图3-2-13所示。

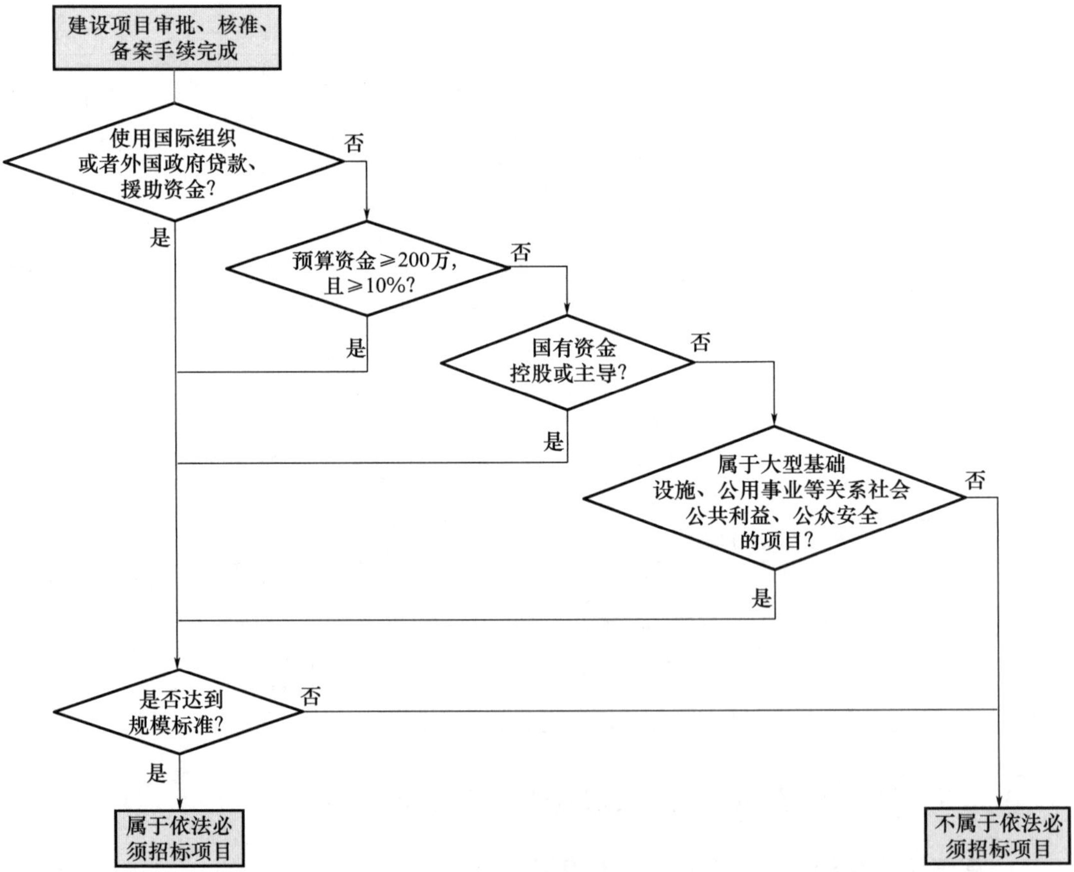

图 3-2-13　判定是否属于依法必须进行招标的项目流程图

（3）根据招标人自身的技术力量确定招标采购的组织方式。如果招标人具备自行招标条件的，可以选择自行组织招标，也可以选择委托招标采购代理机构组织招标；招标人不具备自行招标条件的,应当选择委托招标采购代理机构组织招标。

(4) 合理确定工程建设项目承包方式。我国传统工程建设程序为勘察、设计、施工分别发包的方式,选择不同的承包商承担这些工作;当前大力推行的工程总承包项目是把这些工作发包给一家总承包企业来完成。应当根据项目特点及建设单位特点合理选择承包方式。

(5) 组建招标采购项目管理组织。根据招标采购项目的特点和要求,任命合适人员担任项目经理来具体负责招标采购项目的实施;由项目经理经授权组建招标采购项目部,项目部人员应当具备相应的经验和能力,也可以申请外部专家协助解决招标采购项目部所遇到的复杂问题。招标采购项目管理组织可以采用组织机构图的方式描述所有职位。

2) 建设工程招标采购目标确定。

(1) 根据建设项目的总进度计划确定招标采购的里程碑计划。招标采购应当与工程建设项目的总进度计划匹配,在合适的时机完成特定的招标采购工作。根据建设项目的总进度计划确定招标采购的里程碑计划。里程碑计划列明了每项招标的完成时间,用于指导招标工作的进度安排和控制招标采购项目工作的进展和保证实现总目标。总进度计划、里程碑计划如图 3-2-14 和 3-2-15 所示。

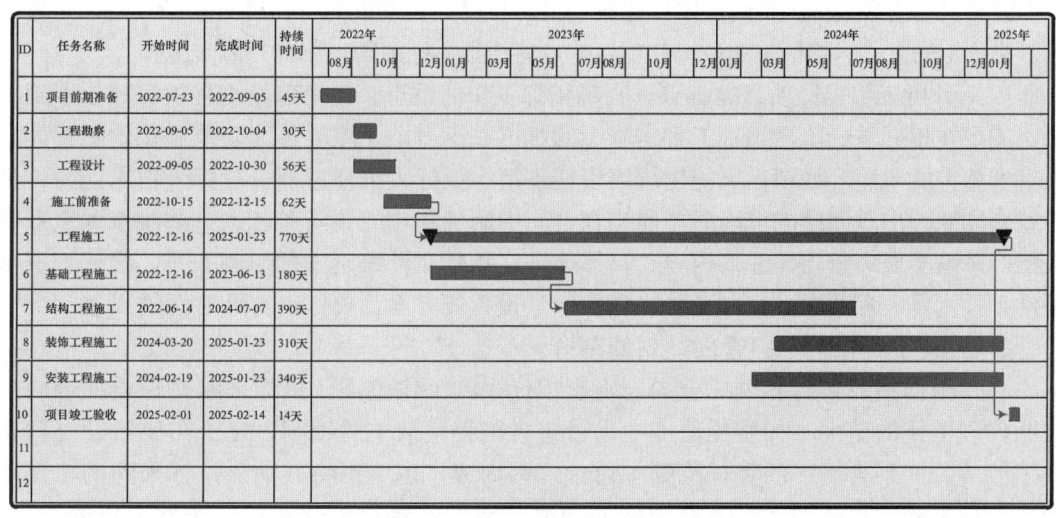

图 3-2-14　项目总进度计划

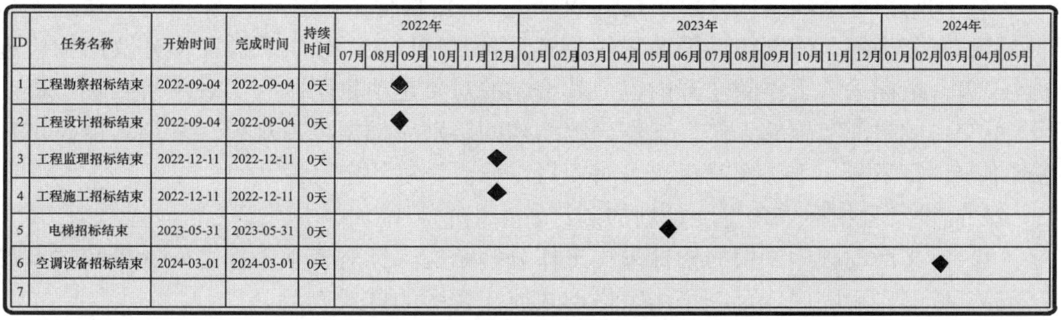

图 3-2-15　招标采购的里程碑计划

在工程招标采购的安排中,施工招标应当在设计完成后进行,工程建设项目的勘察、设计、施工招标一般是在工程进度安排的关键线路上，所以在招标采购的里程碑计划中，工程勘察、工程设计的招标工作可以同时安排，待工程勘察和设计完成后再进行工程监理、施工的招标。工程监理、施工的招标工作也同时安排。这些招标工作的并行安排有利于提高资源的使用效率。工程建设项目的材料、设备的招标应当保证材料、设备在使用前到达施工现场的前提下安排；电梯招标等需要定制的设备可以放在结构工程施工前完成，主要考虑电梯的制造、运输的时间，而且电梯的中标单位可以提前进入结构施工现场配合预留、预埋，有利于后期设备安装。

（2）落实工程建设项目招标条件。工程建设项目招标条件是工程招标的基础和必要条件，不同招标项目应具备的条件不尽相同，应仔细核实每项条件是否满足要求，避免出现法律问题。

（3）分析项目特点，确定招标采购目标。招标采购目标包含建设工程项目本身的质量目标、进度目标、投资目标、安全生产目标、文明施工目标等，也应当明确招标采购项目管理的目标，如招标工作的质量、进度、投资目标等。在招标采购目标的确定中应当分析招标采购项目的特点和要求，如果技术复杂或者无法精确拟定技术规格的项目，可以采用两阶段的招标方式；若潜在投标人数量过多或建设项目对投标人技术能力有特殊要求的项目，可以采用资格预审的方式。招标采购目标和项目特点将指导招标采购工作的具体实施。

（4）分析工程建设项目的难点，明确招标工作的重点。每个建设工程项目都会遇到风险，需要在招标采购阶段识别工程实施中的难点和重点，才能尽可能防范和化解工程建设项目实施中的风险。如项目可能出现因责任不清、投标人价格过低、投标人技术能力不足导致合同执行出现问题的风险时，应当在合同中明确相应的预防条款。这些难点和重点将是招标采购实施中重点关注的内容，具体体现在招标文件编制中的时间安排、投标人资格条件、技术标准和要求、合同条件、评标因素设置等方面都要作出有针对性的规定。

3）建设工程招标范围管理计划的制订。

（1）根据项目目标和委托合同，确定招标采购工作范围。招标采购代理委托合同会列明代理工作的范围，如委托范围中是否包含工程量清单的编制、是否需要协助办理相关手续等，如果合同中的委托范围中包含这些内容，也应当将其纳入招标采购的工作范围。招标采购工作范围经与项目委托人沟通一致后，将作为开展招标采购工作的边界，也是其他项目管理计划的基础。

（2）编制招标采购工作分解结构（WBS）。根据招标采购主要工作内容，通过项目组成员的充分沟通，编制招标采购工作分解结构（WBS）。招标采购工作分解结构应包含且仅包含招标采购工作的全部内容，其编制的对象是项目团队为实现项目目标、提交所需可交付成果而实施的工作。工作分解结构的级别应根据项目规模、复杂程度及工作范围确定，每下降一个层次就意味着对项目工作更详尽的定义。

4）建设工程招标采购进度计划的制订。

（1）定义活动顺序。根据招标采购工作分解结构，针对各项工作之间的依赖关系确定全部工作的先后顺序，可以采用表格形式或流程图的方式表示。

（2）估算每项工作所需资源和活动持续时间。针对招标采购工作分解结构中的每项工作，估算其所需的资源，包含人力资源及其他物质资源。估算每项工作的持续时间及开始时间、结束时间。

(3) 制订进度计划。根据每项工作的时间安排，制订招标采购进度计划。进度计划的编制应当考虑工作之间的顺序以及各项工作所需资源的限制。进度计划可以采用表格、横道图、网络图的方式表示。进度计划应当与招标人充分沟通后确定，并作为招标采购工作的时间基准。

5) 建设工程招标采购质量管理计划的制订。

(1) 确定每项工作的质量标准。根据招标项目的采购目标及工作分解结构，确定每项工作的质量标准，特别是针对重点工作，制订明确的质量标准。

(2) 确定质量控制点。可采用因果分析图、流程图等方法，参考已有项目的质量统计数据，确定出现质量问题频率较高或影响较大的重点环节，并针对这些环节设置质量控制点，用于实施过程中实时监督和检查相关环节的工作质量。

6) 建设工程招标资源使用计划的制订。

(1) 分配人力资源。根据编制完成的招标采购工作分解结构，针对每项工作内容，确定工作的负责人以及其他职责的人员，建立招标采购项目的责任分配矩阵。

(2) 建立资源使用计划。根据每项工作的资源消耗，汇总不同职位人员的资源需求情况。根据进度计划安排，可以使用直方图的形式表示项目组每天人力资源需求情况，用折现图的形式表示人力资源的累计使用情况。这些数据对于同时进行多个项目的招标采购项目组很有意义，通过这些数据可以了解人力资源使用中存在的不均衡现象，以实现人力资源最佳使用。

7) 建设工程招标采购沟通计划的制订。

(1) 识别项目干系人的沟通需求。识别所有受项目影响的人员或组织，并记录其利益、参与情况和成功的影响项目的过程。通过访谈等方式记录并确定项目干系人的信息需求。

(2) 根据项目干系人的信息需求，定义沟通方法及过程。对于招标采购项目部的内部沟通，应当建立日报、周报、例会等方式规范项目信息沟通，也可以建立招标采购项目管理信息系统。对委托人等外部干系人，应提前建立重要节点沟通计划，随时报告各项信息。

8) 建设工程招标采购风险管理计划的制订。

(1) 识别工程招标采购中可能遇到的风险。可以采用头脑风暴、专家判断等方法，参考已有类似项目的情况，尽可能全面地识别工程招标采购过程中的风险因素，可以从项目阶段、工作内容等不同的角度识别，最后汇总风险因素一览表。

(2) 风险评估。对识别出的风险进行评估，主要包括风险发生的概率以及风险发生后可能对工程招标采购造成的损失。综合评估后确定主要的风险因素。

(3) 确定各类风险的应对计划。针对不同的风险因素，按照风险评估的结果，制订相对应的风险应对计划。

9) 建设工程招标采购监控计划的制订。

招标采购的各项计划，最终还应当反映在项目实施中。招标组织应当在前面各项计划的基础上，制订招标采购监控计划，用于整个招标采购实施过程中能够有针对性地监控各项工作的开展情况，及时发现可能出现的问题，并采取适当的措施。招标采购监控计划应当特别关注对招标采购项目的质量、进度影响较大的工作，并在各项工作流程和制度的基础上，把各项监控工作落实到具体的时间节点上。建立项目管理日历，如图 3-2-16 和 3-2-17 所示，在日历上标明各项工作安排，用于在招标采购实施过程中开展各项监控工作。

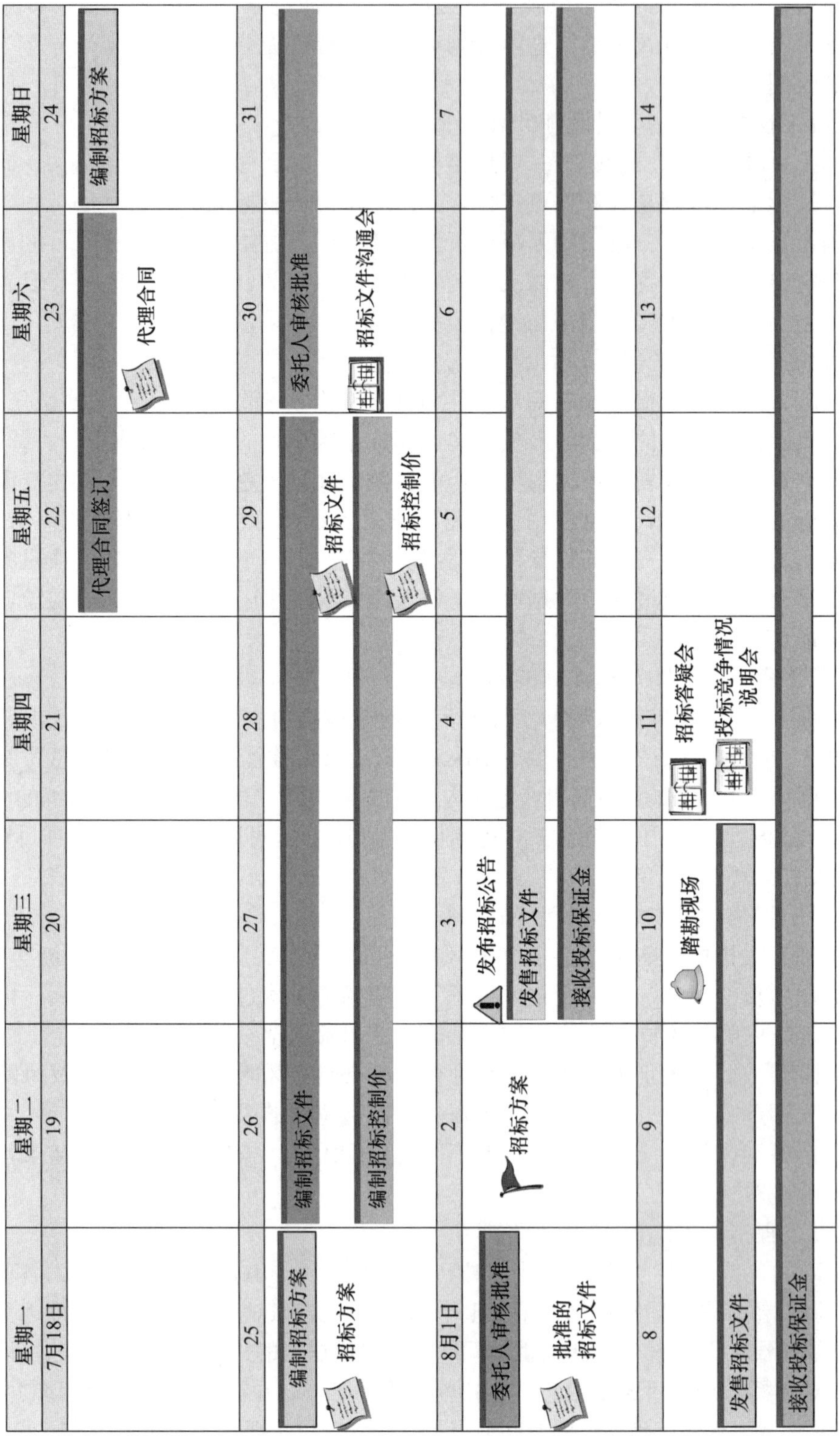

星期一	星期二	星期三	星期四	星期五	星期六	星期日
7月18日	19	20	21	22	23	24
编制招标方案	编制招标方案			代理合同签订	代理合同	编制招标方案
25	26	27	28	29	30	31
委托人审核批准 批准的招标文件	编制招标文件 编制招标控制价			招标文件 招标控制价	委托人审核批准 招标文件沟通会	
8月1日	2	3	4	5	6	7
	招标方案	发布招标公告 发售招标文件 接收投标保证金				
8	9	10	11	12	13	14
发售招标文件 接收投标保证金		踏勘现场	招标答疑会 投标竞争情况说明会			

图3-2-16 项目管理日历（1）

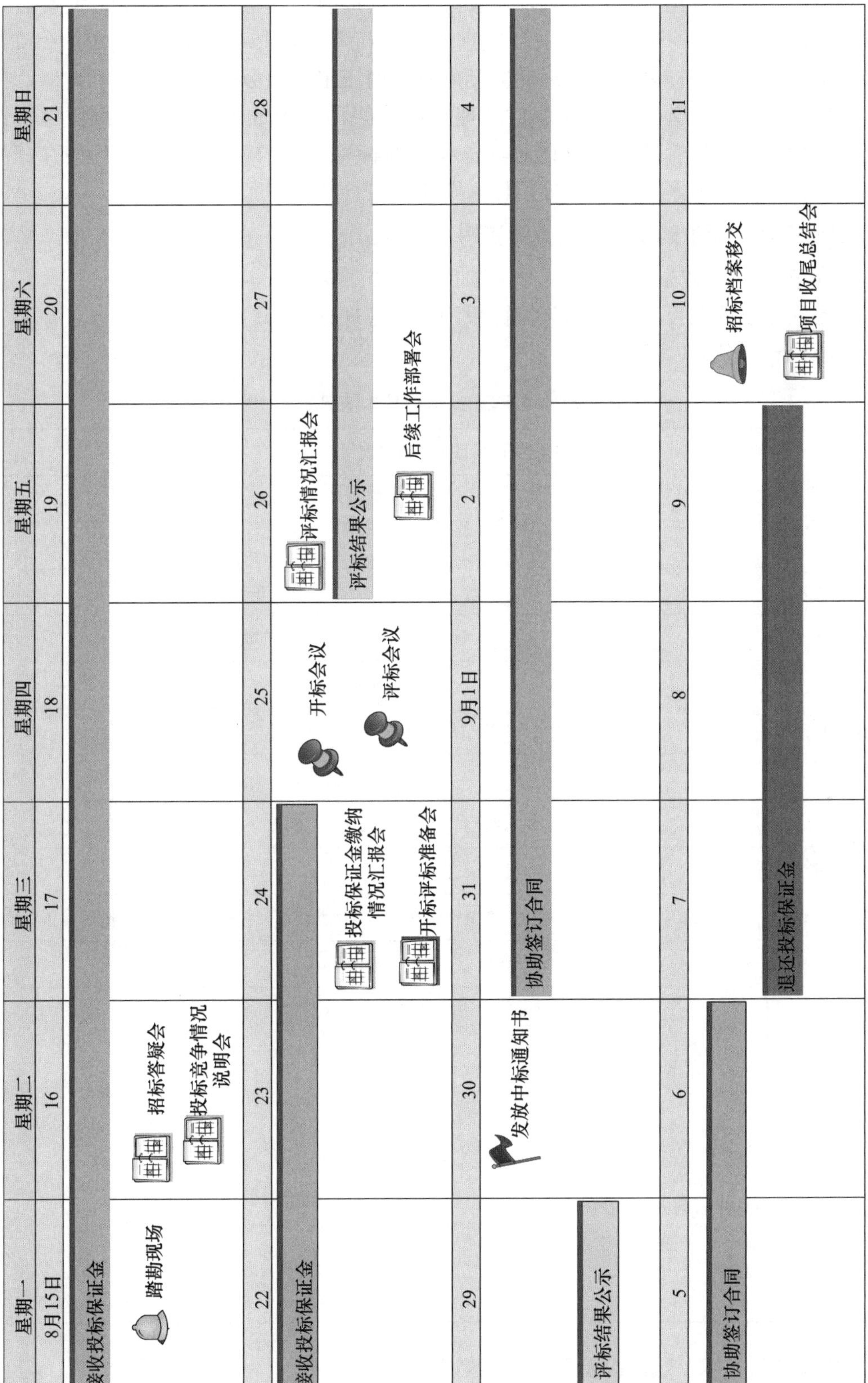

第3章 建设工程招标采购项目化管理

星期一	星期二	星期三	星期四	星期五	星期六	星期日
8月15日	16	17	18	19	20	21
接收投标保证金 踏勘现场	招标答疑会 投标竞争情况说明会					
22	23	24	25	26	27	28
接收投标保证金		投标保证金缴纳情况汇报会 开标评标准备会	开标会议 评标会议	评标情况汇报会 评标结果公示		
29	30	31	9月1日	2	3	4
	发放中标通知书	协助签订合同		后续工作部署会		
5	6	7	8	9	10	11
评标结果公示 协助签订合同		退还投标保证金			招标档案移交 项目收尾总结会	

图3-2-17 项目管理日历（2）

从以上内容可以看出，招标采购项目管理方案的内容包含很广，需要花费大量的时间和精力编制完成。一个有经验的项目经理善于分析和总结招标采购实施中经验和教训，及时记录和解决招标采购中出现的实际问题。由于工程招标采购过程基本类似，招标采购组织应当逐步完善招标采购项目管理方案的架构和组成内容。当遇到新的项目时，充分利用已有项目管理方案，针对具备项目的特点和要求，修改补充相关的内容，完成切合项目实际的方案，用于指导招标采购工作的开展。

2. 建设工程招标采购项目管理方案实例

以下是市政基础设施项目的招标采购项目管理方案实例。

某市政基础设施项目工程总承包招标采购项目管理方案。

1) 项目概况（表 3-2-7）

表 3-2-7 工程建设项目基本情况表

工程建设项目基本情况表				
项目编号		合同编号		
项目名称				
委托人名称		单位性质		
委托人地址		联系人		
联系电话		邮箱		
招标（采购）标的	□勘察 □设计 □施工 □监理 □货物 □工程总承包 □其他			
资金来源		投资总额		
监督机构	□建委（建设局） □发改委 □财政局 □其他			
交易场所				
招标（采购）方式	□公开招标 □邀请招标 □竞争性谈判 □竞争性磋商 □询价 □单一来源 □其他			
项目经理		开始时间		
项目特点				

2) 招标采购目标、范围以及重点和难点分析

（1）招标采购目标、范围及要求如表 3-2-8 所示。

表 3-2-8　工程建设项目招标采购范围和目标

工程建设项目招标采购范围和目标								
项目编号					项目经理			
项目名称								
招标标的		□勘察	□设计	□施工	□监理	□货物	□工程总承包	□其他
招标范围								
招标方式		□公开招标	□邀请招标		是否两阶段		□是　□否	
资格审查方式		□资格预审	□资格后审		标段划分		□不分标段　□个标段	
评标方法			□综合评估法　□经评审的最低投标价法　□其他					
公告发布媒介								
招标采购项目目标	工程质量目标							
	工期目标							
	安全生产目标							
	文明施工目标							
	环保目标							
	其他目标							
招标采购工作要求	招标工作质量							
	招标进度							
	费用控制							
	其他要求							

（2）招标采购重点和难点

① 投标人资格要求（略）；

② 评标办法（略）；

③ 发包人要求（略）；

④ 项目清单及报价要求（略）；

⑤ 合同条件（略）；

⑥ 投标文件格式（略）。

3）实现招标采购目标的工作要求

（略）。

4）招标采购流程和管理

（1）项目登记工作流程（略）；

（2）制订代理方案流程（略）；

（3）代理合同签订流程（略）；

（4）公告编制流程（适用于招标公告、资格预审公告，略）；

（5）项目备案流程（略）；

（6）公告发布流程（略）；

（7）文件编制流程（适用于招标文件、资格预审文件、中标公示、中标公告等，略）；

(8) 文件评审流程（适用于招标文件、资格预审文件等，略）；

(9) 保证金收取工作流程（略）；

(10) 现场踏勘工作流程（略）；

(11) 招标答疑工作流程（略）；

(12) 开评标准备工作流程（略）；

(13) 开标组织流程（略）；

(14) 评标组织流程（略）；

(15) 异议、投诉处理流程（略）；

(16) 发放中标通知书流程（略）；

(17) 整理书面报告流程（略）；

(18) 保证金退还流程（略）；

(19) 费用核算流程（略）；

(20) 档案归档流程（略）。

5) 招标采购管理的任务和保障措施

(1) 招标采购任务分解

除招标业务程序以外，还应当根据项目的特点对招标采购任务进行分解。应当根据招标采购代理合同所约定的内容以及工程建设项目的基本情况确定招标采购工作的范围，如是否包含招标控制价的编制、是否包含办理相关建设手续等。根据招标采购的工作范围划分招标采购工作阶段，再对每个阶段的工作内容进行任务分解，将招标人的管理流程、管理目标、项目进度融入招标采购的文件和过程，以实现招标采购的目标。具体任务分解如下：

① 划分施工标段和三级项目编号（略）；

② 确定某项目所适用的规范和标准（略）；

③ 确定招标人供应材料范围、供应周期及预算单价（略）；

④ 确定项目的总体进度计划（略）；

⑤ 提供设计资料的交付进度（略）。

(2) 关键控制点

在对任务分解后，还需对招标采购项目的关键点进行控制。

某市政基础设施项目招标采购项目招标工作阶段划分及工作分解（略）。

(3) 保障措施（略）

6) 招标采购的组织管理机构、人员配备及制度

(1) 招标组织机构

根据招标采购任务的复杂程度、技术特点、招标时间要求等各种因素，确定招标采购代理的服务组织架构和人员数量配置，任命专业能力较强、有类似项目招标采购经验的人员为项目经理，项目组成员优先选派与项目经理长期配合的专业人员组成。管理组织架构（图3-2-18）如下。

① 招标领导小组：指定一名公司领导负责，用于指导和监督招标采购项目组的工作，另外公司各职能部门的派出机构对该项目提供行政、后勤支持。

② 专家顾问组：由公司内部或外部聘请的专家顾问组成，主要负责提供专家咨询

意见和对招标文件、工程量清单和最高投标限价等进行审核把关。

③ 招标采购项目组：设项目经理一名，下设招标项目组、造价组，并在不同阶段临时抽调资料、财务人员参与。招标组由公司中具备类似项目经验的专业招标人员组成，负责招标采购活动中的主要工作；造价组由参加过类似项目的有着丰富经验的相关专业造价工程师组成，主要负责工程量清单和最高投标限价的编制。

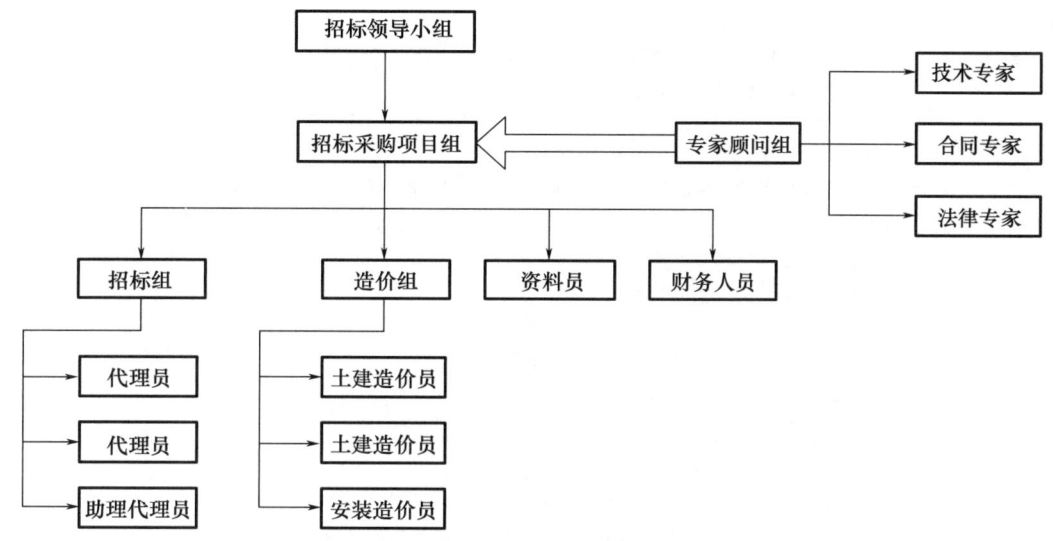

图 3-2-18　招标工作组组织结构图

④ 人员配置情况（表 3-2-9）

表 3-2-9　人员配置情况

序号	职位	姓名	学历	职称	执业资格	从业年限	备注
1	项目经理						
2	代理员						
3	助理代理员						
4	土建造价员						
5	安装造价员						
6	资料员						
7	财务人员						
8	技术顾问专家						
9	合同顾问专家						
10	法律顾问专家						

⑤ 项目组成员简历（略）

a. 各方的基本职责

建立招标工作责任制，明确岗位责任，对架构中的各方工作予以明确，减少扯皮、推诿，分工有序地推进项目。招标机构各工作组部门职责见表 3-2-10。

表 3-2-10　招标机构各工作组部门职责

组织	职责
招标领导小组	总体决策； 协调招标工作中遇到的困难，提供行政、后勤保障； 对招标工作进行检查、督促和考核
专家顾问组	提供专家咨询意见； 负责招标文件、工程量清单和最高投标限价的审查； 在招标方案、标书分析等方面提供技术指导
项目经理	制订项目进度、流程、人员配备计划； 组织完成各类型项目的招标方案，公告，文件制作，开、评标，备案等工作，并负责对工作质量的控制； 制订每周工作计划及安排； 对本项目组人员考勤的管理； 招标、评标档案资料的完善及存档工作； 对代理员及助理代理员的工作安排、指导及监督； 对招标采购工作中收入与费用的管理； 协调处理公司内部其他项目组及部门之间的问题； 组织、带领代理员及助理代理员开展业务学习； 负责本项目组人员的考核、晋升、推荐； 对项目招标、采购代理过程中遇到的质疑、投诉等疑难问题进行处理； 与业主之间的沟通和协调，听取反馈意见，改正工作中的不足和缺陷； 负责本项目组工资报表的编制及报送； 代表项目组参加各类会议； 配合监督、业主等相关部门对公司的考核、检查及考察工作； 完成与招标采购相关的其他工作
代理员	组织完成所负责项目的招标方案，公告，文件制作，开、评标，备案等工作； 落实项目经理制订的工作计划及安排； 对项目经理要求的各项计划、报表的整理汇总； 对招、评标档案资料的完善及存档工作； 对助理代理员的工作安排、指导及监督； 对收取招标文件、图纸等费用的管理； 对项目招标采购代理过程中遇到的质疑、投诉等疑难问题自行或配合项目经理进行处理； 加强与业主之间的沟通和协调，听取反馈意见，改正工作中的不足和缺陷； 整理项目开支情况并报送项目经理审核； 参加公司及项目组的会议； 完成与招标采购相关的其他工作
助理代理员	执行和落实项目经理及代理员的工作安排； 完成招标采购代理的辅助工作，包括发布公告、接受报名、复印装订文件、汇总各类资料，参加开标、评标等； 参加公司及项目组的会议

续表

组织	职责
土建专业造价人员	土建专业的工程量计算； 混凝土、钢材、水泥、装饰材料等市场材料价格询价或审核； 土建工程量清单编制或校核； 土建工程最高投标限价编制或校核； 协助项目经理完成最终成果文件和相关成果文件
安装专业造价人员	安装专业的工程量计算； 管材、洁具、保温材料、电缆、灯具市场材料价格询价或校核； 安装工程量清单编制或校核； 安装工程最高投标限价编制或校核； 协助项目经理完成最终成果文件和相关成果文件
其余	略

b. 相关管理制度

a）招标采购代理业务管理制度（略）；

b）廉政建设有关制度和措施（略）。

7）招标采购项目的风险管理

招标采购项目的风险管理是大型集群式招标项目的重要内容，首先需要对招标的特点和风险进行识别，进而采取针对性的措施。

(1) 风险识别

① 合规性风险：因未能遵循法律法规、监管要求、规则、自律组织制订的有关准则，而可能遭受法律制裁或监管处罚、重大财务损失或声誉损失的风险。

② 流程性风险：在招标采购流程的执行中，因执行人或参与人的疏漏或失误，对项目的完成时间、成果质量和成果交付造成影响的风险。

③ 信用性风险：因参与各方的不诚实守信，主观上虚报、瞒报，客观上疏忽或专业性不强未发现，导致质疑投诉或者受到监管处罚的风险。

④ 技术性风险：法律法规理解不准确、文件编制水平不高、流程执行不严格等原因，产生参与各方因技术能力不足导致的风险。

⑤ 市场性风险：因疫情防控、自然灾害等不可抗力、不确定因素或市场竞争环境的变化等因素而遭受损失的风险。

(2) 风险应对计划

① 招标准备阶段

a. 前期程序合规性审查，包括项目的审批、核准、备案手续，资金落实情况，招标条件是否完毕等。

b. 招标采购方式选择方面，严格按照国家法律法规的规定选择采购方式。

c. 招标采购需求的确定方面，通过咨询、论证、问卷调查等方式，了解项目特点、市场供给、同类采购项目历史成交信息等情况。招标采购标的的技术要求和商务要求，应当做到客观、量化。

② 招标采购文件编制阶段

a. 在招标采购文件合规性方面，严格按照法律法规和规范性文件的规定，使用国家、行业标准文本，不得出现不符合法律法规要求，存在歧视性、排斥性条款。

b. 在招标采购文件完整性方面，严格执行招标文件的编制和审查制度，避免出现内容不完整，文字不严谨、不规范，条款存在歧义或重大漏洞等现象。

c. 在投标竞争性方面，关键条款的设置应当符合招标项目特点和实际需要，有利于投标人的充分竞争，评价指标应当细化、量化，避免主观因素过多导致评委权利过大、分值界定有争议等情况。

③ 投标阶段

a. 提前获取投标保证金的缴纳情况。

b. 严格按照招标文件接收投标文件，检查投标文件的密封和标识，记录投标文件递交情况。

c. 妥善保管已接收的投标文件。

④ 开标阶段

a. 严格按照招标文件规定的时间、地点及程序组织开标活动；

b. 仔细核对唱标的内容并做好开标记录；

c. 按照法律规定处理投标人在开标现场提出的异议并记录。

⑤ 评标阶段

a. 严格按照招标文件规定抽取评标专家；

b. 仔细核对评标专家身份；

c. 核对评标委员会评审情况，避免出现不按招标文件中规定的评标办法评标、随意改变评标办法、不按规定进行澄清说明、对依法应当否决的投标不提出否决意见、评标报告出现数据或文字错误等方面的问题。

⑥ 中标阶段阶段

a. 严格按照评标报告发布中标候选人公示，并处理可能出现的异议；

b. 认真核对中标通知书的各项内容，确保与评标结果一致；

c. 认真编制招标投标情况综合报告，保证其中的各项内容准确无误。

8）招标采购项目沟通计划

编制沟通计划的主要目的是建立规范的沟通渠道，与项目相关方进行准确、有效的沟通，随时了解招标采购项目的各种情况，及时发现问题，解决问题。沟通应当尽可能采用公开和书面的方式进行，这样不但有利于减少异议的出现，也可以对沟通的内容进行更规范的管理。

招标采购沟通主要通过以下方式。

（1）书面报告

在招标采购项目中需要沟通的信息大多通过书面报告的形式出现。在招标采购的不同阶段，需要规划和管理的报告见表 3-2-11。

表 3-2-11 不同阶段需要规划和管理的报告

序号	报告名称	负责人	编制时间
1	每日工作报告	项目经理	每日编制
2	工作例会纪要	项目经理	例会结束

续表

序号	报告名称	负责人	编制时间
3	项目背景和基本情况	项目经理	项目开始后
4	资格预审文件编制要求	项目经理	资格预审文件编前
5	招标文件编制要求	项目经理	招标文件编制前
6	投标人竞争情况报告	代理员	招标文件发放后
7	投标保证金递交情况汇总	财务人员	开标前
8	开标、评标准备情况报告	代理员	开标前
9	开标、评标情况报告	代理员	评标后
10	招标投标综合情况报告	项目经理	中标通知书发出后
11	招标采购项目工作总结	项目经理	项目结束后

（2）项目会议

在招标采购项目进行过程中，需要经常召开不同类型的会议（表3-2-12），用于沟通信息、检查项目进展、解决工作中遇到的问题。

表3-2-12 招标采购项目进行过程中需召开的各种会议

序号	会议名称	召开人	参加人员	会议安排
1	工作例会	项目经理	项目组成员	每周进行
2	代理合同评审会	公司领导	相关部门人员	代理合同签订后
3	项目启动会	公司领导	项目组成员	项目部组建后
4	项目特点讨论会	项目经理	项目组成员	项目开始后
5	资格预审文件评审会	项目经理	项目组成员、专家	资格预审文件初稿完成后
6	资格预审文件沟通会	代理员	委托人	资格预审文件报委托人后
7	招标文件评审会	项目经理	项目组成员、专家	招标文件初稿完成后
8	招标文件沟通会	代理员	委托人	招标文件报委托人后
9	投标竞争情况说明会	代理员	委托人	招标文件发放后
10	招标答疑会	项目经理	委托人、投标人	招标文件发放后
11	投标保证金缴纳情况汇报会	代理员	委托人	开标前
12	开标、评标准备会	项目经理	项目组成员	开标前
13	评标情况汇报会	项目经理	委托人	评标结束后
14	后续工作部署会	项目经理	项目组成员	中标通知书发出后
15	项目收尾总结会	项目经理	项目组成员	项目结束后

（3）即时通信系统

招标采购项目部应当利用微信、钉钉等现代即时通信软件，建立即时通信群，能够随时进行信息沟通、文件传递等工作。

(4) 招标采购项目管理系统

为了更好地完成沟通工作,可以建立定制化的招标采购项目管理系统,这样可以更加有利于各类信息的收集和沟通,也可以更精确地管理大量的招标采购项目。

9) 对招标采购项目的质量、成本、进度管理(略)

10) 附件

(1) 招标采购代理组织保障结构图(略);

(2) 招标各节点需要资料及完成内容(略);

(3) 招标工作总进度规划(略);

(4) 投入人力资源计划(略);

(5) 费用计划(略)。

3.3 建设工程招标采购实施与控制阶段管理

招标采购项目实施与控制阶段管理是指对一次具体采购任务招标实施与控制阶段的采购方案制订、招标准备、招标、投标、开评标、定标及签约等各个阶段的管理。

本阶段管理的依据是国家法律法规、项目的基础性资料(立项批复文件等)、采购规划、本阶段编制的招标采购方案等。管理的内容包括招标采购实施过程及实施过程中产生的有关阶段性成果;其中实施过程中产生的有关阶段性成果文件包括且不限于每次招标采购活动的采购方案、资格预审文件(含澄清与修改文件)、资格预审公告、资格预审申请文件、资格审查报告、资格预审结果、招标文件(含澄清与修改文件)、招标公告(投标邀请书)、投标文件、开标记录、评标报告、中标候选人公示文件、中标结果公示文件、中标通知书、合同、异议与投诉等。

招标采购实施阶段的主要管理任务包括招标采购方案的管理、质量管理、进度管理、成本管理、沟通、信息与标准化管理、风险管理及合同管理。本节介绍对招标采购方案的管理及招标采购实施阶段的质量管理、进度管理、成本管理。

3.3.1 建设工程招标采购方案管理

每次招标采购实施启动前,宜做好招标采购方案的制订。招标采购方案是指招标人按照项目采购规划对一次采购任务的采购方式、资格条件、评标方法、采购进度计划、合同主要条款、人力资源安排等组织实施工作进行的专项策划。经审定的招标采购方案是指导一次采购活动的具体操作性文件,是具体项目采购活动的行动指南。招标人应结合采购规划中的进度计划,在具体采购活动开始前完成招标采购方案的编制工作。

1. 招标采购方案的形式

招标采购方案针对所采用的组织形式,分为联合招标采购方案、集中招标采购方案、单一招标采购方案。

联合招标采购方案是指两个及以上招标人对在一定时间内实施的同类项目或同一区域项目共同编制的招标采购方案。联合招标的,应当确定牵头单位,组织协调招标采购方案的编制和实施。

集中招标采购方案是指同一招标人对多个采购项目或者一定时期内需重复分次分散

采购的标的物归并后,实施集中统一组织采购或集中组织资格预审的招标采购方案。

单一招标采购方案是指对同一招标人单个项目的一次采购任务编制的招标采购方案。

2. 招标采购实施方案的管理

(1)明确方案编制的组织机构及分工。招标采购方案编制是个系统工程,涉及多个部门,编制工作开始前应进行工作分解,根据工作分解内容确定方案编制的组织机构及责任分工。组织机构中应安排专人负责整体方案,各项工作应明确责任部门及责任人。某单位招标采购方案编制分工表见表3-3-1。

表3-3-1 某单位招标采购方案编制分工表

序号	工作项目	责任部门	责任人
1	招标采购方案整体	招标采购部	招标采购部部长A
2	招标范围	工程部	工程部项目负责人B
3	工期、交货期、服务期	工程部	工程部项目负责人B
4	资格条件	招标采购部	招标采购部项目负责人C
5	评标办法	招标采购部	招标采购部项目负责人C
6	采购进度计划	招标采购部	招标采购部项目负责人C
7	合同主要条款	成本合约部	成本合约部项目负责人D
8	人力资源安排	招标采购部	招标采购部项目负责人C

(2)招标采购方案的制订。招标采购方案的具体编制原则、内容等详见本系列教材《建设工程招标采购专业实务》。

(3)招标采购方案的审查管理。招标采购方案是指导招标采购工作的纲领性文件,方案的编制要合法合规、准确、可实施,方案编制后要经过内部审查并经审批后方可实施。

(4)招标采购方案的变更管理。变更管理是对已发布的招标采购方案进行变更、更新过程的管理。招标采购方案具体实施过程中,当内、外部条件发生重大变化,如招标采购项目的前置条件未按期具备、标段重新划分、招标失败等导致招标采购项目资格要求、工期、采购进度等发生较大变化,导致无法按既定的招标采购方案实施采购时,应及时调整招标采购方案并启动项目管理的"变更程序"。

招标采购方案需要变更时应事先对变更的原因和变更的必要性提出初审意见,并按原方案审查程序报相关部门审查,审查通过后方可进行变更。采购实施过程中按变更后的招标采购方案进行实施。

3.3.2 建设工程招标采购质量管理

招标采购质量是招标采购工作的生命线,质量管理是招标采购项目管理的核心。招标投标活动要求公开、公平、公正,合法合规;所有招标工作均应按照以国家及地方出台的各项法律、法规和规范性文件开展,工作中的微小瑕疵都可能会涉及法律纠纷、影响工作进度、后期合同执行等。

招标采购的质量管理就是依据企业的质量管理体系要求，运用项目管理知识，分析招标采购的质量特性，针对性地制订控制方法和措施，从而提升招标采购团队的服务能力与效果，使招标采购质量达到预期的质量控制目标。招标采购质量管理措施包括建立质量管理体系、实施全过程质量管控、开展招标采购检查和妥善处理异议与投诉。

1. 建立质量管理体系

招标人及其委托的招标采购代理机构应从招标采购方案开始至项目采购实施结束、完成归档，对招标采购业务流程和成果文件的提交、报审、发放、归档等建立完善的质量保证体系和制度。通过内部质量审核、过程监控、客户满意度测定、管理评审、质量记录控制等程序对招标业务全过程进行有效的监控，同时对重要成果文件的编制和确认制订了逐级审核制度；以确保招标工作在"公平、公开、公正"的原则下实现合法化、规范化、标准化；质量管理工作要满足 ISO 9000 标准要求。

1）建立招标采购团队、明确岗位职责。

招标采购项目的组织形式包括自行招标和委托招标。自行招标是指招标人自行办理招标事宜，委托招标是指招标人委托社会招标采购代理机构办理招标事宜。《招标投标法》第十二条规定，招标人具有编制招标文件和组织评标能力的，可以自行办理招标事宜。任何单位和个人不得强制其委托招标采购代理机构办理招标事宜。为更好地完成招标采购项目，招标人或委托招标的招标采购代理机构，均应建立与项目规模、特点相适宜的招标采购团队。本节以招标采购代理机构组建招标采购团队为例进行介绍。

（1）组织机构。招标采购项目组织机构是指为了保证项目的顺利开展，在符合国家及地方相关要求的基础上，项目有关人员的职位、责任设置构架。设立合理的组织机构，有利于实行统一管理、分级实施、各司其职、责任到人，并随时根据项目需要，合理调配其他技术力量与人力资源，保证项目的顺利实施。组织机构一般包括招标领导组、招标业务组、专家支持组、综合协调组，其中招标领导组、专家支持组、综合协调组主要行使公司内部职能，招标业务组负责具体招标业务的执行，与招标人联络沟通。

（2）确定招标采购团队成员。招标业务组应实行项目经理负责制。招标采购项目经理是承担招标采购项目的单位授权在该项目上的全权委托代理人，是负责项目组织、计划及实施过程，处理有关内外关系，保证项目目标实现的项目负责人，是招标采购项目的直接领导与组织者。招标采购项目应执行项目经理负责制，项目经理在执行项目过程中履行的主要职责有以下四点。

① 及时与招标人、公共资源交易中心、相关第三方咨询单位进行沟通，根据招标采购项目进度及遇到的情况，及时组织团队调整工作方向及工作重点，确保最终采购目标的实现。

② 招标采购项目的各项工作进行统筹安排，项目团队人员要各司其职、责任到人，并随时根据项目变化情况适时调整。在日常管理中，项目经理要充分与项目团队成员进行沟通，发挥项目团队成员的主观能动性，确保项目团队目标一致。

③ 主持招标投标活动中的重大事项。包括招标文件编制会、标前会、开标、评标等，主持或参与合同缔约谈判等。

④ 主持编制或审核招标采购各类主要成果文件。主持编制或审核招标采购各类主

要成果文件，加盖执业或岗位印章，并承担相应责任。

招标采购工作涉及的工作层面较广，对项目经理能力要求较高。需配备具有较强业务技术能力、沟通能力、决策能力，并具有类似项目采购经验和满足监管部门要求的执业（职业）资格的人员担任项目经理。项目副经理要求具有一定的业务能力，当项目经理不在时，能够临时承担项目经理工作。

根据招标采购项目的特点，合理配备项目团队其他人员，保证团队人员的专业种类、人员数量、经验水平等满足招标采购工作需要。

某招标采购代理公司制订的某一项目的组织机构及人员安排如表3-3-2所示。

表 3-3-2 组织机构及人员安排

岗位名称		人员	职位（职称）	岗位情况说明
招标领导组	集团负责人	A	副总裁	负责项目组的日常业务安排与协调
	质量总负责人	B	总工程师	公司层面对招标过程质量的总控制
招标业务组	项目经理	C	一级项目经理（注册一级造价工程师、招标师、高级经济师）	严格执行有关法律法规，负责招标项目的对外联络沟通、主持具体项目招标采购代理工作
	项目副经理	D	二级项目经理（招标师、高级工程师）	协助负责人开展日常工作，保障项目的技术支持，审核质量成果文件
	成员	E	项目经理助理（助理工程师）	协助负责人和技术负责人做好全程的服务工作，协助办理公共资源交易中心手续等
专家支持组		F	总工办专家	提供招标咨询和文件审核
		G	质量部经理	

2）严格落实成果文件分级审查程序。

招标采购活动主要成果文件，包括但不限于招标采购方案、资格预审文件、招标文件、招标澄清修改文件、评标办法、工程量清单及标底（如有）、清标报告、招标投标情况书面报告、合同文本等。应严格落实成果文件分级审查程序，需经招标业主组团队互审和公司审核后方可对外发出。

（1）项目经理、副经理成果文件互审制度。招标采购活动主要成果文件，包括招标采购方案、资格预审文件、招标文件、招标澄清修改文件、评标办法、工程量清单及标底（如有）、清标报告、招标投标情况书面报告、合同文本以及招标投标活动中的其他重要成果文件等，均应经业务组团队内部互审后方可进入内部审查程序，如项目经理A编制，必须经项目副经理B审查，项目副经理B编制，必须经项目经理A审查。

（2）执行编制人、审核人、审定人三级程序。招标采购活动主要成果文件编制完成后，需报请公司内部审查。审核人一般应为具备相关专业执业资格或岗位证书和具有丰富招标采购经验的人员，参与编制的项目经理、副经理不能作为审核人，审定人一般为公司的行政或技术负责人。

3）建立招标文件征求意见或委托第三方复核制度。

为确保招标文件编制质量，招标采购人员可以通过市场调研、专家咨询论证等方式，明确招标需求,优化招标方案;社会关注度较高的项目,以及技术复杂、专业性强的项目,可就招标文件征求社会公众或行业意见;工程量清单和控制价等可委托第三方进行复核等。

4)执行评标报告复核制度。

招标采购人员应当在中标候选人公示前认真审查评标委员会提交的书面评标报告,发现异常情形的,依照法定程序进行复核,确认存在问题的,依照法定程序予以纠正。重点关注评标委员会是否按照招标文件规定的评标标准和方法进行评标;是否存在对客观评审因素评分不一致,或者评分畸高、畸低现象;是否对可能低于成本或者影响履约的异常低价投标和严重不平衡报价进行分析研判;是否依法通知投标人进行澄清、说明;是否存在随意否决投标的情况。通过复核确保评标工作质量。

5)建立保密制度。

保守《招标投标法》《招标投标法实施条例》等法律法规规定的需保密的内容,是招标采购人员的义务和职责,也是执业操守的基本要求。招标采购人员应对招标投标活动中需保密的重要事项采取必要的措施,予以严格保密。

6)建立培训制度。

在加强招标投标基础知识培训的基础上,对新出台的法律法规、部门规章、规范性文件、招标人规章制度等相关规定予以及时的传达、学习和贯彻,使招标采购人员能正确理解和领会相关法律法规,保证成果文件符合最新要求。

2. 实施全过程质量管控

根据招标采购质量目标进行具体目标分解,并在重要工作节点设立主要控制点,进行全过程质量的动态控制。采取事前预测、事中检查、事后纠正的动态方法,按照P—D—C—A四个环节来全面实施质量管理。

第一环节:计划环节(P)。这一环节的主要内容包括找出容易和可能出现的各种质量问题清单;分析产生问题的原因和各种影响因素,找出影响质量的主要原因;制订改善质量的措施;提出行动计划和预计效果,做到责任到人、任务明确、机制健全。

第二环节:实施环节(D)。主要根据计划和措施,对照质量问题清单和质量控制要求,认真落实招标质量管理工作的各项措施,充分发挥多道防线对招标工作质量的防范作用,防止质量事故的发生。

第三环节:检查阶段(C)。对招标质量管理工作进行质量考核,主要是检查实施效果和发现问题;按责任主体定期自查与阶段性检查相结合、动态考核与综合评估相结合的方法,全面考核评估质量管理各项措施的落实情况。

第四环节:改进阶段(A)。改进和完善招标管理工作。根据考核评估结果,奖优惩劣,纠正存在的问题,进一步优化招标质量管理措施,防止质量问题再次出现;启动招标采购质量管理的下一个P—D—C—A循环。

3. 开展招标采购检查

招标采购检查的目的是发现招标采购活动中存在的问题,确定招标采购工作所处的真实状态,预防风险,为招标采购活动的过程控制提供依据。

1)招标采购检查的主要内容。

(1)合法合规性检查。主要检查招标采购环节是否符合法律法规的要求。

(2) 准确性检查。主要检查招标采购环节的各项内容是否与实际相符，且描述准确，是否存在前后不一致，前后矛盾等情形。

(3) 合理性检查。招标计划的合理性，人力资源安排的合理性，资格条件设置合理性，招标文件获取方式设置合理性，评标办法设置合理性，合同条款设置合理性等各方面的检查。

2) 招标采购检查的主要环节。

(1) 招标前期。检查重点是合法合规性、合理性，例如，招标条件是否具备、审批是否完成、资金来源是否落实；是否有规避招标的行为；招标方式和招标组织方式是否符合要求并办理了相关备案手续；招标采购计划是否满足项目整体进度要求。

(2) 招标文件编制阶段。检查重点是合法合规性、合理性、准确性。例如，招标文件是否以不合理条件排斥潜在投标人（指定品牌产品）、招标文件描述是否一致、评标办法设置是否合理等。某招标人施工招标文件检查示例内容见表3-3-4。

(3) 招标文件发售阶段。检查重点是合法合规性。例如，是否有泄露机密的情况（潜在投标人名称数量、标底等）；发售招标文件的时间是否满足最短时间要求；公示和澄清在内容和时限上是否符合规定。

(4) 开标及评标准备阶段。主要检查开标、评标准备工作是否与招标文件的约定一致，准备工作是否充分，无遗漏等；具体示例见表3-3-5。

(5) 评标阶段。检查重点是合法合规性、准确性。例如，评标委员会的形成是否符合法律规定；评审过程中否决投标是否依据充分及证据链完整、评标报告内容是否准确等；具体检查内容示例见表3-3-6。

(6) 合同签约阶段。检查重点是合同合法合规性、合理性。例如，合同的条款是否合规（招标文件约定的合同实质性条款不允许谈判和修改）。

(7) 项目归档阶段。对完成项目进行抽查，对全部工作的合法合规性、准确性、合理性等进行检查；具体检查示例见表3-3-7。

4. 妥善处理异议与投诉

投标人对招标采购活动的异议投诉是投标人监督的重要渠道。异议处理程序相对简单，投标人通过异议程序，有助于招标人及时采取措施纠正招标投标过程中确实存在的问题，避免问题扩大上升到投诉，减少行政干预的成本，提高招标采购的效率。

1) 研究确定初步处置方案。

招标采购项目经理在组织处理异议、投诉时，应认真分析异议、投诉的内容，仔细研究招标文件、投标文件和评标报告等相关资料，查找异议、投诉事项涉及的相关法律、法规、规章和规范性文件的对应规定、要求，按公司内部控制制度确定初步处置方案，情况复杂的，需与单位法律顾问协商处理。

2) 分级审批。

招标人或其委托的招标采购代理机构可根据异议内容，对异议回复建立不同分级审批的处理机制，提高异议处理效率，审批流程有以下几种情况。

(1) 针对资格预审文件、招标文件等过程文件提出的异议、质疑，审批流程可设置为：项目经理提交→业务单位质量负责人审批→业务单位总经理审批→办公室盖章。

(2) 针对招标结果,投标人或评标委员会等提出的异议、质疑,审批流程可设置为:项目经理提交→业务单位总经理(业务单位质量负责人)审批→质量管理部总经理审批→集团总工程师审批(可选)→办公室盖章。

(3) 针对工作或招标程序等提出的异议、质疑,以及向行政监督部门提出的投诉或向司法机关提出的诉讼等,审批流程可设置为:项目经理提交→业务单位总经理(业务单位质量负责人)审批→质量管理部总经理审批→集团总工程师审批→办公室盖章。

3) 重点关注事项。

项目经理在处理异议过程中,需重点关注以下事项:

(1) 异议回复期限。为了避免答复超过法定期限,在接收质疑或异议函时,务必要注意是否有签章和来函日期,接收人和送件人要共同办理签收手续并注明接收日期和时间。通过邮寄收到的异议函,必须妥善保管好信封。如果招标人在异议答复法定期限内不能作出最终答复的,需要在法定期限内先给异议提出人一个初步答复,告知正在积极处理或调查,有结果后正式答复。

(2) 超出法定期限的异议。收到超过法定期限递交的异议函后,须以书面形式回复提出人,告知其异议已超过法定期限,不予受理。

(3) 异议处理方式。根据异议的内容,异议答复可采取招标人自行直接答复,招标人经过调查后直接答复、直接请评标委会协助答复、经过调查后请评标委员会协助答复等处理方式。

异议事项属于招标程序或对招标人或其委托的招标采购代理机构的异议,招标人可以直接回复。异议事项属于质疑被异议人虚假投标等事项,经过调查可以直接认定异议事项无问题的,招标人经过调查后直接答复。异议事项属于评标委员会评标认定问题或质疑评标委员会评标时,可以直接请评标委员会协助答复。异议事项属于质疑被异议人技术指标不满足等事项,涉及专业问题,招标人无法直接认定的,可以经过调查评估后请评标委员会协助答复。

当通过调查方式处理异议时,可选用向被异议人调查或第三方调查的方式。当选择向被异议人调查时,被异议人提交答复和证明材料后,招标采购项目经理对其真实性进行分析,如果仍存疑,应做进一步调查,尽可能做到穷尽调查义务的责任。

3.3.3 建设工程招标采购进度管理

招标采购项目进度管理是指从采购方案开始至招标采购项目合同最终签订的期限及各阶段所进展程度的管理。招标采购进度管理目的是通过对各项工作的进度控制,实现采购方案确定的项目进度目标,并满足建设项目整体项目进度要求。对招标采购进度控制与管理的主要方法有:组织措施、管理措施、经济措施和技术措施。

1. 组织措施

为避免出现人员工作重叠或推诿扯皮、责任不清的问题,招标采购项目团队中应安排专人负责采购总体进度,工程清单中的各项工作应明确责任部门及责任人,每个工作节点安排专人与总进度负责人对接。某单位根据内部职责分工,制订的招标文件编制分工如表3-3-3所示。

表 3-3-3 招标文件编制分工表

序号	工作项目	责任部门	责任人
1	招标文件整体	招标采购部	招标采购部项目负责人 A
2	设计图纸	工程部	工程部项目负责人 B
3	工程量清单和控制价	成本合约部	成本合约部项目负责人 C
4	技术要求	工程部	工程部项目负责人 B
5	合同	成本合约部	成本合约部项目负责人 C
6	资格要求、评标办法等招标文件其他组成部分	招标采购部	招标采购部项目负责人 A

2. 管理措施

定期跟踪、了解工作清单中的各项工作进展情况，尤其是可能影响招标工作进度的关键工作，影响招标采购工作进度的关键工作包括但不限于项目招标所需的项各种前期批复文件、项目现场条件、技术要求、图纸和工程量清单（施工项目）、控制价、招标文件、招标人内部审批手续、主管部门及公共资源交易中心备案手续等。通过工作进度情况，分析判断工作是提前还是滞后，并进一步分析找出主要原因，提出应对解决方案，确需调整工程进度计划的，要充分利用非关键工作可以使用的时差，合理进行非关键工作的调整，并制订进度变更计划。

3. 经济措施

进度管理中的经济措施包括按时支付咨询单位合同价款和内部经济激励措施等。为保证招标采购项目进度计划的实现，建设单位应按时支付设计、造价咨询、招标采购代理等咨询机构的服务费用，提高咨询人员的工作积极性；因调整进度计划等变更导致合同价款调整的，及时办理相关调整手续。

4. 技术措施

在采购进度受到影响时，可以考虑选用对实现采购进度计划目标有利的采购方案。如不同资格审查方式（资格预审和资格后审）、招标文件是否征求外部专家审查、工程量清单及控制价是否聘请第三方咨询机构进行复核等对采购进度的影响。

3.3.4 建设工程招标采购成本管理

招标采购成本管理包括招标采购所购买的服务、工程或货物所支付的合同价格的成本管理和招标采购活动本身所发生费用的管理。

1. 招标采购成本管理

招标采购是通过市场竞争择优选择中标人的市场行为，招标采购活动的结果直接决定合同价格的高低，对工程项目的投资具有一定的影响。对招标采购成本的影响包括且不限于以下方面，招标人应根据招标项目特点，采取适当的措施对招标采购成本进行管理。

（1）发包模式及标段数量。发包模式有设计、施工、重要设备材料平行发包模式和工程总承包模式。工程总承包是指是指承包单位按照与建设单位签订的合同，对工程设计、采购、施工或者设计、施工等阶段实行总承包，并对工程的质量、安全、工期和造价等全面负责的工程建设组织实施方式。工程总承包一般采用设计、采购、施工总承包或者设计、施工总承包模式。建设单位也可以根据项目特点和实际需要，按照风险合理分担原则和承包工作内容采用其他工程总承包模式。采用工程总承包模式有利于减少业主和承包商之间的纠纷，合同计价方式一般采用总价合同，项目的最终价格具有更大程度的确定性，有利于降低最终的工程成本。

标段划分数量对工程成本也有一定的影响。标段数量多，规模小，进场施工的承包人多，容易集中投入资源，多个工点齐头并进赶工期。但标段太多，标段规模就会偏小，发挥不了规模效益，工程成本有可能提高。

（2）招标采购活动的竞争性。招标采购活动的竞争性对潜在投标人的投标报价有较大影响，参与投标的投标人越多，竞争越激烈，建设单位获得有竞争性的投标报价的可能性越大。

项目采用公开招标方式采购，获得信息的潜在投标人均可参加招标采购活动，信息公开程度高。采用全流程电子化招标，潜在投标人在网上免费下载招标文件，网上递交投标文件，节省了投标人现场购买招标文件，印刷投标文件方面费用和时间成本；招投标活动所涉及的所有环节均在网上进行，涵盖招投标全过程，避免了因信息不对称或人为干预造成的不公正操作。招标人招标文件编制时，合理设置投标人资格条件、评标办法、合同条款，不以不合理的条件排斥潜在投标人。

以上均有利于提高潜在投标人参与招标采购项目的积极性，增加投标的竞争性。

（3）招标条件。招标条件未完全具备，没有施工图或施工图还未经审定的情况下即启动施工招标工作，影响工程量清单和招标控制价的编制质量，潜在投标人在编制投标报价的过程中可能会利用工程量清单不准作出对自己有利的报价，从而提高项目的成本。采用单价合同的招标项目，如果招标工程量清单不准确，有经验的投标人可能会提高施工时工程量会增加的综合单价，降低施工时工程量会减少的综合单价，从而在投标总价不变的情况下，获得对自己最优的报价；采用总价合同的招标项目，如设计深度不足，潜在投标人为降低履约风险，必然在投标报价时考虑较高的风险费用。因此，为有效控制成本，设计要达到一定深度后再启动招标工作。

（4）工程量清单和控制价。如果招标工程量清单不准确，如上所述，有经验的潜在投标人会利用工程量清单的不准报出对自己有利的报价，招标阶段工程量清单的准确性对项目成本影响较大。

招标控制价是招标人根据国家或省级、行业建设主管部门颁发的有关计价依据和办法，以及拟定的招标文件和招标工程量清单，编制的招标工程的最高限价，投标人的报价只能低于最高限价，最高限价的准确性直接影响项目成本。

招标阶段要严格履行工程量清单和控制价审核程序，必要时可聘请第三方咨询单位对已编制完成的工程量清单和控制价进行审核。

（5）评标办法。评标方法包括经评审的最低投标价法、综合评估法或者法律、行政法规允许的其他评标方法。

具有通用技术、性能标准或者招标人对其技术、性能没有特殊要求的招标项目一般选用经评审的最低评标价法，有利于降低项目成本。

综合评估法可以采取折算为货币的方法、打分的方法或者其他方法。采用综合打分法时,要根据项目的特点,合理设置价格分值所占权重和评标基准价的计算方法,施工和通用货物类项目要把价格因素放在首要位置进行考虑。

(6)合同条款。合同条款是招标文件主要的组成部分,合同条款中的权利和义务、付款方式、交货方式、缺陷责任期、质保期、违约责任、合同价款调整、风险分配等对投标人报价有重要的影响。例如,施工项目采用固定总价合同或承包人承担其他较多工程项目风险时,投标人一般会考虑较大的风险成本,导致投标人报价偏高;付款期限不合理,承包人每月得到的进度款偏低或发包人分期付款时间较长时,承包人资金成本就越大。因此,招标人在编制招标文件时,应根据项目的特点确定合同条款。

招标采购项目经理应通过对招标采购成本的影响因素的分析,选择适合本项目的招标采购成本管理措施。

2. 招标采购活动费用管理

招标采购活动费用是指执行招标采购项目过程所发生的费用,对招标采购活动费用的影响因素包括且不限于以下方面,招标人应采取适当的措施降低招标采购活动费用。

1)招标文件的编制质量。招标文件在整个采购过程中起着至关重要的作用;招标文件是招标人采购要求的具体体现,也是潜在投标人编制投标文件、招标文件与中标人签订合同的基础;招标文件的制订应做到合法、科学、周密、详尽、内容正确,减少潜在投标人要求对招标文件进行澄清或解释的概率,提高工作效率,降低采购工作人的工作量和工作成本。同时,减少了投标人误解或出错的可能性,增强投标人投标报价的准确性,也有利于提高潜在投标人参与投标的积极性,增强投标的竞争性。

2)招标采购人员。招标人或采购代理机构应选择具有类似项目工作经验和较高工作能力的人员进入项目采购团队,通过合理安排招标采购人员,提高招标采购工作效率,降低采购工作成本,减少额外费用。

3)招标失败。投标截止时间时参加投标的投标人不足三家或有效投标人不足三家,投标不具备竞争性所有投标被否决的,招标失败需要重新招标。重新招标将导致招标采购时间的延长,同时造成人力资源的再次投入和采购成本的增加。因此,应采取包括但不限于以下措施避免招标失败。

(1)合理设置招标文件条款,避免出现以不合理条件排斥或限制潜在投标人的情形,增强投标的竞争性。

(2)在法定招标信息发布媒体发布公告的前提下,同时在其他有影响力的媒体发布,增加潜在投标人获知项目信息渠道。

(3)随时关注获取招标文件的潜在投标人情况,发现投标人数量不足时,尽快采取相关措施,如延长招标文件的获取时间。

(4)做好项目前期市场调研,了解潜在投标人对同类项目的参与积极性,提前采取应对措施。

(5)应合理编制招标控制价(最高限价),避免因招标控制价(最高限价)不合理降低潜在投标人参与的积极性。

4)委托招标。招标人具有编制招标文件和组织评标能力的,可以自行办理招标事宜。当招标人不具备上述条件时,招标人委托招标采购代理机构办理招标事宜。经验丰富,资信良好的招标采购代理机构有助于更好地完成招标采购工作,降低招标采购工作成本。因此招标人在选择招标采购代理机构时,应从企业业绩、信誉、项目经理资历及团队人员资历、报价等方面综合考虑选择性比价优、资信良好、适合采购项目的招标采购代理机构。

招标采购项目经理应通过对招标采购费用的影响因素的分析,选择适合本项目的招标采购费用管理措施。

3.3.5 建设工程招标采购检查示例

1. 某招标人施工招标文件检查示例(表3-3-4)

表3-3-4 施工招标文件检查内容表

序号	检查项目		检查内容
1	招标文件模板选用		是否按照国家、地方及行业标准招标文件范本编制招标文件
2	封面		①招标项目名称及招标项目编号是否正确、与正文是否一致; ②招标人及招标采购代理机构名称是否正确且为全称; ③日期是否正确
3	目录		①招标文件目录内容、页码与正文是否对应; ②各章节目录分级是否统一
4	招标公告	1)项目名称	项目名称与项目批复文件项目名称是否一致
		2)招标项目名称	招标项目名称与项目名称、招标范围是否相匹配
		3)项目审批、核准或备案机关名称	审批、核准或备案机关单位名称是否与批复文件一致
		4)批文名称及编号	批复文件的名称及文件文号是否正确
		5)资金来源与出资比例	①资金来源和出资比例与项目批复文件中载明的资金来源和出资比例是否一致; ②批复文件无资金来源和出资比例相关信息的,则资金来源和出资比例与招标人给定的信息是否一致
		6)项目业主、招标人名称	①项目业主、招标人的名称是否正确; ②采用代建制招标的项目及暂估价招标的项目,是否区分填写项目业主和招标人名称
		7)招标采购代理机构	招标采购代理机构的名称是否正确
		8)项目投资	①项目总投资、工程费和合同估算价等是否正确; ②与合同条款、发包人要求等章节项目总投资、工程费和合同估算价前后是否一致
		9)项目概况	①招标公告、合同及发包人要求等章节有关项目概况前后是否一致; ②是否与项目批复文件一致
		10)招标范围	①招标公告、合同及发包人要求等章节有关项目概况与招标范围前后是否一致; ②招标范围是否超出项目批复文件中的建设内容

续表

序号	检查项目			检查内容
4	招标公告	11）工期		①工期描述是否准确，若工期设置日历天，则工期日历天数与通过开工日期和竣工日期计算后的工期是否一致； ②招标公告、投标人须知前附表、合同和发包人要求等章节有关工期的要求及描述前后是否一致； ③工期设置是否合理，是否符合国家或地方规定
		12）标段划分		①各标段合计招标范围与项目批复文件的建设内容相较是否有遗漏； ②各标段投资金额、工程费和合同估算价等是否正确，且各标段投资金额之和、工程费之和及合同估算价之和与本招标项目的投资金额、工程费和合同估算价是否一致； ③标段划分是否合理，是否存在利用划分标段规避招标的情形（对工程技术上紧密相连、不可分割的单位工程不得分割标段）； ④标段范围描述是否准确无遗漏，标段界面是否清晰描述
		13）投标人资格要求	（1）投标人资质要求	①资质序列、类别和等级的描述是否正确，颁发机构描述是否准确； ②资质要求与招标范围及内容是否匹配，资质范围是否涵盖招标范围中的主体性和关键性工作； ③资质要求是否为国家强制性的要求，不得设置国家已经明令取消的资质条件，如园林绿化工程施工项目是否未要求企业具有市政公用工程施工资质及安全生产许可证，是否未以营业执照范围具有园林绿化施工范围作为资格要求； ④是否存在提高资质的情况，是否存在设置非行政许可强制性的认证、证书作为资质条件； ⑤设有专业承包资质的专业工程（如建筑智能化工程、地基与基础工程等）单独发包时，是否由取得相应专业承包资质的企业承担
			（2）投标人业绩要求	①关于类似业绩的描述否准确，无歧义； ②关于类似业绩的认定时间描述是否准确； ③关于类似业绩要求的类别、规模与本次招标内容是否匹配，是否存在提高门槛业绩的情况
			（3）项目负责人	①项目负责人执业资格的专业类别、等级描述、颁发机构是否准确； ②是否根据项目需要，要求施工项目经理具备有效的安全生产考核合格证书（B类）
			（4）财务要求	招标公告与投标人须知前附表有关财务年限要求与审计报告内容要求前后是否一致
			（5）联合体	①接受联合体的描述是否正确； ②招标（资格预审）公告与投标人（申请人）须知前附表有关联合体要求前后是否一致； ③是否强制投标人组成联合体共同投标，限制投标人之间的竞争
			（6）其他	是否存在违反法律法规的情形

续表

序号	检查项目		检查内容
4	招标公告	14）多标段投标的中标原则	投标人可以投多个标段的项目，是否明确同一投标人可以中标的标段数量以及评标顺序、中标候选人推荐顺序或中标原则
		15）招标文件获取时间及方式	①招标文件获取时间是否不少于5日。获取文件时间的第5日为非工作日的，是否要求延长获取时间至工作日，获取时间描述及获取方式是否正确； ②若纸质接受现场获取招标文件，获取地点是否正确，获取招标文件时所需携带的资料描述是否正确，是否存在获取招标文件时审核潜在投标人资格的情形
		16）投标文件递交时间	①投标文件递交截止时间、方式和地点是否正确； ②招标公告（投标邀请函）与投标人须知附表有关投标文件递交截止时间、方式和地点前后是否一致； ③依法必须进行招标的项目自招标文件开始发出之日起至投标文件递交截止时间止是否不少于20日，公路工程设计施工总承包项目自招标文件开始发售之日起至投标人提交投标文件截止时间止，是否不少于60天
		17）开标时间及地点	①开标形式、时间及地点是否正确； ②开标时间与投标文件递交截止时间是否为同一时间； ③招标公告与投标人须知前附表有关开标形式、时间及地点前后是否一致
		18）公告媒介	依法必须招标项目的招标公告和公示信息是否在中国招标投标公共服务平台或者项目所在地省级电子招标投标公共服务平台发布，公示公告媒介名称是否正确
		19）招标人联系方式	招标人名称、地址、联系人、联系方式是否齐全且正确
		20）招标采购代理机构联系方式	招标采购代理机构名称、地址、联系人、联系方式是否齐全且正确
		21）其他	依法必须招标项目招标人招标公告是否公布了接收异议的联系人和联系方式
5	投标人须知	1）工期	招标公告、投标人须知前附表和发包人要求等章节有关工期的要求及描述前后是否一致
		2）质量标准	①质量标准要求是否正确，是否符合国家标准要求； ②投标人须知前附表、招标公告、发包人要求等章节有关质量标准要求是否一致
		3）是否接受联合体投标	招标公告与投标人须知前附表有关联合体要求前后是否一致
		4）分包	①是否存在允许关键性工程或主体工程分包； ②投标人须知前附表、合同条款、发包人要求等章节有关分包要求是否一致
		5）投标人要求澄清招标文件	①投标人要求澄清招标文件的时间及形式是否正确； ②澄清答疑的提问方式和回答方式是否明确

续表

序号	检查项目		检查内容
5	投标人须知	6）招标人澄清或补充招标文件的时间	澄清或者修改的内容可能影响投标文件编制的是否设定在投标截止时间至少15日前发出
		7）构成投标文件的其他材料	投标人须知前附表有关构成投标文件的其他材料与招标文件中投标文件格式部分关于其他资料的要求是否对应
		8）最高投标限价	①最高投标限价、分项限价，专业工程暂估价，暂列金额与经过审批的是否一致，价格单位是否正确； ②若发布招标文件时未发布最高投标限价，是否在开标截止前15天以补遗书的形式发出
		9）报价方式	使用国有资金投资的建设工程施工项目，是否采用工程量清单计价
		10）投标保证金	①投标保证金的金额、单位、递交形式和时间是否正确； ②投标保证金是否超过招标项目估算价的2%及最高限额（《工程建设项目施工招标投标办法》第三十七条：投标保证金不得超过项目估算价的百分之二，但最高不得超过八十万元人民币；《房屋建筑和市政基础设施工程施工招标投标管理办法》第二十六条：投标担保一般不得超过投标总价的2%，最高不得超过50万元。）
		11）近年财务状况要求	招标公告、投标人须知前附表有关近年财务状况要求是否一致
		12）近年类似项目范围要求	近年类似项目范围要求是否涵盖了招标公告、评标办法要求的类似项目（注意招标公告与评标办法要求的业绩不一致时的情形）
		13）近年类似项目时间要求	招标公告、投标人须知前附表和评标办法有关近年类似项目情况的时间要求是否一致
		14）项目负责人证明材料要求	①项目负责人应附的证明材料是否齐全，若要求项目负责人提供社保缴费证明，提供社保时限是否明确； ②项目负责人要求所附的证明文件与招标公告和评标办法加分条件中所需求的证件是否一致； ③项目负责人的业绩要求是否明确参与类似项目的身份，类似业绩证明材料是否能够有效证明类似业绩满足评标办法加分要求
		15）其他人员证明材料要求	对于有加分项的其他人员，要求所附的证件与招标公告和评标办法加分条件中所需求的证件是否一致
		16）投标人信誉情况	采用"信用中国"等相关网站的查询记录进行评审的内容，是否明确了查询主体、查询的时间节点等
		17）电子招标投标时是否需要纸质投标文件	需要递交纸质投标文件时，是否提出了纸质投标文件的打印、装订、密封要求
		18）开标形式、开标时间及地点	招标公告、投标人须知前附表有关开标形式、时间与地点要求是否一致
		19）评标委员会	①评标委员会构成是否正确、是否符合国家及地方规定； ②评标委员会数量是否符合招标人规定
		20）中标候选人	评标委员会推荐中标候选人数量是否正确，且不大于3名

续表

序号	检查项目		检查内容
5	投标人须知	21) 中标候选人公示	中标候选人公示期限是否不少于 3 日
		22) 定标	定标原则是否可行，无疏漏，是否满足多标段确定中标人的需要（如有）
		23) 履约担保	①履约担保的形式用词是否准确； ②履约担保的金额是否超过国家规定标准（不得超过中标合同金额的 10%）； ③投标人须知前附表与合同章节关于履约担保的描述是否一致
6	评标办法	1) 中标候选人排序方法	中标候选人排序方法表述是否准确无歧义，且与评标办法正文对应
		2) 多标段中标候选人资格的确定原则	多标段中标候选人资格的确定原则表述是否明确、无歧义，与招标公告是否一致
		3) 形式评审标准	形式评审因素是否齐全，且评审标准与招标文件的要求相符合
		4) 资格评审标准	所有资格要求是否均在资格评审中体现，评审标准及证明材料要求与投标人须知前附表、投标文件格式要求是否一致
		5) 响应性评审标准	除形式和资格评审因素外，招标文件其他实质性要求〔如投标保证金、工期、发包人要求（如有实质性要求）、质量标准、已标价的工程量清单、合同关键性条款〕等是否均在响应性评审中体现，并明确了具体的评审标准
		6) 评标办法分值	评标方法采用综合评估法中的评分方式的，评标办法总分是否为 100 分且等于商务、技术、报价部分三项之和
		7) 商务评审部分	①商务部分是否等于商务部分总分。 ②商务部分每项评审内容合计是否与本项分值对应。 ③商务部分评审内容是否要求投标人按评审标准提供相应的证明材料。 ④是否存在对不同投标人采取不同的评标标准的情形。 ⑤是否设定企业股东背景、年平均承接项目数量或者金额、从业人员、纳税额、营业场所面积等规模条件或超过项目实际需要的企业注册资本、资产总额、净资产规模、营业收入、利润、授信额度等财务指标作为评审因素。 ⑥是否设定明显超出招标项目具体特点和实际需要的过高的商务条件或者业绩、奖项要求作为评审因素。 ⑦是否将国家已经明令取消的资质资格作为评审因素或在国家已经明令取消资质资格的领域，将其他资质资格作为评审因素。 ⑧是否将特定行政区域、特定行业的业绩、奖项作为评审因素。 ⑨业绩评审 a 业绩描述是否准确无歧义； b 是否明确招标公告中的资格业绩是否可以加分； c 类似业绩与项目规模、项目类型是否匹配； d 类似业绩的时间要求是否与招标文件投标人须知、投标文件格式部分的有关表述一致

续表

序号	检查项目		检查内容
6	评标办法	7) 商务评审部分	⑩其他证书设置 a 是否存在以不合理条件限制排斥潜在投标人的情形，包括但不限于证书设置与招标内容是否对应，证书等级与项目规模是否相适应，是否要求与招标内容无关的证书； b 如涉及到项目负责人、技术负责人外的其他团队成员，是否要求过高或超出本项目履约要求。 ⑪联合体投标 a 联合体投标的项目，是否明确联合体投标时业绩、证书、人员等评审认定办法； b 类似业绩和团队人员评审认定时，是否考虑了联合体协议中的分工内容（如设计施工总承包项目，设计团队和业绩是否必须由承担设计任务的单位委派和提供）
		8) 技术评审部分	①技术部分各项之和是否等于技术部分总分； ②技术部分各项分数与评标标准分数区间是否对应； ③技术部分主观评分分值的区间设置是否连续，未出现断档； ④技术评审因素与招标文件要求投标人在技术文件编制的内容是否对应； ⑤是否存在对不同投标人采取不同的评标标准的情形； ⑥是否设定明显超出招标项目具体特点和实际需要的过高的技术条件作为评审因素
		9) 评标基准价	评标基准价计算的描述是否准确无歧义且符合地方规定
		10) 价格得分计算方式	价格得分计算的描述是否准确无歧义且符合地方规定
7	合同条款		①合同专用条款的条款号与通用条款号是否对应，是否擅自对通用合同条款进行修改； ②专用条款中的合同文件的优先顺序是否与合同价格形式匹配； ③合同条款、投标人须知前附表有关分包的约定是否一致； ④合同条款、投标人须知前附表、发包人要求等章节有关质量要求是否一致； ⑤支付方式是否满足国家、地方及招标人的规定； ⑥施工项目选择诉讼方式时，是否填写为向工程所在地有管辖权的人民法院提起诉讼
8	发包人要求		①发包人要求中承包范围与招标公告中招标范围表述是否存在矛盾； ②发包人要求、招标公告与投标人须知前附表有关工期的表述是否一致； ③发包人要求、招标公告有关技术要求（如有）表述是否一致； ④发包人要求与投标人须知前附表有关人员要求的证明材料（如有）是否一致； ⑤工程量清单是否符合国家、地方规定，工程量清单说明中的实质性要求是否在评标办法响应性评审中设置

续表

序号	检查项目	检查内容
9	投标文件格式	①投标函中是否要求填报工期、质量标准等实质性要求，内容是否完整，投标函中工期（交货期）的单位招标公告是否一致； ②业绩表格的填报内容与资格要求、评标办法中业绩评审的需求是否匹配，业绩表所要求的证明材料与投标人须知前附表、评标办法是否一致

2. 开标、评标前准备情况检查示例（表示 3-3-5）

表 3-3-5　开标、评标准备情况检查表

序号	检查项目	检查内容
1	开标工作流程	开标工作流程、投标文件开启顺序是否与招标文件约定一致，并已提前书面提交业主确认
2	评标委员会招标人代表	是否已书面通知招标人派符合招标文件数量要求的招标人代表在规定的时间、地点参加评标会议
3	开标会议室布置及设备准备	①开标会议室是否为招标文件约定的地点； ②监控设备、投影、电脑、打印机等设备已提前调试，拆封投标文件用文具、开标记录表等准备齐全，投标文件摆放位置、投标人座位已安排妥当
3	投标文件接收	检查投标人签到表、投标文件接收登记表（接收回执）、保证金收据等准备是否齐全
4	开标人员名单	主持人、唱标人、记录人、拆封人、监督人等已落实到位
5	评标委员会外聘专家	落实是否外聘专家已按规定程序确定，并通知到位
6	业主人员名单	落实是否已提前通知到位
7	监督机构	落实是否通知到位
8	主持人的主持词	核实项目工程、流程等内容与招标文件约定一致
9	评标表格	核实评标表格是否准确、齐全，包括评标纪律、评标委员会回避要求等
10	评标会议室	核实是否已落实
11	评标设备、文具	监控设施、电脑、打印机等设备已提前调试，计算器、笔、纸等已准备

3. 评标报告检查示例（表 3-3-6）

表 3-3-6　评标报告检查表

序号	检查项目	检查内容
1	评标委员会成员签到表	核实是否填写齐全，且与专家抽取记录信息、招标人代表的相关信息一致
2	评标委员会承诺书	核实是否全部评委进行签字

续表

序号	检查项目	检查内容
3	响应性评审检查	①对投标人的投标文件盖章、投标文件组成、投标人名称、联合体协议书、备选投标方案、投标保证金等是否招标文件要求,投标报价是否超出控制价,暂估价、暂列金额是否与招标文件给定的金额一致等内容进行复核;核实是否存在应被否决而未否决的投标,或不应否决而被否决的投标。 ②投标人发现投标文件中含义不明确、对同类问题表述不一致、有明显文字和计算错误、投标报价可能低于成本影响履约的情形,是否请投标人作了必要的澄清、说明,不得直接否决投标
4	资格性评审检查	对投标人的资质、业绩、项目经理(项目负责人、项目总监理工程师)、财务、信誉、联合体投标人情况及其他资格性评审内容是否符合招标文件要求进行复核;核实是否存在应被否决而未否决的投标,或不应否决而被否决的投标
5	有效投标不足三家的	对投标是否明显缺乏竞争和是否需要否决全部投标进行了充分论证,并在评标报告中记载论证过程和结果
6	客观分评审检查	检查客观分评审是否准确,各评标委员会成员对同一投标人同一客观分的评分是否一致
7	其他评分检查	检查评分是否超出评分标准范围,是否存在畸高、畸低现象
8	投标报价检查	是否对可能低于成本或者影响履约的异常低价投标和严重不平衡报价进行分析研判
9	投标人评标价格	检查评标价格确定是否符合招标文件约定,计算是否准确
10	评标基准价计算	检查评标基准价的计算方法是否符合招标文件约定,计算结果是否准确
11	价格得分计算	检查价格得分计算结果是否准确
12	分数汇总	检查评标委员会每一位成员的分数汇总、各投标人的分数汇总等是否准确
13	投标人排序	检查投标人排序是否准确,并符合招标文件约定的排序方法
14	中标候选人数量	检查评标报告推荐的中标候选人数量是否符合招标文件的约定
15	评标委员会成员签字	核实是否全部评委进行签字且齐全

4. 招标项目归档后内部抽查示例(表3-3-7)

表3-3-7 招标项目内部抽查表

序号	审查项目	审查内容及标准
1	项目前期策划与协议	①通过投标取得的项目,对外投标文件未履行公司审核程序即对外发出或实际投标文件承诺的服务及报价与送审内容不符的,每出现一次减2分 ②委托协议中出现违反法律法规规定的,每出现一次减2分;违反集团公司有关规定,每出现一次减1分 ③以委托函代替委托协议,且无后补协议或无整体委托框架协议的,减1分 ④委托协议中主要内容不完整,出现空缺,如投资规模、委托范围、签署人签名、签署日期等,每出现其中一项减0.5分 ⑤出现明显的文字错误,每出现一次减0.5分 ⑥出现其他方面的问题,酌情减分

续表

序号	审查项目	审查内容及标准
2	招标公告和邀请书	①公开招标项目，未按照国家、地方或行业管理部门规定，在指定媒体发布招标公告的，减3分 ②公告中关于投标人资格要求出现不符合本项目要求、产生歧义或规定模糊不清的，视具体情况，每出现一次，减1分 ③公告中关于购买招标文件、投标截止等时间规定不符合有关法律法规要求的，每出现一次，减3分 ④对招标项目内容表述模糊，无法直观识别招标项目主要内容的，减1分 ⑤对外发出的招标公告或邀请书未盖章的，减1分 ⑥依法必须招标项目公告未公布接收异议的联系人和联系方式的，减2分 ⑦出现明显的文字错误，每出现一次减0.5分 ⑧出现其他方面的问题，酌情减分
3	资格预审文件和招标文件	①未按有关法律法规规定使用招标文件（含资格预审文件）范本，且事先无书面报告或未在节点中备注说明的，减1分 ②无委托人对资审文件或招标文件确认的函件，减2分 ③资格预审评审报告出现错误，视具体情况，减0.5~3分 ④资格预审项目，未向资格预审申请人发出资格预审合格及结果通知书的，减3分 ⑤招标文件中无投标邀请部分的，减1分 ⑥招标文件中有关时限的规定不符合有关法律法规要求的，每出现一次减2分 ⑦招标文件中出现限定或者指定特定的专利、商标、品牌等规定，减3分 ⑧招标文件规定由中标人付费的，但未明确具体收费类型、交纳方式、浮动幅度、计算标准和交纳时间的，减1分 ⑨在招标文件中有关"异议"相关规定处未明确注明："投标人或者其他利害关系人认为招标投标活动不符合法律、行政法规规定的，须在法定时间内以'异议'的形式提出"的，减1分 ⑩招标文件中擅自规定除有关法律法规要求以外的其他拒收条款的，减2分 ⑪我司收取保证金的，未约定退还保证金利息及退还方式的，每缺少一项减1分 ⑫招标文件中未明确规定投标人串通投标及评委会否决投标的情形的，减2分 ⑬招标文件无评标标准，减3分，有评标标准无具体评标细则的，减2分 ⑭招标文件中出现明显文字错误，每出现一处减0.5分，因此而引起歧义的，减1分 ⑮招标文件（发售稿）中应填写的内容不全、不准，出现不应有的疏忽、遗漏或前后不一致等，视具体情况，每出现一次减0.5~2分，最多减3分 ⑯资格预审文件及招标文件中出现其他违反国家法律法规条款，减3分 ⑰出现其他方面的问题，酌情减分

第 3 章　建设工程招标采购项目化管理

续表

序号	审查项目	审查内容及标准
4	文件澄清异议回复和修改	①澄清或修改文件出现违反国家法律法规条款的，减 3 分
		②有关澄清、回复和修改未履行公司内部审批流程的，减 2 分
		③对外发出的澄清等文件未盖章的，减 1 分
		④发出澄清或修改文件未提供委托人书面确认的，减 2 分
		⑤澄清或修改文件未书面通知投标人或缺少所有投标人回执的，减 2 分；回执不全，减 1 分
		⑥相关文件中出现明显文字错误，每出现一处减 0.5 分，因此而引起歧义的，减 1 分
		⑦出现其他方面的问题，酌情减分
5	接受投标和开标	①接受密封不合格的投标文件的，减 3 分
		②除特殊情况说明外，接收文件登记表及开标记录表未使用公司格式，减 1 分
		③接收文件登记表及开标记录表中相关人员签字不全的，每一处减 0.5 分
		④接收投标文件登记表及开标记录表中有明显错误的，视情况每出现一处减 1~2 分，
		⑤出现其他方面的问题，酌情减分
6	评标组织与评标报告	①未按国家、地方或行业主管部门规定组建评标委员会的，减 3 分
		②未提供专家抽取记录表且未说明原因的，减 1 分
		③评标专家未按评标办法进行评标，项目经理未发现的（项目经理不能进入评标现场的除外），减 5 分
		④评标报告细项打分表中，出现专家客观分打分不一致的，减 2 分
		⑤评标报告细项打分表中，出现专家涂改未小签，出现一次减 1 分
		⑥评标报告出现明显文字或表述错误的（项目经理未参与评标报告编制的除外），视具体情况，每出现一处，减 1~5 分
		⑦评标报告中无致委托单位函且未说明原因的，减 2 分
		⑧评标报告未装订成册的，减 2 分
		⑨出现其他方面的问题，酌情减分
7	确定中标人	①缺少委托单位对中标结果确认文件的，减 2 分
		②项目有中标金额但未在中标通知书中明示的，减 3 分
		③相关通知书未按照我司格式编制的（除需招标办要求等固定格式外），减 2 分
		④未按照委托协议或招标文件规定收取代理服务费的，减 2 分
		⑤出现其他方面的问题，酌情减分
8	后续工作	①归档文件不齐，如缺顾客满意度调查表等，每缺少一项，减 2 分
		②归档文件按要求应为原件，以复印件归档的，每出现一项，减 2 分
		③归档文件装订不整齐不规范，减 3 分
		④未在规定时间完成归档工作，且未提出书面报告的，减 2 分
		⑤项目引起质疑，经查实确为操作过程不规范引起的，减 10 分
		⑥出现其他方面的问题，酌情减分

续表

序号	审查项目	审查内容及标准
9	业务办公系统流程操作方面	①同一节点由审批人退回2次以上的（不含2次），每超过一次减1分
		②因特殊原因，需申请后补网上流程而未按公司规定完成后补的，每出现一次减1分
		③招标人、投标人信息未填写或填写不全，且事先无书面报告的，每出现一项减1分
		④资格预审文件、资格预审报告、招标文件、评标报告、中标通知书节点电子文档未上传或上传文档不全，且事先无书面报告或未在节点备注说明的，每出现一次减2分
		⑤中标单位投标文件电子文档未上传且事先无书面报告或未在节点中备注说明的，每出现一次减3分
		⑥出现其他方面的问题，酌情减分

3.4 建设工程招标采购风险管理

3.4.1 建设工程招标采购风险管理概述

1. 招标采购风险概念

招标采购风险是在招标采购过程中由于各种不确定性事件的出现，使招标采购的实际结果与预期目标相偏离的程度和可能性。各种事件的不确定性是客观存在的，实质上就是一种信息不完备状态，而完备信息可以消除某种不确定性。因此，如果信息增加，不确定性就会减少，风险也就会相应降低。当前随着全过程工程咨询服务的深入拓展，我国现阶段建设工程咨询服务也呈现了全新的格局，已经向更加专业的方向发展，全过程工程咨询单位在招标采购阶段的风险管理显得尤为重要。

信息不对称是招标主体行为风险产生的根源。在经济交易行为中，根据交易双方在信息占有方面的地位不同，可以将不完备信息状态区分为信息对称和信息不对称两种情况。在招标采购风险中，同样也可以区分为信息对称和信息不对称两种情况：

（1）信息对称条件下的风险。信息对称条件下的风险往往指的是经济风险、政策风险等，其中经济风险包括利率风险、汇率风险等。这些都属于通常所说的客观事件的风险，正常情况下交易双方都不能确切预知未来市场价格的变动情况从而占据优势，而只能根据公开的信息和市场供求状况作出预测，因而信息是对称的。

（2）信息不对称下的风险。信息不对称条件下的风险指的是项目各相关方行为决策所引起的风险，即项目相关方行为风险。招标采购现实中信息对称是相对的，信息不对称是绝对的。所谓"信息不对称"是指一方在某一方面拥有私人信息，这些信息只有当事人自己了解，别人不了解或信息成本过高等因素无法了解。从招标人角度出发，招标采购过程中的信息不对称主要是指招标人对投标人的技术实力、管理水平、财务状况、人员素质、服务质量等信息掌握得不充分，其风险主要来自投标人的行为。

2. 招标采购风险管理目标

在招标采购过程中常面临着诸多的不确定性，各类采购风险都有可能导致招标采购失败或者采购不到合适的标的。为了保证招标采购正常进行，有效控制项目成本，维护市场公平，需要在招标采购中加强风险管理，强化风险的分析评估，制订应对策略，有效提升招标采购结果的质量和效率。招标采购风险管理是对招标采购全过程的外部及内部风险予以识别，对其作出定性或定量的衡量和评估，制订风险规避或控制措施，达到控制或减少各种意外损失，实现招标采购预期目标的活动。招标采购风险管理属于事前风险管理范畴。

招标采购风险管理最主要的目标是控制与处置风险，以防止或减少损失，保障社会生产及各项活动的顺利进行。招标采购风险管理的目标通常被分为两部分：一部分是损失前的目标，另一部分则是损失后的目标。损失前的目标是避免或减少损失的发生，损失后的目标是尽快恢复到损失前的状态，两者构成了风险管理的完整目标。

3.4.2 建设工程招标采购风险管理过程

招标采购风险管理由招标采购风险规划、招标采购风险识别、招标采购风险评估（定性分析和定量分析）、招标采购风险应对和招标采购风险监控等工作过程组成。

1. 招标采购风险规划

招标采购风险规划是规划和指导如何实施招标采购风险管理活动的过程。本过程应与项目的招标采购管理规划阶段同步启动，工作成果就是招标采购风险防范计划，该计划属于招标采购项目管理方案关于招标采购风险管理的内容。

1）招标采购风险规划的意义。

招标采购风险规划是招标采购风险管理重要的基础性工作。通过认真、明确地进行招标采购风险管理规划，可以做到：

（1）对招标采购风险管理的具体实施过程提供指导。通过指导招标采购风险管理的具体实施过程，大大提高其他招标采购风险管理过程的成功概率，从而保证招标采购风险管理的程度、类型和可控程度。

（2）为风险管理有关活动安排充足的资源和时间。招标采购风险规划的意义还在于为风险管理有关活动安排充足的资源和时间，并为评估风险奠定一个共同认可的基础，以保证招标采购预期目标的顺利实现。

2）招标采购风险规划的作用。

招标采购风险规划的作用是确定指导实施风险管理活动的总体计划；确定用于风险管理的成本种类和进度活动，并将其分别纳入项目的预算和进度计划中；建立或评估风险应急储备的使用方法；分配招标采购团队的风险管理职责；根据具体项目的需要，统一定义有关风险类别和术语定义等的通用模板，如风险级别、不同风险的概率、对不同目标的影响等。

3）招标采购风险防范计划的内容。

风险防范计划属于招标采购风险规划的最主要的工作成果，包括以下内容：

（1）风险管理方法。确定招标采购风险管理将使用的方法、工具及数据来源。

（2）角色与职责。确定风险管理计划中每项活动的领导者和支持者，以及风险管理团队的成员，并明确其职责。

（3）资金预算。分配资源，估算风险管理所需的资金，将其纳入成本绩效基准，并建立应急储备的使用方案。

（4）时间安排。确定在招标采购活动生命周期中实施风险管理过程的时间和频率，建立进度应急储备的使用方案，确定应纳入招标采购进度计划的风险管理活动。

2. 招标采购风险识别

招标采购风险识别是指将影响到招标采购过程的各种风险按其各自特征，进行分类并记录到风险登记簿的过程。本过程的工作成果就是记录各类风险的风险登记簿。招标采购由于受到客观和人为因素的影响，实施过程中存在很多风险，对招标人而言最大的风险莫过于付出较高的费用，得到非期望甚至是质量低劣的产品和服务，所以对招标采购有关风险进行识别和分类，是招标采购风险评估和应对的一项基础性工作。

招标采购风险的类型有很多种，根据不同的划分标准可分为以下几类。

1）根据风险产生的范围，招标采购风险分为内部风险和外部风险。其中内部风险主要是指人为风险和管理风险，而外部风险主要是指经济风险、政策风险等，具体见图3-4-1。

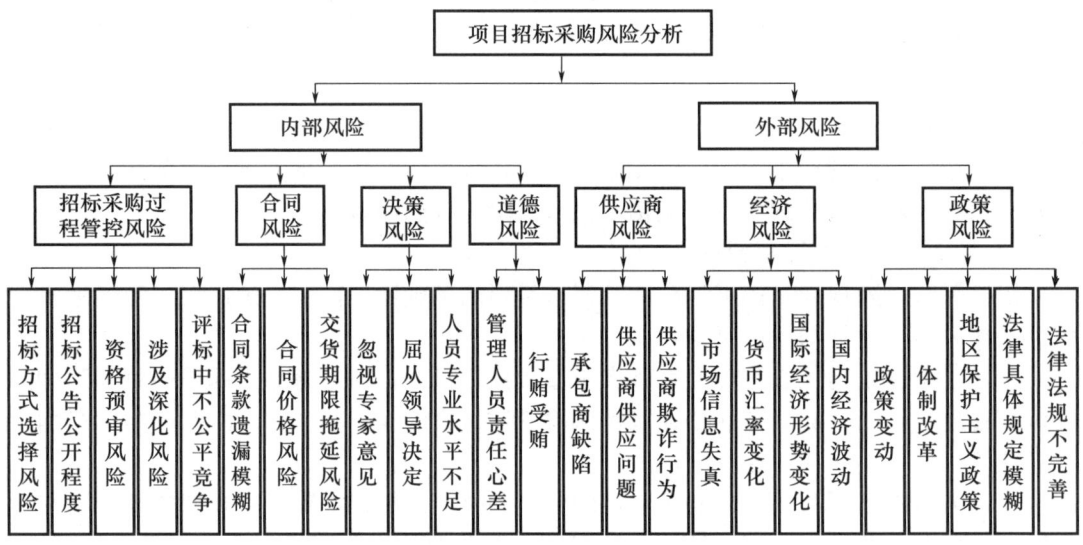

图3-4-1 招标采购风险分解结构

2）根据风险处置方式，招标采购风险分为可转移风险和不可转移风险。其中投标人产品的缺陷风险、安全生产风险、信誉风险等属于可转移风险；而采购内容变更、索赔及政策风险等属于不可转移风险。不可转移风险可能导致实际支出的成本增加以及与竞争性招标采购的初衷不一致。

3）从采购市场需求和供给主体及相互影响的角度，招标采购风险分为招标人的风险、投标人的风险及供需市场的风险。

（1）来自招标人的风险。项目实施招标采购是一个复杂而有序的系统工程，由于我国市场经济体制的不健全，招标人承担招标采购风险主要包括招标过程组织缺陷风险、工作人员道德风险、合同风险等。招标过程组织缺陷风险是指在项目招标采购程序中组织管理的疏漏和缺陷所导致的招标失败的风险。人员道德风险是指在招标过程中，由于人为的责任或道德素质的问题，收受贿赂、徇私舞弊、渎职等致使招标不利甚至失败的风险。合同风险是指发生在发出中标通知后，与中标人签订协议确定采购渠道、采购单价、价款结算及支付办法、违约责任及其他相关事宜时的疏漏、权责不清等原因所造成纠纷的风险。

（2）来自投标人风险。由于投标人与招标人利益不同，投标人为了自身利益可能采取对招标人不利的行为而造成风险。此类风险主要有投标人产品的隐性缺陷、信誉问题、技术创新问题、产能限制、质量问题等。

（3）供需市场的风险。指在采购市场上，由于供需关系失衡而导致的价格波动、质量差异、投标人数量、信誉和实力强弱等因素所产生的风险。

3. 招标采购风险评估

项目的风险评估一般包括定性风险分析和定量风险分析两种。定性风险分析是指评估并综合分析风险的发生概率和影响，对风险进行优先排序，从而为后续分析或行动提供基础的过程。定量风险分析是指就已识别风险对项目整体目标的影响进行定量分析的过程。

风险评估主要针对以下几个方面：风险事件发生的可能性大小、可能的结果范围和危害程度、预期发生的时间等。

招标采购产生的风险主要是人为因素造成，且事件的发生具有隐匿性，如道德风险等，其损失很难用数学的方式表示，因此，对招标采购风险估计的方法，主要选择定性和定量风险分析相结合的主观概率估计法。根据风险事件对招标采购目标的影响程度确定风险等级，招标采购实施过程中，风险因素很多，如果对所有的风险予以同等的关注及应对，会使风险管理成本显著提高，这与提高项目管理投资效益的原则是相悖的。因此在风险管理中，需要针对不同的风险控制方法，将预测的风险控制带来的成本增加与风险评估的结果相比较，识别和量化影响招标采购主要目标的重要风险。进行风险管理时，根据风险对招标采购主要目标的影响来评估确定风险管理的等级尤为重要，这样才能有效地制订风险控制的相关措施。

4. 招标采购风险应对

1）常用的风险应对方法。

招标采购的风险应对措施应根据前面招标采购风险管理有关过程的工作成果确定。常用的风险应对方法包括：规避风险、减轻风险、转移风险、接受风险，以及这些方法的组合。由于对风险的敏感度不同，不同的招标人对于同一类风险所采取的方法是不同的，需要根据招标的具体情况和风险管理者的心理承受能力，以及抗风险能力来确定风险应对策略，具体见表3-4-1。

表3-4-1 招标采购风险应对措施

招标风险的因素	风险分类	应对措施	实施要点
1 管理风险 2 决策风险 3 人员道德风险	内部风险	减轻风险	1. 加强内部管理和监督； 2. 制订完善的招标文件和招标程序； 3. 提高专业人员道德与教育水平
合同风险	内部风险	减轻风险 转移风险	1. 完善项目招标采购合同管理； 2. 合同条款清楚，明确双方责任； 3. 采用风险转移手段，如收取保证金、购买保险或要求提供担保

续表

招标风险的因素	风险分类	应对措施	实施要点
1 市场风险 2 政策风险 3 经济风险	外部风险	规避风险 接受风险	1. 做好市场调查，选择一条可靠的采购渠道； 2. 选择适当的招标形式； 3. 建立经常性物资价格、市场政策信息档案体系
供应方风险	外部风险	减轻风险 转移风险	1. 采用严格资格预审策略和招标策略； 2. 采用风险转移手段，如收取保证金、购买保险或要求提供担保等
采购阶段支付结算风险	外部风险	规避风险 减轻风险	1. 保持一定的备用供应，一到两个其他供应商； 2. 对物资质量、数量、规格、型号等进行认真验收； 3. 加强与财务部门的沟通，保证支付能力

2）通常的风险管理措施。

综合各地的实践做法，主要从完善制度流程设计、规范招标与采购文件编制、严格招标采购公告和资格审查、加强评标过程监督、规范合同管理、强化履约验收管理、加强采购档案管理等方面加强招标采购风险管理。

（1）完善制度流程设计。全面贯彻落实《招标投标法》及其实施条例等文件要求，建立健全招标采购全过程尤其是招标文件编写、代理机构选用、评审专家选用、履约验收等关键环节的工作程序及监督机制，完善制度、细化流程，提高制度可操作性。要树立风险防控意识，针对招标与采购内部控制清单中关键环节和风险点，落实防控措施，加强风险防控。

（2）规范招标采购文件编制。采购活动开始前，针对采购需求管理中的重点风险事项，对采购需求和采购实施计划进行审查，审查分为一般性审查和重点审查。一般性审查主要审查是否按照本办法规定的程序和内容确定采购需求、编制采购实施计划。审查内容包括：采购需求是否符合预算、资产、财务等管理制度规定；对采购方式、评审规则、合同类型、定价方式的选择是否说明适用理由；属于按规定需要报相关监管部门批准、核准的事项，是否作出相关安排；采购实施计划是否完整。重点审查是在一般性审查的基础上，开展非歧视性审查，主要审查是否指向特定供应商或者特定产品；开展竞争性审查，主要审查是否确保充分竞争；开展采购政策审查，主要审查进口产品的采购是否必要，是否落实支持创新、绿色发展、中小企业发展等政府采购政策要求；履约风险审查。主要审查合同文本是否按规定由法律顾问审定，合同文本运用是否适当，是否围绕采购需求和合同履行设置权利义务，是否明确知识产权等方面的要求，履约验收方案是否完整、标准是否明确，风险处置措施和替代方案是否可行。

（3）严格招标采购公告和资格审查。严格按照招投标有关法律法规规定的渠道及时间发布招标公告，避免招标采购信息发布不广泛造成竞争不充分或暗箱操作违规行为。严格审查投标单位资格和征信情况。重点检查各投标人与招标人是否存在影响公正利害关系，是否存在禁止参加投标的关联企业或不得参加同一项目或标段的情况。检查投标人是否被列入"信用中国"失信被执行人等名单。

（4）加强评标过程监督。加强和规范评标过程管理，及时制止不合理、违规的评审操作。对不遵守评标评审纪律，存在违法、违规等行为的专家进行调查处理。加强开标现场监督，对不符合开标程序和规定的行为当场予以纠正。委派的招标人代表不得担任评审小组组长，不得向评审专家作倾向性、误导性的解释或说明。建立健全代理机构的评价机制，对履责不力、存在违规违法行为的应及时终止委托。

（5）规范合同管理。严格按照招标文件和中标人的投标文件约定和承诺事项，完成采购合同签订，确保合同要素（如时间、地点、签订人、授权代表、付款条件等）齐全。对中标单位实行标后约谈，要求中标单位签署承诺。合同执行过程中的内容变更、金额变更必须依法依规履行审批程序。

（6）强化履约验收管理。招标采购履约验收应当遵循全面完整、客观真实、公开透明的原则，建立健全招标采购履约验收制度，保障所有招标采购项目应验必验、验收必严、违约必究。

（7）加强采购档案管理。招标采购过程及合同执行中的各类文件和资料，决策意见、会商意见（包括音视频资料）等纳入档案，不得伪造、变造、隐匿或者销毁归档文件。

5. 招标采购风险监控

招标采购的风险监控，需要根据招标采购活动开标前阶段和开标后阶段分别实施。

1）开标前的风险监控。

开标前，招标人需要对风险较大的招标因素，包括外部风险（经济、政策风险和地区保护主义的风险）和投标人的风险等因素进行有效监控，主要内容包括：

（1）严格资格预审。资格预审可以规避不具备招标文件规定资格的投标人投标及不正当竞争造成的风险，严格的资格预审是降低开标前风险的重要保证。招标人首先应对潜在投标人进行资格预审，对投标人的资格提出明确而合理的要求，确保潜在投标人都是资格符合、信誉优良、业绩突出的企业，从理论上先排除投标人采取不正当竞争行为的隐患。

（2）科学策划和编制招标文件。科学策划和编制招标文件可以规避采购过程风险、人为风险、决策风险造成招标人的损失。

（3）投标担保。通过投标担保可以有效控制招标采购中投标人开标后撤标的风险，是转移违规行为风险、保证招标人招标活动成功进行的有效方式。

2）开标后的风险监控。

开标后，招标人需要对人员道德风险和决策风险进行有效控制，应根据风险特点制订和实施措施，确保按照招标文件制订的评标办法进行评标。评标定标后，招标人要与中标人签订合同，招标人面临的风险主要是合同风险和投标人的履约风险，招标人可以将这些无法规避的风险部分转移给中标人或其他方。开标后招标人的主要措施包括：

（1）评标策略。合理的评标策略可以确定有实力的投标人中标，以规避投标过程中道德风险造成的行贿、屈从个别人意志、专业人员水平不足情况出现。对于在评标过程中发生的异常现象，如评委与投标人存在利益关系而没有回避等要及时向监督部门报告，并及时评估相关评标结果的公正性，避免各种可能的人为恶意操作的风险。

（2）合理确定中标人。合理确定中标人是招标人的权利，是防止资格审查和评标失误的关键环节，招标人应当对评标委员会提交的评标报告进行认真严格的审查，必要时，可以邀请有关专家对评标报告的公正性和建议进行评价，对中标候选人重新进行履约能力审核，这是招标人在开标后规避风险的重要措施。

（3）合同履约担保或合同履约保证保险。招标人为保证中标人能够按合同要求完成招标合同规定的义务，要求中标人提供履约担保，履约担保可以转移中标人违反合同的风险，将风险转移给担保人。在招标采购过程中也可采用合同保证保险和商业信用保证保险来转移供应商行为可能带来的信用风险和所提供的商品质量风险。

（4）合同主要条款的设置策略。通过对合同设置针对性的策略，防止合同的漏洞给招标人带来的损失，并利用合同条款进一步明确双方当事人的权利和义务，转移部分采购风险。

3.4.3 建设工程招标采购风险管理与合同制订

1. 招标采购与合同制订

招标采购过程是按照招标人的要求确定中标人的活动，不仅其自身充满不确定性的风险，而且是对未来项目实施风险的预防性安排。招标采购风险和合同制订的关系非常密切，项目合同是招标采购活动具体的采购成果，是规避和控制风险的重要手段。

一般来说，合同管理风险可以分为合同制订和合同实施两个阶段的风险。其中合同制订阶段即招标采购的具体实施环节，所以合同制订的风险和招标采购的风险有可能相互叠加，也有可能相互减弱，但如果出现叠加，潜在风险损失很大，例如在招标采购的合同签订阶段合理准确地确定采购项目的价格、交货期、质量标准，就可以将合同实施管理的风险降低。因此在招标采购阶段建立完善的风险防范机制，减少合同制订过程的风险，降低合同履行风险，成为招标采购风险管理与合同制订的基本思路。

2. 招标采购与合同制订风险控制的常用方法

招标项目风险应对的常用方法以及这些方法的组合，不仅在招标采购过程中使用，而且常常在合同履行管理中应用。

（1）规避风险。风险规避并不意味着完全消除风险，是要规避风险可能造成的损失。在招标采购过程中，风险规避的方式主要有：通过资格预审、保证招标文件质量、制订合理的评标办法、合同主要条款科学、严密设置等。

（2）减轻风险。包括风险分散、风险分离、风险监测、后备应急措施等。例如，在招标采购过程中，委托资质等级高并有同类项目采购业绩经验的招标采购代理机构代理招标，就属于降低风险的有效方式。

（3）转移风险。在招标采购过程中，风险转移可以将招标人无法避免的风险，部分转移给中标人或其他方，共同承担风险。在招标采购过程中，风险转移的方式主要有合同的履约担保、投标担保和保证保险等。

（4）接受风险。在招标采购过程中，招标人面临的不可避免的风险，只能自己承担，或因转移风险成本太高而由自己承担，如对价格模糊的原材料通过招标人自行供应的方式体现出风险自留。

3. 招标采购实施和合同制订的关系

招标采购的实施与合同制订是相互关系、彼此支持的管理过程，也是招标采购活动的核心工作内容。

1) 招标方案应充分满足项目实施的风险预防需求。

招标采购的关键是招标采购方案，策划正确的项目不一定成功，但是策划失误的项目一定失败，招标采购方案的基点是充分满足项目实施的风险预防需求。合同是招标文件的重要组成部分，应确保合同制订的条款质量符合项目目标要求。招标人应围绕项目实施过程的各种管理需求，展开合同制订各种管理因素的分析与评价，融入合同条款的设置策划，同步考虑中标人履行合同整体能力的需求：一方面通过合理策划招标文件、准备投标人资格预审文件、投标人调查等内容，衔接合同条款和中标人的选择过程；另一方面在考虑市场变化、政策趋势的基础上，重点关注潜在投标人的能力与利益需求，分析项目实施阶段中标人、市场、国家政策等因素产生的各种风险及其应对的措施，保证潜在投标人的竞争能力与招标结果之间的合理匹配，预测项目实施阶段可能的质量、进度、价格等纠纷风险及其处理的方法，综合各种因素后确定招标方案，以确保项目合同实施的风险预防要求。

由于招标人与中标人对项目的理解不同，诉求不同，针对招标人关注的项目风险，可以通过合适的合同专用条款引起中标人的重视，取得对项目成败关键因素的共同追求。例如，在一个工期对整个项目成败具有关键影响的采购中，工期延误则是项目的重大风险，如果在采购合同中加入并适当加大采购合同延期罚则，中标人就会更加努力地采取措施防止工期延误发生的可能性。反之，若一个高科技的新产品应用项目中，项目质量是否达到预期是最大的风险，上述工期延误罚则可能反倒会导致中标人为争取时间而降低质量档次，合同专用条款的设置就需要降低或取消时间延误罚则而加大对质量验收不达标的罚则。

2) 招标采购成果应充分体现招标人、中标人双方的利益需要。

招标采购的成果主要是确定中标人和项目合同，一方面中标人应具备兑现合同要求的项目履约能力和诚信，另一方面招标人与中标人都有着各自的利益诉求，因此合同应该与招标人和中标人的能力、诚信及其利益需求有机衔接，能够构建确保招标人与中标人一起共同顺利完成合同要求的工作平台。在协调招标人与中标人的利益时应注意以下几点：

(1) 识别招标人与中标人的利益诉求的不同点；

(2) 评价招标人与中标人之间的利益平衡的条件和可行性；

(3) 评估确定平衡利益诉求措施的有效性和风险；

(4) 制订合理科学、具有预见性的相关管理措施；

(5) 把相关管理措施与招投标方案结合实施；

(6) 各方利益诉求的平衡规定应在最终的合同中得到有效体现。

上述活动体现了项目招标人、中标人在招投标过程中预见性的策划、系统的实施运行和反复协调沟通的过程。

3) 合同制订过程应充分满足项目实施的风险预防需求。

招标采购的目的是通过合同的制订使招标人与中标人共同确保项目目标的实现。招标采购程序与合同条款制订的关系是相互关联、相互作用的工作整体，充满了各种不确定性，因此项目的合同制订必须以项目实施过程的风险预防为基点。表 3-4-2 体现了围绕风险预防，招标采购阶段与合同制订的相互关系。

表 3-4-2　招标采购阶段与合同制订的相互关系

序号	招标采购阶段	合同制订的工作内容
1	招标采购方案	考虑招标采购实施阶段各种可能出现的风险（包括履行合同和变更控制的风险）
2	投标人资质预审文件	根据对投标人在项目实施阶段的风险预测和能力需求、确定投标人的资质和其他要求
3	招标采购文件	围绕招标采购的项目实施内容、细化实施阶段的风险对策
4	投标人调查	根据资质要求和诚信、风险预防要求进行投标人情况的调查
5	资格审查	初步评估投标人综合能力及其满足招标风险预防的程度
6	发放招标采购文件	根据招标目标要求评价入围投标人的竞争情况
7	接受投标文件、评标并选择中标人	根据评标准则，确定满足项目实施阶段各项要求的中标人
8	合同缔约谈判及授标（签约）	依据招标文件和中标结果、细化合同条款、保证合同在实施阶段的应变性和前瞻性需求
9	履行合同	按照合同约定实施项目管理，根据需要及时协调合同相关条件

3.5　建设工程招标采购沟通、信息及标准化管理

3.5.1　建设工程招标采购沟通管理

1. 沟通的概念

沟通是为了一个既定的目标，把信息在个人或群体间传递和交换，并且力图形成共识的过程。沟通既是人际的交流，也涉及组织之间的交流。沟通的目的是让对方达成一致行动或理解发送者所传达的信息，发送者凭借一定的渠道将信息传递给接收者，并寻求反馈以达到相互理解。沟通的效果取决于对方的回应，没有有效的沟通，很难有效的管理。招标过程涉及招标人、招标采购代理机构、评标专家、投标人和各级行政监督管理部门等，如果沟通不畅，必然会造成管理无效的后果。

招标采购的沟通管理属于建设工程项目管理的一部分，其内容包括制订沟通计划和沟通管理实施等。

2. 制订沟通计划

在招标采购过程中，制订沟通计划是选择项目参与人员及项目外部环境之间的信息沟通渠道、沟通模式和沟通内容的过程。一般以沟通管理计划表的方式表达。

1）编制沟通计划的工作基础。

（1）招标采购项目管理方案或招标策划书；

（2）收集招标采购各类利益相关方的登记册；

（3）可能对招标采购产生影响的各种环境事业因素；

（4）招标采购活动过程中产生的有关信息及资源等。

2）编制沟通计划所运用的项目管理工具和技术。

(1) 沟通需求分析。通过沟通需求分析，确定项目利益相关方的信息需求，包括信息的类型和格式，以及信息对利益相关方的价值。

(2) 沟通技术。沟通技术包括正式、非正式、手写、口头、打印或者电子邮件、网络平台等技术手段。

(3) 项目沟通的工具和方法。包括公告板，新闻通讯、内部杂志、电子杂志，致员工或志愿者的信件，新闻稿，年度报告，电子邮件和内部局域网，门户网站和其他信息库（适用于拉式沟通），电话交流，演示，团队简述或小组会议，攻关小组，相关方之间的正式或非正式的面对面会议，咨询小组或员工论坛，社交工具和媒体等。

(4) 沟通模式。沟通模式分为外部沟通和内部沟通两个方面。

① 外部沟通。外部沟通是指组织与环境之间的沟通，是群体间的沟通，招标公告、招标文件、评标结果公示等是招标人对外沟通的重要信息平台。

② 内部沟通。内部沟通是指组织内部的信息传递和交换。招标采购组织应建立健全内部沟通机制，如各种会议制度、合理化建议制度以及其他特定沟通制度等，使招标过程的各种指令、计划信息能上传下达，相互协调，围绕各项指标的完成统筹执行，使招标采购团队能够按计划有条不紊地进行，提高工作效率和效能，使目标完成得到保障。

(5) 沟通方式。

① 交互式沟通（Interactive）。在双方或多方之间进行多向信息交换。这是确保全体参与者对某一话题达成共识的最有效的方法，包括会谈、微信 QQ 等的聊天、电话会议、线上会议、视频会议等。

② 推式沟通（Push）。把信息发送给需要了解信息的特定接收方。这种方法能确保信息发布，但不能确保信息到达目标对象或信息已被目标对象理解。推式沟通包括信件、备忘录、报告、电子邮件、传真、语音邮件、新闻稿、投标邀请等。

③ 拉式沟通（Pull）。在信息量很大或受众很多的情况下使用。它要求接收方自主自行地获取信息内容。这种方法包括网站、招标公告、电子在线课程、知识库等。

招标采购项目经理应该根据沟通需求，决定在项目中使用何种沟通方法，并决定如何使用以及何时使用。

3）招标采购沟通计划应包括的内容与重点。

沟通管理以信息为载体，信息来源的有效性、可靠性、时效性对于招标人的沟通管理至关重要。招标采购沟通计划应包括的内容有需要提供的信息、提供信息的来源、提供信息的时间和方式、收集信息的方式和方法、传递信息的方式、沟通信息。招标采购沟通计划的重点包括潜在委托项目的信息收集、招标内容的发布和总结报告等三方面内容。

4）招标采购沟通计划应包括的信息。

招标采购沟通计划描述如何对项目沟通进行规划、结构化、实施与监督，以提高沟通的有效性。包括以下信息：各干系人的沟通需求，需要沟通的信息（包括语言、格式、内容、详细程度等），发布信息的原因，发布信息、确认收悉或做出回应（如适用）的时限和频率，负责沟通相关信息的人员，负责授权保密信息发布的人员，接收信息的个人或群体，传递信息的技术或方法沟通计划，为沟通活动分配的资源，包括时间和预算，随项目进展，对沟通管理计划进行更新和优化的方法，通用术语表，项目信息流向图、工作流程、报告清单、会议计划等，沟通制约因素，会议或邮件的指南和模板以及相关软件的使用说明等。

3. 沟通管理实施

1）沟通管理实施的工作基础。

（1）招标采购项目管理方案以及沟通计划；

（2）各种环境事业因素；

（3）有关信息及资源；

（4）工作绩效数据等。

2）沟通管理实施的内容。

沟通管理实施的内容主要包括编制沟通管理的具体措施、利用或建立信息管理系统、执行情况报告等。

（1）编制沟通管理的具体措施。根据沟通计划，编制实施沟通的具体措施和流程，如公开信息发布实施流程、组织内部文档审批流程、与相关利益相关方信息传送流程等。

（2）利用或建立信息管理系统。应充分利用或重新建立组织体系的信息管理系统，作为沟通管理的基础。另外要特别重视采购团队成员之间交流与沟通，减少配合差错。

（3）执行情况报告。结合招标采购过程的检查与考核，对沟通执行情况进行动态检查和考核，进行绩效报告。

3.5.2 建设工程招标采购信息管理

1. 信息的概念与特性要求

1）信息的概念。

信息指的是用口头的方式、书面的方式（包含纸质和电子形式）传输（传达、传递）的知识、新闻，或可靠的或不可靠的情报。声音、文字、数字和图像等都是信息表达的形式。在管理科学领域中，信息通常被认为是一种已被加工或处理成特定形式的数据。

数据是用来记录客观事物的性质、形态、数量和特征的抽象符号。不仅文字、数字和图形可以看作是数据，声音、信号和语言也可以认为是数据。信息是根据要求，将数据进行加工处理转换的结果。同一组数据可以按管理层次和职能不同，将其加工成不同形式的信息；不同数据如采用不同的处理方式，也可得到相同的信息。

2）信息的特性要求。

（1）信息的准确性。信息客观反映现实世界事物的程度称为准确性。通常人们希望获得的信息是准确的，而事实并非总是如此。信息的准确与否增加了信息收集的鉴别工作量，此外，信息的准确性还要求传送和储存时不失真。

（2）信息的时效性。信息是有生命周期的，在生命周期内，信息有效。为保证信息有效，要求配备有快速传递消息的通道，同时也要求信息流经处理的道路最短，而且中间的停顿最少。

（3）信息的有序性。信息的有序性即信息发生先后之间存在一定的关系，在时间上是连贯的、相关的和动态的。人们可以利用过去信息的有序性分析现在，并从现在和过去预测将来。为保证信息的有序性，则需要连续收集信息、存储信息和快速进行信息检索。

（4）信息的共享性。共享性表现在许多单位、部门和个人都能使用同样的信息。如在工程项目决策和实施过程中，许多信息可以被各个部门使用，这样既可以保证各个部门使用信息的统一性，也保证了决策的一致性。为保证信息的共享性，需要利用网络技术和通信设备。

（5）信息的可存储性。它是指信息存储的可能性。信息的多种形式必然产生多种存储方式，并影响其可存储性，信息的可存储性还表现在要求能存储信息的真实内容而不畸变，要求在较小的空间中存储更多的信息，要求存储安全而不丢失，要求在不同的形式和内容之间很方便进行转换和连接，要求能在已存储的信息中随时随地以最快的速度检索出所需的信息。

（6）信息的适用性。信息是一种资源，但用来辅助决策的信息资源的利用价值可以因人、因事、因时和因地而异，这就是信息的适用性。也就是说，信息资源的价值与不同的时空和用户有关。

（7）信息的系统性。信息的系统性，包含信息构成的整体性、信息构成的全面性、信息运动的连续性和信息运动的双向性等方面的内容。

2. 信息管理工作原则

信息管理是对信息的收集、加工、整理、存储、传递与应用等一系列工作的总称。信息管理的目的就是通过有组织的信息流通，使决策者能及时、准确地获得相应的信息。信息管理应遵从以下基本原则。

（1）标准化原则。对有关信息的分类进行统一，对信息流程进行规范，产生项目管理报表则力求做到格式化和标准化，通过建立健全的信息管理制度，从组织上保证信息生产过程的效率。

（2）有效性原则。信息管理应根据不同层次管理者的要求进行适当的加工，针对不同管理层提供不同要求和浓缩程度的信息。例如，对于项目的高层管理者而言，提供的决策信息应力求精练、直观，尽量采用形象的图表来表达，以满足其战略决策的信息需要。这一原则是为了保证信息产品对于决策支持的有效性。

（3）定量化原则。信息不应是项目实施过程中产生数据的简单记录，应该经过信息处理人员的比较与分析。采用定量工具对有关信息进行分析和比较是十分必要的。

（4）时效性原则。考虑建设工程项目决策过程的时效性，工程项目信息管理成果也应具有相应的时效性，保证信息产品能够及时地服务于决策。

（5）高效处理原则。通过采用高性能的信息处理工具，尽量缩短信息在处理过程中的延迟，信息管理的主要精力应放在对处理结果的分析和控制措施的制订上。

（6）可预见原则。项目管理过程中产生的信息可以作为以后项目实施的历史参考数据，也可以用于预测未来的情况。信息管理应通过采用先进的方法和工具，为决策者制订未来目标和行动规划提供必要的信息。如通过对以往投资执行情况的分析，对未来可能发生的投资进行预测，作为采取事前控制措施的依据。

3. 信息管理的作用

（1）规范管理行为。信息是下达管理指令的桥梁，规范管理行为的依据，信息可以带来规范化管理的综合内容和依据，没有信息的传递和利用，管理的规范化也就无从谈起。

（2）预防运行风险。信息是预防和管理项目风险的有效手段，各种风险往往通过信息体现演变特征，根据信息反映的项目趋势，分析相关项目的预防措施，可以顺利规避各种项目及其管理的风险。

（3）提高工作效率。信息的快捷性决定了工作效率的提升空间，工作效率本身就包含了信息快捷性的需要，利用信息及时传递需要的管理内容，可以明显提高项目管理工作的反应能力和工作节奏。

（4）完善管理绩效。信息不仅是体现管理成果的重要载体，而且是改进管理绩效的有效手段。管理绩效改进是确保管理竞争力的核心，如果要完善管理绩效，就必须依靠信息作为提升管理的手段。

（5）沟通工作内容。沟通是消除运行障碍的渠道，信息是沟通的主要管理内容，没有沟通就没有通畅的管理过程，没有信息就没有沟通的实际意义，信息与沟通是不能分离的一对管理要素。

4. 招标采购信息管理的特点

招标采购项目各方沟通的基础在于信息管理，招标采购信息管理是沟通管理的基础，具有如下特点：

（1）时间跨度长。关注招标采购信息管理的生命期可以发现，信息不仅涉及招标过程，而且涉及项目前期报批报建、合同履行、项目运维及收尾的全过程。

（2）影响范围大。招标采购信息管理是项目管理中信息管理的组成部分，招标采购信息管理不是孤立的信息处理，而是必然影响和涉及项目信息管理的其他部分。

（3）涉及对象多。招标采购信息涉及各个项目相关方，招标是一个复杂的利益协调过程，因此各方的信息必然需要传递、交换、汇总、整合。

（4）动态调整要求高。招标活动的风险因素较多，导致信息变化的动态性强，需要与沟通管理等相互协调。

5. 招标采购信息管理的主要内容

1）招标采购信息的收集。需要收集的招标采购信息主要有以下四类。

（1）法律政策信息收集。主要是指与招标采购活动相关的法律法规、国家政策和当地政府相关规定和招标人内部招标采购制度等方面资料的收集。

（2）工程项目和产品信息收集。应按照产业类别、产品的类别、功能、成本、寿命周期、发展状态等内容进行统计和记录，并建立项目和产品跟踪信息系统，及时掌握可以进一步洽谈开发的有效信息。

（3）供应商信息收集。作为项目招标采购的供应商，其经营资格、提供建筑服务、货物和服务的履约能力、市场资信程度等，都直接关系到招标采购的成败。因此，为了保障项目采购的良好效果，需要建立供应商信息库，该信息库应包括供应商的分类、供应商实力调查，供应商是否转产（让）破产、供应商的资信记录等信息。

（4）招标采购案例信息的收集。项目招标采购过程同时也是一个经验积累的过程，通过对各种类型项目招标采购案例建立档案，可以不断从案例中吸取成功经验，避免失误。

2）招标采购信息的发布。信息公开发布是招标采购中的重要管理内容。项目招标采购信息公开发布，就是将招标采购的信息以公开的方式告知社会公众和有关的供应商。按照招标投标法的规定，凡是按照法律、法规规定进行的招标采购，都需要在政府指定的媒体上发布招标信息。

3）招标采购的记录管理。在整个招标采购进程中，必定会产生大量程序、过程方面的具有法律效力的文件与资料，如招标公告、资格审查文件、招标文件、投标文件、投标登记、开标记录、评标报告、定标文件、合同文件、验收证明、质疑答复、投诉处理和其他与招标采购活动记录有关的文件、资料等，以及项目启动前的招标采购代理委托合同、项目立项文件、资金证明文件等。这些文件和资料反映招标采购活动的实质性内容，具有法律效力。招标采购中产生的文件与资料，应当依法保存，以备监督检查、处理纠纷、履行合同和进行评估时使用。

招标采购信息记录主要包括招标采购文件与招标采购过程记录两方面。

6. 招标采购信息管理的方法和措施

为达到信息管理的目的，招标采购信息管理的常用方法和措施包括：了解和掌握招标采购信息来源、对招标采购信息进行分类、掌握招标采购信息管理的手段（如计算机）、掌握招标采购信息流程的不同环节、建立招标采购信息管理系统等。

招标采购项目产生的信息数量巨大，种类繁多，为便于信息的搜集、处理、储存、传递和利用，招标采购信息管理应采用的措施包括：

（1）标准化措施。由于各种招标采购数据和信息的收集是不同的，有不同的来源，不同的角度，不同的处理方法，但要求对招标采购项目相同的数据和信息应该规范，将得到的招标采购数据和信息进行鉴别、选择、核对、合并、排序、更新、计算、汇总，生成不同形式的数据和信息，最终形成招标采购信息系统的业务流程图、数据流程图，通过建立统一的数据库，各类数据以文件的形式组织在一起。

（2）制度化措施。招标采购信息资料只有全面反映采购项目的各类信息，才更具有实用价值，必须形成一个完整的系统。该系统的形成，需要大量的数据和信息做支撑，这些数据和信息的收集、加工、整理、存储只有通过长期的积累才能达到，必须通过有效的信息管理制度建立才能实现。

7. 信息技术与应用

1）计算机网络技术及其应用。

（1）计算机网络系统。计算机网络是分配在不同的地理位置、具有独立功能的多个计算机系统，用通信设备和通信线路，按照网络协议相互通信，以共享硬件、软件和信息等资源为目的的计算机系统的集合。

计算机网络系统从逻辑结构上一般可分为两个部分，即负责数据处理、向网络用户提供各种网络资源及网络服务的外层资源子网和负责数据转发的内层通信子网，两者在功能上各负其责。通过一系列计算机网络协议把两者紧密结合在一起，共同完成计算机网络工作。

（2）互联网。通常用于收集市场信息，对于业主而言，可以通过互联网查询采购项目所需的市场信息，对招标采购代理机构，通过互联网收集市场信息更是必不可少。目前国内已经有不少大型工程信息的专业网站，这些网站上提供了大量的建设工程和国际、国内的设备采购项目的信息。经常关注这些网站对于把握招标市场可以起到事半功倍的效果。

2) 电子招投标交易系统。组织大型项目招标、开标是需要耗费大量的时间、精力和财力的，特别是对于大型复杂的建设工程项目，包含子项多且技术复杂，还有大宗的进口设备采购的项目，投标商将来自世界各地，电子招投标更具明显优势。招标人或招标采购代理机构可以建立电子招投标交易系统，并与政府的招投标监管平台、公共信息发布平台对接，实现招标、投标、开标、评标、定标、资料归档，直至签订合同，一揽子工作的线上化、流程化、电子化，因此电子招投标已经成为招投标工作的发展趋势。

3) 专用软件的应用。招标的流程是标准的，开标前需要准备的各种文件、表格的种类、格式按照专业分类，一种招标采购类型也基本是相同的。因此，招标人可以购买或利用数据库平台，使用这种"招标文件生成系统"时，只需要将项目的基本信息录入系统（项目编号、名称、招标单位、联系人、报名期限、地点、发放标书的时间地点、技术交底会的时间地点等），系统便会自动生成招标公告、报名表、技术交底报名表、承诺函、投标登记表、开标一览表、密封确认表、符合性检查表、评分表、汇总表等多种专业表格文件。

4) 企业资源计划信息系统（ERP 系统）。随着网络技术的不断普及，一大批企业已经自行开发用于企业内部管理的企业资源计划信息系统。ERP 系统的功能模块能覆盖企业的主要业务活动和内部资源管理，如企业的经营管理、财务管理、生产管理、人力资源管理、文件管理、日常活动管理、信息查询及内部系统管理等。招标采购信息管理应尽量做到与 ERP 系统对接，起到简便、高效和程序管理的作用。

5) 项目管理辅助工具。项目管理需要借助于相应的计算机辅助工具，在招标工作中所涉及的许多项目管理方法和工具，可以使用功能强大的项目管理软件来辅助实现招标采购的管理。

使用项目管理软件，可进行招标项目计划制订，如采购日历、任务日历、资源日历、制作树状 WBS、里程碑设置、关键路径；项目资源分配，如建立资源、导入资源信息、资源分配、资源工作表、资源使用状况、资源调配、共享资源库等；采购过程视图报表管理，如甘特图、网络图等。

建设工程项目招标采购阶段可以借助建筑信息技术模型技术（BIM），对项目实施从招标采购阶段开始到项目竣工交付直至运营的全过程信息管理。目前，在市场上普遍使用的 BIM 技术工具，主要包括 BIM 技术应用平台软件、建模软件、BIM 方案设计软件、与 BIM 接口的几何造型软件、可持续分析软件、机电分析软件、结构分析软件、可视化软件、模型检查软件、深化设计软件、模型综合碰撞检查软件、造价管理软件、运营管理软件、发布和审核软件等。

3.5.3 建设工程招标采购标准化管理

1. 招标采购标准化管理的特点

招标采购的标准化管理是招标采购管理的另一项重要的基础性工作。

（1）标准化管理融政策性、技术性于一体。制订标准化政策既涉及招标采购管理的政策内容，又涉及相关技术内容，是招标采购管理经验和业务的提炼和归纳。

（2）标准化管理贯穿项目整体项目管理的全过程。标准化管理不仅体现在招标采购过程，而且贯穿项目整体项目管理的全过程，招标采购的标准化工作是整体项目管理标准化工作的一个组成部分。

（3）招标采购的标准化具有连续性。不仅适用于某次单个招标采购，而且适用于采购组织所涉及各个项目，并且对以后的类似项目仍然具有指导作用。

（4）招标采购的标准化具有动态性。随着招标采购的内外部的政策、标准和要求的不断变化和提高，导致招标采购的标准化工作具有一定的动态性。

2. 招标采购标准化管理的作用

招标采购标准化的作用主要表现在以下几个方面：

（1）标准化为招标采购的科学管理奠定了基础。所谓科学管理，就是依据生产技术的发展内在规律和客观经济规律进行管理。而招标采购流程化各种管理制度的形式，都以标准化为基础，保证招标采购各参与部门的活动在技术上保持高度的统一和协调，以使招标采购正常进行。标准化为科学管理招标采购活动创造了条件。

（2）促进工作效率提高，完善管理绩效。标准化应用于招标采购活动，可以避免许多重复劳动，促进统一、协调、高效率等，规范工作流程避免返工，对提高管理绩效效果明显。

（3）保证招标采购质量。标准化是对招标采购活动经验和成果的提炼和精华，通过确立招标采购活动中共同遵循的准则和标准，建立稳定的质量秩序，从而保证招标采购过程及成果的质量，维护采购组织的职业声誉。

（4）预防风险。标准化是预防和管理招标采购内部风险的有效手段之一，通过标准化工作，提前对风险进行预防和控制，有效减少工作差错，可以规避企业内部管理的一些风险。

（5）标准化是招标采购电子化的必要条件。招标文件模块标准化、投标文件模块标准化，以及招标公告、投标邀请、报名表、承诺函、投标登记表、开标一览表、符合性检查表、评分表、汇总表等文件和专业表格标准化，可以实现招标信息发布、招标答疑、投标、开标、评标、定标、合同签订等线上化、流程化、电子化。

3. 招标采购标准化管理的内容

招标采购标准化管理的内容具体归纳为以下几个方面：

（1）招标采购流程的标准化管理。招标采购流程管理的主要特点是招标采购工作程序的规范性，而标准化管理正是为招标采购工作程序的规范性创造条件。针对不同的采购方式，一般法律法规对采购程序都作出明确的规定。但是在实际采购过程还需要依据不同项目、不同环节对其细节（如操作程序）作出标准化的步骤要求。如有些行业编制了不同行业的操作规程，包括接待、收发等都做了规定，体现了差异服务的特点，使相关方感到满意也避免了无谓失误。此外招标采购流程的各关键环节、各重要节点的操作思路、工作标准、管理文件等还应结合企业内部管理的 ERP 系统、信息化管理系统，制订统一管理制度、统一工作标准和统一实施方法，实行标准化管理。

（2）基础数据收集的标准化制订。在信息管理中需要采集大量的基础型数据，需要通过基础数据标准化的制订，为建立统一的数据库打好基础。

（3）招标采购文档体系的标准化管理。招标采购文档体系是招标采购过程成果最重要的载体，应结合企业 ISO 质量管理体系，建立科学的招标采购文档体系的标准化管理。文档体系包括招标采购文件体系（如系列招标采购标准化文件和评标办法等）、招标采购过程资料文件体系（如各类表格、文档的标准格式等）、招标采购成果文件体系（如有关评标意见、评标报告、工作报告、中标结果通知书、系列合同条件体系等），均可统一格式及要求。文档资料涉及种类多、时间跨度长，采用标准化的格式、标准化的审批流程以及标准化的文档资料收集、保管制度等，可为招标采购工作的顺利实施提供保证。

（4）招标采购检查、评价体系的标准化管理。招标采购检查、评价包括绩效考核等属于招标采购实施和控制的工作，应按有关检查、评价的实施步骤、内容、方法及检查评价体系进行标准化管理，并应在有关管理制度和文档资料成果中体现。

4. 电子招标采购的标准化

1）电子招标采购活动以数据电文形式，依托电子招标投标系统实现招标投标交易、公共服务和行政监督活动。标准化要求如下：

（1）数据电文形式的资格预审公告、招标公告、资格预审文件、招标文件等应当标准化、格式化，并符合有关法律法规以及国家有关部门颁发的标准文本的要求。

（2）电子招标投标交易平台应当按照技术规范规定，执行统一的信息分类和编码标准，为各类电子招标投标信息的互联互通和交换共享开放数据接口、公布接口要求。

（3）电子招标投标公共服务平台应当按照有关规定，开放数据接口、公布接口要求，与电子招标投标交易平台及时交换招标投标活动所必需的信息，以及双方协商确定的其他信息。

（4）行政监督平台应当开放数据接口，公布数据接口要求，不得限制和排斥已通过检测认证的电子招标投标交易平台和公共服务平台与其对接交换信息。

2）电子招标投标系统应当执行统一的信息分类和编码标准。信息分类与编码是建设电子招标投标系统不可或缺的部分，是支撑电子招标投标系统信息交换、共享的主要技术手段。电子招标投标信息分类与编码主要用于表示数据项的值域。当数据项是代码型数据项时，其值域指向了相应的信息分类与编码信息，如果有相应的国家标准，则优先采用国家标准信息。用于电子招标投标系统建设信息分类和编码的基本原则如下：

（1）实用性。在对事物或概念进行分类编码时，既要保证科学合理，又要立足于电子招标投标的实际管理需求，满足电子招标投标业务管理和电子招标投标系统建设的需求。

（2）稳定性。宜选择事物或概念相对稳定的属性或特征作为分类依据，代码不宜频繁变动和修改，以避免造成人、财、物的浪费。

（3）唯一性。在一个分类编码标准中，一个编码对象只能有一个代码，一个代码只能唯一表示一个编码对象，即编码对象与代码间是一一对应的关系。

（4）可扩展性。在进行分类编码时，通常要设置收容类目（其他类），为新增加的编码对象留有足够的可扩充的备用码，以保证增加新的事物或概念时，不必打乱已建立的分类体系。同时，还应为分类的进一步延拓细化创造条件，并充分考虑电子招标投标改革与可持续发展的需要。

（5）兼容性。应与相关的国家标准及相关行业标准协调一致。

3.6 建设工程招标采购收尾阶段管理

在招标采购项目生命周期的收尾阶段，采购组织①应妥善处理相关异议和投诉以避免违规风险，根据分工和授权协助合同履行部门开展工作，完成招标采购档案整理和移交、组织招标采购活动的全面总结和专项评价。

3.6.1 建设工程招标采购异议和投诉处理

建设工程项目招标采购项目往往涉及金额较大、参与企业众多，投标人会通过向招标人提出异议和向相关行政监督部门投诉等方式积极维护自身权益，从而对招标采购活动发挥重要社会监督作用。相应地，建设工程招标采购项目组织应依法应对，妥善处理相关异议，配合相关部门处理投诉事宜，维护招标采购正常秩序并规避潜在违法违规风险。

1. 妥善处理异议

在建设工程招标采购项目执行过程中，若资格预审申请人、投标人或者其他利害关系人对资格预审文件、招标文件、评标结果或者招投标活动中的其他情况提出异议，采购组织应按照法律法规以及采购文件约定程序和规则妥善处理。

收到异议后，采购组织内部应及时沟通异议内容，研究提出分析意见和处理建议，视需要报上级审核确认，并在法律法规规定时限内答复异议提出人，作出答复前应暂停招投标活动。无法在规定时限向异议提出人作出答复的，采购组织应及时向异议提出人发出书面通知，说明正在对异议事项进行调查并将尽快予以答复。

采购组织在处理异议时应注意：

（1）异议提出是否合规有效，即审查异议提出主体、时间、方式是否符合现行法律法规规定。

（2）异议内容是否合理，对有效异议进行逐条分析，判断资格预审文件、招标文件是否存在歧视性或不公平、不公正条款，评标过程是否存在疏漏或不公平、不公正行为，招标投标活动是否存在其他违法违规的情况。属于异议提出人理解有误的问题，应详细作出解释；属于确实存在歧视或理解易产生歧义的问题，或存在其他违法违规情况的，应依法予以改正。

（3）针对开标过程或开标唱标结果存有异议并在当场提出的，招标方采购组织代表应当场答复，属于投标人理解有误的问题，应详细作出解释；属于唱标错误、接收了应当拒收的投标文件、开标程序未严格按照招标文件规定执行等问题，应予以改正。上述答复或改正措施均应制作记录，并存档备查。

（4）针对评标结果提出的异议，可视需要征询评标委员会意见。

采购组织包括招标人委托的招标采购代理机构时，招标采购代理机构应协助招标人

---

① 此处"采购组织"也可称为"采购项目组织""采购项目团队"，是指经招标人授权，代表招标人开展招标采购活动的具体执行主体，主要包括招标人内部从事采购业务管理的组织和人员以及招标人委托的招标采购代理机构（如有）。招标人委托招标采购代理机构的，招标采购代理机构作为采购组织的成员，根据委托协议约定的责任与分工开展招标采购代理服务。

处理异议,在收到异议后应同步反馈给招标人并提出分析意见和处理建议,经招标人确认后方可向异议提出人作出答复。

2. 协助处理投诉

投标人或者其他利害关系人认为招标投标活动不符合国家相关法律法规规定,向有关行政监督部门提出投诉并得到受理的,采购组织应配合行政监督部门依法组织开展的调查取证及相关处理工作。

被投诉人为采购组织中的招标采购代理机构或其人员时,招标采购代理机构应提供相关文件资料、接受问询、进行陈述和申辩,必要时与投诉人进行质证等;被投诉人为招标人、投标人、资格审查委员会、评标委员会时,且招标人要求招标采购代理机构协助配合调查的,应协助招标人参与调查,以书面形式就投诉事项做出说明,并提交相关证据、依据和其他有关材料。

行政监督部门做出相关投诉处理决定后,采购组织应遵照执行,对处理决定不服的,可依法申请行政复议或向人民法院提起行政诉讼。

3.6.2 建设工程招标采购履约延伸服务

招标采购项目确定中标人并签订合同后,采购组织可根据职责分工或授权委托,在合同履约阶段提供相关延伸服务,主要包括以下几点。

1. 合同内容交底

针对复杂项目合同,采购组织可配合合同履约部门,就合同编制的依据,合同文件构成及关系,对工作范围、责任义务划分等主要条款的理解与应用,对计量、支付、索赔、验收等关键事项办理程序和规则的约定,合同履行可能面临主要风险和防范建议等,与相关各方进行沟通和说明,争取就合同内容达成充分理解和全面共识,为合同顺利履约奠定良好基础。

2. 合同执行跟踪

采购组织可根据招标人的授权对项目合同执行情况进行跟踪,即通过收集、整理合同履行阶段的信息,及时掌握外部环境因素变化、各方工作开展、目标计划完成等情况,与项目合同约定内容进行比较,配合合同履约部门识别偏离、预测影响并分析原因,必要时向更高层级管理者提出预警和纠偏建议。

3. 合同异常处理

采购组织可根据合同履约部门的需求,协助开展合同变更管理以及合同争议和纠纷处理,如梳理异常事件并分析原因、评价变更及争议事件合理性并提出应对建议、办理变更和纠纷处理程序等。

4. 合同验收服务

采购组织可根据合同履行部门的授权和委托参与项目验收工作,按照合同约定程序、内容和标准对合同交付成果进行验收,对承包商、供应商等单位履约表现进行评价。

通过上述延伸服务,一方面可以使采购组织的专业能力得到更充分发挥,促进采购缔约成果实现向后的有序传承和正向指引,为项目履约阶段工作提供所需的专业支持和技术保障；另一方面，采购组织通过延伸服务也可以全面检验招标采购工作实际成效，通过持续反馈帮助改进后续采购工作，并为同类招标采购项目的策划和执行提供大量基础信息资料和有益经验。

3.6.3 建设工程招标采购档案管理

招标采购档案是反映招标采购活动的重要记录，是招标项目总结、评价的基础条件和主要依据。招标组织应将实施招标采购活动中形成的所有文件资料，都纳入招标采购项目档案加以管理，以确保所有档案资料的真实和完整，进而保证所有招标采购活动全面可追溯。采购组织应妥善保管招标采购档案，存档备查。

1. 档案管理原则

（1）关联性原则。招标采购档案资料伴随招标采购活动产生，受招标采购活动程序规范、顺序递进、环环相扣的业务特征影响，过程档案资料在来源、时间、内容等方面多具较强的内在关联性，可为档案记录的完整收集和有序管理提供了保障。

（2）完整性原则。招标采购项目档案资料种类和内容繁多，各类资料彼此关联、相互印证，维护其完整性是档案管理的基本要求，也是全方位检验和全流程追溯招标采购项目执行情况的必要条件，传统纸质文件、电子文档、音视频资料等各类载体形式的有效资料都可构成招标采购项目档案组成部分，档案资料不能有漏缺项，且资料内容应清晰可视。

（3）安全性原则。档案安全包括实体安全和内容安全两方面。采购组织应为档案的安全保管和使用提供必要的设施设备，确保档案安全，档案载体应当采用耐久、可靠、满足长期保存需求的记录载体和记录方式，保管期限分为永久和定期两种，具体根据有关规定执行。

（4）规范性原则。采购组织应建立档案利用制度，对利用的范围、对象、审批办法等做出规定，对档案接收、保管、使用等情况进行统计并建立统计台账，以便后续查询和使用。

2. 文件资料收集

招标采购项目执行过程中会陆续形成大量文件资料，其中包括但不限于各类纸质原件、复印件、电子文件、音视频资料等，采购组织应按照分工，对其中具有保存价值的资料，特别是那些招标采购主要环节的工作依据、活动记录和成果文件，加以系统收集和妥善管理。收集文件资料时应满足以下要求：

（1）资料内容应真实、准确，与招标采购活动的实际情况相符。

（2）纸质原件应采用耐久性强的书写材料，不得使用易褪色的书写材料。

（3）资料内容应清晰可辨，签字盖章手续完备。

（4）资料组织应完整、系统，能够全面真实反应招标采购活动的全过程。

3. 档案整理及移交

招标采购活动结束且各类文件资料收集完备后，采购组织应按照有关档案管理规定，将全部文件资料加以系统整理和分类归集，形成多个由若干关联性文件组成的案卷，该项工作可称为组卷或立卷。采购组织完成归集组卷并经检查完整无误后，送有关档案管理部门存档。

当采购人委托招标采购代理机构时，招标采购代理机构应设置专人负责收集、整理和保存招标采购活动中形成的相关文件资料，在招标工作结束后，将需要移交给招标人的文件资料原件整理成册，集中向招标人办理移交。同时，招标采购代理机构根据企业自身存档需要，通常也对其代理招标采购项目的各类文件资料加以留存（保存期限一般不少于 5 年）。

采购组织在整理招标采购档案时，应注意同时满足各方档案管理主体的需求，按照招标采购代理机构自留档案、移交项目招标人档案和送政府有关行政主管部门备案档案等不同情况分别整理和移交。其中，需向有关政府部门备案的档案内容按照相关规定执行，招标采购代理机构自留档案和移交招标人档案内容可参考表 3-6-1。

表 3-6-1　招标采购代理机构自留和移交招标人的档案资料内容[①]

工作阶段	工作程序	招标采购代理机构自留的档案资料	招标采购代理机构向招标人移交的档案资料
招标准备	承接业务以及签订招标采购代理委托合同	招标采购代理委托合同	
	收集和分析基础信息	开展招标所需相关基础资料和信息	
		招标方案及招标人审批函	
	拟订招标采购方案	招标采购代理服务总体计划以及招标人审批函（如有）	
资格预审	编制资格预审文件	关键问题的讨论记录以及相关会议纪要、公文等	
	发布资格预审公告	资格预审公告以及招标人审批函	资格预审公告
	发售资格预审文件	资格预审文件及招标人审批函	资格预审文件
		获取资格预审文件的潜在投标人登记表	获取资格预审文件的潜在投标人登记表
	资格预审文件澄清与修改	潜在投标人提出澄清问题的函件	
		资格预审文件澄清与修改及招标人审批函	资格预审文件澄清与修改
		潜在投标人对澄清与修改的确认函件	
	接收资格预审申请文件	资格预审申请文件	资格预审申请文件
		资格预审申请文件签收凭证	
		递交资格预审申请文件的申请人名单	递交资格预审申请文件的申请人名单
	组织资格审查	资格审查报告	资格审查报告
		资格审查会议影像资料（如有）	
	通知资格审查结果	资格审查结果通知书及招标人审批函	资格审查结果通知书

[①] 本表内容主要参考《招标采购代理规范》（ZBTB/T A01—2016）附录三《需收集和移交的文件资料一览表》。

第 3 章 建设工程招标采购项目化管理

续表

工作阶段	工作程序	招标采购代理机构自留的档案资料	招标采购代理机构向招标人移交的档案资料
招标投标	编制招标文件	关键问题的讨论记录以及相关会议纪要、公文等	
	发布招标公告或者投标邀请书	招标公告以及招标人审批函	招标公告
		投标邀请书及招标人审批函	投标邀请书
		潜在投标人对投标邀请书的确认函件	
	发售招标文件	招标文件以及招标人审批函	招标文件
		获取招标文件的潜在投标人登记表	获取招标文件的潜在投标人登记表
	招标文件澄清与修改	潜在投标人提出澄清问题的函件	
		招标文件澄清与修改及招标人审批函	招标文件澄清与修改
		潜在投标人对澄清与修改的确认函件	
	收取投标保证金	投标保证金到账或者缴纳明细表	
	接收投标文件	投标文件	投标文件
		投标文件签收凭证	
开标、评标与定标	组织开标	开标记录	开标记录
		开标会议影像资料（如有）	
	组织评标	评标报告	评标报告
		评标会议影像资料（如有）	
	评标结果公示	中标候选人公示文件（网页打印件）	中标候选人公示文件（网页打印件）
		招标人对评标结果的确认函	
	发出中标结果	中标通知书及招标人审批函	中标通知书
		中标公告（中标结果通知书）以及招标人审批函	
	退还投标保证金	投标保证金退还记录	
	编制招标投标情况报告	招标投标情况书面报告及招标人审批函	招标投标情况书面报告
	协助处理异议	投标人或者利害关系人提出的异议	投标人或者利害关系人提出的异议
		异议答复以及招标人审批函	异议答复文件
	协助处理投诉	行政监督部门转交的投诉函件	
		关于投诉事项的说明	
		投诉处理结果	
招标采购代理工作结束后		顾客满意度调查表、招标项目代理总结	

3.6.4 建设工程招标采购情况报告与工作总结

建设工程招标采购项目完成后，一方面，对依法必须招标项目，招标组织应及时编制招投标情况的书面报告，在法律法规规定时限内向相关行政监督部门提交；另一方面，采购组织内部也应该对已完成的招标采购活动开展全面回顾和总结，以期不断改进和完善后续招标采购项目管理能力和业务水平，并可为合同履约管理提供有益提示和建议。

1. 招投标情况报告

按照招投标相关法律法规的规定，对依法必须进行招标的项目，招标人自确定中标人之日起 15 日内应向有关行政监督部门提交招投标情况的书面报告。为此，招标人应按照有关行政监督部门要求的内容和方式，及时组织编制和提交招投标情况的书面报告。招标人委托招标采购代理机构的，招标采购代理机构应负责编制招投标情况的书面报告，确保内容完整、真实，经招标人审核确认后方可向相关行政监督部门提交。招标投标情况的书面报告一般包括以下内容：

（1）项目基本情况；
（2）招标过程简述；
（3）资格预审情况说明（如有）；
（4）评标情况说明；
（5）中标候选人公示情况；
（6）异议及投诉处理情况（如有）；
（7）中标结果；
（8）其他需要说明的事项；
（9）附件：资格审查报告（如有）、评标报告等。

2. 招标采购工作总结

招标采购工作总结是招标采购组织内部对招标采购活动的一种自我评价，一般在每个或一组相关联的招标采购项目完成后，由采购组织负责人或招标采购代理机构对项目开展情况进行的内部总结。

采购组织层面对招标采购工作的总结主要包括过程回顾、成效评价、经验教训等内容，还应对招标文件质量、招标采购代理机构服务水平等主要影响因素加以评价。

除了作为采购组织成员，参与做好具体招标采购项目工作总结，招标采购代理机构还应按照本单位内部质量管理要求和服务评价制度，对招标采购代理服务质量、进度、从业人员能力和水平进行定期自我评价，主要内容包括：

（1）招标成果文件符合有关法律法规规定及与招标项目特点相匹配的程度，存在重大疏漏或错误的情况；
（2）招标采购代理进度是否满足招标采购代理委托合同约定的程度；
（3）招标结果达到招标方案设定的预期目标情况；
（4）招标采购代理从业人员的专业技术能力和职业道德素质水平；
（5）招标采购代理从业人员的服务态度、服务工作质量和处理问题的能力等。

3.6.5 建设工程招标采购专项评价

除了采购组织对具体招标采购项目开展的工作总结,针对建设工程涉及各类招标采购业务活动的整体表现和绩效水平,还应站在更高的层面系统组织开展专项评价工作,即在建设工程涉及各项招标采购工作全部或阶段性完成后,项目投资方或建设主体根据相关规定和内部管理要求,专门针对建设工程涉及的所有招标采购活动,组织开展的全面回顾、系统总结和综合评价。

1. 评价类型

实践中,招标采购专项评价主要包括两类:一类是项目投资方在某项建设工程投入使用后组织开展的项目后评价的过程中,对该工程所有招标采购活动的专题评价,一般重点关注招标采购过程及结果对建设工程总体目标实现的贡献和影响,以期为后续同类项目招标采购业务策划、执行和监管提供有益的借鉴和参考;另一类是项目主管单位(项目业主或其上级单位),针对其辖内某项或同期实施的多项建设工程所涉及招标采购活动,专门组织开展的评价工作,相较第一类而言,其评价内容会更加全面、细致和丰富。

上述两类专项评价均以建设工程涉及招标采购活动为评价对象,都可为后续建设工程项目决策水平和管理能力提升提供有益的借鉴和指引,但开展目的和作用略有不同。其中前者只是整体项目专项评价内容中的一个方面,侧重分析招标采购对建设工程总体目标实现的贡献和影响,为后续投资决策及招标采购方案决策提供决策参考和风险提示;后者则是项目主管单位为推动招标采购业务管理的持续优化所采取的具体举措,评价内容会更加细致和丰富,更注重通过全面分析识别问题不足和总结成功经验,并为下一步的组织健全、制度完善、流程优化、队伍建设、有效监管等各方面管理提升工作奠定基础,同时也构成对项目采购组织进行绩效考核的重要依据。

建设工程招标采购专项评价,一般会由项目投资方或主管单位发起和组织实施,为确保公正性,发起人也经常会委托第三方专业机构具体负责进行评价。

2. 评价原则

(1)全面性。评价内容和范围应尽量全面,能够涵盖建设工程涉及所有招标采购项目。不仅对招标采购过程进行回顾和分析,还要从相关合同实际履约情况加以检验和证实;不仅分析招标采购直接效益效果,还要反映其对成本、进度、质量等其他方面的影响。

(2)真实性。评价分析工作应基于项目实际情况和真实资料数据开展,总结的经验教训应是现实发生且有据可循的,由此才能得出可靠的评价结论。

(3)公正性。评价主体应避免受到相关利益当事方影响,按照公允的标准、根据客观的证据、通过合理的判断,独立提出其评价结论。

(4)透明性。为发挥综合评价对规范招标采购业务的监督效能,提高评价成果的扩散和应用效果,应尽量提高评价工作过程及成果的透明度,引起各方重视和参与,也使更多人能了解和借鉴相关经验教训。

(5)反馈性。综合评价的作用主要体现在对以后招标采购项目的管理提供改进措施和优化建议，为此必须将评价结果反馈到相关决策部门和主管单位，并在管理机构和采购组织内部充分沟通，进而成为后续不断完善招标采购管理体制机制、优化招标工作方案和计划的重要基础和依据。

3. 评价程序

目前，针对建设工程招标采购专项评价工作没有通行的业务规范和技术标准，评价主体应结合具体任务特点和要求，妥善制订工作程序和实施计划，与评价工作的具体委托人沟通并得到批准后遵照执行。实践中，该类专项评价工作程序一般包括方案设计、前期准备、组织实施和评审验收四个阶段。

（1）方案设计。评价工作组应根据评价目标、范围、内容以及委托人提出的相关要求，编制专项评价工作的组织实施方案，明确评价工作组织机制、评价指标体系、报告大纲和进度计划等事项，为专项评价工作有序、高效、高质量组织实施提供指导和保障。

（2）前期准备。

① 资料收集。评价工作组梳理形成资料需求清单，在被评价单位配合下，全面收集评价工作所需的各类资料和信息。

② 问题梳理。在资料收集基本完成后，评价工作组根据查阅和分析项目资料的情况，梳理出关注问题事项或调研交流主题提纲。

③ 确定调研计划。在关注问题或交流主题提纲确定后，评价工作组与委托人、被评价单位及有关机构协商确定调研计划，明确调研时间、流程、内容和相关会议策划等事宜。

（3）组织实施。

① 调研访谈。评价工作组按照计划开展调研访谈工作，与被评价单位围绕关注问题或交流主题提纲充分交流，客观分析问题的性质、影响程度与主要成因，在问题剖析的同时也需要发现和总结突出成绩和经验亮点。根据调研情况，评价工作组可开展补充资料收集工作。

② 报告编制。在全面收集资料和充分调研访谈的基础上，评价工作组主要按照方案阶段提出的大纲编制评价报告，确有需要也可根据调研发现的新问题和新情况对报告大纲结构做适当调整。

（4）评审验收。由委托人组织召开评审会，邀请被评价单位、相关单位或部门以及外部专家（如需要）参加，共同听取评价工作组对专项评价开展情况及评价报告主要内容的汇报，就相关评价意见和结论进行充分沟通，并由委托人组建的专家组或委员会具体负责对评价工作和报告质量进行专业审查，并提出评审意见。评审合格的，标志评审报告正式通过验收；评审提出修改完善意见的，评价工作组根据意见修改完善后重新提交评价报告，经评审专家组或委员会成员确认后即通过验收。

4. 评价内容

目前，针对建设工程招标采购的专项评价工作没有通用的执行规范和标准，评价主体需要根据建设工程招标采购活动的实际特征和发起人提出的需求，妥善制订评价工作方案，提出评价内容方法，与发起人相关领导沟通并得到批准后遵照执行。

(1) 评价内容构成。招标采购专项评价的内容一般主要包括工作回顾和绩效评价两部分内容：

① 工作回顾部分，对建设工程招标采购工作情况进行系统回顾和全面概述，主要包括建设工程承发包模式和合同体系架构的总体介绍，招标采购项目组成清单，以及具体招标采购项目名称、招标内容和范围、招标采购方式及组织形式、开展时间、中标结果、采购过程中发生异常情况及原因（投诉、暂停、失败）、实际履约情况等基本信息。

② 绩效评价部分，对建设工程招标采购项目实施过程和结果进行全面分析，从采购工作质量、执行效率、成本与效益、实际履约表现等多个维度，对照招标采购方案和项目总体目标，系统评价招标采购工作完成情况和绩效水平，识别实际与目标的偏差并分析成因，并总结经验教训。而实施绩效评价的关键在于设计提出科学合理的评价指标体系，包括评价指标因素设定、评价指标权重量化、绩效评价模型构建和绩效评价分级标准等工作。

（2）绩效评价指标设定。选取和设定评价指标体系因素时应注意满足全面覆盖、相对精练、针对性强、彼此独立的基本要求，并应以建设工程项目总体目标及招标采购方案设定的具体绩效目标为导向。

尽管从形式上看招标采购活动的最直接产出是合同缔约，相应的评价因素应围绕合同条件的优越性和缔约对象的履约能力展开；但实质上，除缔约成果外，招标采购工作过程的组织效率和工作质量、合同实际履约效果及采购目标实现程度、建设工程及其采购活动可持续性等方面因素也在不同程度体现和反映了招标采购工作的价值水平，也经常被作为招标采购活动绩效评价的考察因素。

当绩效评价内容和涉及因素较多时，为便于系统梳理和清晰表现各类评价指标的构成与关系，绩效评价指标体系经常采用分层分级的方式加以归纳和表述。

为方便理解，表 3-6-2 给出某建设工程招标采购专项评价中采用的绩效评价指标体系示例，其中：首先，将采购过程、采购成果、采购目标实现、采购业务可持续性设置为一级指标；然后，针对 4 项一级指标对应的评价维度分别进行细分，共设置 14 项二级指标；同理可对所有二级指标对应的评价内容进一步细分，可得到三级评级指标。

表 3-6-2　招标采购绩效评价指标体系示例

序号	一级指标	二级指标	三级指标/评价因素
1	采购过程	招标方案	内容完整性、方案合理性、计划准确性……
2		采购行为	程序合法性、行为规范性、组织有序性……
3		成果文件	编制合规性、内容合理性（针对性）、资料完备性……
4		采购决策	评委专业性、方法科学性、决策合理性、结果优越性……
5	采购成果	采购周期	采购准备期、采购执行期、决策签约期、采购异常事件处理……
6		签约价格	价格水平（采购节资率）、价格构成、价格风险……
7		合同条件	合规性、完备性、合理性、优越性、风险管控……
8		缔约对象	资信、能力、意愿……
9		履约效果	合同履约水平、履约异常事件、用户满意度……

续表

序号	一级指标	二级指标	三级指标/评价因素
10	目标实现	成本目标	实际节资率、其他采购成本……
11		质量目标	交付产品质量标准、技术水平、后续跟踪服务……
12		进度目标	完成进度（包括主要阶段节点时间）……
13	可持续性	外部可持续性	地区及行业市场竞争态势、信用水平、投标人参与意愿、行政监管要求……
14		内部可持续性	采购组织、采购制度与流程、采购专业人员配备、内部业务协同与技术支持、招标采购代理机构服务能力……

(3) 绩效评价指标权重量化。评价指标权重确定的方法大致分为主观赋权法和客观赋权法两类。主观赋权法包括层次分析法、德尔菲法、专家评审法和综合评价法等，该方法容易受到人为因素的影响；客观赋权法是根据各类指标间的相关关系或各项指标值的变异程度来确定权数，避免了人为因素带来的偏差，如主成分分析法等。客观赋权法对于被评价项目的数据信息完整性、客观性、全面性和易得性要求较高，实践中不经常采用。

实践中，因为执行起来比较简单快捷，主观赋权法中的专家评审法应用更为普遍，简单说就是选择一定数量有代表性和权威性的专家，凭借个人专业经验对评价指标体系中每项具体指标的重要性进行赋值（如：在0～1之间赋值，1为非常重要，0.7～1为重要，0.5～0.7为次重要，0.3～0.5为一般重要，0.3以下为不重要），汇总专家赋值结果后计算平均值，再据此逐级确定各项评价指标权重。

在表3-6-2中评价指标体系基础上，采用专家评审法进行指标权重量化的示例如下。

① 先对一级指标权重进行量化，专家对一级指标重要性赋值的平均值如表3-6-3所示，据此计算各个一级指标的权重。

表3-6-3 一级指标权重量化示例

序号	一层指标	重要性赋值平均值	权重（Q）
1	采购过程	0.7	$Q_1=0.7/2.5=0.28$
2	采购结果	0.9	$Q_2=0.9/2.5=0.36$
3	目标实现	0.5	$Q_3=0.5/2.5=0.20$
4	可持续性	0.4	$Q_4=0.4/2.5=0.16$
	合计	2.5	1

② 再对二级指标权重量化，专家以每项一级指标包含的二级指标为边界进行重要性赋值并计算平均值，据此即可计算得出所有二级指标的本级权重和体系权重数值，表3-6-4以"采购过程"一级指标包括的四项二级指标的权重量化为例。

表 3-6-4　二级指标权重量化示例

序号	一级指标	权重	二级指标	重要性赋值平均值	级内权重（Q）	体系权重（T）
1	采购过程	$Q_1=0.28$	招标方案	0.6	$Q_{11}=0.6/3.1=0.19$	$T_{11}=Q_1 \times Q_{11}=0.0542$
2			采购行为	0.8	$Q_{12}=0.8/3.1=0.26$	$T_{12}=Q_1 \times Q_{12}=0.0723$
3			成果文件	0.9	$Q_{13}=0.9/3.1=0.29$	$T_{13}=Q_1 \times Q_{13}=0.0813$
4			采购决策	0.8	$Q_{14}=0.8/3.1=0.26$	$T_{14}=Q_1 \times Q_{14}=0.0723$
	合计			3.1	1	0.28

（4）绩效评价模型构建及分级标准。在各层各项评价指标构成和权重确定后，绩效评价主体按照专业分工，根据建设工程招标采购活动实际情况和相关证明信息，对照预先设定的评价标准对每项最末级评价指标进行打分（百分制），加权汇总后即得到绩效评价最终得分。

按照预先设定的分级标准，可根据绩效评价最终得分，对招标采购绩效水平进行综合性评价，如：得分在 90（含）～100 之间为优秀级；得分在 80（含）～90 之间为良好级；得分在 60（含）～80 之间为合格级；得分在 40（含）～60 之间为较差级；得分不足 40 分为极差级。

除了综合评价结论，针对得分明显偏低或较高、对评价结果影响较大的评价指标，应重点开展问题和经验的分析和总结。

5. 评价方法

对于建设工程招标采购专项评价，评价范围和内容相对宽泛，既要关注招标采购活动中行为和表现，又要关注招标采购实现效果和价值，相应地需要采取定性分析与定量分析相结合的方法，常用的有对比评估法、因果分析法、成功度评价法等。

第4章 建设工程招标采购信息技术应用和数字化管理

本章主要对目前我国信息技术和数字化管理在建设工程招标采购活动中的应用现状及发展趋势进行介绍，招标采购从业人员以及行业监督管理人员需要重点了解和掌握建设工程全流程电子招投标、电子招投标监督管理与交易服务等相关的基础知识，以便更好地适应招标采购行业数字化发展需要。

4.1 建设工程招标采购全流程电子化

4.1.1 全流程电子招投标概述

2013年颁布实施《电子招标投标办法》以来，利用电子化手段和互联网技术的电子招投标交易方式得到迅速发展。建设工程领域也开启了电子招投标。严格意义上的全流程电子招投标是一种崭新的招标采购新模式，在此模式下，招标信息审核、文件编制与发布、投标报名、标书购买、投标文件递交、专家抽取与确认、开标、评标、信息公示与结果发布等，均采用电子化方法，在电子交易系统中实现。各环节中各种文件资料均以电子方式呈现和存档。

4.1.2 电子招标文件编制软件功能解析

电子招标文件可以在线或离线编制。在线编制招标文件是指招标人在交易平台及与其对接的网络系统上使用交易平台提供的制作软件编制招标文件。离线编制招标文件是指招标人脱离交易平台及与其对接的网络系统，在自己可以控制的系统内使用交易平台提供的制作软件编制招标文件，招标文件编制完成后交换给交易平台。同时支持范本化和无范本两种编制方式。以下以建设工程标准施工招标项目为例介绍通过范本编制电子招标文件软件的主要功能特点。

1. 招标文件模板管理

建设工程项目招标文件的模板根据地方行业主管部门提供的标准文件制订，一般可按照施工、监理、勘察、设计等类别进行细化。招标采购从业人员只需根据项目的类型选择相应模板，便可制作电子招标文件。同时，还需保证招标文件模板及时更新，最快速度响应行业相关政策的变动。

2. 招标公告（投标邀请书）获取

电子招标文件编制软件应支持自动获取或导入已经发布的招标公告或投标邀请书，将按照标准招标文件规定格式的招标公告或投标邀请书编入招标文件，作为投标邀请。

招标公告的主要内容包括：招标条件、项目概况与招标范围、投标人资格要求、招标文件的获取、投标文件的递交、发布公告的媒介、联系方式。

投标邀请书的主要内容与招标公告大致相同，主要区别在于将"发布公告的媒介"替换为"确认"信息。

3. 投标人须知填写

投标人须知（除投标人须知前附表和其他附表以外）在内容上有较大的共性，在标准招标文件中为必须不加修改引用的部分，且修改编辑的部分较少，可将其进行固化，以空格标识需要填写的内容，保证招标文件编制的规范化。

投标人须知的主要内容包括：投标人须知前附表、总则、招标文件说明、投标文件说明、投标、开标、评标、合同授予、纪律和监督、需要补充的其他内容等。

4. 评标办法设置

评标办法包括评标方法、评审因素和标准、评标程序等内容，除了在标准招标文件中规定的经评审的最低投标价法和综合评估法两种评标方法，可根据地方行业主管部门的要求预先设定多种评标方法模板供招标人挑选使用，但要坚持合法合规原则。电子招标文件编制软件可将评审因素量化，每类评标方法按照标准设定默认参数，并提供多种报价计算公式、打分方式、评分汇总方式等功能。招标人可依据招标项目的特点和实际需要，按照国家的有关规定设置评审因素、标准、分值和权重等。

5. 合同条款编辑

合同条款及格式包括通用合同条款、专用合同条款、合同附件格式等内容。针对通用合同条款部分，招标人可从标准招标文件中直接引用。电子招标文件编制软件可提供专用合同条款模板，针对通用合同条款进行补充、细化和修改，但不得违反法律法规和平等、自愿、公平、诚实守信的原则。

6. 技术标准和要求编辑

可根据行业标准招标文件或当地行政主管部门的要求制订技术标准和要求的模板，招标人按照提供的模板及项目的特点和实际需要进行编制。

7. 工程量清单接口

工程量清单使用工程量计算软件、钢筋算量软件、预算套价软件等专业工具软件制作，电子招标文件编制软件必须按照当地的清单规范制定接口，并向市场化的专业工具软件开放，保证符合当地标准的工程量清单可导入电子招标文件编制软件。

8. 图纸导入

招标文件编制软件需要提供电子施工图纸的导入功能，需要支持主流的图纸文档格式如.dwf、.pdf 等格式。

9. 投标文件格式设定

招标文件中需要指定投标文件的组成部分，如标准施工投标文件应包括封面、投标函及投标函附录、法定代表人身份证明和授权委托书、联合体协议书、投标保证金、项目管理机构资料、已标价的工程量清单、施工组织设计、拟分包计划表、资格审查资料及其他材料。投标文件必须按照招标文件设定的格式制作，以便通过交易平台自动生成开标记录、自动进行合格性检测和辅助评标对比分析，从而提高开标、评标的工作效率。

10. 其他材料提供

针对在标准招标文件中没有明确，但在实际招标工作中有可能需要提供的材料也可编入招标文件中。电子招标文件编制软件需要提供相关文件的上传功能，并支持多种文档格式。

11. 应急预案约定

为了规避投标文件网上递交失败的风险，招标文件中应提供应急补救方案。双方确认当投标文件在交易平台递交和开标失败时，可以启用应急预案，保证电子开标、电子评标的顺利开展。

12. 电子签章

招标文件编制软件需要集成电子签章功能，在招标文件指定位置进行盖章。除了普通的签章功能，还可提供批量签章、骑缝签章功能，满足不同签章形式的需求，并提高电子签章的效率。

13. 标书合并生成

在文件合成之前需要检查电子签章是否完善，并提醒用户防止疏漏。采用CA或其他方式将招标文件的各个组成部分合成，生成一份统一的PDF格式文件，保证生成的电子招标文件不可更改。

14. 其他文件编制

可通过制订资格预审文件的模板，实现电子资格预审文件的制作。招标控制价文件、答疑文件则可在招标文件的基础上进行编制。招标控制价文件主要提供控制价说明文件及控制价清单文件。答疑文件可根据澄清内容针对性地修改招标文件相关部分，或上传答疑文件的说明文档。最终可分别生成独立的完整的控制价文件及答疑文件。

15. 辅助功能

电子招标文件编制软件还可提供一些辅助功能，如针对填空部分进行高亮显示，并自动统计本页未填项的数量；可提供自动保存功能，防止用户误操作而导致的数据丢失；生成文件时自动检查招标文件的完整性并进行提示等。通过这些措施可进一步提升软件的友好性，提高操作的便利性，确保招标文件的完整性。

4.1.3 电子投标文件编制软件功能解析

电子投标文件同样支持在线或离线编制。在线编制投标文件的主要问题在于：第一，难以满足投标文件信息保密控制的需要；第二，难以满足投标人内部会审、决策程序流转的需要。而离线编制投标文件则可以很好的解决这些问题。因此，目前离线编制电子投标文件是主流方式。

1. 招标文件解析

电子投标文件编制软件应提供招标文件浏览功能，并可将其分解为招标基本信息、评标办法、工程量清单、招标文件正文、答疑说明文件等章节。通过对招标文件的分解，一方面可以帮助投标人快速清晰了解招标项目的重点内容，另一方面可将分离的工程量清单导出并据此编制投标工程量清单。

2. 投标文件格式固化

在对招标文件进行解析之后，电子投标文件编制软件可自动获取招标文件中设定的"投标文件格式"，并将投标文件按照规定的格式固化形成投标文件编制框架。投标人必须依据招标文件设定的内容、结构、格式编制投标文件。

3. 模板化内容编辑

电子投标文件编制软件可将一部分共性比较大的内容按照行业标准文件的要求模板化，提高投标文件的编制效率及规范性。如封面、投标函及投标函附录表、法定代表人身份证明、授权委托书等内容。如果招标项目有分包计划的，也可将分包计划表进行模板化。模板化部分只需在预留的空格中填写对应内容即可。

4. 投标保证金证明文件

针对投标保证金，可将缴纳的证明文件进行扫描，通过附件的方式上传至电子投标文件编制软件作为投标文件的一部分。如果采用银行直连或虚拟子账号的方式缴纳保证金的，根据招标文件的要求可不用提供投标保证金缴纳的证明文件。

5. 已标价工程量清单接口

投标文件编制软件需要提供工程量清单接口，满足当地的建设工程工程量清单计价规范。支持市场上不同品牌造价软件的工程量清单的导入功能。

6. 施工组织设计编制

投标人根据自身企业的技术情况及行业标准文件的要求编制施工组织设计方案，主要包括施工方案与技术措施、工程质量管理体系与措施、安全生产管理体系与措施、环保管理体系与措施、工程进度计划、资源配置计划、新技术、新工艺、新材料等内容。电子投标文件编制软件施工组织设计方案的导入，并可按照标准文件要求预设目录，投标人可根据目录对应方案的章节，这样可方便评委查阅。施工组织设计的目录支持自定义，以应对不同项目的技术需求。同时，还需提供"拟投入的主要施工设备表""劳动力计划表""进度计划""施工总平面图"等标准图表及格式。

7. 项目管理机构资料提供

投标文件需要按照招标文件要求提供项目管理机构资料，可在电子投标文件制作软件中按照行业标准文件规定设置项目管理机构组成表、项目经理简历表及承诺书等。投标人可直接填写相关信息，或者通过接口与交易平台主体诚信库同步，直接从诚信库中挑选相关资料。

8. 资格审查资料提供

如果是资格后审项目，投标文件还需提供资格审查资料，主要包括投标人基本情况表、今年来完成的类似项目情况表、今年财务状况表。这些表格都需按照行业标准文件的格式制订。完善资格审查资料的方式与项目管理机构资料的提供一致，可支持直接填写，也可通过同步主体诚信库获得相应资料。

9. 支持暗标评审

电子投标文件编制软件还需满足暗标评审的需求,如果选择暗标可以把一些非常敏感信息过滤掉,需要按照当地的暗标制作要求自动生成统一版式,如字体、字号、间距、格式等,更能体现评标的公平、公正性。

10. 标书检查

电子投标文件编制软件还可提供标书检查等辅助功能。针对已标价工程量清单进行符合性检查、取费检查、计算错误检查,有助于投标人提高清单的编制质量,减少废标的现象发生。

11. PDF 转换及电子签章

生成投标文件之前,需将投标文件的各个章节转换成 PDF 格式,然后按照规定进行电子签章。加盖电子印章的 PDF 文件,能够保证文件的不可更改性、唯一性及安全性。

12. 投标文件的加密及生成

投标文件生成时需要按照招标文件和交易平台的要求进行加密。数据电文的加密技术等同于纸质文件的密封措施的法律效果,是电子招标投标安全可靠性的主要技术保障。一般有以下三种投标文件加密、解密方式:

(1) 投标人使用自己的密钥加解密投标文件;

(2) 招标人或交易平台运营机构使用密钥加解密;

(3) 招标人或交易平台运营机构与投标人共同参与投标文件加解密。即由招标人或交易平台运营机构与投标人分别采用各自的密钥对投标文件联合进行加解密。

三种方式各有利弊,可根据本地区的技术基础环境及电子招标投标的应用情况综合评估后,选择最符合本地实情的加解密方式。

在生成加密投标文件的同时,可自动生成一份不加密的投标文件作为备份。当在线开标解密出现问题时可启用补救方案,通过现场导入电子投标文件保证开标继续进行。

4.1.4 电子开评标系统功能解析

开标、评标是招标投标活动的核心环节。随着工程量清单计价模式的推广,需要对投标价的组成进行详细的分析与评审,对清单综合单价、材料单价、不可竞争费等项目的评审更加精细和严格。应用计算机及互联网技术的电子开标评标系统,可快速、有效、精准地检查出传统人工评标很难发现的遗漏、减量、错误的清单项,有效抑制竞相压价的现象。还可利用技术手段发现违规违纪线索,实现科技防腐。

近年来,电子开标评标逐步成熟并且应用广泛,为远程评标的建设提供了技术基础。根据中共中央办公厅、国务院办公厅《关于开展工程建设领域突出问题专项治理工作的意见》,以及随着《电子招标投标办法》的正式施行,异地远程评标已成为电子招标投标的发展方向,能够更有力地杜绝人为因素的干扰,强化行业监管机构的监管能力,确保评标活动公平、公正。

1. 电子开标系统功能解析

电子开标是指招标投标双方通过互联网络登录电子开标系统对已经接收的投标文件

发出拆封解密指令,在线公开展示投标文件约定内容并形成唱标记录的工作程序。招标人或其代理机构在线主持开标会议;投标人必须准时在线参加电子开标会,按招标文件的约定解密投标文件,并需要通过在线签名确认开标结果;监督人员和公证人员均可以在计算机终端通过互联网登录电子开标系统,在线监督开标过程。

1)项目信息同步。电子开标评标系统一般独立于交易平台其他系统建设,同时需要与交易平台内部系统保持连接、数据互通,可同步获取交易平台中当天开标的项目信息。除此之外,还需支持开标评标项目信息的录入功能,用于现场电子开标,可作为在线电子开标的一种过渡方案。

由招标人或其招标采购代理机构事先确定一位主持人,在交易平台运营机构配合下,负责主持整个在线开标会议,只需按照系统设定的操作权限和流程发出开标启动指令。

2)标准时间同步。开标时间应当以国家授时中心的标准时间为准。国家授时中心是国家法定授时机构,其确定和发布的标准时间具有法律效力。国家授时中心以广播、电视、卫星、微波以及互联网等方式向全球发布标准时间。电子开标计时系统可以通过互联网获取国家授时中心的标准时间并应与其保持同步。

3)CA及电子签章集成。电子开标评标系统需要集成CA及电子签章功能,满足招标人、运营机构、投标人、监督人员及专家评委的CA身份认证的需求,并支持招标人、运营机构及投标人在线解密投标文件,还需满足投标人、专家评委分别在开标记录表及评标报告上的电子签章功能。

4)在线开标大厅。系统可提供在线开标大厅功能,指引投标人进行网上开标,并能够帮助投标人快速适应网上开标程序。系统可按照开标程序自动提醒投标人进行相关操作,如在线签到、在线解密、在线确认开标结果等。

如果未到开标时间,系统自动显示开标倒计时,该时间应获取国家授时中心颁布的标准北京时间,确保开标时间的精准性和唯一性。

5)在线签到。投标人需要登录网上开标系统,在线参加开标会议,并按照系统相关指示通过网络向开标主持人履行签名报到。系统会自动记录各投标人的身份认证信息、登录系统时间、签到时间等相关信息。

6)公布投标人名单。到了开标时间,电子开标系统自动提取已经送达的投标文件并统计数量,验证各投标文件安全、完整、保密的状态。而后,系统自动公布投标人相关情况,包括投标单位名称、标书递交状态、文件状态(是否启封)、投标文件接收完成时间及先后顺序、各投标人在线电子签名确认等信息。

电子开标系统还需自动提示投标文件少于3个的情况。由主持人根据实际情况决定继续或终止开标。

7)开标解密。到了投标文件解密时间,由主持人在线发出开标启动指令,要求招标人和投标人按招标文件约定方式即时解密投标文件。投标文件一般有3种加密、解密方式。

(1)投标人只使用自己的密钥加密投标文件,解密时只需使用投标人的密钥进行解密即可。

(2)招标人或交易平台运营机构使用密钥加密投标文件,同样只需使用对应的密钥解密即可。

（3）招标人或交易平台运营机构与投标人共同参与投标文件加密。这种情况需要按照招标文件开标顺序要求，先由投标单位依次使用 CA 证书解密，然后使用招标人或交易平台运营机构的 CA 证书解密。经过二次解密后才能真正解开投标文件。

投标文件需要在规定的时间内解密完成。如出现投标文件解密失败的情形，可按招标文件约定启动开标补救方案。

同时，电子开标系统应当具备分段或者整体解密投标文件的功能。满足采用"双信封"和"两步开标"的招标项目的解密需求。

8）标书退回。若有投标文件不符合招标文件的有关规定，可通过开标系统退回该投标人的投标文件，并记录退回原因等内容。一般标书退回有以下原因。

（1）不满足招标文件中关于保证金缴纳的要求，没有在截止时间之前缴纳保证金或没有缴纳足够的金额。

（2）投标文件未按照招标文件的要求进行加密。

（3）没有按时解密或解密失败。为了不影响其他投标文件继续开标，可视为撤销或撤回投标文件。

（4）若递交投标文件的投标人少于 3 家，可将接收的投标文件原封退回投标人。

9）自动唱标。各投标文件依次完成解密后，电子开标系统自动公开展示唱标信息，包括招标标段（包）编号、内容、投标人名称、报价、工期（交货期）、投标保证金方式、金额以及到账时间等招标文件约定的内容。

系统还可支持电声唱标，通过相关硬件设备的支持，由计算机自动播报唱标信息，主持人还可控制语音自动唱标过程，可暂停、中断或继续电声唱标。

10）开标异议管理。如果投标人在电子开标过程提出了异议，可通过交易平台提交异议，主持人可以通过电子开标系统即时作出答复，并自动形成提出异议和答复异议的记录。

11）开标记录生成及发布。唱标结束后，系统将自动生成开标记录表，向所有投标人公布。主持人可向参与在线开标的投标人发出指令，在开标记录表上进行在线电子签名确认。同时，通过接口程序将开标记录推送到交易平台和公共服务平台向社会公众同步发布。

12）标书导入。在实行电子开标初期，电子开标系统需要支持现场方式递交投标文件，通过到现场进行电子开标有助于投标人熟悉电子开标的操作流程，为将来实现在线开标打好基础。

同时，电子标书的现场导入可作为开标解密失败的应急补救方案，保证开标继续进行。

13）开标视频直播。为了保证电子开标过程的公平、公开、公正，可在交易平台网站集成开标视频直播功能。通过与开标现场的视频监控、拾音器等相关设备的连接，并运用流媒体技术将开标过程在网站上视频直播，向社会公众开放，充分发挥社会监督的作用。

14）开标补救方案。在电子开标过程中，投标文件解密失败的概率很小，但必须为此制订相应处理规则和预防措施，减少和杜绝因投标文件开标解密失败导致招标失败的情形，保障电子招标投标的安全可靠。

（1）投标文件解密失败情况分析。投标文件解密失败按照归责角度划分两种情况和处理规则。

① 因投标人原因造成投标文件未解密的，如在解密时段投标人不进行解密或因其CA数字证书遗忘、丢失、误取、失效等自身主客观原因导致无法完成解密程序，视为撤销其投标文件。

② 因投标人之外的原因造成投标文件未解密的，如投标文件在投标截止时间前递交后，由于网络故障、通信中断、电力供应中断、交易平台软件缺陷和工作人员操作失误等非投标人原因导致无法完成投标文件解密程序，投标人不存在失误和过错情形，视为撤回投标文件。

（2）投标文件未解密的处理规则。投标文件未解密可分为全部未解密和部分未解密两种情形。如果全部未解密的，且没有约定应急防范方案，开标过程终止。如果部分投标文件未解密的，其他投标文件的开标可以继续进行。

（3）解密失败的防范方案。招标人可以通过招标文件与投标人约定投标文件解密失败的补救方案，有效防范投标文件解密失败的风险。通常有如下三种常见办法。

① 采用纸质备份投标文件的方式开标。投标人在上传加密的电子投标文件的同时，可现场递交一份纸质投标文件作为备份。在投标文件解密失败时，按照传统方法和程序进行开标拆分纸质文件。

② 采用现场导入电子投标文件的方式开标。投标文件制作软件可同时生成加密和非加密的电子投标文件。加密的投标文件通过网络递交，非加密的则可现场递交作为备份。在投标文件解密失败时，可导入非加密的投标文件进行开标。系统需要对备份的电子投标文件进行一致性验证。

③ 采用交易平台和公共服务平台联合提供的投标文件解密失败的应急补救方案。投标人将由正式投标文件生成的备份文本或摘要文本以及证明两者一致性和唯一性的"哈希验证码"一起递交存放双方公信的第三方——电子招标投标公共服务平台。当投标文件解密失败时，以公共服务平台存放的并经过"哈希码"验证完全一致的投标文件备份文本或摘要文本为有效投标文件。

2. 电子评标系统功能解析

电子评标是招标项目评标委员会使用电子辅助评标功能，按照招标文件确定的评标标准和方法，分析比较和评审电子投标文件并形成数据电文评标报告的工作程序。电子评标活动应当在规定的交易场所进行，保证评标专家在一个不受外界干扰的保密环境下公正、规范完成评标工作。

1）评标前准备。

在专家评委登录系统进行电子评标之前，还需要做一些评标前的准备工作，如招标文件及控制价文件导入，评标办法确认，评标委员会及负责人确定，回避单位确定，评标记录播放，招标文件评价等。

（1）文件导入。电子评标系统可按照项目信息自动获取已在交易平台上传的招标文件及控制价文件，为评委评标提供依据及标准。同时，支持文件的导入功能，如遇到突发状况可现场导入电子招标文件及招标控制价文件，保证评标继续进行。

(2) 评标方法确认。电子评标系统在获取招标文件之后自动提取本项目的评标方法，评标管理人员可对评标方法进行确认，一般情况不得修改招标文件中设置的评标方法。

系统支持多种评标方法的电子评标，包括综合评估法、经评审的最低投标价法及其他地方性评标办法。当选定评标方法后，系统的评标流程自动与之对应。

(3) 确定评委。评委信息的确定包括两种方式：一种方式是评标管理人员直接录入专家名单，确定评标专家类别（商务标或技术标评委），并由系统自动分配临时账户，专家凭借账号和密码登录系统评标；另一种方式是由系统自动获取交易平台已经抽取并确认参加评标的专家名单，专家可通过CA身份认证登录评标系统。同时支持评委名单的打印功能。

(4) 播放评标纪律。系统可集成音频播放功能，支持评标纪律的在线播放，评委可通过音响设备收听评标纪律，了解评标过程中的注意事项，确保遵守评标纪律。

(5) 确定回避单位。为了保证评标的公平、公正，评委登录评标系统后需要再次确认回避单位，系统罗列出所有的投标单位及招标采购代理机构名单由评委选择是否回避，系统将自动统计回避情况。如所有评委都无须回避，则评标继续。如有需要回避的评委，则需要将结果反馈给交易平台，并重新补抽评委，保证评标继续进行。

(6) 确定评委负责人。当所有评委登录评标系统后，需要确定评委负责人。每个评委都可以推荐一位候选人，且每人只能投一票。系统将自动汇总各评委的得票数，票数最多者自动推选为评委负责人。

(7) 招标文件评价。评标专家登录系统后可以浏览该项目相关文件，如招标文件、控制价文件、开标记录表等。还可对招标文件进行评价，输入评价意见。

(8) 拟定答辩题目。针对采用综合评估法的项目，系统支持投标项目负责人的在线陈述与答辩。评委可拟定答辩题目，也可在题库中随机抽取几条作为出题内容。投标项目负责人在评标阶段需在线提交答辩内容，由评标委员会对答辩内容进行评审。

2) 清标评审。

清标评审主要针对投标文件工程量清单部分进行计算、比对、筛选，分析综合单价、材料单价、税费和总价的合理性，列出投标文件中可能存在疑义或显著异常的数据，为评标专家全面评判投标清单编制情况提供合理可靠的依据。

系统应支持多线程清标，同时可读取多个投标文件工程量清单并行分析，提高清标的效率。主要功能包含有清单符合性检查、措施项目符合性检查、其他项目符合性检查、取费检查、计算错误检查、横向数据比较等。

(1) 清单符合性检查。清单符合性检查是指评标系统将投标人提供的工程量清单与招标人提供的工程量清单进行自动比对，验证其一致性。快速准确地发现不符合招标文件要求的部分。即对投标人分部分项工程量清单进行"五统一检查"，包括项目编码、项目名称、项目特征、计量单位和工程量的一致性检查。系统将错项、漏项、多项等分类提示，并给出明确的不符合性说明。

系统清标时，还可自动获取单价为零的清单条目，并形成清单单价为零一览表供评委查看。

(2) 措施项目符合性检查。系统将投标文件中的措施项目与招标文件进行比对，检验措施项目清单是否缺清单，名称、单位、数量是否一致，是否有重复清单。将有误的部分加以标识并显示。同时将措施项目单价为零的条目抓取出来供评委查看。

（3）其他项目符合性检查。系统将投标文件中的其他项目与招标文件进行比对，加以标识并显示。包括以下内容：

① 暂列金额和专业工程暂估价的金额是否与招标文件一致；

② 暂列金额明细是否多缺项，名称、单位、金额是否与招标文件一致；

③ 暂估材料明细检查是否多缺项，名称、规格、单位、单价是否与招标文件一致，并且根据核对单价是否与人材机汇总中的一致；

④ 甲供材是否与暂估材料一致；

⑤ 专业工程暂估价明细是否多缺项，名称、工作内容、金额是否与招标文件一致；

⑥ 计日工明细分成人材机三部分，根据序号检查是否多缺项，名称、数量否与招标文件一致。

（4）取费检查。根据当地相关文件规定，检验工程排污费、建筑安全监督管理费、社会保障费、住房公积金、税金、现场安全文明施工措施基本费、现场安全文明施工措施考评费、现场安全文明施工措施奖励费是否一致。将错误的取费记录加以标记，并列出招标文件中正确的费率作为参考。

（5）计算错误检查。系统对各投标单位的投标数据进行检查，找到其中的计算错误，生成计算错误检查一览表，系统主要检查五类错误：

① 综合单价×数量＝总价；

② 各综合单价＝分析表各拆分单价之和；

③ 各项费用分项之和＝各项费用总价；

④ 各项费用总价之和＝单位工程总价；

⑤ 单位工程总价之和＝工程总造价。

（6）横向数据比较。系统对各投标人的投标总价、措施项目和清单单价等价格进行横向比对，发现畸高、畸低的清单报价，为评标委员会确定合理价提供直观的分析依据。同时，这些数据直接关联清单报价得分。

3）初步评审。

（1）初步评审。初步评审一般包括形式评审及响应性评审，形式评审主要是评判投标函签字盖章、投标文件格式、报价唯一性等是否满足招标文件需求；响应性评审主要是评判投标范围、工期、工程质量、投标有效期、已标价工程量清单、技术标准和要求等是否响应招标文件需求。

评标系统自动获取并显示电子招标文件中设定的初步评审条款，评委根据初步评审条款对电子投标文件逐项评审，评委在评审过程中可以查看电子招标文件进行参考。为方便评委评审，评委只需将光标移至评审条款，系统会显示详细的评分标准；若是点击评审条款，系统在指定区域自动显示该投标单位电子投标文件的评分响应页面，通过评审条款的自动定位功能，评委评标更加高效，也更有针对性。初步评审一般为符合性评审，评审结果为"通过"或"不通过"。评审结果记录在评标系统中，在提交结果前可以随时修改评审结果，评审完成后提交结果。

若是资格后审项目，本阶段还需进行资格评审。资格评审支持两种方式，一种方式是直接查看投标文件提供的电子扫描件信息。另一种方式是与交易平台的"主体诚信库"对接，通过链接的方式在线查看投标人的营业执照、安全生产许可证、企业及人员资质、业绩、财务状况等信息。前提是"主体诚信库"中的信息需要进行验证及公示，充分发挥行业自律及社会监督的作用，保证"主体诚信库"中的资料真实有效。

（2）初步评审汇总。系统将按照评标办法中预先设定规则自动汇总评审结果。通过初步评审的投标单位才可进入详细评审。

评标专家在对于同一投标文件同一否决投标条款出现意见不一致时，系统记录每个专家的评审意见，并按照少数服从多数的原则进行判别，在评标组长处进行汇总确定。

（3）标记比较。系统自动清标后，将各投标单位的清单费、措施费、其他费、规费、税金等费用形成报表供评委比较。同时计算以上五项费用之和与评审价格进行比对。

4）详细评审。

通过初步评审的投标单位，才可进入详细评审阶段。主要针对清单的详细评审，以及技术标、综合标、报价等方面的评审。

（1）清单商务标评审。主要有以下几种。

① 投标价格分析。系统能对投标总价、单位工程费等的评审提供横向比较，分析单位工程费各组成部分的高低，为评委确定合理价提供依据。系统提供单位工程费用分析的3种报表：

a. 投标总价比较表。按照投标总价由高到低排序，并列出各单位工程的报价。

b. 投标总价分析表。列出各投标总价与标底价、平均价、最低价、次低价的对比情况。

c. 单位工程费分析表。对各单位工程的报价以及五项费用（清单项目费、措施项目费、其他项目费、规费、税金）进行横向比较。

② 措施项目价格分析。系统能对措施项目清单计价、综合单价、材料单价的评审提供横向数据对比，多角度深入分析措施项目价格的合理性，并生成3种措施项目价格分析报表。

a. 措施项目比较表。列出措施项目报价所占投标总价的百分比，以及与平均价、标底价、最低价、次低价的差额及比率。

b. 措施项目横向比较表。列出措施项目的综合单价与平均值、标底值、最低值、次低值的绝对差值及相对差值。

c. 措施项目分析表。分析措施项目各项人工费、材料费、机械费、管理费、利润的具体数值是否合理。

③ 清单价格分析。在清单项目分析中，系统对每个清单的按照招标文件所规定的方法进行筛选，可查看具体的人材机的组成部分，并对这些费用进行分析，还可与其他单位报价进行比对，找出不合理的报价，杜绝低价中标、高价结算的现象发生。

筛选的方法的是投标单位的数据同基准值进行比较，而基准值的设定也是灵活多样的，可以设置为平均值、标底值、最低值、次低值，系统可以对单价、合价进行分析，在筛选办法上可设置为偏差值或偏差率，筛选区间可根据需要自由设定。

（2）技术标评审。技术标评委通过评标系统可以查看已通过初步评审投标文件的技术标文件。评标系统根据评标办法罗列技术标评审条款，评委根据评审条款进行打分。

① 支持明标暗标评审。技术标评审根据设定，评标系统自动按照明标或暗标进行

评审。暗标评审的情形，系统自动随机配置暗标编号，并根据每一评标步骤随机变化，从而对暗标的单位隐秘性做到比传统标书更好的效果。系统按照大多数人的阅读习惯设置评审条款、标书目录及标书显示区域，方便评委查阅投标文件。

暗标评审时，还可将各投标文件评审模块的顺序打乱实现混合暗标评审，评委只能根据评审条款评分，更加凸显评标的公平、公正性。

② 支持多种评分类型。在技术标评分时，系统支持多种评分类型，包括符合性评审、区间打分、直接打分等。

符合性评审，只需在"通过"和"不通过"的选项中打勾即可。如果选择"不通过"，必须在评审意见中输入不符合的原因。在提交评审结果时，系统会检查不通过的评分项有无评审意见并提示评委。

区间打分，在评审条款规定的区间进行打分。每个评分点采用"优、良、中、差"四个等级划分打分区间，比如：挑选打分区间为优，则只能在 [1.3（不含）～1.5] 之间打分，如果挑选的区间为差（如 0～0.8），则必须输入打分的意见，如果不输入意见，则不能提交。如果严重不符合评分标准，则可以直接打 0 分。

直接打分，直接输入评分区间中的分值。评审条款设置可打分的区间，如打分在 1～4 则只能输入 1～4 之间的分值。

当评委对某投标单位打完分（符合性评审）之后，需要提交完成对该单位的评分，并对未评分的单位进行提示。

③ 标书比对。系统还应提供标书比对功能，评委可任意选择两个单位的评分项进行对比，评阅两家单位对应评分项的投标文件技术标部分，分析两家单位的投标文件是否雷同。

（3）综合标评审。综合标评审由全体评委完成，主要完成商务标、技术标之外的其他评审要求，主要包括工期、质量、项目负责人答辩、投标负责人业绩、奖项等评分点。评审方式与技术标评审一致，支持符合性评审、区间打分、直接打分。

（4）报价自动评审。商务标评委通过评标系统可以查看已通过初步评审的投标文件商务报价。评标系统根据招标文件设定的报价打分公式，自动计算报价得分。由于报价分为客观分，评委无须人工计算，只需确认即可。

（5）分项评分汇总。所有商务标、技术标评委完成各项评分后，系统根据评标办法设定的计算规则自动汇总各投标单位的技术标、综合标、商务标（报价）得分，分别形成技术标评审汇总表、综合标评审汇总表及商务标汇总表进行确认。

5）评标结果。

（1）最终排名情况。所有评审打分结束后，系统根据招标文件设定的评分统计方法自动汇总计算所有投标单位的最终得分，并按照得分高低显示排名情况。

（2）评标报告生成。根据招标文件的要求，评标委员会可推荐中标候选人或指定中标人。系统支持评委在各项评分汇总表进行电子签名，可以进行集体签名和个人签名。评标结束后，系统自动生成完整的电子评标报告，并将评标报告推送至交易平台。

（3）评标流程管理。评标系统的流程管理包括开标、评标开始、初步评审、商务标评审、技术标评审、综合标评审、评标结束等开评标各阶段状态的重置功能。正常情况下，评委打分完成并提交评标结果后就无法修改。但有可能发生评委打分失误的情况，这就需要系统能够灵活地管理评标流程，以应对评委修改评分或重新评标的情形。

6）废标。

如果投标单位的投标文件相关内容符合招标文件中关于废标情形的描述，评委可按照招标文件规定发起对该投标单位的废标表决，并录入对应的废标条款，由评标委员会投票决定是否废标。

7）在线质询。

在评标过程中如需项目经理对标书中的有关问题进行解释，评委会负责人可以发起在线质询，由项目经理进行在线答复。系统自动记录质询过程信息。

8）在线表决。

在评标过程中如果有不同意见需要投票表决，评委会负责人可发起在线表决，由所有评委进行在线投票。系统自动记录表决信息。

9）评标辅助功能。

电子评标系统还可提供一些辅助功能，包括标书雷同性分析、评审时间记录、评分离散度分析等，用于挖掘围标串标线索、监管评委评标，为科技防腐提供技术手段。

（1）标书雷同性分析。

① 特征码比对，评标系统可自动获取各投标单位电子投标文件制作时间、使用计算机的 mac 地址、上传的 IP 地址、工具软件及造价软件唯一标识码等信息，然后进行比对、校验、检查，是否有相同的特征码，并将一致的特征码形成列表显示。

② 技术标雷同性分析，系统可对各投标单位的技术标部分进行雷同性分析，匹配各投标单位技术标文件的相似度，并显示一对一的比对结果。

③ 商务标错误雷同性分析，系统可对商务标部分即工程量清单的错误部分进行分析，把各投标单位清单部分有相同错误的内容抽取出来并进行加以标识。

④ 清单比对，系统可设置差额率，针对清单的综合单价、人工费、材料费、机械费及管理费进行比对，检查是否有差额率一致的清单项。

以上特征码比对、技术标雷同性分析、商务标错误雷同性分析及清单比对功能，可以有效识别围标串标线索，并提供给评委会作为评判是否违规的依据。

（2）评审时间记录。系统分段记录评委评审时间，包括初步评审、施工组织设计、项目组织机构资料等投标文件内容的查看时间。判断评委在打分时有无充分阅读投标文件，有无对某家投标单位特别关注等情况，可作为评委考核的依据。

（3）评分离散度分析。系统可设置阈值，对本次评标打分情况进行分析。系统自动计算各投标单位的平均得分，与各评委的打分数值进行比对，显示各评委的打分偏离值及偏离率，是正偏离还是负偏离。通过对评委评分离散度的分析，从而衡量评委评标的公正性及评委自身的技术水平。

3. 远程电子评标协调管理系统功能解析

目前，国内大部分地区都已经开展电子开标评标工作，并且运行稳定、效果良好，违规违纪现象得到明显改善。但是，很多造价较大的项目或需要特殊专业的项目需要抽取异地评委实行远程评标，现行的方法通常是将异地评委接到本地交易中心集中评标，这不仅增加了评标成本，降低了评标效率，同时也增加了评委与相关利益人接触的风险，使电子评标的优势大打折扣。因此，需要建立一套远程评标协调机制，共享专家资源，实现异地评委的协调及远程电子评标，更加保证评标的公平、公正及高效。同时，通过全程视频监控，创新监督管理方式，确保远程评标过程得到有效监督。

1）远程评标协调。

远程评标协调管理系统是连接各地电子评标系统的纽带，通过建立远程评标协调管理系统可实现远程评标项目管理、异地评标机位协调、异地评委抽取通知、异地评标系统登录及评标费用结算等功能。

（1）项目协调管理。远程评标项目信息的获取有两种方式，一种方式是由远程评标项目所在地工作人员直接在录入项目信息，另一种方式是与交易平台对接，自动获取远程评标项目信息。

（2）远程评标机位维护。各地远程评标管理人员可以对本地评标机位的状态（空闲、在用、暂停等）进行维护，可随时查询各交易中心远程评标机位的使用情况。系统在抽取地区时，会根据机位的状态随机选择满足条件的交易中心。

（3）异地评委抽取通知。异地评委的抽取及语音通知方式根据远程评标专家库的建设模式分为"统一抽取、统一通知"及"远程抽取、异地通知"。

有条件的地区可建立远程评标专家库共享专家资源，通过统一的远程评标专家库抽取异地专家。系统会根据评标专家的抽取条件，自动判断某地区、某专业的专家的状态及数量是否满足抽取要求，然后随机抽取地区及专家，并通过统一的语音一体机通知异地评委，充分保证评标专家抽取的公平性。这是"统一抽取、统一通知"的方式。

对于没有建立远程评标专家库的地区可采用"远程抽取、异地通知"的方式抽取并通知异地评委。评标项目所在地工作人员通过远程评标协调管理系统提交异地专家抽取申请。经异地交易中心确认后，通过现有系统按照预先设定的规则抽取并通知专家。然后将抽取出来的评委信息进行加密存储并推送到远程评标协调管理系统。

（4）异地评委身份认证。随机抽取的异地评委信息需要推送到评委所在地交易中心的评标门禁系统。评委接受评标邀请抵达当地交易中心后，可以使用二代身份证或指纹识别进行身份认证，然后进入评标区域。根据提示找到远程评标机位参与远程评标。

（5）评标系统对接。远程评标协调管理系统将获取到的异地评委信息推送到项目所在地的电子评标系统，实现异地评委名单与评标项目信息的对接。

到了评标阶段，异地评委登录远程评标协调管理系统，系统根据专家标识自动匹配远程评标项目，完成异地评标系统的跳转登录，实现异地评委的统一身份认证，方便异地评委访问远程评标系统。

（6）评标结果反馈。评标结束后评标系统自动将评标结果信息反馈到远程评标协调管理系统，由参与各方交易中心录入评标情况。

（7）评委费管理。系统记录各评委远程评标费用信息，可根据地区分类统计异地评委费，按照每月、每季度等时间范围生成异地评委费用报表。同时可提供自动结算评委费的功能，实现两地多次评委费用对冲，减少远程评标管理人员工作量，提高工作效率。

（8）信息查询。支持各交易中心和监管单位可以对远程评标的全过程信息和统计信息进行查询，包括各地机位查询、机位费用查询、评委打分情况查询、预约项目统计等内容。

2）远程变声询标。

变声询标系统主要解决远程评标过程中需要评委会对投标单位投标文件提出疑问，但又需要避免双方之间直接或间接接触的可能性问题。通过在评标各会场（主会场、分会场）、询标室设置专用设备和软件，实现双方直接通过变声方式流畅沟通。同时，变声询标系统需要提供实物展示、演示播放等功能。

3）远程评标四合一监控。

行业监督部门和纪检监察部门需要对远程评标项目进行全过程实时监督监控以及事后调查取证。本地评委与异地评委也需要高效的、实时的交流，保持顺畅沟通。远程评标"四合一监控"系统就应运而生了。所谓"四合一监控"就是包括评标会场总体环境监控、专家视音频监控、评标桌面监控、视频会议功能于一体的监控系统。

① 总体环境监控。通过对接关联本地及异地评标室监控摄像头、拾音器等设备，对评标区域总体环境进行实时监控。

② 专家视音频监控。通过专用的小型监控摄像头、耳麦等设备，对每位评标专家个人视频、音频进行全方位实时监控。

③ 专家评标桌面监控。对每位评标专家评标电脑上的操作全过程进行实时录像监控。

④ 视频会议。为各地评委提供视音频沟通、在线文字交流、电子白板、文档共享等沟通交流及资料共享功能。

异地评标室的监控视频通过异步传输的方式传送给项目所在地交易中心进行存储。对于远程评标的所有视音频录像及评委桌面操作录像文件等，系统都可实现自动刻录存档。并提供查阅调取、在线回放功能，方便事后监督。

4.2 电子招投标公共服务管理

电子招标投标公共服务平台需要依据《电子招标投标办法》建设，是满足交易平台之间信息交换、资源共享需要，并为市场主体、行政监督部门和社会公众提供信息服务的信息平台。设区的市级以上人民政府发展改革部门会同有关部门，按照政府主导、共建共享、公益服务的原则，推动建立本地区统一的电子招标投标公共服务平台。公共服务平台可分为国家、省（直辖市、自治区）和设区的市三个层级。公共服务平台服务范围越大，共享资源越多，服务效益越高，运营成本越低。因此，具备条件的地区可以建立全省统一，终端覆盖省、市、县三级的公共服务平台。通过各级电子招标投标公共服务平台、交易平台和行政监督平台的互联互通，实现全国招标投标市场信息公开共享，维护规范市场公共秩序，促进行业诚信自律，并探索形成公共服务平台可持续运营的机制。

公共服务平台最基础的作用是信息交换枢纽，通过与各级政府部门网站的链接、与交易平台的链接、与依法设立的专家库的链接，向市场主体、行政监督部门和社会公众提供公共服务。作为信息交换枢纽，需要制订统一的数据接口规范，并向其他系统开放。政府部门信息系统、交易平台等系统必须按照接口规范制订的数据类型、交换方式等规则与公共服务平台对接。然后由公共服务平台将交换过来的数据进行梳理、整合、发布，向社会公众、市场主体、政府监督部门公开共享信息。

4.2.1 统一信息公开门户

招标投标市场统一开放、有序竞争的基础是市场信息的充分公开共享。公共服务平台通过数据交互采集各级交易平台、行政监督平台及政府部门系统的电子招标投标相关信息，把不同层级、不同地域、不同部门的电子招标投标信息按照统一的技术规范进行整合，并通过信息公开服务，统一发布招投标市场信息，实现电子招投标信息的公开共享，招投标市场的阳光透明，形成市场信息一体化。公共服务平台需依照《电子招标投标办法》及《中华人民共和国政府信息公开条例》（2019修订）公开招标投标有关信息，包括有关法律法规、市场主体信息、招投标过程信息及招投标市场动态等内容。

1. 统一公开政策法规信息

在公共服务平台统一发布招投标有关法律法规规章及规范性文件，可按照行政层级进行划分，如国家级政策法规、省级政策法规及市级政策法规，也可按照行业、部门及其他类型进行划分。

2. 统一公开市场主体信息

公共服务平台通过与政府网站及部门系统的链接，与交易平台、行政监督平台的数据交互，采集、整合市场主体信息，在平台指定栏目依法统一公开发布，实现市场主体信息共享。统一公开共享的主体信息包括：企业基本信息（工商、税务、金融等）、营业执照、资质证书、经验范围、企业业绩、奖惩记录、信用评价及招投标职业人员相关信息。

3. 统一公开招投标过程信息

公共服务平台按照办法和技术规范要求，接收交易平台实时产生的招标投标相关信息，可按照行业、地区、平台等类型将交换过来的招投标信息进行分类，并通过信息公开栏目统一公开发布。交易过程公开的信息包括项目信息、招标公告、开标记录、评标公示、中标公告、合同签订、合同履约等内容。

4. 统一公开市场动态信息

公共服务平台统一发布最新的行业资讯、发展成果与新闻动态，社会公众及主体用户可访问平台首页，便捷、及时地获知市场动态信息。同时，将招投标市场的综合统计数据进行动态发布，包括各地区、各行业、各交易平台电子招投标交易数量和交易金额等数据的统计分析情况。

4.2.2 统一注册及 CA 互认

1. 统一注册验证服务

为了满足电子招标投标信息交换及市场主体身份信息共享的需要，公共服务平台提供市场主体统一注册及验证服务。市场主体可直接在公共服务平台办理注册登记，开设单位账户、录入组织机构代码、名称、负责人等识别身份的基本信息，生成账户唯一编码。在交易平台注册登记单位账户时，需要从公共服务平台公共信息资源数据库交换市场主体注册信息，并进行比对、排除重复，以及修正、验证确认后入库。通过公共服务平台与交易平台的互联对接，实现市场主体基础信息的共享及统一身份验证管理。招标人、代理机构及投标人等市场主体可通过统一的身份账户实现跨平台登录，无须多次重复注册登记。在全国电子招标投标公共服务平台网络体系建成后，可实现"一个账号，全国通行"。

2. CA 兼容互认服务

公共服务平台为了改变各 CA 数字认证证书之间分割服务，互不兼容联通；解决市场主体使用不同的交易平台需要重复申请不同 CA 证书，给市场主体带来诸多不便及重复收费的问题，提供 CA 兼容互认服务。公共服务平台需要依照统一数据接口标准，建立电子认证服务证书的相互兼容互认机制。使所有合法的电子认证服务机构都可以接收公共服务平台的信息数据，对证书进行认证；同时又通过公开标准接口，使所有的交易平台都能够识别和调用不同认证服务机构的数字证书。交易平台在设计中需要进行身份认证、电子签名、加密解密时，只要按照《多 CA 联机认证服务系统应用规范》（CAS 185—2009）要求调用相关函数，就可以解决交易平台对数字证书的兼容性问题。

市场主体只需一个 CA 数字证书即可在使用不同 CA 数字认证技术的交易平台上无障碍实现身份认证及电子签名。打破 CA 数字认证的地域性限制，促进招投标市场的开放及公平竞争。同时为市场主体节省了 CA 数字证书办理成本，特别是给投标人带来了极大便利。

4.2.3 行政监督通道

公共服务平台作为信息交互枢纽及统一公开平台，为行政监督部门和监察机关高效实施监督监察提供便捷的监督通道，为广大社会公众最大程度的公开监督提供统一的监督窗口，促使行政监督部门改革监督方式，建立适应电子招标投标特点的行政监督体系和公众监督机制。

1. 提供监督通道

行政监督部门需要对电子招标投标过程实施监督，交易平台需要向监督部门和监察机关依法提供监督、监察所需的招标投标活动信息，监督部门和监察机关也需要向监督、监察对象传达相应的行政指令。由此需要公共服务平台作为信息枢纽，提供统一开放的数据接口，实现交易平台与行政监督平台（包含行政监察平台）之间的信息交互，为行政监督部门和监察机关依法在线监督、监察电子招标投标活动提供信息交换的通道。同时，为社会公众监督招标投标活动，促进和规范行政监督行为提供基础条件。

2. 在线监督

公共服务平台与行政监督平台相连接，行政监督部门可以通过公共服务平台了解其管辖范围内的招标投标项目进展情况并查阅相关资料，实现招标投标事项的在线审批、核准及备案，并依托公共服务平台的数据分析服务发现异常情况。同时，由于招标项目的程序性、时效性较强，需要对招标投标项目进行在线监督，及时纠正招标投标过程中的违法违规行为。行政监督部门需要通过公共服务平台及时获取交易平台正在招标的项目信息，发现可能存在的问题，及时履行行政监督职能。

3. 公众监督

信息公开是公众监督的基础，扩大招标投标公开信息范围，最大程度促进招标投标信息公开透明，可以有效监控和遏制弄虚作假和串通投标行为，加强行业自律。社会公众可登录公共服务平台，浏览依法公开的招标投标信息，如招标项目的资格预审公告（招标公告）、开标记录、评标公示、中标公告、投诉处罚等，包括相关招标人、招标项目、投标人、中标人、合同履行、行政监督信息以及法律、政策等。同时，为社会公众提供质疑、投诉、举报窗口，并依法建立相关保密规则，保护合法投诉举报人的利益和安全。

4.2.4 市场主体资信信息管理

招标投标市场信用体系建设是我国社会主义市场经济信用体系建设的重要组成部分。通过对市场主体的业绩和信用状况的适时分析和分享，能够有效降低信用信息不对称程度，营造良好的市场环境，保证招标投标活动的公平和效率，对社会信用体系的建设具有重要意义。

公共服务平台与各交易平台、行政监督平台的互联互通，可实现市场主体的业绩、奖惩等资信信息的采集；与审计、司法、工商、安监、质监、税务、金融等政府部门网站信息系统的连接，可将分散的市场主体各类资信信息，如企业的工商登记、工程和服务资质、货物生产经营许可、职业人员登记注册等各类信息，按照信用评价模型进行汇总、比较、整合，形成全面立体、客观公正的市场主体资信记录，并通过公共服务平台统一发布。社会公众只需登录公共服务平台即可了解招标人、代理机构、投标人、交易平台运营机构等市场主体的资格、专业能力、业绩、违法失信行为、信用记录等所有资信信息。

1. 招标人资信

招标人资信情况的优劣，直接影响投标人参与项目的意愿。公共服务平台将招标人的基本信息、资金实力、财务状况、信用评价、履约情况、不良行为记录等资信信息集中展现，供投标人全面了解招标人的信用状况，为投标决策提供依据，有利于投标人控制投标风险。

2. 代理机构资信

代理机构的资信情况是招标人选择代理机构的重要依据。除了代理机构的企业资信，职业人员的资信情况同样重要。代理机构的资信信息主要包括企业资质等级、项目业绩、获奖情况、财务情况、信用评价、不良行为记录，以及职业人员的资格、业绩、信用等信息。招标人根据项目的类别、投资金额等内容与代理机构的项目业绩进行比对，综合分析代理机构的收费情况、业主评价、奖惩记录等因素，从而挑选到对本项目而言最合适的代理机构。

3. 投标人资信

在招标投标市场主体资信体系中，投标人的资信信息是最主要的，数据量也是最庞大的。招投标的直接目的是择优选出最符合招标需求的承包商或供应商，而投标人的资信信息是一项重要的评比依据。这些资信数据由不同的交易平台产生，或者由政府部门、第三方权威机构发布。通过这些可靠的信息来源，公共服务平台积累的投标人资信信息逐步完善。并将投标人的资质资格、项目业绩、财务状况、信用评价、合同履约、获奖、违规处罚、职业人员信用信息等资信信息公开共享。为招标人和评标委员会提供全面的投标人资信服务，从而减少弄虚作假的现象，保证招投标过程的公平、公正。

4. 交易平台运营机构资信

交易平台运营机构的资信信息主要包括交易平台的注册主体数量、交易项目数量、中标金额等内容，是招标人和代理机构选择交易平台的参考依据。公共服务平台作为独立的第三方平台，对交易平台交换过来的信息进行筛选比对，能够更加真实公正地反映交易平台运行情况的各种数据指标。

4.2.5 专家库管理

专家管理子系统就是做好专家的个人基本信息的管理，一个集报表设计、报表模板设计、数据录入、数据报送、数据管理、数据汇总和数据分析等功能于一体的管理统计系统。

1. 专家管理

（1）专家信息管理。主要记录专家的一些个人信息，如毕业院校、专业、职称、工作单位、评标次数等相关信息。

同时对专家专业进行详细划分，建立和完善相关分类标准体系。系统同时提供各地专家的网上注册功能，专家使用自己的身份证号码进行登录操作，填报自己的信息。

（2）专家专业管理。专业管理是用来维护评标专家的专业列表，系统采用树状列表维护评标专家专业列表，允许评标专业的多层划分。

专家类别主要包括三大类：工程评标、政府采购、产权交易，每个大的类别又根据不同专业需求进行细分。要求建立和完善相关分类标准体系。

2. 专家审核管理

（1）专家网上申报。

系统同时提供各地专家的网上注册系统，专家使用自己的身份证号码进行登录操作。

① 专家需要填报自己的信息；
② 专家可以补充填写完整的信息；
③ 专家可以填写申报回避单位；
④ 专家可以修改电话号码等一些信息；
⑤ 专家可以申请在一段时间内请假；
⑥ 专家可以申请变更专业，需要管理人员审核；
⑦ 专家修改重要信息，需要中心管理人员审核以后才有效；
⑧ 专家任意数据项的编辑可以进行日志管理和跟踪；
⑨ 专家可以接收管理机构发出的邮件，也可以给管理机构发邮件。

（2）专家信息审核。

系统审核时，管理人员可以查看专家所填写的基本信息及上传的扫描件信息，查看此评委所在专业和所回避单位信息。一旦审核通过，专家信息将直接入库，供抽取使用。

(3) 专家请假审核。

专家可以在网上办事系统中，提出请假申请，填写请假的开始时间和截止时间，并填写请假原因，以供审核，审核通过后，系统将在此时间内不再抽取此专家，待请假时间一过，系统又将抽取此专家。

(4) 专家账号管理。

考虑到专家可能会将密码遗忘的情况，系统提供查看专家登录的账号及允许初始化专家密码的功能。

3. 抽取通知管理

采用电脑随机抽取、电话语音通知。系统按照预先设定的抽取人数、专业需求和回避要求，进行抽取，抽取出来的评委的编号、姓名、电话等关键字段采用加密方法存储，确保通过数据库无法查看评委名单。

相关人员采用电脑随机抽取、电话语音通知。并设定各种限制条件，如专业人数、总人数等，进行专家信息的随机抽取，抽取出来的评委的编号、姓名、电话等关键字段采用加密方法存储，为各种采购项目等提供公平、可靠的评审专家。

通知过程采用电脑语音通知，可使用模拟语音卡或数字语音卡，采用多路并行方式进行拨打语音电话完成通知任务。

4.2.6 交易场所管理

1. 场地预约管理

交易中心工作人员可在网上查看各时间段开标室、评标室、隔夜评标区房间的预约安排情况，对网上提交的预约、变更、取消申请进行处理，对预约予以接受、登记、变更、调整、取消等。场地预约为各交易平台提供统一接口服务，预约过程由交易平台进行管理，公共事务管理中对预约结果进行处理。

2. 会议通知管理

各开标室当天的会议安排，包括会议时间、开标室编号、会议内容（如项目名称、开标、资格预审等）等，系统自动在电子显示屏上显示。

3. 场地信息维护

对各开标室、评标室的设备、设施、备品备件的配备情况、完好情况、缺少情况进行登记，补充等。

4.3 电子招投标数字化发展

4.3.1 招投标数字化发展的必要性

1. 通过数字化发展能提升招投标信息共享服务水平

招标投标过程中，应加大信息公开力度，依法公开交易公告、资格审查结果、成交信息以及有关变更信息等。同时，加快建立市场信息共享数据库和验证互认机制。对市场交易主体通过服务系统实现登记注册共享的信息，相应行政区域内有关行政监督部门和其他公共资源交易系统不得要求企业重复登记、备案和验证，逐步推进全国范围内共享互认。各级行政监管部门要履行好信息公开职能，公开有关招投标项目和主体等资质资格、行政处罚等监管信息。加强招投标交易数据统计分析、综合利用和风险监测预警，为市场交易主体、社会公众和行政监管部门提供信息服务。这些业务需求都需要持续推进信息互通共享的水平，进一步提升信息互通共享的服务能力。

2. 通过数字化发展能提升招投标行政监管能力

各行政主管部门要运用大数据等手段，实施电子化行政监督，强化对交易活动的动态监督和预警。将市场交易主体相关业务操作信息和招投标交易活动信息作为实施监管的重要依据，健全相关监管机制。同时，加强社会监督，完善投诉处理机制，也为及时处理平台服务机构违法违规行为提供了支撑，也需要推动招投标信息快速流动和高效处理。这就需要我们依赖信息化的深入应用，逐步提升招投标过程的数字化水平，持续深入地提升招投标信息处理能力和处理速度。

招投标过程中的数据是丰富的资源，数字科技在传统产业的渗透应用带来了机遇和挑战，尤其在竞争加剧的今天，越来越多的企业正在顺势而为，积极求变，因此在招投标环节，各个招投标交易主体将更加重视数据信息的深度应用，通过数据信息的深入挖掘，最大化地发掘招投标过程中的丰富的数据应用场景，因此，这也从客观上引导着整个行业逐渐重视数字化的深度应用。在当前强化监管和优化营商环境的双重要求下，招标投标监管也面临更高的要求，传统的招投标监管电子化流程因为监管信息流转应用不便利，信息共享和复用难等特点也迫切需要通过数字化转型来深入满足高效监管的要求。

3. 通过数字化发展能推动招投标行业转型升级

信息技术井喷式的突破和广泛应用，推动了产业互联网的蓬勃兴起，带来了新一轮的数字化浪潮，新产品、新服务和新业态大量涌现，加快了传统行业转型升级的步伐。在工程招标和投标领域，各种智慧型应用层出不穷。数字化、在线化、智能化是新型信息化监管的三大典型特征。数字化是基础，围绕招投标项目实现全过程、全要素、全参与方的数字化解构的过程。在线化是关键，通过泛在连接、实时在线、数据驱动，实现监管和服务过程智能化的关键基础要素。智能化是核心，通过全面感知、深度认知、智能交互、自我进化，基于数据和算法逻辑无限扩展，实现监管过程中的决策与执行的智能化革命。要想最终实现智能化监管，就必须强化招标投标全过程的数字化转型，通过数字化转型，不断推进招投标全过程信息化的持续深入，将全过程的信息按照"数据、信息、知识、智慧"演进路径不断发展。

4.3.2　数字交易及其平台

1. 数字交易平台是公共资源交易的基础设施

2019年7月30日，中共中央政治局召开会议，提出"加快推进信息网络等新型基础设施建设"。2020年4月，国家发改委也明确新型基础设施的范围，提出"新型基础设施是以新发展理念为引领，以技术创新为驱动，以信息网络为基础，面向高质量发展的需要，提供数字转型智能升级、融合创新等服务的基础设施体系"。新型基础设施建设成为经济新的增长点。

2020年3月30日，《中共中央 国务院关于构建更加完善的要素市场化配置体制机制的意见》（以下简称《意见》）正式发布。《意见》要求健全要素市场化交易平台。支持各类所有制企业参与要素交易平台建设。完善要素交易规则和服务，鼓励要素交易平台与各类金融机构、中介机构合作，形成涵盖产权界定、价格评估、流转交易、担保、保险等业务的综合服务体系。

公共资源交易平台是国民经济的重要的方面，对于我们进一步完善要素市场，进一步提升公共资源配置的效率，具有重要的意义。据国家信息中心资料统计，2019年度包括工程建设招标投标、政府采购、土地使用权和矿业权出让、国有产权交易的公共资源交易四大板块的交易量约为94.85万笔，金额16.9万亿元。而全国各级公共资源数字交易平台体系将为如此巨大的公共资源交易项目提供信息化基础设施的支撑。公共资源的交易平台作为行业新型基础设施的支持正在逐渐变得更加重要。

2. 新基建支撑数字化平台

平台化生产方式可以简单概括为"数据空间＋实体空间"。具体来说，在数字技术推动下，传统的工业化所构造的以工厂为主的实体空间，经过信息化过程，生成了一个独立的新的数据空间，这个数据空间可以智能驱动实体空间优化运行，提高实体空间运行效率，从而把工业化生产方式变成了平台化生产方式。数字化平台具备下面几个特征：一是数字孪生。充分利用数字技术，将物理空间的实体在数字空间再造一个与之对应的"数字虚拟模型"，形成物理维度上的实体世界和信息维度上的数字世界同生共存、虚实交融的格局。借助数据模拟物理实体在现实环境中的行为，通过虚实交互反馈、数据融合分析、决策迭代优化等手段，为物理实体增加或扩展新的能力。提高生产效率、管理效率和决策能力。二是数据驱动。通过数据驱动要素资源优化配置，随着万物互联不断深入，几乎所有生产装备、感知设备、联网终端甚至生产者本身都在源源不断产生数据，数据正成为一种新的资产、一种新的资源、一种新的生产要素。承载着信息和知识的数据，沿着价值导向自由流动的同时，在数据闭环自动流动过程中实现资源的优化配置。三是开放赋能。通过数字化平台，可以保障产业链相关方在平台上大规模、生态化聚集，共同完成一个完整的项目任务，形成一个竞争力和功能强大的商业生态集群，并实现"产业链垂直融合、价值链横向整合、端到端的撮合"，联通直接产业链与间接产业链，形成开放、共享、生态共聚的产业生态圈。四是智能主导。通过大数据、人工智能等新技术加速向各业务环节渗透，构建一套基于数据自动驱动的状态感知、实时分析、科学决策、精准执行的智能化闭环赋能体系。逐步形成从局部向系统再向全局、从单环节向多环节再向全流程、从单企业向产业链再向产业生态的智能运行体系。

《2020年国务院政府工作报告》提出，重点支持"两新一重"（新型基础设施建设，新型城镇化建设，交通、水利等重大工程建设）建设。新基建的目标是"以新发展理念为引领、以技术创新为驱动、以信息网络为基础，面向高质量发展的需要，打造产业的升级、融合、创新的基础设施体系"，新基建的发展必将极大推进平台化生产方式的快速发展。新基建一方面为数字生产力的发展创造条件，同时为新的平台化的经济实体的发展提供基础。

3. 数字交易及其平台化生态体系

数字交易是利用云计算、大数据、区块链、可视化、AI、IOT、BIM、互联网金融等关键技术，围绕公共资源交易"服务、交易、监管、决策"，基于"产品＋服务＋运营"的理念，优先构建公共资源产业、行业平台，形成公共资源交易大数据创新产品和完整的产业链条，建立政府主导，企业、市场共同参与的数字交易信息协作创新体系。

数字交易围绕数字交易大脑，实现智能交易、精准服务和高效监管，它通过建立数字虚拟项目场景，提前模拟项目实施进程等实现科学决策；数字交易是通过将人员、场所、设备和操作等要素数字化，并通过基于项目全过程的数据闭环实现项目交易效益最优；数字交易是开放的平台生态体系，各方参与主体和服务支撑主体都围绕产业核心形成共享共治的竞争性商业生态集群；数字交易是基于数据自动驱动的自动感知、即时分析、科学决策、精准执行的智能化应用体系，最终围绕数字交易大脑实现的智能化的新型交易监管和服务体系。因此，数字交易平台必将发展为公共资源交易领域的基础设施平台。

数字交易是基于"产品＋服务＋运营"的创新生态服务体系，整个生态体系分为三层：第一层是中心层，主要基于云计算、大数据、区块链、可视化、AI、IOT、BIM等方面的核心技术；第二层是平台层，包括六大核心平台，分别是公共资源交易智慧三平台、大数据应用平台、智能场地管控平台、数字金融服务平台、区块链综合服平台和省（市或县）一张网，打造公共资源交易领域的新监管、新交易、新服务模式；第三层是应用层，主要围绕公共资源交易"精准服务、智能交易、阳光监管、循数决策"四个方面进行布局，优先构建数字交易完整的创新生态应用链条，最终形成覆盖公共资源交易全行业、全要素、全参与方；政府主导，企业、市场共同参与的数字交易协作创新体系大生态。

数字化、在线化、智能化是数字交易平台体系的三大典型特征，也是行业数字化变革的范式演进路径。数字化是基础，通过数字化实现从实入虚，建立数字模型，在线化是关键，通过在线化实现数字孪生，虚实融合；通过数据驱动最终实现基于算法和算力的智能化。

4.3.3 数字交易的智能交易场景

数字交易不断引领传统的公共资源交易行业转型升级，加速催生数字价值的释放。交易环节是全部业务的核心环节，交易主体正式围绕交易项目进行各种交易业务操作，监管和服务主体也是基于交易环节展开。数字交易通过推进公共资源交易领域创新应用数字科技，不断推动公共资源交易过程中的数字化转型，许多新的智能化交易场景不断涌现。

1. 大数据支撑的精准撮合交易

《电子招标投标办法》颁布实施以来，通过公共服务平台、交易平台和行政监管平台的电子化平台的系统建设，实现了交易过程的电子化，交易全程在线与交易相关方的广泛连接，使行业逐步开启了数据矿藏。通过大数据这个第四代生产力革命工具，与公共资源交易业务广泛深入的应用探索，将深刻地改变公共资源交易各参与方业务开展的方式和效能，释放数据红利。比如，在招标投标阶段，因为信息不对称造成的招标效果下降比较严重，同时，由于信息不对称造成的投标人难以获取有效商机也是制约市场化良性发展的瓶颈。大数据的有力支撑将让交易双方更便捷、更高效地达成交易。

（1）招标人快速找到最佳供应商，提升交易效率。应用大数据对公共资源交易项目和市场主体进行全方位综合画像。招标人可以根据历史相关交易项目信息，查看找到适合自己需要的潜在投标人的画像和范围。在招标文件编制时，通过大数据提供的有力支撑，招标人可以判断通过设置不同的资格或评审条件，预估潜在投标人的数量，判断交易项目的竞争度，以期实现在招标效率、质量与竞争度之间实现更好的平衡。

（2）市场主体更加便捷地获取商机信息，激发市场活力，助力企业发展。利用大数据技术，从大量的交易项目基本特征和中标企业的数据中抽象出相关类型项目的中标人画像信息。企业可以根据自身情况，量身定制相应标签，基于交易平台提供的海量交易信息，挖掘潜在商机。企业也可在系统中进行商机信息订阅，当有符合企业需求的招标信息发布时，自动为企业推送相关信息，可以做到精准信息对接，避免了普通信息网站因信息分类不够精准导致的信息错配。企业避免了垃圾信息的困扰也同时不会错过商机。

2. 泛在网络连接支撑的随时随地交易

网络基础设施的发展让我们进入了随时随地、万物互联的移动时代。移动办公，也可称为"3A办公"，即办公人员可在任何时间（Anytime）、任何地点（Anywhere）处理与业务相关的任何事情（Anything）成为办公新常态。随着技术发展，移动设备的登录安全、数据安全、客户端安全、敏感信息安全等全方位的移动办公安全防护体系逐渐成熟完善，这让移动化办公在方便的同时也兼顾了安全的要求。近年来，移动政务办公也逐渐成为近年来的热点，相关部门正在努力推动将移动技术应用在政府工作中，实现政府部门办公的数字化、移动化，通过手机、PDA、无线网络等技术为公众提供服务。公共资源交易领域随着电子化、数字化的不断深入推进，在线、移动化正在使得公共资源交易更加便捷、高效。

（1）随时随地在线操作。招标人可随时随地通过多终端登录公共资源交易系统，发布招标公告、进行招标答疑；交易相关主体可以通过电脑、手机等多个设备终端查看交易公告信息，并可随时随地通过订阅获取交易信息的精准推送。

（2）随时随地处理文件。投标人可通过电脑、移动终端，无论是在公司、在家里、在路上、在酒店都可以随时下载招标文件、制作标书、上传标书，再也不会错过任何一个招标项目。

（3）随时随地开标评标。远程异地"不见面"开标，使开标摆脱了传统物理空间的束缚，将传统的基于物理交易场所的现场开标和集中评标搬到了在线的网络空间，企业零跑腿，动动手指即可在电脑、在手机上实现开标。通过二维码、人脸识别即可实现双重身份验证，通过手机盾、移动CA在线实现标书解密，实时在线开标唱标和讲标、通过音视频实现在线沟通、在线质疑（澄清），大大节约了交易成本、缩短交易时间，极大地降低了企业的投标成本。

远程异地评标，实现有形场所向无形场所的转变，原来封闭在特定场所的评标将会被基于网络的虚拟在线评标室替代。尽管在地域上、空间上彼此隔离，身处异地，但是专家可以通过视频、音频和文字的互动,结合场地监控、桌面监控等设备,结合云签名,评标委员会和各参与方就可以实现在线协调评标。评标专家可以通过在线会议协同、网上互动,实现线上异议、澄清。投标人通过远程接入可以实现远程述标,免去长途奔波。

远程异地的协同评标模式解决了以往招投标过程中专家资源不均衡不全面、专家地域性参与围标串标等诸多问题,同时也实现了行业监管部门的在线全程、实时、动态监督,确保交易的公平公正。

3. 基于 BIM 及大数据的可视化智能化评审

(1) 基于 BIM 的可视化智能化评审。

将 BIM 和大数据技术引入招标投标过程,在现有电子招标投标系统基础上,基于三维模型与成本、进度相结合,以全新的五维视角,集成大数据研究成果,并与城市空间地理信息平台(GIS)对接,实现基于"BIM+大数据+GIS"的专业招标投标模式。首先,基于 BIM 的招投标实现了让标书"动"起来,投标方案动态展现和实时关联,评标专家可以直观地看到项目实施以后的场景;其次,基于 BIM 的招投标能够让标书"站"起来,基于"BIM+GIS+VR"等技术,平面图纸模式转变成三维模型,利用数字化技术从各个角度审视和对比方案的视角效果;第三,基于 BIM 的招投标可以让方案"连"起来,技术方案的调整会立刻反映到技术标和商务标的变化上,很好地解决了技术标和商务标动态关联的问题。总之,BIM 技术推动招标投标将向智能化、可视化跨越式变革。

① 基于 BIM 模型的评审,使评标更直观和精准。采用 BIM 辅助评标后,专家可以借助 BIM 可视化优势,在评标中通过单体、专业构件等不同维度,对模型完整度和精度进行审查,形象展示本项目的建设内容。基于进度和模型的关联关系,在平台中动态展示施工过程,方便评委专家对投标单位的施工组织进行更加精准的评审。另外将场地等措施模型与实体模型结合展示,对现场的临建板房、现场监控布设等文明施工要素进行可视化审查。从而彻底改变传统电子评标阅读难度大、评审不直观的问题。

② 基于 BIM 模型投标方案,实现技术标和商务标一体化评审。采用 BIM 辅助评标后,改变了以往技术标和商务标脱离的现状。专家可以根据项目周期,查看项目的资金资源需求,结合业主的资金拨付能力,评审最适合的项目进度计划。还可以通过筛选模型,查看对应部位预算文件中清单工程量及直接费,能够有效针对重点区域进行详查,辨别投标人不平衡报价,提前排除项目施工过程中因变更产生的成本超支风险。

③ 采用 BIM 与 GIS 融合技术,增加设计方案周边环境的精准定位和分析。通过 BIM 技术与 GIS 技术的融合应用,将 BIM 模型与城市空间地理信息平台进行对接,将建筑方案设计模型基于真实的空间地理环境中进行精准定位、展示,实现了基于模型的设计方案周边环境查看和对比分析。

④ 结合大数据技术应用,实现同类工程 BIM 方案对比分析。通过 BIM 技术与大数据技术创新应用,基于当前项目的特征参数,利用大数据研究成果,智能推送历史同类工程的中标方案,实现不同工程之间的 BIM 设计方案横向对比分析。

⑤ 方案动态模拟,辅助评标专家对方案进行综合评审。利用 BIM 的可视化立体效果编辑碰撞检查、孔洞预留方案,通过模型关联工程量造价清单,结合进度计划动态模拟现场施工过程,重难点工艺动画展示、火灾预警动态演示,使评标专家从原本繁琐的

文字评审中解脱出来,让评标专家能够一目了然抓住投标企业技术方案的优缺点,能够更加合理地针对于投标文件进行整体评判。

(2)基于大数据以及人工智能的智能化评审。

近年来,随着招标采购业务量的逐年增加,招标采购从业人员面临采购依法合规和兼顾效率效益的双重挑战。评标工作是整个招投标采购工作的核心业务,在传统评审方式下,专家工作量大且容易出现疏漏,不能有效保证项目评审工作的质量。交易中心经过十余年的电子化建设,积累了大量的各行业交易数据。基于海量的交易数据,并通过大数据、人工智能技术,构建智能辅助评标模型,可全面提升评标环节的工作质量和效率。

智能辅助评标模型,通过借助供应商投标响应文件(结构化的价格和商务投标响应数据,非结构化的技术方案等)以及专家评分结果,模拟专家评分规律,反复训练、验证、优化模型,最终得出投标文件内容关键点、详评要素和最终得分之间的关系模型。智能辅助评标模型根据关键评分要素,智能比对投标响应情况与招标要求的偏差,逐份标记响应文件是否通过符合性审查,自动标记出不满足招标要求的响应文件,并给出模型参考评分;根据供应商提供的结构化技术参数、组件材料、单价分析等表格,实现关键参数一键自动对比、内容检验等辅助功能;专家依据模型给出的关键评分要素、投标响应情况的符合性审查结果以及模型参考评分,给出最终的评分。

以往的评审中,评委在进行企业资质和个人资格证书审查过程中,需复制企业名称、人员姓名和身份证号,登录不同的政府网站或权威网站进行查询验证。各网站网址不同、形式多样,查询完成后,还需对图片信息逐项核对,特别是对于投标人众多的项目,依靠人工方式进行审查,工作量大、效率低且易出错。数字交易平台基于区块链技术实现了公共资源交易全生命周期的数据追溯、可信以及跨区域的互联共享。通过区块链技术将市场主体在全国各地公共资源交易中心参与招投标活动时,录入相关企业资质、业绩、奖励等各种资信文件相关信息等问题上链存储,实现全国跨区域共享,通过使用基于机器视觉的人工智能辅助工具评标,赋能评标专家资质审查新手段,实现资质审查自动审阅对比,提高评标效率,保证评标质量。

评审环节,还可以基于大数据以及人工智能对历史交易数据以及市场主体的招投标活动进行深入分析,发现疑似围标串标企业的线索,并在评审过程中通过人工智能及大数据对标书进行智能化分析检测,发掘标书雷同、报价雷同等疑似围串标线索,及时智能地提醒评审专家可能存在围标串标嫌疑的企业,让评审更加高效、更加公正。

在大数据、人工智能、区块链等技术的支持下,通过智能化评审,提高了评标效率,最大程度上消除了评标过程中人为干预的可能性,降低了评标专家滥用评分自由裁量权和主观评价风险,提升打分结果的客观性,有效提升了招标采购评标工作的效果。

4.3.4 数字交易的高效监管场景

以数字交易平台为载体,实现公共资源交易全过程的数字化见证、全面记录、实时交互,确保交易记录来源可溯、去向可查、监督留痕、责任可究。汇聚整合政府部门数据与行业市场主体数据及信用信息,运用大数据、云计算等现代信息技术手段,对公共资源交易活动进行监测分析,及时发现并自动预警围标串标、弄虚作假等违法违规行为,为监管提供强有力的数据支撑,让公共资源交易更阳光、更透明。

1. 公共资源交易全过程数字见证

见证服务是公共资源交易中心的一项重要基本职能。对公共资源交易从项目入场、信息公告、投标报名、开标、专家抽取、评标、定标等全流程进行核对、记录、存档和反馈，为交易活动的数据真实性、过程规范性提供保障和证明，为监管部门的监管工作提供支撑。"数字见证"带动见证服务深入推进，可以做到公共资源交易全程留痕、可追溯，促进公共资源交易工作更加公开透明、便捷高效。

数字交易深入推进"全生命周期"数字化项目见证。针对交易活动全程网上进行所带来的无形化、看不见、不可控等问题，构建全新的数字化见证平台，实时动态展现项目受理、招标公告发布、开评标现场监控、中标结果公示、保证金收退、中标通知书发放等交易全流程各环节信息，并对公共资源交易全过程的相关信息进行保存、分类、汇总等处理，综合运用数据可视化信息技术手段，实现各类项目交易进程信息、人员行为、场所设备、音频视频等数字化与可视化，展示进场项目"全生命周期"，实现交易项目全生命周期从无形"电子化"变为有形"数字化""可视化"，做到项目交易情况可追溯、可关联、可分析，提高公共服务能力和水平，打通交易服务的"最后一公里"。

借助高清摄像头、拾音器等电子监控设备辅助开展见证服务，通过 BIM 技术、大数据、云计算、人工智能等现代信息技术手段，对交易全过程进行全方位、不留死角的实时全覆盖，及时发现交易环节、交易流程是否规范，大幅提高见证服务效率，打造阳光高效的公共资源交易。基于人工智能的语音、语音分析，在专家评标环节实时记录分析专家之间的对话，系统自动识别敏感词汇，识别可能出现的不合规的交谈，自动预警违规风险；通过对评标专家、市场主体在公共资源交易中心行为轨迹的数字化见证，确保专家在合规的区域空间活动，避免与市场主体物理接触。

2. 交易天网：基于大数据的新一代监管体系

交易违规行为具有隐蔽性，传统的手段难以有效的防治。大数据可以根据交易行为数据的蛛丝马迹，通过交易行为风险检测模型，还原并捕捉市场交易主体陪标、围标、串标等交易违规痕迹，使违规行为晒在阳光下，无处遁形。以大数据建模手段和海量交易行为数据合力构建交易天网，建立事前布局、事中预警、事后筛查、内外循环的时空数据监管体系，通过基于数理统计与概率论的交易结果异常筛查，为主体进行常规检查；基于复杂网络社团分析的交易行为检测，为主体进行专项检查；构建主体关系图谱，描绘主体风险，为交易市场与主体出具全面的"体检报告"。

（1）项目异常查看和自动预警。自动预警交易异常行为。传统的监管模式多为事后追查，对于事前事中监管缺乏有效手段，数字交易平台设置的监控点对"交易实时监控"，绘制项目"交易行为自画像"，确保流程监控无死角、预警科学准确可靠、触发时间精准及时。监管部门和交易中心见证人员可通过项目预警提醒，快速发现违法违规行为和异常情况，及时关联信用平台，形成信用记录。除设置日期、项目、级别检索功能外，还可设置全面的数据统计分析功能，精准锁定违法违规行为，开辟大数据监管新途径。

运用大数据、云计算等现代化信息技术手段，对公共资源交易活动进行监测分析，展示项目异常、违法违规等预警信息。需要深度分析项目应进未进、标段应招未招、环节缺失等异常行为，强化进场交易项目闭合管理。对重点地区、重点领域、重点环节的分析和预判，快速锁定交易过程中异常情况，增强监管的针对性、精准性。通过一键出具"检测报告"，对项目基本情况进行概述，对交易断链缺链、违法违规等现象进行"诊断"，有效破解项目信息查询烦琐、交易进出不闭合的难题。

(2) 打通信息壁垒，构建基于项目生命周期的全面监管。以数字交易平台为载体，汇聚整合政府部门数据与行业市场主体数据信息，实现行业项目数据互联和业务流程联网互通，建立公共资源交易市场与项目履约"现场"的"两场联动"体系，营造公开公平公正的交易环境。将招标环节与履约环节打通，形成良性循环，实现交易项目全流程监管，需要建立企业、人员、项目的诚信信息库和诚信管理平台，与招投标、质量、安全、履约等多个行业监管系统进行数据动态关联、实时交互，通过将诚信评价与日常监督相结合，在不断规范现场监督行为的同时，也有力引导企业强化自身管理，行业自律意识显著增强。

在工程项目招投标领域，以数字交易为支撑，建立全方位综合信息化监管与服务平台，通过BIM技术的易于协同共享的特性，实时掌控参建人员信息和监控设备状态，横向联通项目现场的质量、安全、劳务、绿色施工等业务信息，基于"一套模型贯穿始终"的项目全生命周期信息协同模式，构建"履约企业诚信综合评价体系"，采取将诚信评价实时动态智能匹配纳入招投标评分等方法，通过诚信信息关联和建立两场联动管理的手段和纽带，企业现场表现情况与其市场占有率及时挂钩，促使企业一改"重市场轻现场、重中标轻管理"的情况，确保质量安全主体责任落实到位，也可以在一定程度上治理拖欠民工工资等行业痼疾。

(3) 监管模式创新模型，精准打击违法行为。治理"围标串标"的乱象一直是招投标监管的重点工作之一，传统的基于硬件数据的"围标串标"分析是借助比对电子投标文件记录的网卡（MAC）地址、CPU序列号和硬盘序列号等硬件信息移动发现线索；或者通过投标文件的记录上传IP地址相同等现象寻找疑似项目。这样的操作方法简单高效，但是也同时面临易于被规避的问题。大数据为治理围标串标提供了新的方法。基于大数据对市场主体进行关联分析，可以创新新型监管模式，在不增加交易主体操作负担，不影响相关交易环节的基础上做到精准打击违法违规行为。

利用大数据技术，建立相关交易主体企业行为分析模型，预测交易企业的操作行为，如果异常，则可进行标识，为行业监管部门提供数据支撑。基于复杂网络社团结构分析算法，对市场交易主体进行横向抱团或纵向抱团分析。横向抱团可以识别可能"围标串标"的投标人，再辅以工商局的国家信用平台、监管部门监督信息平台和社会信用查询平台等权威诚信信息网站信息，为投标人之间的"围标"查处提供更多可靠的线索；纵向抱团可以发现"投标人—招标采购代理—招标人"之间出现多次重叠的现象，反映招标人或招标采购代理通过"暗箱操作"指定中标人的违规现象，为发现招投标人之间的"串标"违规行为查处提供参考依据。

充分利用大数据技术，对专家行为进行分析，结合专家管理规范，对不合规范的专家或专家行为进行预警通告，同时对专家抽取的均衡性（专业差异率及人员差异率）进行摸底评估，预测其行为与分析模型是否匹配，如果异常则进行标识，为行业监管部门提供必要数据支撑。通过聚焦专家个体的行为特征，分析在库专家抽取情况，对超过平均抽取次数的异常专家进行重点关注，分析是否有人为干预还是抽取专业的专家人数过少。对抽取专家进行基本信息结构分析,包括专家年龄结构组成,男女专家比例构成,保证抽取专家的均衡性;对专家签到出勤情况进行统计,对多次迟到、缺勤专家或专家行为进行预警通告,对超出规范的专家进行相应的管理。

3. 信用监管:实现信用信息的闭环应用,促进行业自律

数字交易时代的信用体系可以将企业分散在不同地域交易中心的信用信息以及彼此割裂的工商、税务、住建等不同部门的信用数据互联互通,全面刻画企业在生产经营活动中的行为,汇集点滴信用,形成企业完整的信用画像。数字交易平台对公共资源交易的各类市场主体——施工企业、监理企业、招标人(采购人)、投标人(供应商)、招标采购代理、评标(评审)专家等通过构建信用评价指标来进行信用评价。数字交易通过社会信用、交易信用、履约信用等诸多方面,充分考虑市场主体不同行业、不同地区的信用状况,实现对交易主体360度全方位、多角度的信用量化,通过丰富的数据,全面详实客观合理地反映企业的信用状况,并将评价结果应用到公共资源交易的全过程中,促进行业自律。

(1) 对供应商信用评价。供应商信用指数包括社会信用、投标信用、跨行业跨区域信用和履约信用四部分内容,将计算的供应商信用指数数据公布在交易平台中,并用于公共资源交易公开招标项目评标中,信用评分在评标中占一定的评分权重。

(2) 对采购人信用评价。采购人信用评价分为招标信用评价和相关方信用评价,内容包括行政主管部门认定的对采购人不良行为的处罚决定或处理意见等评价信息,以及中标人和招标采购代理对采购人采购行为的评价信息。通过行政主管部门、中标人和招标采购代理三方对采购人进行综合评价,进一步规范了采购人的采购行为。

(3) 对评审专家信用评价。评审专家信用评价包括工作态度、行为规范、评标质量和相关方评价内容,据此建立专家诚信评价系统,协助行政主管部门从评标质量、行为规范、工作态度等多角度考察评审专家的诚信行为,将失信专家列入"黑名单",促使专家认真履行评审职责,形成完善的评审专家退出机制和诚信管理机制。

针对失信企业,公共资源交易系统将可根据失信记录自动管控:失信企业在公共资源交易市场主体管理系统登记时;企业登记审核人员在公共资源交易市场主体管理系统审核企业登记信息时;已注册企业在公共资源交易市场主体管理系统变更企业信息时;失信招标采购代理机构在公共资源交易系统中登记招标、采购项目时;失信投标人、供应商在公共资源交易系统中确认投标时;建设单位、采购单位在公共资源交易系统中登记信息时;均可实施失信拦截并显示提醒相关信息,让失信者在公共资源交易中寸步难行。

针对守信企业,将企业信用与中标结果紧密挂钩,使信誉良好的企业在竞争中能够脱颖而出。在商务、服务和价格得分相同的情况下,信用好的企业可以优先中标。在整个公共资源交易环节中,对信誉优的企业还可以开设绿色通道,为企业在招投标中提供更多便利服务,在缴纳投标保证金或者开具电子保函环节,针对信用好的企业可以少缴投标保证金、以较低的费率或者更加便捷的审批流程从金融机构申请电子保函,结合承诺制的实施,可以进一步便利信用良好企业的投标操作环节,降低其投标操作成本。

4.3.5 数字交易的精准服务场景

数字交易理念下,行业数字化水平不断提升,网络基础设施不断增强,行业的信息服务支撑能力也随之不断强化,智能化的服务充分赋能行业主体,为营造良好市场氛围奠定良好的基础，同时，各种数字化创新服务场景也不断推动行业向更高的发展水平迈进。数字交易平台通过融合物联网、移动互联网等网络技术，进一步提升实体交易场所的数据采集生成和处理能力，以数据为纽带，通过数字孪生，数字交易平台可以虚拟数字化交易场所，通过数字化场地和实体化场地联动，实现高度智能调度和运营。数字交易平台深入推进行业级数据互联互通，通过广泛对接和平台连接，实现需求端和供给端的高效精准匹配，进一步利用信息化技术推进相关运营机构的服务水平。

1. 公共资源场地智能管控

公共资源交易场地是从事公共资源交易的枢纽，连接着投标人、招标人、代理机构以及场地工作人员等重要因素。在公共资源交易实际场地环境下，将各个参与要素通过软硬件智能设备的结合应用，实现场地的智能管控，打破物理隔阂，真正做到了数据和流程的电子化，让传统公共资源交易场地更具人性化、便捷化、智能化。公共资源交易场地智能管控建设内容如图 4-3-1 所示。

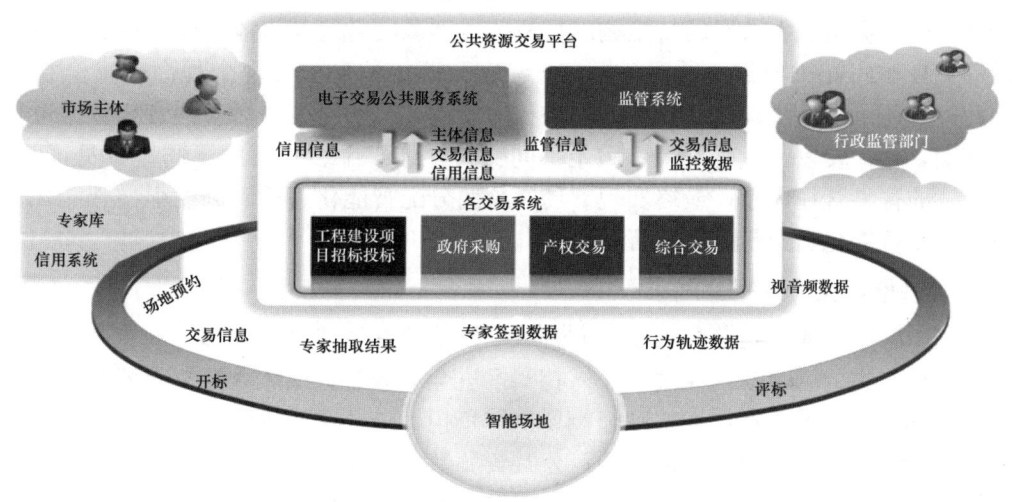

图 4-3-1　数字交易场地智能管控建设内容

（1）数字场地，移动物联。在数字交易智能场地建设过程中充分应用人工智能、互联网、云计算、大数据、物联网等新一代信息技术，实现场地设备设施的移动物联、集成管控。通过基础信息管理和关联关系构建完成一个交易中心的物理场所、设备设施资源、业务功能空间信息的数字化，从系统层面搭建公共资源场内交易活动信息化支撑基础。在开标、评标、谈判、询价、拍卖等交易业务场景驱动下，智能场地为行政监管部门、交易主体、运营主体等提供基于场地资源、服务、数据等方面的综合信息服务；智能场地可以通过三维的方式全面呈现整个公共资源交易平台的相关信息，包括设备工况数据、业务服务数据、场地管理数据、人员状态信息等；提供基于人物、时间、地点，及事件、设备等维度的数据呈现、查询和异常预警等功能。

（2）多端联动，异地协同。数字交易赋能场地智能化管控，打破原有场地孤岛式的建设运营管理方式，通过统一的数据和业务平台，实现各终端硬件、应用软件等的有效互动链接；实现不同行业、不同业务平台在同一场地内的融合应用；基于数字交易平台的智能场地服务体系对场地内的业务、设备等所产生的数据归集管理，形成统一的数据资源中心，逐步成为各行业公共资源交易环节的数据枢纽，为场内交易项目提供等各业务流程环节即时的辅助数据支撑；以交易项目场内活动一体化管理为主线，数字交易智能场地能满足场地运行总控、视音频监管、分散评标、见证要求，能够统筹管理同地或异地场地资源，高度融合场地设备设施、数据及服务，且为进场预约、场内开标、评标场所预约、专家身份核验、场内评标调度、询标澄清、见证直播、数据归档、视频录像调阅、云迁移等活动的多端联动、线上调度。

（3）服务驱动，智能管控。智能场地的建设还可打破传统公共资源交易服务方式，保证各领域项目全过程电子化交易的顺利完成，实现项目交易多角色的智能引导、多终端的智能见证和多维度的智能调度。数字交易平台推动场地智能管控从交易进场、标室预约，到场内交易活动的调度引导，过程视频音频见存证，封闭区通行权限授予回收，以及事后的存证视频音频调取实现全流程智能管控。通过优化标室匹配算法，自动为场地预约主体按需分配最佳匹配标室，即时反馈，实现全程无人干预，活动全程保密；智能场地调度依据基于大数据的特定调度算法，自动调度各终端智能协同完成交易主体场内活动，自动匹配"项目—预约—标室—专家"四维信息，实现全程高效安全智能调度；此外，还可以一次场内交易活动的进程为驱动，自动对交易活动视音频数据进行采集、存储，直播转发、点播刻录，满足不同交易主体事中、事后的不同监督见证需要。通过上述的智能管控体系，最终实现"场所预约分配智能化、活动调度引导智能化、人员行为授权智能化、交易见证监督智能化"。

2. 公共资源交易数字金融服务

数字金融服务建设是落实国家"放管服"改革及落实"普惠金融"的重要举措。依托以大数据为主的融合技术应用，深入扎实推进金融服务，用大数据架起公共资源交易各方主体的金融生态之桥，切实减轻市场主体负担，降低交易主体参与交易成本，解决交易主体"融资难、融资贵"的问题；公共资源数字交易金融服务平台通过"互联网＋公共资源＋金融服务"模式，搭建起公共资源交易领域与金融服务行业之间的桥梁，积极引入银行、保险公司等金融机构，利用公共资源交易数据，同时基于领先的大数据分析及区块链技术，为各方的金融服务交易提供数据及信用支撑，在线为参与交易的市场主体提供金融服务。平台架构如图4-3-2所示。

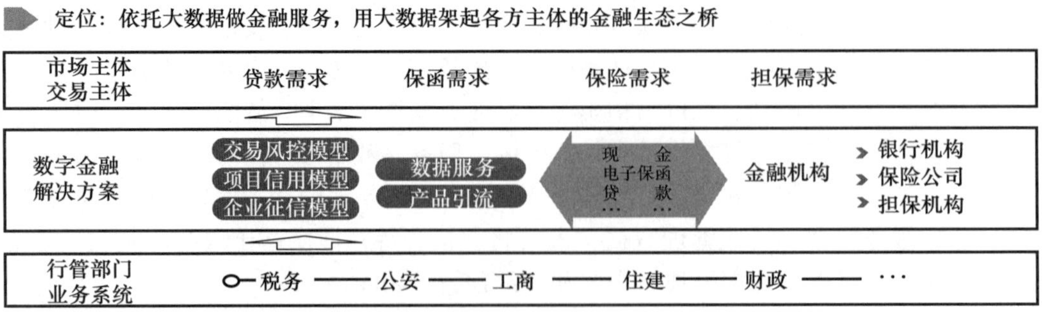

▶ 定位：依托大数据做金融服务，用大数据架起各方主体的金融生态之桥

市场主体交易主体	贷款需求	保函需求	保险需求	担保需求
数字金融解决方案	交易风控模型 项目信用模型 企业征信模型	数据服务 产品引流	现金电子保函贷款…	金融机构 → 银行机构 → 保险公司 → 担保机构
行管部门业务系统	税务 — 公安 — 工商 — 住建 — 财政 — …			

图4-3-2 公共资源交易数字金融服务平台架构

（1）各方主体的金融生态"桥梁"。平台立足"信用—金融—市场"的合作模式，

通过对接多个数据源（市场主体、交易主体、金融机构、行业监管部门等），综合运用互联网手段和大数据技术，有效整合公共信用信息、社会征信服务、交易主体融资需求、金融机构融资产品等资源，利用交易风控模型、项目信用模型、企业征信模型和智能算法，充分发挥金融服务效应，把线下门槛高、程序多、审核慢的担保贷款变为线上大数据、智能化、审核快的信用贷款。

平台不仅能实现银行、担保机构、保险公司、贷款机构等各类合法金融机构的对接、开放性合作，还可实现面向公共资源交易领域的银行现金转账、电子保函（银行保函、保险保函、担保保函）、投标贷款方式提交投标（竞买）保证金等数字金融服务。其中，"现金保证金"采用子账户模式，全流程线上支持子账户申请、查询交纳明细、发起退款、自定义退款流程、查看退款结果、自动对账等。"电子保函"可实现全流程线上授信和保函申请，保函文件自动递交，全程耗时可低至几秒，实现全程无纸化操作，快速且安全可靠。

（2）各类用户的高效交易"工具"。平台对各类用户通过系统进行的操作信息、多系统间的数据传输往来信息均进行全程存储记录，可以保证金融服务过程的全程可追溯。同时，可实现交易平台、金融服务平台、金融机构系统的有效对接，通过数据流转实现业务往来，让数据代替企业"跑腿"，提效降本，提升交易活动效率。

数字金融服务平台可以实现电子保函、投标贷款等线上一键申请，系统自动填报；全程线上操作，无需纸质材料。相比传统的金融平台，数字金融服务平台在进一步提升安全性的同时更高效化、人性化、便捷化。在开标前，平台通过信息传输加密、设定随机代码等技术手段保障安全可靠的数据传输和处理，可有效杜绝有关涉众非法获取投标人信息情况。同时，针对投标保证金缴退管理，该平台可支持现金银行转账、电子保函等方式，并通过统一专户管理、一项目一收取、账款集中管理等多种手段，有效提升资金保管安全性，有效降低非法挪用保证金的风险。通过电子保函方式缴纳保证金，最快20秒可完成全流程线上的电子保函申请和自动递交；当达到可退还保证金时间，数字金融服务平台可自动提醒招标人（招标采购代理）发起现金保证金退款，退款申请信息可实时传递至对接银行，由银行方一次性退还投标保证金及同期存款利息。数字金融服务平台特性如图4-3-3所示。

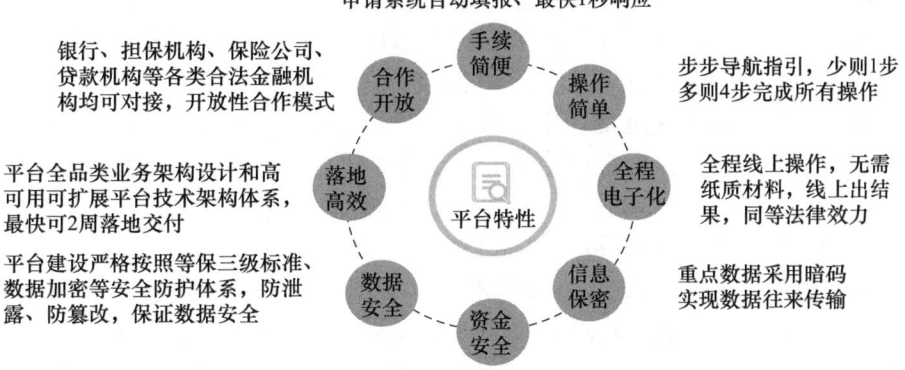

图4-3-3 公共资源交易数字金融服务平台特性

3. 招标交易大数据信息服务

招标交易大数据信息服务如图 4-3-4 所示，通过大数据信息服务和应用能起到如下重要作用。

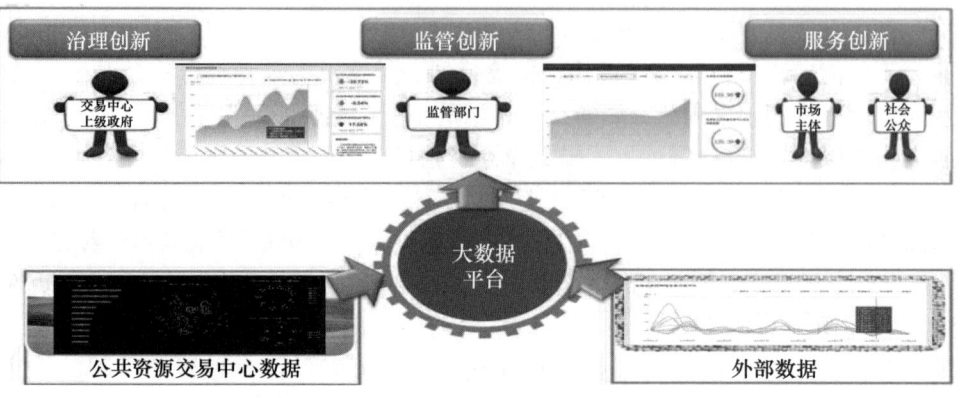

图 4-3-4　交易大数据信息服务

（1）大数据应用是进一步提高招标投标工作是重要手段，是各部门招标管理决策工作的重要辅助工具。交易过程的行为数据记录了业务链条中每个业务场景，数据反映了各项业务的执行时间。通过建立交易效能大数据分析模型，围绕各类交易项目从入场到出场的全生命周期，把首问负责制、限时办结制、一次性告知制等制度要求融入各级交易中心工作人员电子化交易的服务流程节点中，适时再现和反映交易中心工作人员的服务效率和服务质量，通过系统对超时违规行为进行自动预警提示。同时，利用交易流程中记录的交易参与人行为数据，分析可优化流程与资源的最佳配置，进一步促进公共服务的效率提升，确保服务提速增效、落到实处。

（2）用大数据构建数据铁笼，让交易行为"看得见"。建立交易行为关联度大数据分析模型，开展交易参与各方行为关联度分析，可以还原并捕捉市场交易主体陪标、围标、串标等交易违规痕迹，形成公共资源"交易天网"，进一步拓展行政监管部门的监管手段。

（3）用大数据提高交易效能，让交易进程"走得稳"。建立交易效能大数据分析模型，对区域内各级公共资源交易平台进驻的工程建设、政府采购、矿业权出让转让、产权交易等项目、交易平台以及每一宗交易项目为单位进行更为详实的交易效能评估，促进了全区域各交易平台、各市场主体交易效能的整体提升。

（4）用大数据助力宏观决策，让交易市场"管得住"。引入外部数据，运用各平台积累的投标数据开展投标价格合理性分析，准确掌握不同时期交易价格合理区间。利用大数据深度开展交易数据与建筑业产值、固定资产投资、财政支出、GDP 增加值等宏观经济指标的先行性和关联性分析。

（5）用大数据优化营商环境，让交易市场"变得好"。利用"大数据＋公共资源"交易，编制全面、科学、系统反映全国及各地区公共资源交易资源配置市场化水平的公共资源交易指数。通过发布指数，树立招标采购和公共资源交易改革的标杆，可有效引导各地推动公共资源交易市场的竞争、开放、透明；不断促进竞争机制和价格机制在公共资源配置中的作用，从而提高公共领域资源配置效率，促进公共资源交易营商环境优化。

参考文献

[1] 国际项目管理协会（PMI）．项目管理知识体系指南（PMBOK 指南）[M]．6 版．北京：电子工业出版社，2018．

[2] 中国（双法）项目管理研究委员会（PMRC）．中国项目管理知识体系[M]．北京：电子工业出版社，2008．

[3] 全国招标师职业资格考试辅导教材指导委员会．招标采购项目管理[M]．北京：中国计划出版社，2015．

[4] 中华人民共和国住房和城乡建设部．建设工程项目管理规范：GB/T 50326—2017[S]．北京：中国建筑工业出版社，2018．

[5] 汪雄进，唐少玉，等．建设工程项目管理[M]．重庆：重庆大学出版社，2020．

[6] 国家市场监督管理总局，国家标准化管理委员会．职业健康安全管理体系要求及使用指南：GB/T 45001—2020[S]．北京：中国标准出版社，2020．

[7] 中国建筑业协会建筑安全分会．建设工程施工现场环境与卫生标准实施指南[M]．北京：中国建筑工业出版社，2015．

[8] 中华人民共和国住房和城乡建设部．建设工程施工质量验收统一标准：GB 50300—2013[S]．北京：中国建筑工业出版社，2014．

[9] 全国一级建造师执业资格考试用书编写委员会．建设工程项目管理[M]．北京：中国建筑工业出版社，2018．

[10] 美国项目管理学会（PMI）．工作分解结构（WBS）实施标准[M]．2 版．强茂山，译．北京：电子工业出版社，2015．

[11] 克莱门斯．吉多．成功的项目管理[M]．5 版．张金成，等，译．北京：电子工业出版社，2012．

[12] 中国（双法）项目管理研究委员会．中国项目管理知识体系（C-PMBOK2006）[M]．北京：电子工业出版社，2008．

[13] 白思俊．现代项目管理概论[M]．北京：机械工业出版社，2006．

[14] 丁荣贵．项目管理：项目思维与管理关键[M]．2 版．北京：中国电力出版社，2013．

[15] 丁士昭．工程项目管理[M]．北京：中国建筑工业出版社，2014．

[16] 赵勇，陈川生．招标采购管理与监督[M]．北京：人民邮电出版社，2016．

[17] 中国招标投标协会．招标采购代理规范：ZBTB/T 01—2016[S]．北京：机械工业出版社，2016．

[18] 国家市场监督管理总局，国家标准化管理委员会．招标采购代理服务规范：GB/T 38357—2019[S]．北京：中国质检出版社，2019．

[19] 中国项目管理研究委员会．中国项目管理知识体系与国际项目管理专业资质认证标准[M]．北京：机械工业出版社，2003．

[20] 张强．风险管理在招标采购中的运用与探讨[J]．中国招标，2019（2）．

[21] 刘桂芬．提高招标采购工作效率的几点建议[J]．中国招标，2022（1）．

[22] 中国招标投标协会．中国招标采购常用法规选编（2021）[M]．北京：中国计划出版

[23] 中华人民共和国国家质量监督检验检疫总局，中国国家标准化管理委员会．风险管理风险评估技术：GB/T 27921—2011［S］．北京：中国标准出版社，2019．
[24] 刘谦．BIM与电子招投标协同应用现状及趋势［J］．招标采购管理，2019．
[25] 李海琴．电子招投标在铁路建设项目招投标应用中的探讨［D］．兰州：兰州交通大学，2016．
[26] 秦岐．政府采购领域中大数据应用问题研究［D］．泰安：山东农业大学，2020．
[27] 安筱鹏．工业互联网平台建设的出发点、切入点和着力点［J］．电力设备管理，2018（8）．
[28] 张希，赵倩．深化全流程数字化招标投标构建行业数据服务平台［J］．中国建设信息化，2020（24）．
[29] 冯冠霖，冯正好，卞孟春．加快产业数字化转型 抢占全球竞争制高点［J］．中国工业和信息化，2021（03）．
[30] 刘梦雨．信用监管 保障公共资源交易公平公正透明［J］．中国信用，2020（3）．
[31] 李松叶，王吉科．建设互联、共享的公共服务平台力促京津冀招标投标行业协同发展［J］．招标采购管理，2017（2）．
[32] 陈现伟，傅立海．机器视觉的人工智能评标辅助工具研究与实践［J］．中国招标，2019（46）．
[33] 陈佳汶．FN市公共资源交易管理研究［D］．西宁：青海师范大学，2020．
[34] 李海华．矿建剥离工程评标决策指标体系的研究与应用［D］．北京：中国矿业大学，2013．
[35] 章坤平．电子开评标系统的设计思路［J］．中国招标，2016（40）．
[36] 卫宏儒，徐萌森．基于"新基建"的理科试验班"一生一划"培养模式［J］．中国冶金教育，2021（1）．
[37] 王波．工程招投标电子评标系统设计与实现［D］．成都：电子科技大学，2012．
[38] 刘航波，詹磊．大数据、云计算、人工智能在公共资源交易领域的应用［J］．中国招标，2017（48）．
[39] 安筱鹏．2030年工业互联网将朝OT与IT技术融合发展［J］．中国战略新兴产业，2021（9）．
[40] 孙忠成．优化资源配置效率重塑企业增长模式——施工企业深层次发展问题与建议之二十四［J］．施工企业管理，2019（12）．
[41] 谢东．BIM可视化招投标，从未有过的科技体验［J］．建筑市场与招标投标，2018（1）．
[42] 郑鹏．建设工程网上招投标系统的研究与设计［D］．苏州：苏州大学，2015．
[43] 房元健．电子化招投标公共服务平台功能设计［J］．信息与电脑（理论版），2015（10）．
[44] 钟理，张科举．建筑招投标管理数字化的应用研究［J］．城市建设理论研究，2021（18）．